国家社会科学基金"十二五"规划2011年度教育学一般课题
"高校学科建设的理论研究"（课题编号：BIA110064）"成果

学科的境况与大学的遭遇

XUEKE DE JINGKUANG YU
DAXUE DE ZAOYU

王建华　著

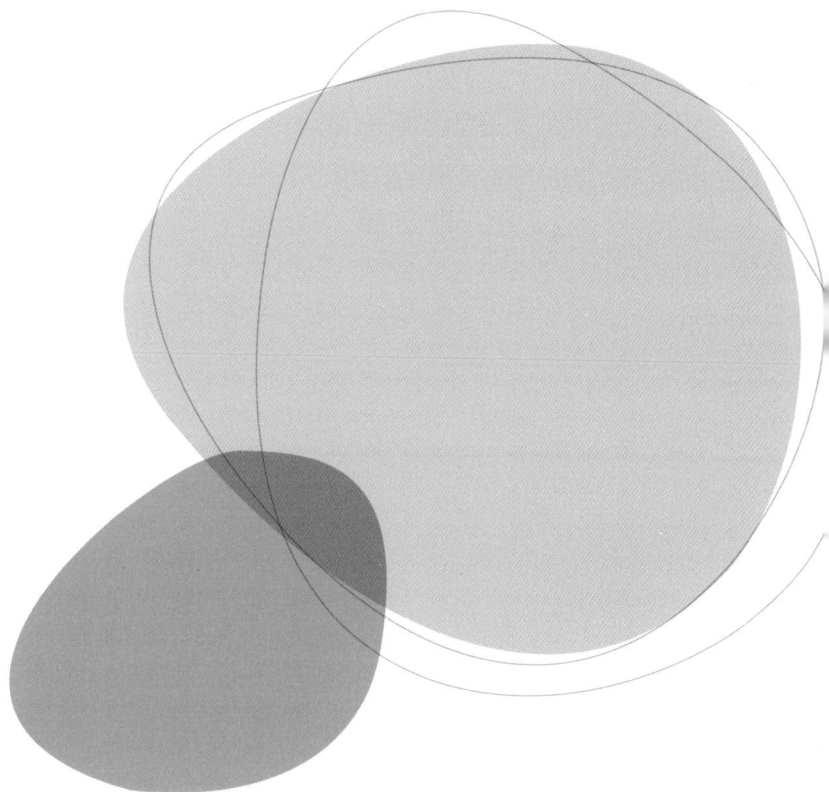

教育科学出版社
·北京·

目　录

上编　学科的境况

下编　大学的遭遇

前　言

　　无论历史上还是现实中，也包括在未来，大学与学科的关系都十分密切。纽曼就曾言："大学要么指学生而言，要么指学科而言。"① 大学是学科的大学，学科是大学的学科。大学发展是学科建设的目的，学科建设是大学发展的手段。对于人类关于高深知识的探究而言，大学是"表"（形式），学科是"里"（内容）。在某种意义上，大学就是知识专业化和制度化的自然结果，是学科的"躯壳"，而学科则是大学内建制化的知识形态，是大学的"血肉"。表面上看，那些世界一流大学是人类知识和智慧的集大成者，实际上，那些大学之所以为一流端赖于大学里有一流的学科。没有好的学科所谓的大学就是一个制度的空壳。无论在哪里，也无论在何时，都是学科的水平决定了大学的水平。大学必须以学科为中心，学科也必须聚集于大学。很难想象一流的学科会出现在末流的大学里，也很难想象在一流的大学里能够容忍末流的学科长期存在。一流的学科与一流的大学高度相关。不过，由于诸多学科分享了同一个"大学"的名字，一流的光环往往被加在"大学"的头上而忽视了"学科"的重要性。"容易看到……是那些学科规训赖以发扬光大的现代机构演变（研究院、研究所以至巨型多科大学），又或者在个人层面，如数家珍地去谈诺贝尔得奖人、学术明星、一代宗师，出镜率高的教授等等。"② 实质上，就一流大学的形成而言，一流的学科（制度）才是

---

　　① 约翰·亨利·纽曼. 大学的理想（节本）[M]. 徐辉，等，译. 杭州：浙江教育出版社，2001：20.

　　② 华勒斯坦，等. 学科·知识·权力 [M]. 刘健芝，等，编译. 北京：生活·读书·新知三联书店，1999：52.

真正的幕后"英雄",学术的进展和学科(制度)的质量密切相关。一个优秀的学者之所以选择某所大学安身立命,通常主要是被这所大学某个优秀的学科所吸引。如伯顿·克拉克所言:"尽管学科的重要性往往为人所忽视,它仍然很容易被人们看作是基础方式。一项简单的测试就能表现出它的力量:如果让学术工作者在学科和单位两者之间选择,他或她一般都选择离开单位而不是学科。"① 对于真正的学者而言,在学科(制度)和大学的双重忠诚中,对于学科的忠诚无疑是第一位的。对一个学者而言,大学为其学术职业的发展提供了制度空间,但学科本身就意味着他的学术职业,甚至于是志业。对于学科的不忠诚也就意味着学术职业的失败。对于学术职业的发展而言,一个人也许可以为了学科的需要而屈居在某个大学,但不太可能为了某个大学而屈居于某个学科。否则就谈不上学术职业的发展。在现代大学里,"学科的力量如此之大,以至于克拉克说它构成'第一原理',知识的专业化是'构成其他一切的基石'。……作为一个主导原则,学科有其必要性,它暗示出否则学术体制就无从建立,并且以越来越专业化的材料,对知识进行组合"。② 由于学科对于大学如此重要,学科的建设当然不能交给命运或运气。从古至今,无论大学还是学科都不存在无为而治。对于人类社会而言,大学不是一种自然的存在而是一种社会的建制和制度的建构,学科(制度)也是同样如此。作为一种社会的建制和制度的建构,为了能更好地发挥大学和学科的效用,推动学术的进展,人的主观能动性就必然要体现于大学和学科的建设上。无论何时也无论何地,大学和学科都不可能在一种消极无为的状态下得到良好的发展。大学以学科为中心,学科以大学为平台,无论大学还是学科,其发展都需要通过持续不断的"建设"来积极应对。

根据现代大学学术分科的一般原则,学科建设是大学建设的基本单位,而大学本身又是学科建设的微观制度环境,因此,大学的时代遭遇直接决定着学科的境况及其建设的方略。大学的历史上,中世纪是一个起点,19世纪是一个重要的转折点或里程碑。20世纪中叶以来,现代大学正在经历一次大

---

① 伯顿·克拉克. 高等教育系统——学术组织的跨国研究 [M]. 王承绪,等,译. 杭州:杭州大学出版社,1994:34-35.
② 朱丽·汤普森·克莱恩. 跨越学科——知识 学科 学科互涉 [M]. 姜智芹,译. 南京:南京大学出版社,2005:7.

转型（the great transformation）。某种意义上，"大转型"是现代大学不可避免的时代遭遇。按伯顿·克拉克的说法，"全世界的大学已经进入一个看不到尽头的令人感到混乱的时期"。① 由于我们时代政治、经济因素的复杂以及大转型本身的不确定性，当前现代大学制度本身及其内部的学科制度危机重重，传统的分科大学模式和学科制度化正面临着失败的风险。由于在网络技术的环境下，知识的可整合性和学科边界的可渗透性都在显著增加，加之世界范围内政治与经济环境的快速变化，起源于 19 世纪的学科制度和分科大学模式开始面临严峻的挑战，学科划分的合理性以及大学本身的合法性都受到了学术界、政治界以及经济界普遍的质疑。在此大背景下，大学的学科建设在沿着既有的分科模式持续发展与另起炉灶重新进行知识规划之间充满紧张感。当前在理论上既有对于学科制的推崇也有对于科际整合的鼓吹；在实践中则既有基于跨学科研究建构跨学科大学的尝试也有在传统学科制度和分科大学模式下进行修修补补式的改良。可以预见，未来短时间内学科与跨学科的范式之争胜负难料，人类理性规划的跨学科大学也前程未卜。事实上，经过近千年的发展，现代大学以及学科制度本身的复杂性已经远超过人的理性谋划所能及的程度。今天在制度化的大学里，学科及其知识体系也已高度的制度化和复杂化。以"分科"为基础的大学和学科本身甚至已成为"理性的神话"。在此背景下，无论重建大学还是重建学科都几乎是不可能的。对于大学的学科建设而言，比较现实的选择可能就是，既要从知识的视角，剖析学科的境况，又要从时代的视角，梳理大学的遭遇；并在知识时代的背景下，基于大学的时代遭遇来建设学科，基于学科的知识境况来发展大学。

需要说明的是，学科在大学里虽然一直普遍存在，大学里虽然也一直在进行学科的建设，但"学科建设"这一概念本身却是一个地地道道中国特色的"表达"，是中国大学里所特有的一种实践活动和话语方式。就像"行政权力"一样，"学科建设"的说法虽然源于工作语言，但随着言说的增多，现在已成为中国高等教育研究和实践中一个特有的学术范畴或表达方式。在国外的相关文献里，有"学科"的概念但绝无类似中文里"学科建设"的措辞。由于语言本身在可翻译性上的障碍，加之西方文化语境中学科本身的

① 伯顿·克拉克. 建立创业型大学：组织上转型的路径 [M]. 王承绪，译. 北京：人民教育出版社，2003：1.

多义性以及东西方大学学科专业制度的根本性不同，再加之中外大学在发展阶段上共时性与历时性的冲突和差异，无论理论上还是实践中，在国外的大学里都很难找到能够与中国大学里的"学科建设"相对应的具体事物或实践活动。事实上，即便在我国的大学里"学科建设"这一概念的提出也是特定历史时期的产物而不是固有的，是经济建设的思维模式在高等教育领域中的具体反映。具体而言：学科建设的提出与20世纪80年代以来我国大学的重点建设政策，尤其是国家重点学科建设政策密切相关。在国家相关重点建设政策的导向下，周期性、工程式的学科建设被启动并一直持续下来，最终成为我国大学各项工作的龙头。就像经济建设会受到"项目"、"工程"的制约和政府行政规划的主导一样，学科建设的兴起也深刻反映了在学科专业目录制度影响下我国大学学术发展过程中政府行政权力的绝对主导。根据《国家重点学科建设与管理暂行办法》，我国大学的学科建设主要包括了凝练学科方向、师资队伍建设、基础设施、经费筹措、人才培养和成效评估等各要素。长期以来，在我国大学里国家重点学科建设的广泛推行及其制度化既体现了由政府部门行政力量主导的学科专业制度对于大学学术活动的强有力的规制（国家重点学科一般按照一级学科和二级学科分设，其口径以现行的《授予博士、硕士学位和培养研究生的学科、专业目录》为依据）；也反映了大学里行政权力对于学术权力的控制［国家重点学科建设实行国家、主管部门（单位）或省（自治区、直辖市）和所在单位三级建设与管理体制，逐步加大地方教育行政部门对其行政区域内国家重点学科建设与管理的统筹力度］。单从表面上看，我国大学里学科建设的主体是大学本身以及大学里相关学科的学者，实则是政府的相关部门。虽然大学从本校的实际情况出发，可以经由专家、学者对于各学科的建设方案进行理性的规划和精心的设计，并凝练出具体的学科方向，但实质上任何个别的规划和设计均难以逃脱国家层面的宏观知识规划以及学科专业目录制度的约束。政府通过一种"不在场的在场"控制了大学的学科建设和学术进展。在学科专业目录和国家重点学科评选等一系列制度和政策的约束下，我国大学的学科建设活动只不过是在为国家的重点大学和重点学科建设政策"背书"。当然，这种"背书"无须政府的强迫，由于评价体系的导向和利益杠杆的作用，大学的学科建设会主动甚至积极地纳入国家给定的知识规划体系，并顺理成章地成为国家对于高深学问治理或管治工程的一部分。其结果，伴随国家重点学科建设工程的不断推进，双重吊诡的局面经常出现。一方面原本应有其内在逻辑的大学学科（学术）发展，成了国家意志和政府政策规划的产物；在这种体制下，"'党'可以占据'大学'的位置"①，行政权力可以占据学术权力的位置。另一方面作为国家知识生产机器（制度）的一部分，原本致力于为经济社会发展服务的大学学科建设，却经常在建设实践中为了迎合评估指标的导向或学科排名的诱惑而越来越多地沦为为建设而建设的"面子工程"或"政绩工程"，知识的积累和科学的进步一直乏善可陈。

　　基于对我国大学里学科的境况以及学科建设模式的深刻反思，结合我们时代大学的遭遇，本研究尝试将学科建设放在大的时空背景下进行理论的考察。一方面，尽可能地从学理上弄清学科建设的相关理论，尝试淡化中国特色的学科建设的话语体系和表达方式，尽可能少地就现有的学科建设模式来谈学科建设；另一方面，将学科建设本身置于知识和大学的双重视角下，以知识的视角来洞悉学科的境况，以大学的遭遇来揭示我们时代学科及学科建设本身的制度环境和路径依赖。围绕第一个主题"学科的境况"，本书共安排了七章的内容。这七章的内容围绕学科建设的核心问题，尝试引入新的话语体系和表达方式，以展开理论层面的深入思考。第一章"学科评估及其理论"，以一流学科评估作为切入点，聚焦"学科何以一流"、"一流如何评估"以及"评估何以可能"三个最重要的基本理论问题，对于大学的学科评估制度进行了反思，试图为疏解我国大学重点学科建设中的"选优"情结提供理论指南。第二章"学科承认及其价值"，借鉴霍耐特的承认哲学，提出了"学科承认"这一新概念，并尝试以学科承认的方式为支点，更新我国大学里传统的重点学科建设模式和理念。第三章"重点学科及其制度"，对我国大学重点学科建设制度的基本特征进行了分析，探讨了重点建设作为我国大学学科建设的一项根本制度的利弊，最后以国务院取消"国家重点学科审批"作为背景，提出了我国大学重点学科建设制度变革的路径。第四章"学科制度化及其改造"，从学科含义的多重性以及学科和大学的关系切入，对于学科制度化的历史及其危机进行了深入的理论阐释，并以跨学科为概念分析工具提出了对于学科制度化进行改造的可能方略。第五章"跨学科大学

---

　　① 让-弗朗索瓦·利奥塔尔. 后现代状态：关于知识的报告 [M]. 车槿山，译. 北京：生活·读书·新知三联书店，1997：127.

及其建构"，以跨学科性作为概念分析工具，直接将学科建设放在了大学发展与变革的组织场和制度空间内进行探讨。通过对于大学的跨学科性的分析，指明了伴随着学科研究向跨学科研究的转变，大学本身也会从分科大学向跨学科大学转变。第六章"知识规划与学科建设"，以知识规划和学术分科的相关性为线索，对于知识规划与学科规训、知识重组与学科重构之间的复杂关系进行了深入的理论探讨，强化了知识规划这一概念分析工具之于学科建设活动的解释力。第七章"学科建设的新思维"，对于前面六章的相关内容进行了简单的总括和提炼。本章围绕着"谁的学科，谁来建设"、"何种方略，何以可能"以及"学科建设，建设什么"三个基本问题，从理论上阐明了大学学科建设的根本所在，即追求真理、发展学术。

承接第七章"学科是大学的学科，学科建设是大学的学科建设"的认识逻辑，以"追求真理"作为大学的知识论基础，本书认为对于学科建设的理论研究除了需要引入"学科承认"、"知识规划"和"跨学科性"等一些新的话语方式或概念分析工具之外，还有必要转换一下看问题的视角，跳出学科（制度）的窠臼，从大学的时代遭遇出发，进一步拓宽学科建设的理论视野和既有的话语系统。基于此，本书所选择的另一个主题便是"大学的遭遇"。为了从大学的时代遭遇来反观并反思学科建设，该主题也安排有七章的内容。其中第八章"大学为何出现于西方"，首先把时间拉回到中世纪，从宗教与科学的关系、科学与大学的关系以及大学与教会的关系三个方面着手，深入诠释了大学的"第一遭遇"，即大学为何出现于中世纪，为何出现于西方。第九章"真理、科学与大学"，从近代以来大学里学术话语方式的变迁切入，通过对于大学话语系统中"真理"的隐退和"科学"的兴起进行比较分析，阐明了在不同时代大学理念和学术理念的深刻变化，并指明现代大学的危机源于科学的危机，而科学危机的根源则在于知识合法性的危机，即真理的隐退。第十章"知识社会视野中的大学"，以即将到来的知识社会为时代背景，通过对于"知识价值的革命"和"学科模式的失败"的深入剖析，从理论上阐明了在知识社会中大学知识生产模式和学科模式的转型十分紧迫。第十一章"知识规划视野中的大学"，继续以知识规划作为概念分析工具，以时间为纵轴从知识的视角对于知识规划及其与大学的关系进行了认真的梳理，从另一个侧面展示了知识规划与大学发展和学科建设之间的复杂关系。第十二章"知识产权视野中的大学"，通过引入知识产权制度这一新概念并将其作为一个有效的分析视角，对于大学在当代的遭遇进行了深刻反思。本章的核心观点认为，由于知识产权本身所具有的"反大学"的制度性质，如果将知识产权体系完全纳入到现代大学的学科建设实践当中必将导致现代大学的严重危机，损害大学的合法性。第十三章"学术—产业链与大学的公共性"，在上一章关于知识产权制度相关论述的基础上，选择以大学中学术—产业链的兴起作为实践与逻辑的出发点，以大学的公共性作为理论关照的聚焦点，从一个侧面有力地揭示了单纯地追求"经济上正确"对于现代大学的严重危害，重申了知识产权制度的弊端和大学公共性的重要。第十四章"我们需要什么样的大学"，以"什么是大学"、"对于研究型和创业型大学的否思"及"我们需要的是好大学"三个基本论题为理论支点，从德性伦理学的高度阐明了全书的主旨，即我们时代需要的是培养好人的好大学。

最后要说明一点。本书各章的写作起初均以学术论文的形式呈现，前后跨度四年之久，形式上各章节亦独立成篇。不过，作为一项具有整体性的课题研究，在松散的结构下面仍有一条隐匿的线索贯穿于整个研究的始终。具体而言，围绕着"知识·学科·大学"这条主线，本书的主旨就是要基于对我国大学学科建设实践的理论反思，尝试以"知识"和"大学"作为学科建设的两翼，从"学科的境况"和"大学的遭遇"两个主题出发，对于知识、学科与大学之间复杂的关系从多个角度、多个层面进行深入的研究，以期丰富并拓宽我们对于学科及学科建设本身的理解，并能有益于学科建设实践的展开。尽管有潜在的探究线索和个人的主观期待以及前面对于本书具体章节安排的解释，仍不得不承认，本书缺乏严密或严格意义上的体系建构，各章节之间由于看问题的角度不同、言说的语境不同、论述的逻辑不同，其观点甚至会偶有冲突。之所以要采取这样一种研究的策略和文本呈现方式，主动回避章节间体系性的建构，主要还是考虑到体系本身具有两面性。一方面体系自身关于因果性的"联想"也许可以保证形式逻辑的一致性和前后章节在表面上的因果关系，避免学术观点的自相矛盾；另一方面，也存在着"体系的危险性"（the danger of system）①。体系本身的封闭会压抑创新，有

---

① 汪丁丁. 新政治经济学讲义——在中国思索正义、效率与公共选择 [M]. 上海：上海人民出版社，2013：447.

可能导致体系壮观而灼见贫乏。相反，非体系化的开放性赋予学术研究更大的创新空间和更多的可能性。如培根所言："如果知识能系统地整理成精确的方法，每个部分都好像互相支持和支撑其他部分，知识确实可以显出一种力量的。不过这种力量却往往是外在的显摆多于实质内容。正如一座建筑如果只靠各个部分排列和挤压在一起，比起那些虽然各部分不那么紧凑但各个部分都很坚实的建筑来，是更容易瓦解的。"① 当然，对于学术研究而言，真正的创新需要研究者有天才的头脑和深厚的学养，而不只是开放的体系。于我而言，"奈何力有所不逮，技术有所不及"。可以宽慰的是，对于课题的研究，已经尽力。书中存在的不足之处，敬请各位同行批评、指正。

---

① 弗朗西斯·培根. 学术的进展 [M]. 杨立信，毕秉钧，译. 上海：上海人民出版社，2007：193.

上编

学科的境况

第一章　学科评估及其理论

传统上，大学植根于文化，是文化的载体和象征。在不同国家，大学植根于不同的文化传统，不同的大学本身也有不同的组织文化。现代以前，作为人类的精神家园或智识场所，大学与大学之间虽然也有好坏之别，但很难进行直接比较，更不存在大学排行榜。伴随研究型大学的崛起，以学科为基础的科学探究成为大学生活的主要内容。在功利主义和绩效主义高等教育政策的主导下，在以科研水平为主要评价标准的评估制度的影响下，追求一流的学科或科研的卓越成了世界各国大学发展的新观念。为了实现一流大学的目标，建设一流学科、产出一流科研成果就成为大学发展的首要选择。学科原是大学进行学术生产与知识传播的基本单位，学科的声誉维系于那些知名教授和学术精英身上。威廉·克拉克以"象牙塔的变迁"为主题对于"学术卡里斯玛和研究性大学的起源"之间的关系进行了探讨。在该书中，他追溯了从中世纪大学到现代大学学术体制发展的历程。他认为："官僚化"（bureaucratization）与"商品化"（commodification）共同驱动了理性化与世界之祛魅（disenchantment of the world）的进程。"研究性大学属于现代秩序，在现代秩序中，视觉和理性因素战胜了口说与传统因素。……在如今我们所激赏的理性化学术世界中，学术卡里斯玛日渐式微。"[1] 今天在那些高度理性化的研究型大学里，学科也高度制度化。为了方便政府的量化管理，评估机构的定量评价和媒体的学科排名，学科知识的整体性被抛弃或忽视，学

---

[1] 威廉·克拉克. 象牙塔的变迁：学术卡里斯玛与研究性大学的起源 [M]. 徐震宇，译. 北京：商务印书馆，2013：1.

科英雄的个人权威被消解，学科诸要素均被指标化或定量化。其结果，所谓的一流学科成了一个技术性很强的名词。一个学科是不是一流往往取决于评价指标的选择或政府的政策倾向而不是学科本身的综合实力或学术声誉。那么，一流学科是否真的存在？一流学科与学科评估之间又是什么关系？一流学科评估何以可能？

第一节　学科何以一流

"一流"或"卓越"是现代性话语体系的重要特征，实践中常常需要通过量化的手段来加以把握。今天在现代大学内部虽然对于什么是一流以及如何达到一流往往没有一致的看法，但"'一流'是学术生活的神圣目标"①却是无可争议的。虽然在现代以前任何事物也都会有优劣之分，大学也会有好坏之别，学科也会有水平的差异，但不会有一流大学、一流学科之类的概念。一流大学和一流学科概念的流行是我们时代的现代性精神在高等教育领域的直接反映。这种进步主义的时代精神有积极的一面，但也有其局限性。无论是雷汀斯在《废墟中的大学》一书中对现代大学作为"一流的技术—官僚体系"的批评，还是刘易斯在《失去灵魂的卓越》一书中对于以哈佛大学为代表的研究型大学的失望都反映了将"一流"或"卓越"作为现代大学发展的理念的局限。相比于历史上的文化大学或理性大学，"一流"或"卓越"的理念背后总是隐藏着大学对于科研成果量化评价方式和学术资本主义的迷信，以及对于科学和学科的功利主义思想的服膺。事实上，无论是对于大学还是学科，也无论是过去、现在还是未来，一流永远都只能是一种迷思。在对一流的追逐中，无论大学还是学科都很容易忘记自己的真正使命，从而迷失在知识帝国的无尽征途中。学科是知识的载体，但是学科绝不只是知识生产的机器。那些排行榜上一流的大学不意味着是"好"大学，一流的学科也不意味着是"好"学科。对一所"好"的大学而言，知识生产与人才培养是学科建设不可或缺的两翼。此外，在一所"好"的大学里，学

---

① 米歇尔·拉蒙特. 教授们怎么想——在神秘的学术评判体系内 [M]. 孟凡礼，唐磊，译. 北京：高等教育出版社，2011：1.

科建设还必须承担起文化传承和创新的重任。在任何一个国家内部，大学都是造就公民的重要场所。对公民的教育必须成为所有"好"大学和"好"学科共同的责任。即便是仅在知识的层面上，一流大学或一流学科的理念恐怕也有失偏颇。在研究型大学的范式下，一流学科建设往往偏重于知识的生产或论文的发表。今天从研究型大学向创业型大学的转型已经开始，高等教育的应用性正日益增强。在此背景下，无论是一流学科的评选还是评估"重点必须超出'学科的'知识生产与交换，延伸至包括知识的应用、它的受益人，以及被包含进和被排除出关于科学未来方向协商的各方的特征等问题。其重点在于科学、技术和社会的相互适应性。"① 换言之，当前致力于一流大学建设的学科评估必须摆脱学科建设就等于科学研究，而科学研究就等于论文发表，一流的学科就等于一流的论文，学科建设就等于拿大项目、花大钱、出大成果的思维定式，而必须注重学科、专业与产业之间的互动，一流学科的建设必须着眼于从实践出发，在增进学科知识积累、提升学科实力的同时，也要服务于经济社会的发展和人的发展。毕竟在今天科学已不再只是科学家的科学（纯科学），而是成了所有人的科学（公众科学）。科学家的科学研究和学科建设花的都是纳税人的钱，必须在知识和教育层面上对纳税人的合理需求有所回应。

今天大学内的一流学科主要有两大类。一类是因为国家的重视或评估的结果而成为一流；另一类是因为学科本身的科学能力和学术声誉而自然成为一流。前一类往往是"科学上次要但社会地位很高的部门"；后一类则往往是"科学上居支配地位但社会上只是从属性的专业部门"。② 不过，无论是哪一类，一流学科总是处在学科等级链的顶端。由于拥有学科平台的制度优势，一流学科在建设过程中不可避免地会拥有更多的社会资源和经济资源。毕竟"学术秩序既是科学性的又是社会性的"。③ 今天在建设世界一流大学的过程中，人们对一流学科建设寄予了太多和太大的希望。理论上，学科与大学之间确实存在着密切的关系。一流的大学也确实离不开一流的学科。但

---

① 达里尔·E. 楚宾，爱德华·J. 哈克特. 难有同行的科学：同行评议与美国科学政策［M］. 谭文华，曾国屏，译. 北京：北京大学出版社，2011：204.
② 波丢. 人：学术者［M］. 王作虹，译. 贵阳：贵州人民出版社，2006：59.
③ 波丢. 人：学术者［M］. 王作虹，译. 贵阳：贵州人民出版社，2006：114.

反过来，有了一流学科并不等于就有了一流大学。更何况，科研上或学科上一流的大学也未必是一所伦理上和道德上的好大学。今天我们对一流大学和一流学科建设的过度重视在某种程度上也反映了现代大学在科研上的深度迷失。在对科学研究有用性和大学功能化的强烈预期下，一流学科获得的经费资助往往是非常巨大的，甚至是惊人的。政府部门为了能够对如此庞大的经费开支给出合理的辩护，以绩效为目标的一流学科评估就成为必然的选择。不过，这种行政导向十分明显的学科评估活动，由于受到政策正确性和财政公共性的压力，在一流学科建设中充其量只能起到"劣中选优"的作用而很难做到"优中去劣"。

根据常识理性，无论任何领域，也无论任何事物，一流都不是单一的而是多样的。"一流和认识论上的多元并非不可兼得。相反，多元成就了各种一流类型的存在。"① 今天的大学里有各种各样的学科，每一种学科其一流的标准以及通向一流的道路都是不一样的。由于学科的差异，大学里有些学科成为一流是因为教授的研究水平高，有些学科成为一流则是因为毕业生的薪酬高，有些学科因为懂的人少而成为一流，有些学科因为喜欢的人多而成为一流。不过，无论哪种途径，一流之所以为一流总要有其过人之处。基于此，一流学科评估的组织者总是假设作为本学科的同行对什么是一流应该存在某种不言自明的共识。但是事实情况通常未必如此。对于一流没有共识的学科恐怕会比对于一流有共识的学科还要多。简单地说，以自然科学为代表的硬科学对于何谓一流的共识可能要远多于人文社会科学领域对于什么是一流的共识。当然，对于一流学科有没有共识并不影响一流学科的真实存在。因为实践表明，即便是在自然状态下，没有任何评估和排名，某些学科领域中也会有一流的存在。差别也许仅仅在于该学科有没有被政府或其他组织贴上一流学科的标签。在今天这样一个标签化的时代，有时被称为一流学科的未必真的是一流，没有一流学科称号的也未必不是真的一流。毕竟任何一个学科的学术经典和英雄人物都需要时间来检验，短时距的学科评估无论如何都有点操之过急，这种评估的结果充其量只能满足政府、民众或媒体对于大学学科发展状况的好奇，而不能说明任何真正的问题。

---

① 米歇尔·拉蒙特. 教授们怎么想——在神秘的学术评判体系内 [M]. 孟凡礼，唐磊，译. 北京：高等教育出版社，2011：6.

　　当前一流大学建设中政府投入巨额经费建设一流学科对于大学而言可能并非全是好事。"专项拨款就其本身而言，既非危险的，也非错误的。但它是分配系统中根本缺陷的反映，并且它向科学未来的自治提出了挑战。"① 政府拨专款建设一流学科在某种意义上反映了现代大学自身学术制度的失败。如果现代大学的学术制度是成功的，应该无须政府的介入，一流学科就能够自然成长。但现实是大学愈成功所面临的失败的压力就愈大，由于无法拒绝政治和经济的介入，现代大学最终的失败命运又似乎是必然的。今天在政府主导的一流学科评选和评估的过程中，大学的自治、学科的自主和学术的自由会不断地遭遇到政府部门行政权力的侵蚀。在政府"胡萝卜加大棒"似的评估政策的操纵下，学术的资本主义化、学科发展的工具化、大学组织的功能化现象将更加明显。一流学科建设中，大学通过与政府的合作从而获得了巨额的经费。由此大学作为政府的合作伙伴将不再在道德层面上有任何的优越感。在大学内部学科也不再是一个学术组织，而是变成了高校行政管理体系的一个基本单位。在经济全球化的今天，大学走出象牙塔，以科研服务于经济社会发展是必要的选择。但过分的功利主义的做法仍然会使现代大学在建设一流学科和一流大学的过程中迷失方向。一流学科的建设需要政府的支持，但绝不能完全由政府来主导，否则就会破坏大学的整体性和学科的自主性。因此，如何评选一流学科，如何对一流学科进行评估，必须尊重大学自己的意见。"当政治家为科学直接分配资源，并使用超科学的标准指导他们的评判时，工作质量和科学事业的秩序就会遭受危害。但在另一方面，如果科学家的分配机制不能够很好地适用于科学领域表达社会的优先安排，那么直接的政治介入是需要的。"② 客观而言，虽然大学与政府绝不是天敌，但也不能成为共谋关系或合作伙伴。二者之间必须保持必要的、适当的张力。一流学科建设不应成为大学与政府的"共谋"，而应完全属于大学内部学术自治的范畴。如果为了利益，对于学科水平的评判以及随之而来的资源分配完全服从政治的目标或由政府所操纵，那么，最终受害的将是整个学科共同体

　　① 达里尔·E. 楚宾，爱德华·J. 哈克特. 难有同行的科学：同行评议与美国科学政策 ［M］. 谭文华，曾国屏，译. 北京：北京大学出版社，2011：141.
　　② 达里尔·E. 楚宾，爱德华·J. 哈克特. 难有同行的科学：同行评议与美国科学政策 ［M］. 谭文华，曾国屏，译. 北京：北京大学出版社，2011：141.

和大学本身。因为，随着政府习惯于对学科的直接行政控制，大学学术活动的内在规律将被行政管理的便利性和政府政策的功利性所替代。

近些年，围绕着现代大学制度的建设和创建世界一流大学，我国大学的改革表面看轰轰烈烈，但却始终无法像奥尔森所说的那样，通过所谓的"抖掉"（shake off）策略，抖掉抑制并最终扼杀学术创造力的那层坚硬而僵化的"外壳"。而且由于理念的落后，加之制度的桎梏，从政府到大学经常玩弄的那些肤浅的改革缺乏可持续性，且经常从一个极端跳到另一个极端。"钱学森之问"不可能有解。"从人性的弱点看，难以期待人们迅猛地脱离一个极端，而又不会或多或少地进入另一个极端。"① 大学发展的常识理性告诉我们，如果一种极端是错误的，那么另一种极端也必然是错误的。大学改革本身如果缺乏实践智慧，"反作用只会产生对立，而改革则需要再度的改革。"② 20世纪90年代以来，从内部极端保守的政治维稳到外部异常激进的院校合并，我国大学的改革一直没有能够建立起高质量的制度框架，而一直是依附于政府的权力意志而"随波逐流"。现代大学制度之所以为"现代"绝非仅是一个时间性的概念，更不是一个意识形态的范畴而必须是一个品质性的概念，甚至具有伦理学的意味。现代大学制度必须意味着一种高质量的大学制度以及好的大学制度。在这方面不能过分强调中国特色。对于现代大学制度而言，过分强调中国特色与高质量或"好"之间不但不是正比，有时还是反比的关系。当前我国大学改革的现实就是，由于大学自治和学术自由理念的先天性缺失，在一次次改革的震荡中，我国大学制度的质量或品质没有根本的提升。相反，由于制度伦理被人为破坏，大学的进步可能微乎其微。换言之，由于官本位的大框架没有变动，质量很低的制度安排在一次次改革中为官僚式的例行公事和权力寻租提供了极大的便利和强烈的激励，从而使我国大学的改革经常为了"维持社会稳定"而沦为政府的意识形态工程或政绩的面子工程。"表面上看，新的事件层出不穷。然而，这种表面的流变下却掩盖着最一成不变的常规。"③ 由于政府本身既是大学改革的发起者又

① 苏珊·哈克. 理性地捍卫科学——在科学主义与犬儒主义之间 [M]. 曾国屏，袁航，等，译. 北京：中国人民大学出版社，2008：2.
② 克里希那穆提. 一生的学习 [M]. 张男星，译. 北京：群言出版社，2004：5.
③ 爱弥尔·涂尔干. 道德教育 [M]. 陈光金，等，译. 上海：上海人民出版社，2001：133.

是大学改革成果的评估者，随着目标越定越高，改革越来越功利。在现有体制下"失败的改革"几乎成为一种矛盾的措辞。在政府的潜意识里似乎改革本身就意味着成功，只会越改越好而不会越改越糟。当下我国大学的种种改革，无论是建设世界一流大学还是一流学科，往往均以在种种指标上数量的巨大增长而告终。对于大学的发展而言，数量的变化并非不重要，规模的增长也并非不重要，但问题在于这种数量和规模的增长不能只是表面上有所改变而已。如果改革本身只是政府的面子工程，根本的体制依然如故，那么我国大学实质性的可持续的创新能力就会依然匮乏。诚如汪丁丁所言："教育要去行政化，政改是根本。否则，'高教法'所说的'国务院教育行政部门主管全国高等教育工作，管理由国务院确定的主要为全国培养人才的高等学校。国务院其他有关部门在国务院规定的职责范围内，负责有关的高等教育工作'，就无法删除。从而，'高教法'所说的'依法自主办学，实行民主管理'就落不到实处。"① 在可以预期的将来，如果我国的政治体制没有根本性的改革，如果集权式的高等教育管理体制没有根本性的变动，如果只是不断完善有中国特色的现代大学制度而没有建立起具有国际竞争力的高质量的符合制度伦理的现代大学制度，即便依靠人才引进计划在我国大学里偶尔产生了几位杰出人才和若干一流学科，甚至是出现了获得诺贝尔奖的成果，依然不可能改变我国大学在世界一流大学群体中绝对弱势的地位。

第二节　一流如何评估

　　一流学科建设理念的提出与一流大学建设工程以及各类或由媒体或由研究机构发布的一流学科排行榜的风行密切相关。现代社会是一个信息高度发达与信息饥渴同时共存的社会。在现代社会中虽然大学走出了象牙塔，虽然学科高度的世俗化，但对于广大民众而言，大学内部的学科和学者的生活方式仍然是神秘的。20 世纪 80 年代末以来，为了能够满足大学的众多利益相关者对于大学内部学科发展水平的信息需求，为了适应政府组织对于大学的

---

① 汪丁丁. 新政治经济学讲义——在中国思索正义、效率与公共选择 [M]. 上海：上海人民出版社，2013：434.

评价标准，以获取更多的办学资源，源于企业管理中的"一流"或"卓越"的质量理念被引入到大学学科建设的过程中。通过媒体的介入，学者学术生活的神秘感消失，学术卡里斯玛也被消解。在"量化技术"的帮助下，学科的优劣好坏以排行榜的形式变得一目了然。高深学问与社会大众之间的知识鸿沟被"数目字管理"所填平。"在公众舆论中，排名具有巨大的'潜在理性'或'超理性'的力量。'潜在理性'的第一点可以理解为排名具有'诱惑力'——排名使人获得了满足感。'潜在理性'的第二点是对低层级测量质量排名的认可，思想和方法的简易并不会阻碍对排名的认可和推广。"① 一些学科经过排行榜的排名和媒体的宣传开始成为政府和社会大众的宠儿，从而满足了公众对于大学的信息饥渴和一流学科的想象。但事实上，一流学科评估本身是十分脆弱的，充满不确定性。学科与学科之间是很难比较的。即使不同大学的同一个学科，由于研究方向的不同也很难直接比较彼此水平的高低。现有的关于一流学科的各种评估以及各种排行榜上所提供的与学科水平相关的信息并不能反映一个学科发展的真实情况，而只是反映了某种评价指标体系下或某个组织机构中人们对于当前学科发展水平的一种主观认识，这种信息更多的是市场或行政需要的产物，而非对事实的客观性的揭示。今天基于对一流的追逐，任何一种学科评估总是在尝试把不可比的东西可比化，把不可量化的事物尽可能地加以量化，在此过程中会充满各种不确定性。正如在普林斯顿大学爱因斯坦办公室里的铭牌上所写的："不是一切有价值的都能量化，也不是一切能量化的都有价值。"② 当与学科相关的各种不确定性经过理性设计最终确定下来，那些一流学科评估所得到的经过技术处理的数据，其反映的不可能再是客观的真实，而只是某种真实的假象。评估之后的所谓一流学科在某种意义上只是一种评估技术层面上的一流，而并不意味着它真的比其他非一流的学科更好或水平更高，而只是意味着该学科可能比其他学科在这些评估指标上的表现略胜一筹，甚至只是因为评估表格的填写更有技术含量。

为了弥补量化评估技术的可能不足，定性的同行评议机制是一流学科评估中的重要方法。在实践中一流学科评估虽然是一项专业活动，通常由评估

① 乌尔里希·泰希勒. 迈向教育高度发达的社会：国际比较视野下的高等教育体系 [M]. 肖念，王绽蕊，等，译. 北京：科学出版社，2014：190.
② 王义遒. 建设世界一流大学究竟靠什么？[J]. 高等教育研究，2011（1）：1.

专家所主导，但学科评估离不开同行是评价科学工作的一项基本原则。在所有与学术有关的评估活动中同行评议原则也都是最基本的。同行评议象征了学术的自治和学科的自主，也维护了学科知识的专业性尊严，同时也可以为一流学科评估的诸多利益相关者提供专业性的服务，满足了评估合法性和学术性的需要。实践中，各国正是通过同行评议机制才在大学内部的学科发展和大学外部的资源投入间建立了紧密联系。同行评议实践最初起源于期刊论文的评审，后来被广泛应用于科学研究基金的分配和大学内部学术人员的晋升、学生学位的授予等学术活动中。"从肇始于 17 世纪的体制化科学的整个历史来看，同行评价概念是由科学共同体作为质量控制的机制提出来的。同行评议发挥着三个方面的功能：（1）确保科学家对他们受到的公共资助负有责任；（2）保护科学共同体的职业自治；（3）证明科学和技术领域新成果的正确性。"[①] 在高等教育领域中学科评估是比较晚近才出现的一种新生事物。今天在一流学科评估中同行评议机制的设计还很不成熟。所谓的同行往往是一个非常宽泛的概念，对于作为学科同行的资格并没有严格的要求。由于学科本身的高度分化和综合，有时很多所谓的同行对于自己所要评估的学科并不真的了解，对于学科评估的技术也并不专业，他们在评估中所发挥的作用非常有限，有时候同行评议在一流学科评估中甚至只是起到了象征性的作用。"由于研究领域变得越来越专业化（也许更窄），尤其与科学劳动力的数量有关，合格的评议人来源预计在缩小。科学日益的跨学科特征，也导致了合适评议人来源日益窄小——在每一个相关领域，也许都可以找到大批的评议人；但在学科的交叉之处可能找不着几个。而处于离学科交叉之处太远的人，又可能做出太挑剔或者不适当的评议。"[②] 对于一流学科评估而言，首要的问题就是选择哪些专家可以作为同行，是大同行还是小同行。由于竞争关系和利益冲突的普遍存在，学科同行的选择往往会面临着两难。一流学科评估不是普通的评估，在评估背后往往牵涉到复杂的利益格局的改变。在一流学科评估过程中，各学科共同体内部不可避免地会展开激烈的竞争和较

---

① 达里尔·E. 楚宾，爱德华·J. 哈克特. 难有同行的科学：同行评议与美国科学政策 [M]. 谭文华，曾国屏，译. 北京：北京大学出版社，2011：7.

② 达里尔·E. 楚宾，爱德华·J. 哈克特. 难有同行的科学：同行评议与美国科学政策 [M]. 谭文华，曾国屏，译. 北京：北京大学出版社，2011：73.

量，甚至于政府的权力、官方的意识形态和学术的价值观等也会介入其中。在这种背景下，同行专家的选择往往会成为各方利益妥协后的产物。最终在一流学科评估中最有专业性的同行评议机制不得不面临着随时滑向"政治协商"或"平衡与妥协"的危险。当然，一流学科评估本身就不是一个单纯的学术评价问题，而是一个政策导向问题和政治选择问题。尤其是在我国建设世界一流大学过程中那些具有战略性意义的一流学科评估或优势学科评估，其本身就会带有极鲜明的政治色彩，体现了政府主导的国家意志或知识规划。在这方面，我国高校国家重点学科的评选以及各省重点学科、优势学科的评选都是很好的例子。其结果，由于其他因素的干扰，在一流学科评估中同行评议的象征性意义有时比实际意义还要大。至少同行评议满足了公众和媒体对于专家主义和绩效主义的需求，赋予了行政权力以学术的合法性。通过同行评议的介入，政府可以宣称尊重了大学的自治和学术的权威，从而避开了各方面的可能的批评。

在技术性问题之外，一流是真实存在还是评估的结果是一流学科评估中另一重要问题。如果一流真的存在，评估的关键就是通过科学的方法找出一流。如果一流只是评估的结果，那么一流学科评估就失去了科学意义，而只是在制造"一流"。现实中两种一流应该都是有的。既有真实的一流学科，也有评估出的一流学科。一流学科评估的真正的价值可能就在于使评估出的一流尽可能接近真实的一流。而要在真实的一流与评估的一流间达成共识，那就需要充分地尊重学科的主权和学术的权威，更多地依赖学科专家而不是评估专家，更多地尊重学术权威的判断而不只是对评估指标的统计分析。当前从我国大学发展的实际情况出发，对于一流学科与学科评估之间的关系大致可以分为两种情况。第一种情况是政府或非政府部门通过评估活动对所有学科进行评审和筛选，从中挑选出符合评估指标要求和各利益相关方需要的"一流学科"。第二种情况就是对已经评审出的所谓一流学科进行诊断性或终结性的评估以检验其学科建设的成绩或绩效。应该说，无论上述哪一种情况，评估的本意都是在对某种身份进行确认；但吊诡的是，由于评估的介入，一流学科的真实性倒成了疑问；由于评估活动的盛行，今天真实的一流学科与评估的一流学科之间的边界已日益模糊。真实的一流也是评估出的，评估出的一流最后的目的也是要成为真正的一流。换言之，今天大学里的一流学科既是评出来的又不是评出来的。原因在于，一方面没有一流学科评估也会有"好"学科存在，但没有所谓的一流学科。在这种意义上，一流学科是评出来的。但另一方面一个学科之所以能被评为一流学科有时可能主要还在于学科本身的实力，而不是评估本身。评估能做的不过是给某些强势学科或较强的学科贴上一个"一流"的"标签"，但无论如何绝不可能通过评估把所有学科都"评"为"一流"。

由于在一流与评估之间这种吊诡关系的存在，一流学科评估本身可能会面临一个困境。一方面一个学科是否是一流学科需要通过学科评估来确认；另一方面一个学科被确认为一流学科之后仍然要面临一流学科评估。一般来说，前面一个评估是选拔性的，后面一个评估是绩效性的。前一个评估的目的是优中选优或劣中选优，发现需要的一流学科。后一个评估的目的是保证一流学科建设的质量，强化问责性。但现在问题的关键是，很多时候关于一流学科的评估或评选都是政策性的，甚至是偶然的。错过的学科可能就永远的错过了。一流学科评估面临的另一个困境是择优原则和民主原则的冲突。学科之间本应是自由和平等的关系（虽然学科内部也会有潜在的等级制度），一流学科评估人为地在学科之间造成了一种类等级化的利益分配制度。虽然一流和多样性并必然不矛盾，但是学科或学术发展上的寡头主义无疑是不受欢迎的。今天的大学里如何调和效率与公平、精英与大众、一流与多样之间的可能冲突也是一流学科评估中不能忽视的重大问题。在一流学科评估的过程中，学术质量的标准无疑是多样化的，有科学的标准、有行政的标准、有教育学的标准，也有科学学的标准。一个好的评估指标体系不应是大杂烩，而应有所取舍。在我国一流学科通常是由政府来评选，评选后的一流学科的评估也是由政府主导，这种状况很容易给学者和大学一种错觉或暗示，即学科建设可以"逃避学术或科学市场的特定规则"①。但事实上，这是不可能的，任何学科的发展归根结底仍要遵守"学术和科学市场的特定规则"。政府的专项政治拨款也许可以为学科的发展提供资源，但经济资源并不能直接转化为学术成就。"过去的经验表明，资源投向少数精英院校或高度层级化的高等教育体系并不会促进一国高等教育体系整体'水平'提高"②。为了

① 波丢. 人：学术者 [M]. 王作虹，译. 贵阳：贵州人民出版社，2006：24.
② 乌尔里希·泰希勒. 迈向教育高度发达的社会：国际比较视野下的高等教育体系 [M]. 肖念，王绽蕊，等，译. 北京：科学出版社，2014：197.

避免某种可能的误导，在一流学科评估中一定要避免资源配置的政治化或行政化的倾向，抑制"马太效应"或"名誉的循环"，尽可能地尊重科学和学科发展的自身规律。

除上述两种困境之外，一流学科评估中还会面临着另外两种截然相反的困境。一种是说起来容易做起来难；另一种是做起来容易说起来难。"恰如在阐释和实施、操作等人类行为从理论到实践过程中有'说着容易做着难'的现象，在更深层的文化理论推导和研究上亦有吉尔兹所描述的教人骑自行车之类'做着容易说着难'的相反现象。"① 在一流学科评估中"说起来容易做起来难"是就评估技术而言。"做起来容易说起来难"是就评估理论而言。在理论上，对于一流学科的评估方案，专家和学者也许可以做出严谨而深刻的论述。对于一流学科的成长规律、主要特征、评估的指标体系等复杂问题也可以通过科学的方法加以完美地讨论和解决。但所有这一切都不足以保证评估本身的有效性和科学性，都不能为一流学科评估的顺利开展提供充分的可行性保障。无论如何，现行的所有评估对于学科而言都意味着某种"软暴力"，体现了外界对于学科从业者和学科组织的不信任。现实中在学科自身与评估者之间不可避免地存在着信息的不对称。由于评估理论和技术，评估的科学性和可行性之间存在天然的内在矛盾，如果没有学科自身的积极配合，所有的学科评估在某种意义上都只能是"虚假评估"或"数字游戏"。因为评估理论强调科学性，评估技术注重可操作性；在评估实践中，理论的科学性又让位于实际的可行性。其结果，一流学科的评估就成为那些评估专家和学科从业者的"游戏"以及政府官员和高校管理者的政绩，学科发展的真实状况和存在的真实问题没有人感兴趣，评估的结果从属于政府的政策选择，公众、媒体，甚至学科自身关心的只是评估的结果以及可能由此带来的资源或利益。

---

① 克利福德·吉尔兹. 地方性知识——阐释人类学论文集 [M]. 王海龙，张家瑄，译. 北京：中央编译出版社，2000：54.

第三节 评估何以可能

Carol Weiss 将评估定义为："评估是根据一组显性或隐含的标准，有系统地衡量一项政策或方案的执行或成果，其目的是经由此项工具的使用来改善政策或方案的质量。"① 基于此，一流学科评估也就是根据一组显性或隐含的标准，有系统地衡量一流学科建设政策的成果，其目的是经由此项评估来完善一流学科建设政策，提高一流学科建设水平。一流学科评估中不同的评估往往基于不同的目的，很难比较不同评估之间的优劣。不过，无论何种学科评估，评估目的与学科建设目的之间的契合度都很重要，学科评估服务于学科建设是最基本的原则。如果评估目的偏离了学科建设的目的，或学科建设刻意迎合评估的目的，那么为评估而评估的现象就很容易出现。当然，任何"评估工具的本身总是隐含着一种要达成什么目的的理念"②，要求一流学科评估完全反映学科建设的全部情况也是不可能的。为了避免评估本身被视为一种目的而非手段，对评估工具本身的评估就成为必要。

当前对于一流学科而言，评估既是一种技术，又是一种存在方式。长期以来，大学里的学科作为一种无形学院，是同行能够相互认同为同行的重要场域。"学科明显是一种联结化学家与化学家、心理学家与心理学家、历史学家与历史学家的专门化组织方式"③ 在学科建设的过程中，人们尊重学术权威，追求同行承认。学科的评估通常属于学术共同体内部学术自治的范畴，一般都是各种学科组织自己管理自己的事情，政府无权插手。在自然状态下，学科英雄和学术声誉是一流学科的重要标志。无论是自然科学还是人文社会科学，实践和时间都是人们检验学科水平的最终尺度。实践和时间是人类知识的最公平的评判者，在漫长的历史长河中经过大浪淘沙、千锤百炼，各学科的英雄与学术经典会逐渐在各自学科史上、科学史以及人类的知识史上完成定格。现代以来，大学之外的各种势力越来越多地介入大学的学

① 官有垣，陈锦棠，陆宛苹. 第三部门评估与责信 [M]. 北京：北京大学出版社，2008：6.
② 官有垣，陈锦棠，陆宛苹. 第三部门评估与责信 [M]. 北京：北京大学出版社，2008：9.
③ 伯顿·克拉克. 高等教育系统——学术组织的跨国研究 [M]. 王承绪，等，译. 杭州：杭州大学出版社，1994：34.

术评价和学科评估之中。政府的政策倾向性、媒介与媒体的偏好以及企业的需求等都成为影响评价学者学术成果优劣和学科水平高低的重要因素。与中世纪和近代社会有所不同，现代社会是一个高速变化的社会，凡事强调即时性和显示度。大学里的学科发展和知识积累本是一个漫长的过程，但在今天这样一个强调数字管理的量化的时代，学科的评估不再可能完全交给学者自己，更不能一直留待时间和实践检验。为了满足诸多利益相关者对于学科信息的"饥渴"，评估周期被高度压缩，评估种类也不断增多。今天世界各地各种大学与学科排行榜一年一更新已经成为业界的惯例。客观上，无论大学还是学科都是一个变化极缓慢的组织，一年之内一所大学和一门学科的水平不可能有明显的变化，能够变化的只能是评估的指标和评估结果（一成不变的结果绝对无法吸引人们的眼球）。换言之，今天无论是大学排行榜还是学科排行榜，各类评估多半是为评估而评估。评估的目的只是满足社会各界对于排名信息的市场需要，而不是为了学科本身的发展。此外，无论在理论上还是实践中，评估文化与学科文化都是有冲突的。评估文化是专制的，学科文化是宽容的。评估是要得出唯一的结论，学科发展则允许多样化的探索。评估喜欢拿数字说话，学科更喜欢追逐不可量化的声誉。评估只为学科的成功喝彩，而学科自身发展的历史表明有时失败也是有价值的，甚至于有时失败的价值还要大于暂时的成功。由于评估过程的神秘性以及对保密原则的坚守，学科评估本质上是一种精英主义的和类似"独裁"的理性活动。学科评估过程中，评估者在被评估者面前成为当然的权威。然而事实上那些评估者远不及被评估者对于评估对象更了解。

由于一流学科评估可能涉及外部巨额资源的分配，为了在这种随机的政策性窗口期抓住战略机遇，在一流大学和一流学科的竞争中占据有利的位置，有组织的学术不端和道德失范开始越来越多地出现在各个学科迎接评估的过程中。"不端行为和政治专项拨款同样发端于现代科学对大量资源的需求和激烈的竞争压力，而且，每一个均对科学的自我管理提出了挑战。研究不端行为表明，科学可能并非如同它主张的那样是利益无涉的，也不是一项自我管理的事业。这种认识削弱了公众对科学的信任和承诺，并产生了监督和控制的新机制。政治专项拨款将某些资源分配决定从科学共同体转向了政界，因此对科学引导和管理自身的能力提出了挑战。"① 无论国内还是国外，在各学科激烈竞争政府一流学科建设专项拨款的过程中，大学内的学术不端行为不可避免地被错误的政策导向所激励。而且由于这种失范是有组织的，具有高度隐蔽性，短暂的评估过程中有时很难被发现，从而导致评估本身极有可能失去公正性和合法性。由于评估时间的限制，评估者面对的更多的是被评估学校和学科整理好的一流的文本，文本的技术性处理可以抹掉很多文本背后不想呈现的东西。

为了尽可能地避免由评估可能带来的道德恐慌和学术不端，在评估技术的选择上以及评估机制的设计上有很大的弹性空间。在一定要评估的前提下，评什么与如何评就至关重要。现代大学里学科建设涉及的范围十分广泛。无论是第一阶段的评审还是第二阶段的绩效评价，可选择的评估对象和评估方法都很多。一流学科评估过程中是评估总量还是评估增量？是重教学还是重科研？是论成果还是论条件？是看其投入还是看其产出？是讲数量还是讲质量？是重规模还是重效率？是强调效果还是强调效率？是注重绩效还是注重水平？一流学科评估到底是评学科的过去、现在还是评未来？所谓的一流学科是相对的还是绝对的？比较学科水平高低的参照系多大为宜？学科发展的时滞性和评估的时间窗如何确定？一流学科成果的常规性、可预期性与不可预期性的关系是什么？等这些都直接影响最后的评估结果。在确定评估的对象以后，怎么评也同样重要，甚至更为重要。在选择评估方法的过程中，除了评估技术与理念的冲突以及评估目的与手段的倒置以外，评估的过程是务虚还是务实？评估的方法是定量、半定量还是定性？评估的结果是线性排序还是非线性排序？评估的目标是选优还是去劣？评估的性质是诊断性的还是战略性的？对评估的对象是分层还是分类？具体评估者是以学科同行为主还是以评估专家为主？评估组织者是政府部门还是中介机构？等一系列问题同样错综复杂。面对这些复杂的甚至是难以解决的问题，在一定要评估的大前提下，如果评估的组织者没有科学严谨的态度和先进的理念，在具体实践中有时只能是"快刀斩乱麻"，为评估而评估极有可能会成为一流学科评估的新常态。

---

① 达里尔·E. 楚宾，爱德华·J. 哈克特. 难有同行的科学：同行评议与美国科学政策 [M]. 谭文华，曾国屏，译. 北京：北京大学出版社，2011：118.

应该说，对事物做出评价是人的基本能力，但将评估发展成为一门专业性活动则是人类对于自己理性的过分自信，甚至是自负。无论是学科还是大学，事实上都是很难进行评估的。对于大学而言："排名的不完善主要体现为以下九个方面：（1）导向偏离的恶性循环；（2）资料及指标所特有的不完善；（3）'质量'认同的缺失；（4）强国教育文化的潜在影响；（5）排名的系统性偏见；（6）对总体的偏好；（7）鼓励并推动资源及优秀品质的集中；（8）强化并导向高度层级化的教育体系；（9）损害了精英教育。"① 对一个复杂的系统或一项复杂的学术活动，任何一种评估都不可避免地存在削足适履的问题。任何一个一流学科都绝不只是一个单纯的知识生产机器，同时也必然是一个文化的共同体。在理论上通过理性设计我们可以为一流学科评估提供各种理想的范式或技术手段，但实践中却很难真正实施。在实践中通过制度建构可以对一流学科进行各种评估，但对其评估的科学性却很难说得清楚。因为对于那些真正的一流学科的精神层面的东西，人类的理性有时很难把握。其结果，一流学科评估的结果往往取决于对学科可量化部分的评估指标体系的设计。因此，评估结果也仅对评估指标体系本身负责，离开了具体的评估指评体系就无法证实学科之间确实存在着优良中差。此外，理论上学科与学科之间的可比性也很成问题。同一学科的国际可比性，不同学科间的学科差异性等在理论上都仍有很大的争议。人类的理性是有限的，在一流学科的评估问题上尤其如此。无论选用何种科学的评估方法、设计出如何完善的评估制度与指标体系，也无论组织多少顶尖的评估专家、邀请多少资深的学术同行，一流学科评估都应是不得已而为之的事情，绝不是越多越好。任何一所大学里都会既有强大的学科也会有弱小的学科。但不同学科之间的地位并非固定不变的而是会随着时间而改变。因此，一流学科的评估必须有足够的前瞻性。由于学科间相互影响的普遍存在且难以测量，仅仅将评估中心从大学下降到学科还是不够的，评估过程中必须尽可能地注意那些一流学科成长的学科生态环境。"今天，科学中许多激动人心的事件是在学术院系和传统学科之缝隙发生的，是在研究所、中心、跨学科计划和新兴的院系及领域中发生的。一个一流的物理系可能受益于一个较低级别的化学、地

---

① 乌尔里希·泰希勒. 迈向教育高度发达的社会：国际比较视野下的高等教育体系 ［M］. 肖念，王绽蕊，等，译. 北京：科学出版社，2014：199.

质学、天文学、考古学、生物学、数学、计算机科学系，并且可能因为与这些相关领域的分离而消亡。支持和开发'卓越尖子'而排斥大学的其他部分的政策，可能毁坏新尖子建立于其上的基础。"① 由此可见，一流学科评估远比我们想象的要困难得多，"末位淘汰"一定要慎之又慎。由于学科体系的高度复杂性以及学科知识的高度不确定性，人类的理性对此可能根本难以把握。现在之所以各种机构都能够轻而易举地进行学科评估，恰恰是因为我们还未充分意识到学科评估本身的复杂性，甚至是以行政的便利性和强制性代替了理论的严谨性和科学的有效性。其结果，当前对一流学科的评估往往为政治或行政所主导，学科专家处在附属的地位。一方面，由于彼此的不信任，评估组织者、评估专家、高校行政管理者、政府官员以及被评学科的带头人和团队成员对于学科评估都有抱怨；另一方面，由于利益链条的存在，各方又需要"合作"和"共谋"以争取双赢或多赢。

在一流学科评估过程中，政府官员和评估组织者会认为评估结果应当成为政府资源投入的主要依据，高校管理者和学科从业者则认为赢得评估是获取资源的有效途径。在此背景下，高校与政府，评估者和被评学科间的合作或妥协成为必然。和其他事情一样，对于学科评估有规则就有例外，有成功就有失败。对于被评学科在"一流"的争夺中无论成功还是失败，时间和精力的付出都是必需的。面对这种不可控的结果，一流学科评估本身有时会成为各方争议的焦点。当然，争议本身并不必然就是坏事。有原则的争议绝对好过无原则的妥协。在一流学科评估或同行评议过程中"如果政治家对科学必须独立于政治控制而运作做出让步，或者科学家接受科学必须始终并即时服务于国家目标的话，这就有更多的理由令人担忧，因为，任何一种让步都意味着将带来危险的损失。如果政治家放弃他们引导和监督科学的责任，那么，科学与社会之间的桥梁将会损毁。如果科学家放弃他们科学自治的主张，那么，科学家关于科学的方向与可能性评价所带来的社会收益将会丢失。"② 无论何时，在一流学科评估过程中政治问责性与学科自主性之间都必

① 达里尔·E. 楚宾，爱德华·J. 哈克特. 难有同行的科学：同行评议与美国科学政策 [M].谭文华，曾国屏，译. 北京：北京大学出版社，2011：191.

② 达里尔·E. 楚宾，爱德华·J. 哈克特. 难有同行的科学：同行评议与美国科学政策 [M].谭文华，曾国屏，译. 北京：北京大学出版社，2011：31.

须保持必要的张力。政府出于向纳税人负责以及保证资源配置的科学性，必须对一流学科的建设进行绩效评估，强调效率和问责；大学出于对真理的追求，则必须对于政府的功利主义政策取向时刻保持警惕，力争学科的自治与学术的自由。在一流学科评估的过程中，如果政府与高校、学术与政治公开的合谋那才是最坏的结果。如果学科的发展极力讨好政府的政策取向和国家的意识形态，如果政府部门完全放任学科的自利行为和知识的粗制滥造，那么一流学科和一流大学的建设将成为空谈。

当前随着大学规模的增大，学科的规模也在增大。在某些大学内部一流学科本身就成为一个小大学。在这些像小大学一样的一流学科内部，随着研究成本的上升其对于外部资源的依赖日益强烈。作为大学内部自治的基本单位，今天学科不再是一个自足的和自治的组织，而是逐渐成为一个自利的组织和附属的组织。为了满足组织内部对于外部资源的强烈需求，在一流学科评估过程中学术之外的因素不可避免地掺杂进来。就像有考试就会有应试一样，有评估也就会有"迎评"。最终在各方的努力下，评估极有可能成为一种事关资源和利益分配的面子工程，所有参评的学科都很优秀，各方皆大欢喜。这方面英国高校学科评估过程中的"分数膨胀"就是最好的例子。由于获得优秀等级的学科的比例越来越高，英国最终终止了对于高校的综合性的学科评估，以院校审查来替代。① 最后，需要指出的是，无论任何评估，绝对的公正都是一个神话。任何评估都是情境性的，绝对客观地评估是不存在的。"过分接近真实与过分远离真实都同样会构成通向科学认知的障碍。"② 无论评估专家还是学科专家都是有情感的个体而不是机械的评估工具。在一流学科评估过程中，学科专家的学术专长与学科本身的社会网络相互重叠是不可避免的事实。当然，强调需要理解评估者的主观性和情境性并不意味着可以容忍学科评估中的道德失范和学术不端，更不意味着学术的腐败是合理的。相反，任何严肃的评估活动必须坚决抵制道德失范和学术不端。一流学科评估当然也不例外。除了评估本身的主观性和情境性之外，无论评估专家还是学科专家对于知识和学科本身都还会有自己的学术偏好或趣味倾向。这也会在无形之中影响学科评估的结果。因此，实践中在对于一流学科评估指

① 林晓. 英国高校学科评估的现状分析 [J]. 外国教育研究，2006（8）：58.
② 波丢. 人：学术者 [M]. 王作虹，译. 贵阳：贵州人民出版社，2006：1.

标权重进行分配的过程中必须充分考虑不同学科的不同知识习性（intellectual habitus）。"对学术意义的评判只能由那些具有精湛学识的人来做，他们不仅就某一具体领域现有知识状态来说如此，而且在尚待开发的领域也要如此。"① 一流学科的评估绝不是一项抽象的工作，而是与学者和学科的生活方式和情感方式密切相关的一项具体活动。一流学科评估的成败通常会与评估组织者对于各学科学者生活方式和情感方式的了解程度呈正比。

　　总之，学科评估是学科建设的重要一环。学科评估既要依靠先进的评估技术手段又要尊重学科自身的发展规律。在学科建设过程中科学的评估的确能够起到一定的激励和导向作用，但真正一流的学科绝不全是评估能够评出来的，而是知识与学术长期积淀的自然结果。对于一流学科的评估，应充分尊重科学规律和学科文化的差异，在完善同行评议机制的基础上，谨慎地使用量化评价技术，并及时对学科评估本身进行认真评估，以确保评估是促进而不是妨碍一流学科的发展。在建设世界一流大学的大背景下，一流学科评估既是一项高度复杂的专业性活动，又是学术人生活世界的重要组成部分。一流学科评估既牵涉到政府巨额资源配置的有效性和公正性，也会影响到大学的排名和学科的声誉，更会关乎学者自身的学术发展平台和空间。因此，对于一流学科的评估必须科学组织、精心筹划，尽可能减少学科评估带来的副作用，使一流学科评估促进而不是阻碍一流学科和一流大学的建设。

---

① 米歇尔·拉蒙特. 教授们怎么想——在神秘的学术评判体系内［M］. 孟凡礼，唐磊，译. 北京：高等教育出版社，2011：120.

第二章 学科承认及其价值

一般认为，一门学科的创立与发展主要是学科理智与学科制度交互作用的结果。事实上，作为一种知识体系和社会建制，一门学科的产生、发展与独立与学科共同体内外的承认密不可分，承认是学科认同以及学科主体性形成的必要条件。无论是在自然科学领域、社会科学领域还是人文学科领域，只要试图在大学里建立相应的系科，都需要把承认作为打开学科制度化之门的钥匙。在学科设置与大学建制之间，承认是所有学问分支制度化过程中的"硬通货"。作为哲学、心理学和社会学领域的一个重要命题，黑格尔、马克思、艾里克森、米德等都曾对于承认进行过深入的研究。在前人研究的基础上，法兰克福学派第三代核心人物阿克塞尔·霍耐特完成了承认理论的系统化，建构了承认的哲学。霍耐特认为："实践自我的形成依靠的是主体间的相互承认；在主体认同的形成过程中，存在着三种承认形式：爱、法律和团结；这三种承认形式遵循着以道德斗争各阶段为中介的发展过程的逻辑。"在这三种承认的形式中，爱是一种情感的依附，可以理解为"在他者中的自我存在"；法律属于权利赋予，是"普遍化他者"的结果；团结是共有的价值取向，"可以被理解为一种因主体彼此对等重视而互相同情不同生活方式的互动关系"[①]。和作为社会建制的科学一样，在今天的大学里学科也是一种社会建制，它不再只是研究者个人对于高深学问的"闲逸的好奇"，作为一种社会建制，学科镶嵌在特定的高等教育系统和社会结构中，其承认的过程也受到源于政治、经济、社会以及学科共同体自身诸多因素的影响与制约。现代社

---

① 阿克塞尔·霍耐特. 为承认而斗争 [M]. 胡继华，译. 上海：上海人民出版社，2005：135.

会中学科的承认已不再局限于学科理论体系的建构与学科的制度化过程，学科共同体外部对于学科的重视越来越成为一个学科能否获得承认的重要方面。参照霍耐特关于承认类型的划分，学科的承认也可以分为三种形式：（1）学科共同体内部的同行承认，即学科同行对于本学科的忠诚或者爱；（2）学科共同体之间的局外人承认，即学科共同体之间以尊重为原则，通过互动与交流而达成的权利的承认；（3）学科共同体外部的社会承认，即社会对学科价值的重视的承认。上述三种承认形式中，学科的忠诚或对于学科的爱反映了学者对于学科的情感依附；学科的相互承认与尊重体现为权利的赋予；学科的社会重视则是以"共有的价值取向"为基础对于学科成就的评估与认同。

第一节 学科内部的同行承认

一个学科最先获得的承认通常来自本学科的从业者，即学科内部的认同。所谓学科认同，即以学科为标识同行相互认同为同行。学科史上，一个学科的创立一般都是由一些学科英雄和一系列经典文本所共同组成。在学科开创者做出开创之举以后，追随者能否相互认同为同行至关重要。一旦新学科的追随者之间互不认同，创立新学科的冲动便很可能会迅速夭折。一个新学科成功创立的标志或一个新学科得到学科共同体内部承认的标志就是在学科英雄的持续努力下，由学科经典文本所展示出的一系列新的理论建构在实践中取得了惊人的成功或强烈的社会反响，以至于能够引起本学科从业者以及其他相关研究者对它的学术忠诚与追随，甚至是偶像崇拜或学术卡里斯玛（Academic Charisma），并逐渐产生学科认同感，相互认同为同行，或以此标示自己的学科身份。"物理学家的办公室墙上常常挂着阿尔伯特·爱因斯坦（Albert Einstein）和罗伯特·奥本海姆（Robert Oppenheimer）等伟人的画像；社会学家尽管也尊敬爱因斯坦和奥本海姆，但宁可崇敬马克斯·韦伯（Max Weber）和埃米尔·涂尔干（Emile Durkheim）。画像表示严格和认真，鞭策后来者追随奠定观点和标准的先驱们。"① 一个学科创立成功以后，学科

---

① 伯顿·克拉克. 高等教育系统——学术组织的跨国研究［M］. 王承绪，等，译. 杭州：杭州大学出版社，1994：87.

英雄们的学术权威和感召力对于学科同行的情感认同虽然仍很重要，但学科后继者对于本学科的认同将主要通过作为学科规训重要组成部分的人才培养计划来实现而不再是主要依靠学科创始人的个人魅力。科学共同体中，虽然每一个学科的学者都渴望能够得到其他学科学者的普遍承认，但学科内的同行承认无疑是一个学科学者获得学科外部承认的前提和基础。归根结底，一个学科的学者主要还是和本学科内的学者相互交往。如果没有学科内部同行之间的相互认同以及对于本学科的忠诚，就谈不上学科外部的学术尊重和社会重视。一个分裂的学科，绝对无法形成学术共同体，也就无法得到任何形式的学科承认。在社会科学学科制度化的历史上，心理学、地理学、法学以及教育学都曾经面临过学科承认的尴尬。社会心理学也曾因学科理智与制度的分裂，一直无法取得合法的学科地位。事实上，直到今天在现代大学里由于学科本身在理智与制度上的分裂，心理学、地理学与教育学也都未得到充分的承认。现代社会中科学共同体虽然存在，但不可能统一。"一个科学，多种学科"① 是客观的现实，任何学者在科学共同体中都很难得到普遍的承认。"科学家通过对特殊专业的积累贡献逐渐得到了声望，实际上在相同大学的其他领域和分支学科领域内可能仍然不为人知。"② 与科学共同体的松散相比，学科共同体则比较统一和自足。在学科共同体的内部，一旦学科本身获得承认，不但同行认同学科而且学科也可以为同行提供相互的认同。实践中，每个学科共同体的内部都有一个无形学院，这个无形学院虽然是非正式的、无结构的，但它不受时间和空间的限制，甚至不受文化传统的约束。"很少有哪些现代机构能像学科那样显著地和顺利地赢得其成员的坚贞不二的忠诚和持久不衰的努力。"③ 同一学科的学者即便相距万里、相隔百年仍不妨碍精神的交流、思想的启迪和学术的借鉴。

作为学科内部情感承认的一种形式，学者对于学科的忠诚受很多因素影响。一种情况是在学科人才培养过程中，由于学科规训技术与学科文化的共同作用，使得学科从业者会高度认同本学科的理论框架与方法技术。学科和

---

① 约翰·齐曼. 真科学——它是什么，它指什么 [M]. 曾国屏，等，译. 上海：上海科技教育出版社，2002：33.

② 约翰·齐曼. 元科学导论 [M]. 赵佳苓，译. 长沙：湖南人民出版社，1988：110.

③ 伯顿·克拉克. 高等教育系统——学术组织的跨国研究 [M]. 王承绪，等，译. 杭州：杭州大学出版社，1994：38.

相应的系科成为学科从业者的家。此时学者对于学科的忠诚或爱是为了在精神上能够有一种归宿感和安全感。另一种情况是随着研究的深入，学者对于其所研究的对象会产生一种越来越强烈的路径依赖。正是由于这种路径依赖的存在，对于一个学者而言，换一所大学容易，但换一个学科却会非常困难。此时学者对学科的认同与其说是一种忠诚倒不如说是出于利益考量后的依附。但无论是主动的忠诚还是被动的依附，学者对于本学科的承认都是一种"爱"，即"在他者中的自我存在"。按伯顿·克拉克的说法："学科明显是一种联结化学家与化学家、心理学家与心理学家、历史学家与历史学家的专门化组织方式。"① 正是由于学科共同体内部学科忠诚或者爱的存在，学科才能成为一个共同体，学科才能成其为学科。一个学科如果失去了学科从业者的忠诚，很快就会分崩离析。因此，为了防止学科共同体的分裂，凝聚学科向心力，使本学科尽快得到同行之间的相互承认，库恩的"范式"理论有时会被滥用到学科理论体系的建构上。在库恩的研究中，"范式"原本是科学或学科发展过程中形成的类似研究纲领的一个综合性概念。在某种意义上，"范式"可能反映了一门学科发展的成熟程度，但是"和波普尔的连续的猜测和反驳的模式一样，库恩的范式和反常的模式也符合研究过程的某些特征，但是没有包括引导科学家从事具体研究或把具体研究成果作为有效地来接受的所有思考"②。科学共同体中那些被承认的学科可能都有清晰的"范式"，但反过来绝不是说一个学科只要构建出了逻辑清晰的"范式"或学科理论体系就一定能够得到学科共同体内部的承认。道理虽然如此，但是在学科制度化的实际过程中，情况几乎总是这样："似乎每一个学科都趋向于拥有一个不同的科学'模型'，而这个模型正是根据该学科所感兴趣的那些独有的特征构造出来的。"③ 除了对"范式"的模仿之外，使本学科内部相互认同的另一个途径就是将以物理学为代表的自然科学的理论体系作为本学科的理论原型，以"科学"作为吸引学科同行相互认同的"诱饵"。但事实上，由于这种做法明显忽视了学科间的差异，不但不能达到学科同行相互

---

① 伯顿·克拉克. 高等教育系统——学术组织的跨国研究 [M]. 王承绪，等，译. 杭州：杭州大学出版社，1994：34.

② 约翰·齐曼. 元科学导论 [M]. 赵佳苓，译. 长沙：湖南人民出版社，1988：144.

③ 约翰·齐曼. 元科学导论 [M]. 赵佳苓，译. 长沙：湖南人民出版社，1988：6.

认同的目的，而且还会导致学科制度与学科理智的分裂。历史上，心理学的学科认同或承认就是一个很好的例子。在心理学的学科认同中，有人认为心理学是一门自然科学，因为它具有这种或那种特征。也有人坚决反对此说，坚持认为心理学是社会科学或者人文学科，要使心理学成为一门自然科学，现有的那些特征或是不必要的，或是不充分的。事实上，且不说物理学本身的理论体系是不是完善，即便物理学的科学理论体系真是完美的，也绝不意味着其他学科都必须或可以通过类似的途径建成和物理学一样水平、基于同样逻辑的学科理论体系，并获得充分的承认。

现代大学里实现学科共同体内部学科认同和学科忠诚的最有效手段是学科制度化，大致包括学科文化和学科建制两个方面。学科文化主要是形成规范学科从业者的行为准则体系和职业伦理体系，学科建制主要是完善支撑学科发展的基础结构体系，包括研究机构、学术组织、交流网络、培养计划、基金资助、出版机构等。"体制化过程的最后阶段是使这门学科纳入教育的课程体系。专门研究新学科的教师和学生们把他们自己和在邻近学科工作的同事区分开来，坚持认为他们正在遵循与众不同的智力传统，这种传统只有经过适当训练的、拥有适当学术职位的人才能传授。如果一门新的学科变为一种新的实用职业的基础，那么也许不得不设立一种职业的组织来管理持有证明的专家资格。"① 当然，一个学科实现制度化与获得同行承认的过程远比这种纲要式的叙述要复杂得多。作为院校内部实现学术分工的一种结果，每一门学科实际上都垄断着一定的知识，且占据着相应的系科。"随着学科专业化程度的全面提高，它们为了更清晰地描画自己领域的界限对证书、资格和管辖权也更为重视——这些做法加强了学科的自主权。从某种意义上，它们变得更加自我陶醉。同时它们能够激发强烈的动机和激烈的竞争。"② 由此可见，在一个学科获得同行相互承认的过程中，除了制度化之外还必须伴随着这门新学科知识生产的演进。没有在高深知识探究方面的进展与创新，单单凭借某种制度性安排，新的学科很难真正确立起来。教育学从诞生至今已近四百年，虽然在形式上学科制度完备，依然难以摆脱次等学科的阴影，其主要的根

① 约翰·齐曼. 元科学导论 [M]. 赵佳苓，译. 长沙：湖南人民出版社，1988：138.
② 伯顿·克拉克. 高等教育系统——学术组织的跨国研究 [M]. 王承绪，等，译. 杭州：杭州大学出版社，1994：38.

源就不在于没有相应的学科建制，而是在于教育学本身关于教育的高深知识的生产乏善可陈，从而导致教育学的学科从业者对于本学科缺乏足够的爱与忠诚。相反，单单依赖于学科理智的演进而没有学科制度的依托，新的学科获得承认的概率同样不会很高。历史上，妇女研究很早就有，但妇女学直到很晚才在大学里得以建立就是由于制度化的缺失造成的。学科发展的实践历史可以表明，"19世纪现代学科的涌现，全赖17和18世纪新建制和新践行的发展"①。因此，对于学科内部的同行承认一个比较能够令人满意的解释就是：学科的同行承认是一个认知结构与社会结构、学科理智与学科制度双重互动的过程。

第二节 学科之间的局外人承认

学科内部源于忠诚或爱的同行承认对于学科主体性的形成而言只是一个初级阶段。学科自我意识的形成不但需要同行间的认同更取决于学科间的相互承认。如果说学科共同体内部的同行承认在于塑造学科的主体性，那么学科之间的局外人承认则反映了学科的主体间性。以同行的相互承认为基础，学科的主体性主要强调学科在概念框架、学科理论、方法体系、实践应用以及学科自我认同上进展②，尤其是该学科与其他相关学科的有效区分。与学科内部的同行承认相比，局外人承认方式的提出及其实现既反映了一门学科对于其他学科的依赖，也反映了学科主体性的消解以及对学科主体间性的反思。与学科共同体内部同行之间基于忠诚或爱的学科"认同"不同，局外人"'承认'概念涉及的，不仅仅是个体的道德承认，也是共同体形成的基础"③。学科内部的同行承认通常是学科共同体内部的一种身份识别或学科内部对于学科同一性的共识，强调学科共同体的自我认同。相比之下，局外人承认更加注重学科共同体之间对于学科身份的认可与肯定。"没有以真实成就为基础的明明白白的个人荣誉标准，'学术共和国'就不能有效地运行。

① 华勒斯坦，等. 学科·知识·权力 [M]. 刘健芝，等，编译. 北京：生活·读书·新知三联书店，1999：15.
② 方文. 学科制度和社会认同 [M]. 北京：中国人民大学出版社，2009：3-6.
③ 曹卫东. 从"认同"到"承认" [J]. 人文杂志，2008 (1)：47.

这就是为什么尊重最好来自科学共同体，它通常靠相当于同行评议的程序，其中竞争者的参与保证了合法性和诚意。"① 由此观之，在整个科学共同体中学科地位的提升与学科自主性的张扬需要来自其他学科的尊重与承认。学科理智与学科制度的同一性也需要来自于学科共同体之间相互承认的检验。对于学科而言，局外人的承认绝对不只是一个心理事件，更是一个社会事件。比如，钱钟书先生在《围城》中对于教育学的一个不经意的调侃竟然成了教育学学科地位低下、缺乏局外人承认的经典注解。②

理论上，一个学科如果完全没有局外人的承认就不可能拥有大学的组织建制，毕竟自己称自己为学科是不充分的。大学作为学科的共同体，其组织建制的设立绝不是某个学科自己说了算，而是必须接受相关学科同行的评审。与学科内部同行的爱的承认相比，局外人更加理性，甚至苛刻。"新学科能否诞生，除了人们在界定它时所持的理由是否充分以外，还取决于学术团体怎样理解具体的变化对自身的影响。就学科的合理性而言，在一个美国大学里成立美国研究系可能是正当的。但是，社会学系和历史系可能就不这么看，它们会立即想到这样做会使它们失去一部分学生，并使本系教师的地位受到削弱，因而把这一举动看作危害。"③ 除了利益的纠结之外，学科间的承认有时也不可避免地会受到理性的"傲慢"与"偏见"的影响。大学里那些历史悠久的经典学科对于新兴学科总是充满了不屑。因此，能否得到来自学科间的局外人承认不只是一个学科认知结构或理论体系的问题，还会涉及学科所在社会的科学共同体的认知结构问题和现代大学学科制度问题。尽管如此，没有其他学科的学者的局外人承认，只是自己称自己为学科，那仍然是学科地位低下或学科不成熟的一种表现。在教育管理学科化的过程中，托马斯·萨乔万尼（Thomas Sergiovanni）就认为："由于教育管理领域借用了其他学科如此之多的观点和概念性的知识，因此，它已经变得没有什么基

---

① 约翰·齐曼. 真科学——它是什么，它指什么 [M]. 曾国屏，等，译. 上海：上海科技教育出版社，2002：58.

② 钱钟书先生在《围城》里有这样一句话：工学院的学生看不起文学院的，文学院的学生里外文系的看不起中文系的，中文系的看不起哲学系的，哲学系的看不起社会学系的，社会学系的看不起教育学系的，教育学系的学生没有学生可看不起，只好看不起系里的先生。

③ 伯顿·克拉克. 高等教育系统——学术组织的跨国研究 [M]. 王承绪，等，译. 杭州：杭州大学出版社，1994：220.

本特征了，'失去了对自我的认同，几乎没有或根本没有教育管理是什么、教育管理将要走向哪里，或甚至教育管理为何存在的意识。'"① 在这方面，教育学，尤其是高等教育学也有类似的经验。目前在中国的大学里高等教育学已经被设置成了一个建制意义上的二级学科，在学科共同体内部学科同行相互认同为同行也没有问题，但由于局外人承认的缺失，高等教育学的学科主体性一直没有形成，更不用说学科的主体间性。相反，由于跨学科研究的盛行，甚至否认高等教育学是一门独立学科的声音渐渐成为主流。事实上，高等教育学的跨学科研究并不能成为否定高等教育学作为一门学科的合理性的理由。在局外人承认方面，教育学的情况同样不容乐观，无论是国内还是国外不被其他人文社会科学的学科承认和尊重一直是教育学学科建设中难以突破的瓶颈。在此背景下，教育学学科建设的一个重要动力既是为了获得来自其他学科的局外人承认和尊重，同时也是为了反抗其他学科对其学科地位的蔑视以及共同体内部对其学科身份的否认。

为了说明局外人承认对于学科独立的重要性，再以妇女学为例进行说明。"起初，各种学科排拒关于女性的知识和作为知识生产者的女性，现在女性主义者创造了这种知识，那些学科就扭曲这些研究对象。"② 由于缺少相应的学科建制和必要的学科承认，长久以来很多专门从事妇女学研究的教师只能留在自己原先的学科里。在双重身份和学科忠诚的冲突中，由于建制代表着体制上和专业上的权力，很多妇女学研究者最终大多会选择忠诚于原先拥有组织建制的学科，即归属于大学里已经设置好的传统系科。帕特丽夏·甘波特就认为："同样有损于妇女学体制身份的是，尽管妇女学作为跨系的教学项目已体制化了，但在项目和个人的层面上，学术界都还没有承认女权主义学术作为一种学术行业的合法性。即使在妇女学项目地位得到承认的大学里，反对女权主义学术的情绪，在评价教师个人，特别是做聘用、提升决定时，都公开地表露出来。"③ 由于一直没有得到局外人充分的学科承认，妇

① 马克·汉森. 教育管理与组织行为（第5版）[M]. 冯大鸣，译. 上海：上海教育出版社，2005：3.

② 华勒斯坦，等. 学科·知识·权力 [M]. 刘健芝，等，编译. 北京：生活·读书·新知三联书店，1999：32.

③ 余宁平，杜芳琴. 不守规矩的知识——妇女学的全球与区域视界 [M]. 天津：天津人民出版社，2003：34.

女学在大学里就缺乏体制上的合法性，而体制上合法性的缺失又反过来加剧了学术界对于妇女学作为独立学科的蔑视。即便是在作为妇女学发源地的美国的大学里，相当长的时期里妇女学都无法拥有与传统学科同等的研究身份（research identity）。由于在申请和管理研究基金、评定终身教授等活动时，妇女学缺乏相应的局外人承认和社会重视，这反过来又强化了妇女学的研究者对于原学科或母学科的认同，而不认同于妇女学。其结果，由于妇女学研究者对于妇女学作为一门独立学科缺乏必要的忠诚与认同，妇女学的学科身份和地位不可避免地面临合法性危机。妇女学化解自身合法性危机，实现学科合法化的途径就是争取局外人的承认。它最终的胜利就是在大学里成功建立一些完全属于自己的、学科上独立的科系。"如果没有妇女学中心或妇女系，妇女学学术成果的资源可能也不会枯竭——它的源泉是无处不在——但是，它所创造的许多财富可能会处于边缘地带，因为根据定义，妇女学无法符合旧的、惯用的学科分类。"① 目前随着妇女学研究者对于学科和大学建制运作规律的了解，以及学科共同体间局外人承认的不断增加，在欧美各国的大学里妇女学系的数量正在稳步上升。

通过妇女学和教育学的例子可以看出，在科学共同体之间关于学科承认有时存在着激烈的冲突。任何一个试图在大学里建制化的新学科要想在现有的学科共同体之间得到局外人的承认都不可能是一帆风顺的。学科之间关于承认的冲突在本质是科学场域内承认与蔑视机制发生扭曲的结果。学科承认与蔑视机制发生扭曲的原因很多，有科学意识形态的因素、组织建制的因素也会有学科标准或学科观念的因素。大学里的学科设置是人为规划的结果，与人类知识的应然状态没有必然的联系。"现有的科学知识并不是对现实世界的直接反映构成的，而是由对这个世界的理论解释构成的。理论是我们发明的，并且被我们用来描述和解释这个世界，甚至用来描述和解释用以认识这个世界的观察发现和实验发现。"② 大学的学科共同体之所以会承认一门知识是学科，另一门知识不是学科，允许一门学科垄断某种知识而否定另一门学科的合理性，通常并无客观的科学理由，更多的是受历史和社会因素，甚

① 玛丽莲·J. 波克塞. 当妇女提问时：美国妇女学的创建之路 [M]. 余宁平，占盛利，等，译. 天津：天津人民出版社，2006：46.

② 巴里·巴恩斯. 局外人看科学 [M]. 鲁旭东，译. 北京：东方出版社，2001：89.

至是政治因素的左右。但现实中无论哪种因素主导，科学领域中那些被蔑视的学科往往成为学科共同体中的次等学科，有时甚至于会因此而失去获得独立学科地位的资格。出于对学科蔑视的反抗，为了学科承认而斗争，成为新学科试图建制化和制度化的共同选择。"从历史的角度来看，一旦某一门学科得到了制度化，人们就很难不顾其普遍主义要求在当时所具有的表面上的学术合理性而成功地对这些要求进行挑战。"① 但来自学科间的局外人承认与制度化又绝不是只要努力就可以成功的，局外人的尊重和承认只会投给那些在学科价值和制度化竞争中的胜利者。由于局外人承认的不可控性，有时一门新学科要想实现学科的制度化，甚至只能期待反对派的逐渐消亡。对此普朗克在其自传中就曾感言：一个新的科学真理不是通过说服它的反对者而使其理论获胜，它获胜的主要理由在于其反对者最终死去而熟悉它的新一代逐渐成长起来。相互冲突的学科间的承认也大致如此。"不同的、有潜在冲突的普遍认可的知识，可能会在不同的科学学科中发展起来。科学家们在判断方面、在他们关于什么研究应受到重视的看法方面，有可能会发生冲突，因为他们在工作中所参照的是不同的已被认可的知识。从这种意义上说，科学的统一是虚妄的。很自然地，当看到不同领域的科学知识发生冲突时，科学家们将把他们的注意力转到这个问题上来，并且会设法重新确立一致性。不过也应当注意，尽管所有不同的科学领域都要求描述同样的物理实在，但是从来就不存在任何这样的事先保证，即它们所能做出的所有各种各样的描述将是彼此一致的。"② 今天在现代大学里以女性主义为代表的后现代主义科学与大学里的传统科学之间相互蔑视、互不承认就真实地体现了学科共同体之间局外人承认的困境。在这种扭曲的承认与蔑视机制中，后现代主义者认为：所谓的科学知识是历史和社会的产物，所谓的学科都是一种文化建构或权力建构的结果，是一套可能充满了偏见的约定（conventions）或措辞，并直接怀疑学科划界的合理性与可能性，断言科学的世界里只有权力没有真理。"（后现代）在各种学科内部开拓疆域，与此同时，（后现代）理论风格还打破了学科之间的体制壁垒。大学里'交叉学科研究'的发展和非学术性

① 华勒斯坦，等. 开放社会科学［M］. 刘锋，译. 北京：生活·读书·新知三联书店，1997：53.
② 巴里·巴恩斯. 局外人看科学［M］. 鲁旭东，译. 北京：东方出版社，2001：92-93.

的创新领域对'交叉性'工作所产生的浓厚兴趣，都是该理论日益普遍化的表现。"① 作为对后现代主义科学观和学科观的反驳，现代大学里以经典学科为代表的那些传统科学的研究者则认为，"科学知识在理性是可靠的，学科是建立在完善的方法论基础上的"。他们对于后现代主义学术思潮的批判同样也不遗余力。在大学里那些经典学科看来，所谓的后现代主义科学观与学科观不过是令人讨厌的"学术左派"所恶意炮制的"高级迷信"。那些传统科学和学科制度的坚定捍卫者认为："尽管后现代主义不可一世地宣称：主流知识型出现了'范式转变'和激进突破，然而，在大多数严谨的学科中，科学实践仍旧一如既往地发展着，其前进主要受学科内部的逻辑以及不可改变的客观现实状况所驱动。"② 时至今日，现代大学里学科的现代主义与后现代主义间的冲突仍然没有和解的迹象。传统学科与现代学科，古典学科与新兴学科在承认上的冲突仍然存在。

尽管学科间由于这样或那样的原因，想要获得局外人承认有时比较困难，但是作为学科承认的一种重要形式，学科的局外人承认又是不可或缺的。无论何时，无论何地，也无论任何学科，自己称自己为学科都不是一个充分的判断。19 世纪以来，大学学科制度化的历史表明：化解学科冲突，实现相互承认的有效渠道就是加强学科间的互动与交流。新学科在实现制度化的过程中，在坚持学科自主权的同时，加强与其他学科的互动与交往是新学科获得局外人承认的一个重要的途径。"新的领域几乎总是需要在旧领域里有一些强有力的朋友。一般说来，它们非得到这样的认可不行，即它们和现有学术领域的定义并行不悖，它们所研究的知识内容和分析方法必须被邻近学科的人视为具有学术性。新兴领域只有逐渐取得合法性，才能逐渐形成自己的力量。"③ 只有通过学科间的互动与交往，以交往理性为基础，学科共同体的内部才会形成相互依赖，学科间才会产生对于彼此间平等学科地位的认知与尊重。与学科内的同行承认相比，学科间的局外人承认既是决定新学科

---

① 保罗·R. 格罗斯，诺曼·莱维特. 高级迷信：学术左派及其关于科学的争论（第二版）[M]. 孙雍君，张锦志，译. 北京：北京大学出版社，2008：85.

② 保罗·R. 格罗斯，诺曼·莱维特. 高级迷信：学术左派及其关于科学的争论（第二版）[M]. 孙雍君，张锦志，译. 北京：北京大学出版社，2008：93.

③ 伯顿·克拉克. 高等教育系统——学术组织的跨国研究 [M]. 王承绪，等，译. 杭州：杭州大学出版社，1994：249-450.

合法性的重要方式，也是学科间互动的必然结果。"即使是那些最孤独、最特异的纯粹科学家，实际上也不是'纯粹的真理追求者'。他们对于知识的贡献很少是由完全互不依赖的单独个人做出的。他们在研究中常常密切合作，几乎总是把他们自己与看成是某个学术性学科及其相应的科学共同体的成员，也就是说，他们相当清楚地意识到他们作为科学家之间的社会互动。"① 因为没有交往就没有认知，没有认知就没有对于彼此重要性的感受，没有对于彼此重要性的感受就不可能以学科承认的方式对于彼此的合法性提供有效的支撑。大学里学科相互竞争归根结底正是为了谋求相互的承认。只有通过各学科的知识行动者的积极互动，学科的普遍性与特殊性才能在学者阶层和学科共同体间得到相互承认。总之，互动是获得局外人承认的必要过程，没有互动就没有相互承认。

第三节　学科之外的社会承认

学科共同体内部的同行承认基于情感的依附，体现了学科从业者或学科同行对于本学科的爱；学科共同体之间的局外人承认基于权利的赋予和理性判断，体现了整个科学共同体对于学科规范体系及其支撑结构的一种认可与肯定。在学科制度化的过程中，学科共同体内部的同行承认与学科共同体之间的局外人承认共同构成了学科承认的双元结构，这两种承认的形式一起共同奠定了一门学科合法性的基础。学科合法性本质上就在于对学科共同体的承认，包括学科自我承认和学科间的相互承认。应该说，学科共同体内部以及学科共同体间的承认反映了学科的知识属性，但是作为一种社会建制，学科不仅具有知识属性还具有社会属性。学科的社会属性以知识属性为基础，但又不同于知识属性。学科的知识属性要求学科内以及学科间的承认，学科的社会属性则需要学科外的社会承认。学科的社会承认以学科内的同行承认和学科间的相互承认为基础，但又不同于这两种承认。与情感和理性的标准不同，所谓学科的社会承认主要是以学科的成就和贡献为标准对学科在高等

---

① 约翰·齐曼. 元科学导论 [M]. 赵佳苓，译. 长沙：湖南人民出版社，1988：13.

教育系统，甚至在整个社会结构中的地位进行价值评估与区分。在价值的维度上，学科共同体远非平等的典型，不同的承认形式和不同的承认程度导致学科共同体内部等级分明。如果以科学性作为标尺，其基本状况可概述如下："硬科学家（hard scientists）给出的是切实可靠的知识，并能进而建构出坚实的理论；而历史学家据说能提供可靠的事实性知识（前提是必须坚持清楚明白的方法），但这种知识常常会被大量无可证实的臆测玷污；经济学家在方法上冷峻严格，但其假设相对于现实世界来说，却是一种危险的甚至常常是致命的过度简化；然而在其他社会科学中，却始终是由印象派式的描述和主观意向性的阐释占据着统治地位，尽管它们会为自己披上精致的统计数据外衣。社会科学家们所表现出的理论化程度越高，其受尊敬的程度就越低。处于最底层的是文学批评，这门学问向来被看作是一种高度费神的鉴赏活动，也许很有趣、很有价值，但其主观性也达到了无可救药的程度，因而在这一认识论竞技场上也就永无出头之日。"① 由此观之，在高等教育实践中无论学科共同体内部还是学科共同体之间都是高度分层的，社会承认的存在从外部强化了学科的等级性或层级性。与其他社会组织科层化的制度安排不同，学科内与学科间的分层并无正式的制度体系而是依靠松散结合在一起的学科精英通过潜规则来完成。即便是以重视为核心的社会承认对于学科等级的暗示也只能是象征性的而非强制性的。毕竟对于平等的追求仍然是学科共同体的理想。今天的大学，在追求学术平等和学科平等的前提下，学科内部的等级体系或层级体系主要根据学科自身的学术成就来划分，学科间的等级体系或层级体系则取决于不同学科的精英人物对于整个科学共同体的贡献。

虽然有学科等级制的存在，但实践中在同行承认和局外人承认的基础上，各学科共同体为了能够受到更大的重视，获得更大程度的社会承认，以争取更大的学科荣誉与学科声望，彼此之间永远存在激烈的价值竞争和利益冲突。"由于本质上它们按照同样的标准予以评估，对资助的竞争强化了对科学承认的竞争。"② 既然是价值竞争且有利益冲突，在争取社会重视和经费

① 保罗·R.格罗斯，诺曼·莱维特.高级迷信：学术左派及其关于科学的争论（第二版）[M].孙雍君，张锦志，译.北京：北京大学出版社，2008：13.

② 约翰·齐曼.真科学——它是什么，它指什么[M].曾国屏，等，译.上海：上海科技教育出版社，2002：92.

资助过程中，就只可能有一小部分学科得到了高度重视和社会承认，大部分学科将在学科间的价值竞争中失败，利益受损。虽然那些得到高度重视的中心学科并不一定比没有得到社会承认的一般学科拥有更多的制度性权力，但是他们通过政府部门或社会其他领域不公平的资源配置和权利赋予还是可以获益匪浅。由于社会承认具有高度象征性，获得社会重视的学科很有可能成为大学内部的知识权威或符号霸权，从而对其他学科的生存与发展产生直接或间接的影响。正是由于社会承认的存在及其可能给学科发展带来的巨大利益，历史上，很多学科都曾经试图通过社会重视跃居学科共同体的中心学科或带头学科，并成为整个科学共同体的领袖。所有学科中哲学最先获得成功，被誉为科学的科学。物理学稍后成为人类所有知识分支的典范。再次生物学帝国主义席卷整个科学共同体。具体到社会科学领域，先是历史学，后有社会学，现在是经济学，学科帝国主义的阴影至今尚存。在全力争取社会承认的过程中，有成功者也就有失败者。作为对学科知识属性承认的自然延伸，在得到学科共同体内部以及学科共同体间的承认后，为了能够获得进一步的社会承认，很多学科往往会自觉不自觉地夸大本学科在知识生产与社会发展中的作用，并选择通过宏大理论体系的建构谋求学科研究范围的全面拓展以及对各种社会需要的虚假满足。在这方面，历史上社会学就曾经是一个反面典型。如默顿所言："正因为社会学不断积累的知识能否满足决策者、改革家和反对派、商人和政府官员、大学校长和大学生即各界人士的要求还是个未知数，社会学家才采取自卫，狂热地坚信：无论社会学的知识多么不完善和多么虚夸，都必须责无旁贷地满足这些需求。这种信念是错误地假定：一门学科必须能满足一切需求，无论这需求是明智的还是愚蠢的。这实际上是一种亵渎圣明甘愿受罪的假定——认为一门学科可以像上帝那样无所不知，无所不晓，似乎承认认识中还有未知数就等于承认全然无知。因而经常出现这种情况，一门学科羽毛未丰，其代表人物就虚妄地宣称，自己完整的理论体系可以解决本学科中的一切问题。"① 某种意义上，社会学帝国主义的"失败"具有必然性。伯顿·克拉克认为，学科中心性质的帝国主义只能出现在前现代大学或欠发达的高等教育系统中。"在现代体制中，校园里或

---

① 罗伯特·金·默顿. 论理论社会学 [M]. 何凡兴，译. 北京：华夏出版社，1990：67.

系统中没有一门学科能够获得统治其他学科的地位。学术系统与其说是从一种观点看世界的专业人员紧密结合起来的群体，不如说是许多类型专业人员的松散结合。"① 现代大学里虽然仍不乏"显学，"但科学共同体中任何一个学科的帝国主义企图最终都将破产。

根据历史唯物主义的基本原理，无论一门学科的历史多么悠久，也无论这门学科曾经有过多么辉煌的历史，都改变不了学科本身作为一种社会建制只是被承认的学科这样一个客观的事实。虽然学科承认总是基于一定的条件或标准，但是无论何种形式的承认，都改变不了学科制度建立过程中的历史偶然性。"科学总是把人置于某个可信性的等级制度之中，以便对知识的主张进行过滤，并且忽略那些可能性不大的知识。"② 因此，无论是科学还是学科，作为一种社会建制，其价值永远都与时代精神密不可分。实践中，学科之间虽然会有等级差异，但学科等级又绝非恒久不变；社会承认的标准不同，受到重视的学科也就不同，学科等级秩序也不相同。苏联学者凯德罗夫认为："科学发展中有一条重要规律，即科学各学科的发展不是齐头并进的，而总是有一门或一组学科作为先导走在前面，它们对其他学科的发展都有引导和推动作用。他认为，科学史上，第一个带头学科是力学，带头时间为200年；尔后由化学、物理学和生物学一组学科带头，带头时间为100年；继之由微观物理学代替，带头时间50年，然后以控制论、原子能科学和宇宙航行学等一组学科带头，时间为25年。他预计，下一个带头学科是生物学，带头时间为12-13年，然后是以心理学为中心的一组学科带头，时间为6年左右。由此可知带头学科更替是加速的。"③ 与之类似，李泽厚也曾认为："如果说，对人类宏观历史的把握在19世纪成为哲学的真正背景，出现了像黑格尔、马克思、法国社会学派、英国人类文化学派等大师或思潮；与此相应的是社会革命和民族独立浪潮开始兴起的话；如果说在20世纪，西方哲学为语言学所统治，以维特根斯坦为标志，人们力求从语言来探求人或人的本质，与此相应的是逻辑—控制论科技工艺的发展的话；那么，下个世

① 伯顿·克拉克. 高等教育系统——学术组织的跨国研究 [M]. 王承绪，等，译. 杭州：杭州大学出版社，1994：40.

② 巴里·巴恩斯. 局外人看科学 [M]. 鲁旭东，译. 北京：东方出版社，2001：72.

③ 董毓. 科学的自我反思——理论科学学漫话 [M]. 武汉：湖北人民出版社，1987：109.

纪与生理学、遗传工程等的充分发展相适应，教育学、心理学将继历史学和语言学走上哲学的祭坛。无论是维特根斯坦或解释学（伽达默尔），今天都已经从语言走向生活、实践，正预示着这一点。所以，不是如哈贝马斯把教育作为推行政治改良的途径，也不是如马尔库赛把审美作为政治革命失败后的避难所，中国的马克思主义将在论证两个文明建设中，把美学——教育学即探究人的全面成长、个性潜能的全面发挥作为中心之一。"① 在《世纪新梦》一书中，李泽厚更是认为，"教育学——研究人的全面生长和发展、形成和塑造的科学，可能成为未来社会的最主要的中心学科"②。由此观之，在学科外部社会承认的价值竞争中，绝对没有永远的胜利者，中心与边缘都是暂时的，带头学科与跟随学科也是不断变化的。

第四节 学科承认的价值

学科内部的同行承认是一种学科的自我认同，是学科自身对于本学科从业者的一种学科规训；学科之间的局外人承认是一种权利的赋予，是学科共同体之间基于高深知识的普遍性原则和平等关系而达成的一种相互尊重的心理和社会契约；学科共同体之外的承认是一种社会重视，它强调学科的贡献，凸显学科的重要性。社会对于某一学科的重视与该学科的社会荣誉和社会声望紧密相关。对于一门学科的形成，过去通常强调其自主性以及学科内部的自我认同。一门学科的形成除了学科共同体内部的共同努力之外，也绝对离不开学科之间权利的承认以及学科之外源于社会重视的学科承认。高深知识的学科制度化绝不仅仅意味着相应知识行动者群体进行学科建构的权利，而且意味着相关研究对于整个科学共同体或学者阶层的一种责任和义务。任何一门学科既是本学科从业者的学科也是所有知识行动者的潜在领地。任何一门学科既为本学科的从业者提供了相互认同的符号资本也为所有其他学科的学者进行学术探索提供了无限的可能。

今天的大学里高深学问对于学科地位的诉求，一种是为生存而斗争，另

① 瞿葆奎. 教育学文集（教育与人的发展）[M]. 北京：人民教育出版社，1993：114-115.
② 李泽厚. 世纪新梦 [M]. 合肥：安徽文艺出版社，1998：17.

一种是为承认而斗争。在我国大学目前的学科专业制度之下，诸多学科的制度化主要是为生存而斗争的结果。而在西方的大学里，二次世界大战以来的学科制度化思潮则主要是知识行动者为承认而斗争的策略。在学科"为承认而斗争"的过程中，学科自我意识的形成至关重要。在自我意识萌生的初级阶段，学科的承认通常来自本学科的从业者。为了能够实现学科的自我认同，本学科的从业者通常会有意无意忽视其他相关学科的存在，或者有意抬高本学科的重要性，贬低相关学科的重要性。在高等教育实践中，学科的这种唯我独尊的"欲望"会导致学科"帝国主义"。学科自我意识发展的第二个阶段就是明确了本学科的存在有赖于其他学科的承认，即学科的主体间性。学科的主体间性表明，否定了别人也就否定了自己，只有在相互承认中学科才能实现其自身的价值。如果没有其他学科的承认以及本学科的被承认，单纯的学科自我认同所带来的只能是欲望支配下的学科幻象或幻想，孤立而封闭的学科自我膨胀是不真实的，也是没有意义的。学科自我意识的最高形式是超越"自我"，即超越学科在当下的知识存在，接受学科之外社会领域对于学科的价值评判。学科必然是被承认的学科，也必须是能够给予其他学科相应的承认的学科。这是学科本身所固有的含义。学科被承认的过程也就是学科合法化的过程。学科给予其他学科承认的过程也是输出学科影响力和建立学科声望的过程。一门学科如果没有被承认，学科内部必然会面临学科认同的危机。一门学科如果不能给予其他学科承认，本学科的发展很容易故步自封，学科声望难以建立，社会重视也就无从谈起。

无论在国内还是国外的大学里，学科承认都既是对于学科角色表现的认可也是学科这种组织建制得以正常运转的"能源"。首先，学科通过承认机制实现了制度化，制度化又增进了这种承认。其次，学科是一个相对自足和自主的知识系统，学科共同体内部的成员是当然的同行，彼此既是运动员也是裁判员。最后，在学科共同体内部以及学科共同体之间基于荣誉的分配会发展出以承认为核心的奖励系统。不同学科的学者为了能获得学术共同体的认可，必须遵循科学共同体的相关规范，公开发表自己的科研成果，并接受学术界的共同评判。由于学科共同体中承认机制的存在，一个学科如果得不到适当的承认就会导致该学科内优秀的学者向其他相关学科转移，甚至是退出学术职业；与之相应，在争夺天才学生的过程中，一个得不到适当承认的学科也会失去竞争的资格或竞争失败。一门长期得不到学科共同体以及社会承认的学科就会沦为一种次等学科，次等学科的刻板印象又会对该学科的发展造成不可逆转的消极影响，进一步加剧其次等学科的地位。

今天的大学里，学科共同体已经成为科学共同体的代名词。一种科学，多种学科，凡是科学均会归属于某个具体的学科，凡是学科也都会以理性为基础强调本学科的科学性。大学里没有抽象的科学，只有具体的学科。一门科学要想在高教系统中存在就必须以学科的形式获得种种承认，能否以学科的形式得到学科同行的承认甚至会成为社会判别相关科学研究有无价值的重要标准。今天的大学已经彻底演变成了一个以学科为基础的大学，通过不同形式的承认机制，这种学科式的大学将知识学科化，赋予不同学科的学者以各类专家的身份。由于大学教育的规范化作用，今天的社会赋予学科专家和学科专门知识的地位，就如同 19 世纪以前在西方世界人们曾经承认牧师和宗教教义所拥有过的地位。以承认为基础的学科制度以及以这种制度为基础的大学制度为人类知识的进步做出了重要贡献。当前作为知识分化的一种重要形式，如何利用和控制学科的制度化是一个长久的问题。在从学科制度走向跨学科制度的过程中，如何处置近代大学流传下来的这份制度遗产将是现代大学发展中的一个难题。

总之，对于学科而言，承认有三种基本形式，即爱的承认、权利的承认和重视的承认。爱的承认是学科共同体内部学者对于学科的忠诚，这种承认是本学科从业者对于学科的一种情感承认；权利的承认是在科学共同体内各学科间对于学科地位的相互尊重和认可，这种承认是科学家或学者阶层间对于彼此志业的理性承认；重视是学科共同体外部对于学科的社会承认，这种承认是学科之外的社会领域对于学科声望与学术贡献的价值承认。上述三种不同的承认方式中，学科同行的认同与忠诚是学科获得承认的基础，其他学科共同体的尊重则是一门学科通过社会承认获得学科荣誉和提升学科声望的前提条件。

第三章　重点学科及其制度

重点建设是我国大学学科建设的根本制度之一。自 20 世纪 80 年代以来，通过国家重点学科建设制度的设立，我国大学的办学水平和学科水平得到了显著的提高。但随着大学内外部条件的变化，以选优为导向的重点学科建设制度对我国大学的学科发展造成了消极的影响。在重点学科建设制度框架下，少数重点学科一枝独秀，而多数的非重点学科则在低水平徘徊。其结果，由于制度的原因，同一个大学里的学科发展水平差异极大，学科之间"马太效应"日益明显，不利于大学整体水平的提升。为了缓解这种学科建设的困境，对于我国大学重点学科建设进行制度分析以寻求变革路径十分必要。

第一节　重点学科建设的制度特征

在我国重点学科建设是历史的产物，是我国高等教育重点建设政策的重要组成部分，是"选优"思维的集中体现。长期以来，伴随重点学科建设从国家层面向省级层面、校级层面的延伸，并日益的制度化，重点学科建设本身已演变成了我国大学学科建设的一项基本制度。作为我国大学内部知识生产制度的一个重要组成部分，作为大学科研工作的龙头，我国重点学科建设具有政策性、层级性和封闭性等明显的制度特征。

本章由朱青、王建华合作撰写。

一、重点学科建设的政策性

20 世纪 80 年代以来伴随着高等教育重点建设政策的不断推进，重点学科建设已经成为我国大学学科建设议程上的首选项。这一方面是基于大学对国家重点学科建设的高度重视，另一方面也是受国家整个高等教育重点建设政策的影响。随着近年来"2011 计划"的提出，"我国高等教育重点建设战略已开始从单位制到项目制的战略转型"①，但本质上重点建设这一思路本身并没有发生根本性变化。虽然国家重点学科的行政审批已经撤销，但由于路径依赖的存在，如今在我国大学里，重点学科建设已经与"211 工程"、"985 工程"和"2011 计划"等政策一起构成了我国高等教育重点建设政策体系。

（一）国家对重点学科建设的政策引导与驱动。我国大学重点学科建设的政策性，首先体现在国家对重点学科建设的政策引导与驱动。三次国家重点学科的评选都是文件先行，政策驱动，并由行政命令作指引。如 1987 年由原国家教育委员会颁布的《国家教育委员会关于做好评选高等学校重点学科申报工作的通知》和《关于评选高等学校重点学科的暂行规定》等文件；2001 年教育部颁布的《关于开展高等学校重点学科评选工作的通知》和《高等学校重点学科评选办法》等文件；2006 年教育部颁布的《关于加强国家重点学科建设的意见》、《国家重点学科建设与管理暂行办法》等文件。国家教育行政部门通过下发政策文件和评选高等学校国家重点学科的通知，并规定国家重点学科遴选的范围、条件、原则及方法；明确重点学科建设管理的主体及其职责等内容，给予我国重点学科评选与建设方向性的引导与建议。在国家教育行政部门下发政策文件之后，高等学校与重点学科评选工作的相关部门就会按照政策文件的指导精神与条件要求开展国家重点学科的申报、评议与审核工作。最后再由国家教育部门下发通知，公布国家重点学科名单。1986—1987 年开展的第一次国家重点学科评选工作是对国家重点学科建设政策的初步尝试，使重点学科由无到有；在 2001—2002 年开展的第二次国家重点学科评选工作是对国家重点学科建设政策的进一步深化，到 2006 年第三次国家重点学科评选工作开展之时，我国重点学科建设政策已经作为一项正式的高等教育重点建设政策在

① 李福华. 从单位制到项目制：我国高等教育重点建设的战略转型 [J]. 高等教育研究，2014 (2)：33.

学科建设领域运转实行并通过制度化被固定下来。很多大学里都设有专门负责重点学科建设的"学科办"。经过三次国家重点学科的评选，目前我国重点学科建设制度已形成相对固定的模式，即国家政策文件先行、具体部门开展重点学科评选工作在后、最后由国家教育部门审核批准并下发文件确认重点学科名单的合法性，并给予相应的资助。

在国家重点学科建设制度的框架下，省级重点学科建设政策实质上是国家重点学科建设政策的自然延伸，同时也是对国家重点学科建设模式的模仿。受国家重点学科评选与建设的影响，省级重点学科建设与国家重点学科建设模式大致相同。由省级教育主管部门下发相关政策文件，制定重点学科评选与建设的方法、原则，再由高校与省级重点学科评选相关部门遵照文件要求开展省级重点学科申报、评议、审核等工作，并最终由省级教育主管部门下发政策文件公布省级重点学科的名单，并给予相应的资助。

（二）高等教育重点建设政策的辐射作用。我国大学重点学科建设的政策性还体现在高等教育重点建设政策对于重点学科建设的辐射。由于是穷国办大教育，资源有限，我国高等教育领域内的重点建设和选优倾向由来已久。早在 20 世纪 50 年代，为了向苏联学习并集中有限资源着重发展有实力的高等院校，我国就开始评选建设重点大学。1954 年 10 月 5 日，经政务院文化教育委员会批准，高等教育部发布了《关于重点高等学校和专家工作范围的决议》，确定中国人民大学、北京大学、清华大学、哈尔滨工业大学、北京农业大学、北京医学院六所院校为全国重点高校。稍后 1959 年 5 月 17 日，中共中央下发了《关于在高等学校中指定一批重点学校的决策》，1960 年 10 月 22 日又下发了《关于增加全国重点高等学校的决定》，1978 年 2 月 17 日，国务院转发教育部《关于恢复和办好全国重点高等学校的意见》[①]。经过几十年的重点大学建设，重点建设的思路在我国高等教育领域内已经根深蒂固。受重点大学建设政策的影响，后来在我国高等教育领域内开展了多项重点建设项目。如在 1984 年由原国家教育委员会组织实施了国家重点实验室建设计划，在教育部、中科院等部门的有关大学和研究所中建设一批国家重点实验室，其中大学是重点实验室建设的主要阵地，这项工作一经开展

---

① 李福华. 从单位制到项目制：我国高等教育重点建设的战略转型［J］. 高等教育研究，2014（2）：35.

便延续至今。1986 年我国开始国家重点学科评选建设工作，至今我国已形成多层次、全方位的重点学科建设格局。此外，我国高等教育领域内的重点专业、精品课程建设等项目也层出不穷。虽然重点大学、重点学科、重点实验室、重点专业等项目建设的内容不同，但它们有着一个共同的本质特征，即突出"重点"，强调"选优"。

我国大学重点学科建设政策与重点大学建设政策有着共同的渊源。1985 年中共中央、国务院颁布了《中共中央关于教育体制改革的决定》，在决定进行重点高校建设的同时也提出要进行重点学科建设，这成为 1987 年教育部启动重点学科点的评选和建设工作的重要依据。[①] 1993 年 7 月国家教育委员会印发的《关于重点建设一批高等学校和重点学科点的若干意见》中提到："根据中共中央、国务院发布的《中国教育改革和发展纲要》和《国务院批转国家教委关于加快改革和积极发展普通高等教育意见的通知》，决定设置'211 工程'重点建设项目，即面向 21 世纪，重点建设 100 所左右高等学校和一批重点学科点。"重点学科建设与重点大学建设首次以"重点建设项目"的方式正式结合起来。1998 年以"创建世界一流大学"为主要目标的"985 工程"正式立项实施，至 2006 年共有 39 所大学入选"985 工程"。"985 工程"所体现的"重中之重"的建设思路进一步强化了我国大学重点学科建设"突出重点"的精神。受此影响，2000 年以后许多省份的省级重点学科建设也开始突出"重中之重"。如江苏省在 2001—2002 年经过专家评审，评选出省"重中之重"学科 11 个；浙江省在 2005 年 3 月遴选出 20 个学科作为省属高校首批"重中之重"学科，给予重点培育和扶持。在学科建设方面 2006 年教育部和财政部开始试点建设"优势学科创新平台项目"，该项目是以国家和行业发展急需的重点领域和重大需求为导向，围绕国家科技发展战略和学科前沿，重点建设一批优势学科创新平台，其建设方式采用"985 工程"科技创新平台建设模式。"优势学科创新平台"项目学校是从属于"211 工程"建设但不属于"985 工程"建设的学校中选择，这一做法实际上是平衡了属于"211 工程"建设的学校但不属于"985 工程"建设的学校的利益。因此，某种意义上"985 工程优势学科创新平台项目"便成了

---

① 张国兵. 高等教育重点建设政策研究 [M]. 北京：北京大学出版社，2010：41.

"211 工程"建设院校与"985 工程"建设院校的"利益缓冲区"。与之类似，在重点学科建设过程中也存在着多种"利益缓冲区"。在各省份重点学科建设过程中出现的"省重点建设学科"或"省重点扶植学科"，这些学科虽与省重点学科相异，但也以"重点"冠名，这实际上也是为了均衡那些未被评为省级重点学科的利益而设。如有学者所言："未列入重点建设的'某些学校'，可以申请重点学科、专业的建设，这是一种利益的平衡。重点学科点的评选和建设与'重中之重'项目相携而来，是'重中之重'的补充，同时也是'重中之重'的利益缓冲区。但是，现在看来，重点学科点的评选和建设的更重要的意义在于其对重点建设思路的发展。"① 此外，受"985 工程优势学科创新平台项目"的影响，近年来不少省份也在开展优势学科评选与建设工作，如江苏省在 2010 年全面启动"江苏高校优势学科建设工程"，优势学科在本质上也是重点学科或重中之重学科。总之，我国高等教育领域内的重点建设政策辐射到学科建设领域就产生了重点学科建设制度，重点学科建设制度反过来又延伸与巩固了我国高等教育领域内的重点建设政策。

二、重点学科建设的层级性

如今我国已形成多层次的重点学科建设格局。从宏观层面来讲，有由国家级重点学科、省级重点学科、校级重点学科所组成的重点学科建设管理体系。具体而言，国家重点学科又有一级学科国家重点学科、二级学科国家重点学科和国家重点（培育）学科不同层级；省级重点学科也有重中之重学科、省重点学科、省重点（培育）学科和省重点建设学科之分。由此可见，我国大学重点学科建设层次丰富且多样化。根据评选和管理主体的不同，我国重点学科建设已形成国家级重点学科、省级重点学科和校级重点学科三个层次，各层次重点学科都有相应的定位与发展目标。国家重点学科的评选、建设主要受教育部的组织与领导，致力于建设一批世界一流的学科，培养高层次、创新型人才，为国家经济、社会发展服务；省级重点学科的评选、建设主要受各省教育主管部门的组织与领导，致力于建设一批与本省经济、社会发展紧密结合且能促进本省经济社会发展的学科，提高本省的高等教育实

① 张国兵. 高等教育重点建设政策研究 [M]. 北京：北京大学出版社，2010：42.

力，争取省级重点学科能够进入国家级重点学科的行列；校级重点学科的评选、建设主要由高校自身组织与领导，致力于建设突出本校特色、彰显本校实力的学科，以提高本校的学术水平和高等教育质量，并争取校级重点学科进入省级重点学科或国家级重点学科的行列。

（一）国家级重点学科。在 2006 年—2007 年开展的第三次国家重点学科评选工作中，分别评选出一级学科国家重点学科 286 个和二级学科国家重点学科 677 个。此次国家重点学科评选工作参照的是 1997 年发布、2005 年增补的《授予博士、硕士学位和培养研究生的学科、专业目录》，分设一级学科国家重点学科和二级学科国家重点学科，其中一级学科国家重点学科从符合条件的二级学科国家重点学科中按照特定的标准和程序进行确定。一级学科下通常设若干个二级学科，在第三次国家重点学科评选工作中所评选出的一级学科国家重点学科所包含的二级学科都为国家重点学科。除一级学科国家重点学科和二级学科国家重点学科外，第三次国家重点评选工作还遴选出 217 个国家重点（培育）学科，这 217 个国家重点（培育）学科都是二级学科。评选国家重点（培育）学科的直接目的是通过建设使这批学科在下一轮的国家重点学科评选工作中能够进入国家重点学科的行列。

（二）省级重点学科。由于受国家重点学科建设模式的影响，我国不同省份的重点学科建设模式大同小异，对省级重点学科的层次区分也大致相同。以江苏省为例，目前江苏省已形成江苏省优势学科、"重中之重"学科、省重点学科、省重点（培育）学科和省重点建设学科等五个层次的省级重点学科体系，其中省重点学科是主体，包含一级学科省重点学科和二级学科省重点学科。各层次的省级重点学科定位各不相同。为提升江苏高校学科建设的竞争力，江苏省还于 2010 年启动江苏高校优势学科建设工程，着重建设实力雄厚、优势突出的学科，同时培育建设一批代表学科发展方向、适应经济社会重大需求、具有较强发展潜力和竞争优势的学科。在江苏高校优势学科建设工程一期立项名单中，不仅包括国家重点学科、江苏省重点学科，还有一部分优势学科是具有较强发展潜力的新兴学科以及为江苏经济社会发展做出突出贡献的学科。[1] 省"重中之重"学科主要是实力处于国内领先地

---

① 王建华. 江苏高校优势学科建设工程一期立项项目统计分析 [J]. 高等理科教育，2012（4）：52-58.

位，能对同类学科专业或相关学科专业的建设发展产生重大影响，能为本省的经济社会发展带来重大效益的学科，"重中之重"学科主要从本省的国家重点学科中遴选。省重点学科主要是实力处于省内领先地位，对同类学科专业或相关学科专业的建设能发挥重要示范作用，能为本省的经济社会发展做出较大贡献的学科，而且省重点学科不与国家重点学科重复建设。省重点（培育）学科的评选与建设是为那些尚达到省重点学科的标准的学科争取下一轮能进入省重点学科的行列做准备而设置的。省重点建设学科是从未入选省重点学科且在省内实力比较领先的学科中遴选，遴选省重点建设学科的主要目的是促进学科的发展，增强本学科的实力，为冲击省重点学科做准备。

（三）校级重点学科。校级重点学科是我国重点学科层级中最低的一层，直接由高校自身组织评选与建设。校级重点学科的评选与国家重点学科评选一样也主要是从"学科方向、学术团队、人才培养、科学研究、科研条件和学术交流"等方面进行考量。在各高校内部，校级重点学科的建设管理主要由学校以及校重点学科所在院（系）和校重点学科点共同承担。

除上述国家重点学科、省重点学科以及校级重点学科的区分之外，重点学科与非重点学科的等级区分最能体现重点学科建设的选优主义的本质，同时也最能体现重点学科建设的层级性特征。理论上，学科之间的差异主要存在于研究领域与学科发展的水平上。按照学科的知识属性来看，所有的学科都是平等的。学科间本无高低贵贱之分，但因为有了人为的评价而产生层级上的差别，不管是学者的评价还是国家和社会评价，分层或分级的判据不外乎是学术水平和实用价值。[①] 我国重点学科的评选与建设是由学者评价与国家社会评价共同作用的结果。在我国重点学科评选和建设的过程中不管是国家级重点学科还是省级重点学科，都从"学科方向、学术团队、人才培养、科学研究、科研条件和学术交流"等方面对重点学科的条件提出要求，所考量的内容也不外乎是学科的学术水平、人才培养以及社会贡献。在我国大学里进行重点学科建设本意是要促进学科的发展，增强我国高等教育的实力，而并非要将学科进行等级或层级的划分。但在具体的建设过程中，由于资源配置的差异和制度的不公平，实际上已将重点学科与非重点学科分成两个阵

---

① 周作宇. 学科分层与哲学社会科学的能力建设 [J]. 科学中国人，2004（8）：14.

营。由于所处的等级和类型不同，大学里重点学科与非重点学科所能获取的资源与吸引人才和生源的能力大不相同。与非重点学科相比，重点学科能以专项资金或政府资助的特殊方式获得大量的经费投入，同时重点学科更易吸引和培养优秀人才以及生源。其结果，通过对各类的重点学科进行优先、重点、专项的建设，非重点学科与重点学科之间拉大差距成为必然。

三、重点学科建设的封闭性

我国大学重点学科建设的封闭性，主要表现为重点学科数量的有增无减，即重点学科的退场机制作用不明显，注重评选，轻视考核，强调选优，忽视去劣。从 1986 年至今，在国家重点学科评选和建设的二十多年时间里只有极少数的国家重点学科退出，且退出的原因大多为博士、硕士研究生培养学科、专业设置的调整，因为评估、考核不合格而被淘汰的国家重点学科少之又少。

在 1987 年第一次国家重点学科评选时所参照的学科专业目录是 1983 年颁布的《高等学校和科研机构授予博士和硕士学位的学科、专业目录（试行草案）》，而 2002 年第二次国家重点学科评选所参照的学科专业目录是 1997 年颁布的《授予博士、硕士学位和培养研究生的学科、专业目录》，由于学科、专业目录的调整，原 1987 年审批的国家重点学科中有很多学科在 2002 年重点学科评选过程中被取消国家重点学科名称。但因博士、硕士研究生培养学科、专业设置的调整而取消国家重点学科称号的学科在实质上仍然是新的国家重点学科，只不过换了一个学科名称。比如北京大学的国民经济计划和管理与内蒙古大学的内蒙古语言文学这两个学科，在 1987 年第一次国家重点学科评选工作中这两个学科都被评为国家重点学科。但在 2002 年第二次国家重点学科评选工作中，北京大学的国民经济计划和管理的国家重点学科称号被取消，而国民经济学被评选国家重点学科；内蒙古大学的蒙古族语言文学的国家重点学科称号被取消，而中国少数民族语言文学被评选为国家重点学科。表面上，北京大学的国民经济计划和管理和内蒙古大学的蒙古族语言文学这两个重点学科在新一轮国家重点学科评选过程中被淘汰，但实质上国民经济学与中国少数民族语言文学仍是由国民经济计划和管理与蒙古族语言文学这两个学科发展而来，只是在学科名称上发生了变化。1987 年第一次国家重点学科评选在全国范围内共评选出 416 个国家重点学科，其中普通高校有 414 个，军队院校有 2 个。在普通高校所拥有的 414 个国家重点学科中，有 175 个学科入围 2002 年审批的重点学科之列，占总数的 42.27%；有 232 个学科经调整后重新入围 2002 年审批的国家重点学科之列，占总数的 55.56%；只有 9 个重点学科直接退场，占总数 414 的 2.17%。

表 1　1987 年审批国家重点学科进、退场情况表

总数（个）	入围下一轮重点学科数		退出数/所占比例
	直接入围数/所占比例	经学科调整后入围数/所占比例	
414	175/42.27%	232/55.56%	9/2.17%

数据来源：中国学位与研究生教育信息网站。http：//www.cdgdc.edu.cn/xwyyjsjyxx/xwbl/zdjs/zdxk.

由表 1 可以看出，1987 年审批的国家重点学科中有 97.83% 的学科进入下一轮国家重点学科之列，仅有 2.17% 的学科退出国家重点学科之列。2002 年所审批的国家重点学科在新一轮的重点学科评选工作中被淘汰的数量同样很少，但其入选下一轮重点学科的途径又有所不同。2002 年我国在全国范围内共审批 964 个国家重点学科，其中普通高校有 906 个国家重点学科。由于 2007 年第三次国家重点学科评选工作分设一级学科国家重点学科和二级学科国家重点学科，且一级学科国家重点学科所覆盖的二级学科都为国家重点学科。因此，在普通高校所拥有的 906 个国家重点学科中，有 402 个学科入选 2007 年审批的二级学科国家重点学科之列，占总数的 44.37%；有 503 个学科被 2007 年审批的一级学科国家重点学科所覆盖，因此，这 503 个学科仍在国家重点学科之列，占总数的 55.52% 的；只有 1 个学科直接退场，占总数的 0.11%。

表 2　2002 年审批国家重点学科进、退场情况表

总数（个）	入围下一轮重点学科数		退出数/所占比例
	二级学科国家重点学科/所占比例	一级学科国家重点学科覆盖下的重点学科/所占比例	
906	402/44.37%	503/55.52%	1/0.11%

数据来源：中国学位与研究生教育信息网站。http：//www.cdgdc.edu.cn/xwyyjsjyxx/xwbl/zdjs/zdxk.

由于我国大学重点学科建设领域内的退场机制作用不明显，甚至是只选优不去劣，这就使得我国大学重点学科建设领域如同一个只有"入口"却没

"出口"的围场，把重点学科"圈"起来，单独建设，单独发展，缺乏有效的竞争，凸显了我国大学重点学科建设制度的封闭性。我国大学重点学科建设原本的追求是以重点学科为示范，带动其相关学科或相近学科、专业的发展。但由于我国大学重点学科的建设往往只注重对重点学科点的建设，忽视与其相关的学科、专业的发展，这很容易导致重点学科与非重点学科之间产生巨大差异。同时由于学科壁垒的存在及利益的冲突，重点学科与非重点学科在人员流动、资源共享方面都存在很大的困境。① 因此，在高等教育领域进行跨学科研究、实现重点学科与非重点学科的融合与交流就非常困难。要实现真正的跨学科研究，促进重点学科与非重点学科之间的合作与交流，打破学科壁垒、实施具有竞争性的项目制，加强重点学科进退场的管理将是今后主要的努力方向。

第二节 重点学科建设制度的反思

重点建设原本是特定时期我国大学学科建设的权宜之计，但由于行政权力的深度介入以及制度安排本身所固有的路径依赖的缘故，重点学科建设制度最终成了我国大学学科建设的根本制度。当前我国大学国家重点学科的评选和建设已经过三轮，虽然相关制度不断调整，但暴露出的问题仍不容忽视，远不是撤销行政审批就能解决的。由于大学作为学术组织本身的特性与国家重点学科建设的逻辑存在着矛盾，为了有利于整个高等教育系统的健康发展、学科之间的公平竞争和学术共同体的形成，有必要对我国大学的重点学科建设制度进行反思，指出其存在的弊端以为将来的重点学科建设制度的变迁创造条件。

一、重点学科建设的"马太效应"

"马太效应"一词是社会学家从圣经《新约·马太福音》中的一句话"凡有的，要加给他叫他多余；没有的，连他所有的也要夺过来"引申而来。这一术语后来被广泛应用于社会学、经济学、教育学等很多领域，指的是

---

① 杨连生，文少保，方运纪. 跨学科研究组织发展的现实困境与突破路径 [J]. 中国高等教育，2011 (2)：52.

"强者更强，弱者更弱"，"多者更多，少者更少"等诸如此类的内容。在科学研究领域，"马太效应"主要表现为权威专家、著名科学家更容易获得科研资金支持、各种荣誉或物质的奖励；而对于普通科研人员或初出茅庐的新人来讲，就比较难以获得科研经费的支持或科研奖励等。著名科学家更容易在权威期刊上刊登科研论文或出版专著，而对于普通科研人员或初出茅庐的新人来讲，要实现这些就比较困难。与此同时，在论著"出版时，权威的期刊和专著也会按照学术能力先后列出院校和协会的名单，并且会按个人的学术头衔和科研能力，列出一些知名学者和优秀学生，当然，还可以包括参与人员，不过他们通常会被忽略"①。在高校建设方面，重点大学或著名高校往往也更容易获得政府拨款、社会捐赠等，同时也更容易吸引大批著名学者的聚集；而普通高校在招生、资金支持与人才队伍建设等方面就会明显处于劣势。

我国大学重点学科建设领域内的"马太效应"主要体现在学科资源、人才队伍以及学术荣誉等方面。在我国国家重点学科是一种内嵌性结构，在政府政策安排中，国家重点学科内嵌着各种各样的学科发展资源、游戏规则、学术权威等。某所大学拥有了国家重点学科的身份，也就意味着这所大学占据了相应的位置和权力——一个有权力获得有价值资源的位置。② 国家重点学科建设领域内的"马太效应"，映射到重点学科建设制度方面就表现为强势、优势学科更强、更优，而弱势的非重点学科就会一直处于弱势甚至趋于更弱。具体表现为，重点学科通过国家或当地教育主管部门的重点支持会获得大量的资金支持，在聚拢人才、吸纳社会资源等方面更具实力，重点学科的实力越来越强；而非重点学科在获得资助、聚拢人才、吸纳社会资源等方面显得比较困难，实力的提升非常缓慢，甚至不可能。

"马太效应"本意是描述"强者越强，弱者越弱"这一客观状态，它本身并无任何感情色彩或好坏之分，但从科学研究或学科建设领域重点建设政策的实际运行的结果来看，它的影响作用则有消极与积极之分。其消极作用主要表现为荣誉分配和资源分配不公及制度性不公平，其积极作用主要有提

---

① 托尼·比彻，保罗·特罗勒尔. 学术部落及其领地：知识探索与科学文化 [M]. 唐跃勤，蒲茂华，等，译. 北京：北京大学出版社，2008：87.

② 周守军. 国家重点学科结构的内嵌性与非均衡性分析 [J]. 中国高教研究，2010 (8)：51.

高科学研究效率、提高科学共同体在社会中的地位和影响力以及强化科学共同体内部的竞争，加快科技发展的速度。① 在国家重点学科建设领域，"马太效应"的积极影响主要表现为：一是明确重点学科在本学科领域发展的"引领者"地位，使重点学科更好地起到示范、引领的作用；二是将有限的资源（科研资金、优秀学术人才等）聚拢在重点学科之内，既提高了有限资源的利用率又获得了较好的效果，即重点学科在科学研究、人才培养、服务社会方面做出巨大贡献；三是重点学科良好的政策、条件支持、吸引并促使非重点学科加快建设，为学科建设领域引入良性竞争机制。在消极影响方面，学科建设领域中国家重点学科垄断大部分的资金支持与人才队伍，使非重点学科在资源获得等方面处于绝对劣势。非重点学科为争取进入重点学科行列，有时会出现非理性的投入大量的资源，对照评选标准盲目建设该学科的情况。在我国大学的国家重点学科建设过程中，由于有着明显的学科等级的划分，那么不同学科之间在资源占有方面以及制度安排上都会具有明显的差异性，"马太效应"极难消除。在政府看来，它的存在甚至具有相应的现实合理性与行政的合法性。为了避免"马太效应"的消极影响，在具体的学科建设过程中，必须引入合理、健全的竞争机制，建立客观、公正的评价标准。

二、重点学科建设中的"择优"与"去劣"

重点学科建设的逻辑主要是选择优秀的学科进行重点建设而不是淘汰、停办劣势学科以提高大学里学科的整体水平。由于受重点建设和选优思维的影响，就目前我国大学重点学科建设而言，"择优"仍然是学科建设的主要价值取向，"去劣"则基本上被忽略不计。

（一）"择优"观念对学科建设的影响。"择优"观念在我国由来已久且分布在社会的方方面面，选拔优秀、表彰优秀一直是我国社会各领域评判人或某一组织行为的主要方式。在高等教育领域"择优"观念也普遍存在于我国大学工作的各个方面。在高层次人才培养方面，曾有"全国百篇优秀博士学位论文"的评选；在科学研究领域也有各种科学研究优秀成果奖。在课程建设方面有国家精品课程和国家级教材等。在学科建设方面，国家重点学科

---

① 王媛媛. 我国大学跨学科研究与"马太效应"[J]. 中国高教研究，2008（8）：46.

的评选与建设在本质上也是受"择优"观念的影响而展开,"择优扶植"一直是我国大学重点学科评选与建设工作中一贯坚持的原则。在重点学科建设的过程中,由于教育行政主管部门本身既是重点学科建设制度的制定者,又是重点学科评选和建设的领导者,还是重点学科评选和建设的组织者和评估者,国家重点学科的数量经过评选越来越多也就不可避免。

历史上,国家重点学科建设的提出有着特殊的社会时代背景。在 20 世纪七八十年代,我国的高等教育资源较为有限,人力、物力、财力都较为匮乏。在当时的历史条件下,利用有限的资源来建设重点大学和重点学科可能是一种明智的选择。当时邓小平就曾指出:"为了加速造就人才和带动整个教育水平的提高,必须集中力量加强重点大学和重点中小学的建设,尽快提高它们的教学水平和教学质量。"① 1983 年 5 月包括南京大学荣誉校长匡亚明在内的四名教授向邓小平建言,应利用有限资源着重建设一些重点大学。我国重点学科建设受此思想影响而发端。但是当前随着经济社会的发展,我国高等教育领域内的资源得到不断的丰富,高等教育资源极度紧缺的现象已不复存在。在新的社会经济条件下,大学开展学科建设就应当有新的选择与取向。但遗憾的是,当初在特殊历史条件下的"权宜之计"被制度化。由于路径依赖的缘故,如今我国的大学制度已经被重点大学建设制度和重点学科建设制度所"锁定",并且重点建设的强度似乎还在逐渐加大,花样也在不断翻新。

(二)"去劣"观念对学科建设的启示。一所不断取得伟大成就的大学,正是一所不断忧虑和看到自己危险的大学,没有这种忧虑就成不了伟大的大学。与国外的一流大学相比,我国的大学不只是水平高低的差距,而且还有清醒的忧虑和盲目的称颂之间的差距。② "忧虑"意味着大学能意识到自己的不足与危险,会为弥补不足与防患于未然而时刻保持清醒,使大学能健康地运行与发展。对于大学的学科建设而言,"劣"意味着不足和落后,能否意识到"劣"的存在,如何"去劣"是我国大学学科建设应认真思考的问题。目前我国很多大学为多科性大学或综合性大学,传统意义上的单科性大

① 邓小平. 邓小平文选(1975—1982)[M]. 北京:人民出版社,1983:105.
② 张楚廷. 大学的忧虑,忧虑的大学——有感于重温博克讲话之时 [J]. 大学教育科学,2011(2):109.

学所剩不多。在同一大学内部,不同学科之间的发展水平参差不齐;同一学科门类不同院校的发展水平同样是千差万别。当前我国高校学科发展差异过大是学科建设过程中面临的首要问题,如何协调"优"与"劣"之间的关系也是极难把握的一道难题。判断一所大学的实际办学质量与发展水平,仅仅考查它拥有多少国家重点学科、拥有多少国家重点实验室、拥有多少两院院士等是远远不够的,同时还应考察这所大学的"劣势"以及如何消除这些"劣势"。在学科建设过程中"择优"与"去劣"不仅牵涉高等教育的制度选择问题,同样也与高等教育的价值取向有着莫大的关联。

从高等教育发展的价值取向出发,"择优"代表了"效率",而"去劣"则更倾向"公平"。表面上看,"去劣"意味着淘汰劣、差,符合生态学意义上的"优胜劣汰"的原则。从深层意义上讲,"去劣"还意味着通过加强建设与扶植,加快劣、差向优、良的转变。在学科建设领域,绝对的公平是不存在的。不同学科的发展水平存在差异也符合学科自然成长的规律,在学科成长过程中,既有发展成熟的学科,同时又有处于萌芽与生长期的学科。因此,"存异"应是学科建设过程中必须承认与接受的一项事实,要尊重差异,实现学科建设的"差异原则"。但这里所说"差异原则"不同于罗尔斯的"差别原则"。罗尔斯的差别原则是强调在资源的分配过程中应该有利于处境不利者,从而实现资源分配在结果上的平等;而我们这里所说的差异原则则是指在高等教育政策的制定过程中不能为追求纯粹的平等而削足适履。①基于差异性公平的原则,学科建设中的"去劣"就意味着要通过建设与扶植,加快发展水平较低、学术实力较弱的学科,以达到使发展较差的学科向优、良的水平转变,以提升大学的整体水平。

三、学科建设的"点"、"线"、"面"、"体"

学科建设的制度选择决定了一所大学的特色和发展方向。由于路径依赖的存在和制度环境的锁定效应,当前重点学科建设制度已开始制约我国大学的学科建设从"点"、"线"向"面"、"体"的转型。

(一)学科建设的"点"。学科建设的"点",指的是在学科建设过程

---

① 王宜鹏,尚正永."自由而公正,平等而差异"——试论我国高等教育公平的四大原则[J].学术交流,2011(10):190.

中，以学科目录中单独的二级学科点作为学科建设的主体。它是我国重点学科建设早期的一种建设思路与方法。在前两次国家重点学科评选建设期间，我国的国家重点学科建设主要按照单独的二级学科点进行建设。如 2001 年颁布的《教育部关于开展高等学校重点学科评选工作的通知》中指出："重点学科评选以二级学科为依据划分，医学门类中的内科学、外科学可以按照三级学科进行申报和评选，未设二级学科的一级学科按一级学科申报。"根据通知，当时医学门类中的内科学、外科学按三级学科进行申报和评选，未设二级学科的一级学科按一级学科申报，医学之外的学科门类国家重点学科的评选基本上按二级学科来进行，强调对重点"学科点"的建设。由于科学的无限性与人类认识能力的有限性，学科是人为地将知识进行分类并加以制度化的结果。在不同学科之间，由于研究对象、研究范围、研究方法以及不同学科观念上的差异，学科壁垒的存在是不可避免的现象。学科之间的相互独立性和自然封闭性，是科学发展史上具有客观必然性的结果。在国家重点学科建设制度的框架下，由于"打点球"策略的蔓延，"学科壁垒"、"学术堡垒"的人为封闭性在目前高校的学科建设中渐渐凸显出来。① 在以二级学科为主体的学科建设过程中，学科之间的封闭性在无形之中被加强。虽然国家在评选重点学科的作用时，强调指出要"发挥重点学科的引领、示范作用"，但在具体的学科建设过程中大学注重的仍是对单个学科点的建设，国家注重的也只是单个国家重点学科的增补、建设与发展。其结果，"注重学科单个学位点的建设，忽视学科整体优势的形成"成为我国大学学科建设的一个误区。② 当前科学的发展已经进入以综合为主的时代，仍然把这种重点学科建设模式奉为圭臬，就明显不合时宜了。③ 学科点的重点建设虽然能够促进单个学科的发展，能够培养相关的专业人才，但在跨学科研究的时代，重点学科点的建设模式已经过时。

（二）学科建设的"线"。学科建设的"线"，指的是在重点学科建设过程中以学科目录中一级学科作为学科建设的主体，同时带动该一级学科下设的二级学科的建设与发展，"线"是对学科、专业目录中一级学科与该一级

① 朱新涛. 学科壁垒、学术堡垒与高等学校学科建设 [J]. 江苏高教，2003（2）：81.
② 罗云. 中国重点大学与学科建设 [M]. 北京：中国社会科学出版社，2005：85.
③ 罗云. 中国重点大学与学科建设 [M]. 北京：中国社会科学出版社，2005：86.

学科下设二级学科的一种形象描述。它是 2006 年第三次国家重点学科评选以来我国大学重点学科建设的主要思路与方法。

　　从第三次国家重点学科评选和建设以来，学科建设"线"这一思路逐渐在我国大学学科建设领域浮现并得到强化。如在 2006—2007 年第三次国家重点学科评选工作中，共评选出 286 个一级学科国家重点学科和 677 个二级学科国家重点学科。江苏省也在第三次国家重点学科评选工作结束后于 2008 年评选出了 80 个一级学科省重点学科，2011 年又公示了"十二五"期间江苏省一级学科省重点学科名单。与单个的重点学科点的建设相比，一级学科国家重点建设最主要的优势在于它能通过一级学科重点学科的建设，带动该一级学科下的二级学科的建设与发展。但问题在于现有制度框架下，一级学科国家重点学科建设依然涵盖不了交叉学科、跨学科等新兴学科领域的建设。由于我国的重点学科建设主要依据的是由教育部门制定的人才培养学科、专业目录，而在人才培养学科、专业目录中，各学科门类的划分以及一级学科、二级学科的形式呈现，都是目录制定者人为划分的结果。由于受传统学科文化的影响，交叉学科、跨学科的建设与发展仍在学科"线"建设的范围之外。

　　（三）学科建设的"面"与"体"。学科建设的"面"是指以学科门类为学科建设主体进行的跨学科、多学科、交叉学科或学科群的建设，这是随着学科不断的分化与综合，大学学科建设的新趋向。学科建设的"体"，指的是以大学为平台，建立起以大学自身为组织载体的"学科—大学"学科建设体系，这是一个更为立体、宏观的体系。当前随着科学的发展，学科出现不断分化与高度综合的趋势，在学科高度综合的基础上又出现了跨学科。跨学科是一个综合的概念，是各种不同学科合作形式的统称，它通常包括多学科（multi-disciplinary）、交叉学科（cross-disciplinary）、跨学科（inter-disciplinary）、复杂学科（pluri-disciplinary）和超学科（trans-disciplinary）等概念，是跨越学科边界，把不同学科理论、方法或范式有机地融为一体的研究或教育活动。[①] 高等教育实践中，学科"体"与"面"的建设，是促进跨学科、交叉学科及各种新兴学科建设的有效途径。传统的学科"点"或学科"线"建设并不能涵盖到跨学科、交叉学科或新兴学科的建设。若按照传统

----

① 张炜，童欣欣. 我国大学跨学科学术组织发展的现实困境与对策建议 [J]. 中国高教研究，2011（9）：34.

的学科"点"或学科"线"的建设思路，很多适应未来社会需要的新兴学科都不可能被划分在重点建设的范围内的。在重点学科建设制度框架下，我国大学学科建设模式主要以学科"点"和学科"线"的建设为主要方式，主要以单个的学科点或学科门类下一级学科与二级学科所形成的"线"为建设内容，无法实现向"面"与"体"的转型。由于学科壁垒的存在和系科制度的约束，当前我国大学的重点学科建设的最终结果仍然只能是不同学科点的有限发展。针对传统的以单个学科点为建设对象的重点学科建设封闭、孤立的弊端，科际整合或跨学科研究将是行之有效的学科建设新思路。科际整合可以从微观与宏观两个层面进行理解，在学科建设的微观具体操作层面，科际整合要求的是不同学科之间有机融合、不同学科成员逐渐形成共同的学术语言以及有两个或两个以上学科构成研究对象等，这一层面更多的是侧重学科的跨学科性与不同学科的有机融合。在学科建设的宏观层面，科际整合要求的是跨学科性大学的建立。① 从宏观层面来讲，科际整合的思路实际也是学科建设的"体"这一思路的具体体现，即构建以跨学科性大学为载体的"学科-大学"体系。在这一学科建设思路中，跨学科是学科建设的中心，大学是学科建设的平台，不同学科相互交叉融合、不同大学相互合作共存，学科与大学将在开放的环境中获得共同发展与进步。

第三节 重点学科建设制度的变革

2014 年 2 月 15 日国务院办公厅发布《国务院关于取消和下放一批行政审批项目的决定》，决定再取消和下放 64 项行政审批项目和 18 个子项，"取消国家重点学科审批"就位列其中。长期以来，"国家重点学科审批"是一项教育部门和高校都特别看重的行政审批，因为这不但涉及国家对学科建设的投入，而且国家重点学科的称号本身也被高校作为重要的办学指标，每一轮国家重点学科评审之后，很多高校都会将有多少学科被评为一级学科国家重点学科、二级学科国家重点学科等作为本校学科建设的重要成绩。现在

---

① 王建华. 学科建设新思维 [J]. 学位与研究生教育，2007（5）：39.

"国家重点学科审批"的取消也就意味着以后政府部门不会再组织国家重点学科的评选，这无疑是我国重点学科建设制度的重大变化。但需要注意的是，由于省级重点学科的评选并未取消，加之重点学科建设制度本身的路径依赖作用（现有制度框架下，只要选优的政策取向不变，国家重点学科极有可能以其他名称或形式出现，比如"优势学科平台"或"协同创新中心"等），这也就意味着今后相当长的时期内，重点建设可能仍会是我国大学学科建设领域的一项重要制度。为淡化重点学科建设制度对于我国大学学科发展的消极影响，促进大学之间以及大学内部学科发展水平的相对均衡，推动重点学科建设制度的变革是必需的。

一、实施标杆管理

标杆管理是指学科建设主体（教育行政部门、大学或相关系科）在学科建设过程中甄别与引进最佳的学科建设模式以提高学科建设效益、促进学科发展的过程。在标杆管理模式下，那些世界一流学科作为最佳的学科建设模式将被其他学科视为标杆以进行比较、学习与赶超，作为标杆的一流学科将不仅是学科发展水平的象征更是一个学科建设的样板。学科建设领域的标杆管理是一个动态的概念，是一个不断建设学科、不断向一流学科学习、赶超的过程。在具体的标杆管理过程中大致有以下几个步骤：确定项目的目标和范围；了解自己；选择并确定标杆管理合作伙伴；选择绩效评估标准，收集相关数据；进行差距分析；引进他人做法缩小差距；监察与修订，等等。[①]在学科建设领域，标杆管理的步骤有：

第一，确定学科建设目标。

在重点学科建设领域，学科建设目标的确定比较抽象且具有很大的相对性，因此，明确学科建设目标是进行标杆管理的第一步骤。学科建设目标的选定既要确保学科有发展的空间，同时又要确保经过一段时间的建设，本学科能达到相应的目标。

第二，学科的自我评估。

学科的自我评估，指的是分析学科目前的建设状况，了解自身情况。这一步

---

① 梁德军. 标杆管理：提高学校管理绩效的有效策略 [J]. 教书育人，2011（1）：62-63.

骤主要是分析本学科目前存在的问题以及问题的原因等情况。目前我国学科建设过程中存在的问题主要有资源分配不均、行政干预过强、学科目标不明确等。

第三，确定标杆。

在学科建设领域，标杆是管理主体为实现学科建设目标而建立的标准或选择的参照学科，一般为建设绩效优秀、与本学科具有可比性的学科。标杆是标杆管理机构所建立的标准或绩效水准。[1] 确定标杆指的是选择最佳的学科建设模式或建设绩效最好的学科作为本学科建设的参照，力争达到这一参照的水平。

第四，分析标杆情况。

在确定标杆之后，分析标杆管理的有效性。这一步骤主要指的是通过访问、参观、实地调查等方式，多渠道地获取有关标杆的信息与数据，并获取其他对本学科有利的资源。通过分析获得的信息，认清自身的劣势与不足，明确本学科与标杆学科之间的差距，做到"知己知彼"，以明确学科建设的步骤与强度。同时通过分析标杆学科的情况，将自身问题与标杆学科进行对比，找出自身与标杆学科存在的差距及其原因。

第五，引进标杆模式，缩小差距。

这是标杆管理所有步骤中最为重要的一个环节，只有将标杆学科的建设管理模式引入到本学科的建设过程中来，才能不断地缩小本学科与标杆学科的差距，取得良好的绩效。

第六，绩效评估与自我监察、修订。

经过实施、引进标杆学科建设管理模式后，评估本学科所取得的绩效，判断本学科有没有达到预定的目标，并对标杆管理过程中出现的问题予以修正和监察。标杆管理不是一个简单的比较研究，不是简单地抄袭其他组织的做法，也不是单纯的业绩评估，更不是静止的。[2] 在学科建设过程中，如何选择标杆、如何进行有效的标杆管理是一项复杂的任务。最佳绩效的取得是建立在科学决策、科学建设的基础之上的。

---

[1] 帕特里夏·基利，等. 公共部门标杆管理：突破政府绩效的瓶颈 [M]. 张定淮，译. 北京：中国人民大学出版社，2002：39.

[2] 帕特里夏·基利，等. 公共部门标杆管理：突破政府绩效的瓶颈 [M]. 张定淮，译. 北京：中国人民大学出版社，2002：37.

二、从等级地位到学术荣誉

学科层级与学科等级是相互区别又有所联系的不同概念。学科层级指的是我国人才培养学科、专业目录中各学科门类下一级学科、二级学科等不同层次学科类型的划分。学科等级指的是学科之间高低不同的地位关系，它反映了各门学科在大学或高等教育系统中或中心或边缘的地位①。目前我国大学的学科等级主要表现为由教育行政主管部门评选出的重点学科与非重点学科、优势学科与普通学科之间的地位差异。经过长期的积累与不断的体系化，评判学科地位的方法及规则便演变为学科等级制度。大学学科等级制度是形成、确定大学学科声望、资源与权力占有差异的规则体系。② 我国现有的重点学科建设制度其实就是一种大学学科等级制度。根据不同的学科等级的评判标准，大学里的学科等级制度主要有两种表现形式，即学术等级制度与功用等级制度。所谓学术等级制度，即以学术的标准划分学科的等级；所谓功用等级制度，即以"实用"为标准来划分学科的等级。这种评判与学术性、基础性相反。③ 当前我国大学的重点学科建设制度，虽然也强调要凸显学科的"学术性"，但其主要采用的评判标准仍然是学科的实用价值，即功用等级制度。三次国家重点学科评选的主要目的都是从国家层面出发，强调重点学科建设的社会服务功能。在我国三次国家重点学科评选过程中，诸如哲学之类的基础性、学术性学科在总的国家重点学科中的比例是非常低的，而工科类的重点学科数量在三次国家重点学科评选中所占的比例都最高。此外，医学、管理学等随着社会经济发展的要求而出现并不断发展的实用性学科在国家重点学科总数中所占的比例也在逐渐增高。某种意义上，我国大学的学科等级制度是由教育行政部门通过重点学科评选介入并通过政策导向自上而下逐步制度化的结果，重点学科建设过程中的行政性力量远高于学术力量与社会力量。理论上，适度的学科等级对学科的发展、社会的进步有积极的影响。通过国家的政策支持与社会力量的资助，在促进等级地位高的学科发展的同时，也能为其他学科的建设树立模仿与对比的标杆，引导不同学科

---

① 万力维. 大学学科等级制度及其影响 [J]. 教育发展研究, 2005（2）: 42.
② 万力维. 大学学科等级制度及其影响 [J]. 教育发展研究, 2005（2）: 45.
③ 王建华. 教育学的想象力 [J]. 教育研究与实验, 2006（5）: 20.

之间的良性竞争。但是学科等级的过度锐化也会不利于学科的发展以及社会的进步。因为大学学科等级如果过度地锐化就会切断学科之间的"生态链"，破坏科学进步所必需的学科之间的相互协调；也会导致某些知识门类的发展受阻，使人类多元文化盛衰不均；还会导致人们忽视某些学科对社会发展的独有价值，使社会发展出现偏差。① 目前我国大学的重点学科建设制度就表现出了明显的学科等级过度"锐化"，国家重点学科集国家、社会、企业等各方的关注与宠爱于一身，在学科建设资金、学科人才等资源方面占有绝对的优势。而普通学科或劣势学科处于边缘地带，学科建设资源非常缺乏，学科发展举步维艰。为了缩小重点学科与非重点学科的差距，淡化学科等级，可以考虑将现有的重点学科作为学术荣誉或声誉而非某种身份或地位。

荣誉指的是某一组织或个人因所作出的贡献与成就而获得社会组织的肯定、褒扬及与之相随的尊荣。当前由于重点学科的资源内嵌性，某一学科获得重点学科称号，便同时也获得了与重点学科相匹配的资源，其中最主要的便是重点学科建设专项资金。当某一学科失去重点学科的称号时，与之相匹配的资源也会随之流失。目前在我国重点学科建设领域内，重点学科在物质利益方面的吸引力远大于其在学术荣誉方面的吸引力。教育主管部门可以考虑将重点学科作为一种学术荣誉或声誉，纳入学科评估体系。从世界范围看，学术声誉竞争是高校学科建设进入良性循环的基本方式。在西方主要大学评价机构的大学评价指标体系构成中，大学学术声誉均占据重要的位置。如《美国新闻与世界报道》大学排名的指标体系中，学术声誉占据的比重是25%；英国《泰晤士报》大学排名的指标体系中，学术声誉占据的比重为14%；加拿大《麦克林新闻周刊》大学排名的指标体系中，学术声誉占据的比重为15%。②

三、从定向投入到竞争性投入

目前，我国重点学科建设经费的来源渠道仍较单一，主要来源仍是教育行政主管部门的定向投入，即教育行政主管部门从教育经费中划拨一部分经费专项应用于重点学科建设，该部分经费只针对由教育行政主管部门评选出的重点学科使用，不使用于其他普通学科。这种定向投入的模式，限制了其

---

① 万力维. 大学学科等级制度及其影响 [J]. 教育发展研究，2005（2）：43.
② 谢桂华. 高等学校学科建设论 [M]. 北京：高等教育出版社，2011：104.

他非重点学科使用定向经费的权利。在我国高等教育经费投入根据经费的性质和投入的方式可以分为竞争性经费与非竞争性经费两大类。非竞争性经费主要用于大学的生存（基本办学条件），竞争性经费主要满足大学的发展（提高办学水平和教育质量）。[①] 在重点学科建设领域，重点学科建设经费的投入本应属于竞争性经费，其投入原则也应强调的是"竞争性和效率优先"，其目的是为提高大学办学水平和我国高等教育质量。原则上，重点学科的评选是在坚持"择优扶持"原则的基础上由众多学科参与申报、竞争的结果。但到目前为止，除了在申报评选重点学科时各学科之间有"竞争"之外，重点学科的名单一经确定，重点学科建设经费便定向投入于名单中的重点学科，非重点学科根本上无法参与竞争。阿西莫格鲁在探讨"怎样的制度安排可以使一国逐渐富强，而又使一国陷入贫困的陷阱而难以自拔"时提出了两个重要的概念：汲取性制度（extractive institution）和包容性制度（inclusive institution）。"所谓汲取性制度，是指在这样政治经济等一系列制度安排下，一小部分人获得利益是通过攫取其余绝大部分人利益的方式来进行，而经济增长所带来的好处主要也被这样的一小撮人所占有；而包容性制度则与此相对，在包容性的制度环境下，人们获得利益主要是与自身的行为相对应。经济增长的益处将会遍及社会上绝大多数人。"[②] 某种意义上，我国大学的重点学科建设制度就近似于"汲取性制度"，在资源有限的情况下，重点学科的大发展很大程度上是以非重点学科的停滞不前为代价的。

重点学科建设经费定向投入所带来的主要问题是加剧了重点学科与非重点学科的差距，也破坏了学科间公平竞争的环境。同时该投入机制是非公开、非透明的，缺乏严格意义上的绩效评估。重点学科一经评选入围，便获得政府定向资助的若干学科建设资金，而非重点学科则无法也无权获得同样的学科建设资金。在一国（地区）高等教育资源既定的情况下，重点建设学校与学科的投入的增加是以对其他学校与学科投入经费相对减少为代价的。[③] 在现有的重点学科经费投入机制中，教育行政主管部门（教育部、省级教育

---

① 王建华. 竞争性与非竞争性——政府部门高教经费投入的一个分析框架 [J]. 中国地质大学学报：社会科学版，2010（1）：13.

② 宣晓伟. 我们离现代化有多远? [J]. 读书，2014（4）：28.

③ 姜尔林. 东亚地区高等教育重点建设研究——基于对中国、日本、韩国以及中国台湾地区的政策分析 [J]. 黑龙江高教研究，2007（9）：39.

主管部门、市级教育主管部门）对重点学科的定向投入具有相对稳定性，只要某一重点学科未被淘汰，它便会一直获得由教育行政主管部门提供的重点学科建设资金。重点学科投入机制的相对稳定性，经由"马太效应"的放大，很容易造成重点学科更优、弱势学科更弱的局面，而这一局面对非重点学科在下一轮的重点学科评选是有害而无利的。这种定向投入机制不仅造成学科竞争环境的失衡，同样也加剧了重点学科与非重点学科之间的差距。重点学科能获得教育行政主管部门大量的经费资助是客观存在的事实，但教育行政主管部门对于重点学科到底资助了多少学科建设经费、这些学科建设经费的用途及所取得的绩效如何等信息是非公开的。其结果，重点学科建设领域中投入机制的不透明很容易滋生学术腐败、权力寻租等问题。

为了改变我国重点学科建设制度中的"汲取性"逻辑，重点学科建设经费的竞争性投入，可以借鉴我国科研领域的项目制竞争性投入模式，增强其制度的"包容性"。在我国科研领域项目制的竞争性投入是非常明显的制度特征。科研资助基本上都以课题的形式由课题负责人申报、相关部门审核通过并给该课题拨付相应的资助经费。在国家自然科学基金和社会科学基金的竞争性投入体制中，普遍遵循的是通过"同行评议"的方式择优资助。事实上，与原有的国家重点学科建设、"211工程"以及"985工程"相比，现行的"2011计划"就更具竞争性和开放性。"2011计划"以项目制的形式打破了单位制的局限。[1] 除项目制外，我国大学重点学科建设领域的经费投入还可以参照国外的模式，如德国的非营利性科研机构弗琅霍夫协会，它的研究经费来源通常分为以中央和地方政府及欧盟投入的科技事业基金为主的"非竞争性资金"和以企业研发合同收入为主的"竞争性资金"两大类型。1973年在政府和社会各界的支持下，对传统财务管理制度进行了大胆的改革，通过将"非竞争性资金"的再分解而推出了著名的"弗琅霍夫财务模式"。在这一财务模式中研究所科研经费的大部分都为竞争性资金。根据这一财务模式，研究所科研经费的理想结构，应为"非竞争性资金"占20%～30%，"竞争性资金"占70%～80%。[2]

---

① 李福华. 从单位制到项目制：我国高等教育重点建设的战略转型 [J]. 高等教育研究，2014（2）：37.

② 周旭明，朱光明. 德国非营利科研机构模式及其对中国的启示——以弗琅霍夫协会为例的考察 [J]. 东岳论丛，2007（3）：47.

第四章 学科制度化及其改造

　　虽然理论上或逻辑上，知识可能具有整体性。但现实似乎又表明，统一的科学或科学的一元论从来就是一种不切实际的幻想或理性的假设。虽然雅斯贝尔斯认为"大学存在的事实本身，就说明了所有知识门类的统一性与整体性"，但他也承认"大学的院系划分在表面上看起来是为了完成这个任务，但其实并没有完成"①。无论东方还是西方，也无论英美传统还是欧陆传统，知识都是分科的，统一性或整体性仅仅是一个哲学理念。虽然在现实世界中的问题是作为一个整体存在的，但关于现实世界的认识却只能是分学科单独进行的。毕竟学术世界和现实世界从来就不是一一对应的。另外，无论从世界的复杂性来看，还是从人的认识能力的有限性来看，人类对于世界的认识都只是局部的、片面的，因此，知识的整体性或科学的统一性要么是一种理性的假设，要么是一个理想的状态（哲学理念），反正从来没有真实存在过。现代以来，大学里的分科制度以及各分支学科的具体划分既是人类认识世界的一种手段，其本身可能也是目的。如果知识本身即目的，那么学科本身也即目的。在西方从柏拉图、亚里士多德到后来的培根，再到当代的哈贝马斯，无数哲学家都曾对于人类知识的分类进行过系统的探究。这些探究的智慧成果与现代大学里的分科制度虽然不是一一对应，但也密切相关。大学里的很多学科都可以在不同的哲学家关于知识的分类系统中找到自己的位置。大学里学科制度作为人类认识世界的手段和学科本身就是目的并非不可协调的矛盾。相反，在大学里有时只有当学科以自身为目的时才能更好地实现人

---

① 雅斯贝尔斯. 大学之理念 [M]. 邱立波，译. 上海：上海人民出版社，2007：122.

类认识世界的最大目的，即知识本身即目的。今天在现代大学里为学科而学科虽然已经不值得标榜，但过于激进地主张废除学科（制度）也只能是一厢情愿。学科是大学乃至整个高等教育系统的基本结构或基础结构，绝对不能废除，也不可能废除。"在学术系统的每一个部门，教师们以压倒多数强调懂得自己学科的重要性。教师们对教学工作的确感到担忧，但认为这是个如何跟上学科发展的问题，而不是学习教育学知识的问题。掌握一个领域和懂得一门学科仍然是最关键的。"① 因此，当前即便学科模式和大学的分科制度存在危机，对于学科制度化及其改造，比较慎重的选择可能仍然是从现实出发尊重人类现有的知识格局和学科划分，通过建立更具包容性的制度，鼓励学科的开放和人员的流动，以渐进的方式推动跨学科研究。总之，在现代大学里知识可以重新规划，学科也可以重新命名。但无论如何，即使仅仅作为大学组织建制的象征性的标识或人类知识分类的符号体系，学科仍然有其存在的必要和价值。

第一节　学科，何种学科

不同语境下，对于学科的理解各不一样。对于学科理解的差异不但会影响学科建设研究的深入，还会造成诸多不必要的误解或误读，甚至是学科间彼此的歧视或敌视。因此要讨论学科制度化及其改造，首要的问题就是要弄清楚学科的语境及其不同含义。

一、中国文化意义上的学科与西方文化意义上的学科

在汉语语境中"学科"并不是为了翻译"discipline"而特意构造的新词。"学科"是汉语中的固有词汇，有其本来的含义和使用的语境。根据《汉语大词典》的解释，"学科"的含义主要有："① 唐宋时期科举考试的学业科目；② 按学问的性质而划分的门类；③ 学校教学科目；④ 军事训练或

① 伯顿·克拉克. 高等教育系统——学术组织的跨国研究 [M]. 王承绪，等，译. 杭州：杭州大学出版社，1994：35.

体育训练中的各种知识性科目（区别于'术科'）。"① 而在《辞海》里"学科"则被解释为："① 学术的分类，指一定科学领域或一门科学的分支；② 教学科目，学校教学内容的基本单位。"② 由此可见，汉语中"学科"一词有着自己独特的语言生态系统和文化负荷。在我国高等教育实践或理论研究中提及学科很难直接联想到"discipline"或"subject"。在汉语的固有语境中，学科的含义比较泛化，任何专门的学问或自认为比较专门的学问领域或知识体系都可以称之为"学"或"学科"。比如，在中国早就有所谓的红学、文选学、敦煌学，近年来还兴起了科举学、学科学、钱学，等等。汉语中"学"或"学科"是学者们指称专门研究领域的一种语言习惯或话语方式，即习惯于把自己所从事的某个专门的研究领域称之为"某某学"。西方文化意义上的学科与汉语语境中的学科有什么区别呢？以英文为例，学科主要是指"discipline"和"subject"。无论"discipline"还是"subject"都具有许多种不同的含义，且均非汉语中的"学科"一词可以完全概括。此外，同为"学科""discipline"和"subject"的含义又差异巨大。如 Parker 所指出的，"在英国，一些极具权威并正式的标准性文件中都避免使用'discipline'，而用'subject'；另一些则分别用'discipline'来表示学术专业，而用'subject'表示基于知识的教学。'discipline'在世界上并不通用。由于该词是从拉丁文衍生而来的，是老式的、中世纪行会或宗教组织使用的，用来表达职业是一种天职的含义，是一种终生的承诺；而'subject'则在学术环境中剔除了它的神秘性"③。根据沙姆韦和梅瑟-达维多的相关研究，"'学科'的字源探究显示出它种种意义的历史衍延，多于能够为它立下确实定义。该辞'源自一印欧字根……希腊文的教学辞 didasko（教）和拉丁文（di）disco（学）均同。古拉丁文 disciplina 本身已兼有知识（知识体系）及权力（孩童纪律、军纪）之义'。乔塞（Chaucer）时代的英文'discipline'指各门知识，尤其是医学、法律和神学这些新兴大学里的'高等部门'。据《牛津英语字典》，discipline（学科/规训）为门徒和学者所属，而教义（doctrine）则为博士和教师所有。结果'学科/规训'跟实习或

---

① 罗竹风. 汉语大词典（4）[Z]. 北京：汉语大词典出版社，1988：245-246.

② 辞海编辑委员会. 辞海（缩印本）[Z]. 上海：上海辞书出版社，1979：1126.

③ 此引文为 2011 年研读文献时的摘录笔记，当时出处漏记，待书稿完成后虽经多方查找，仍未找到具体出处。特此说明。

练习关联，而教义则属抽象理论。有了这个分立，就能理解何以会选取'学科'来描述基于经验方法和诉诸客观性的新学科"①。韦伯斯特（Webster）在《国际辞典》中直接将学科定义为："知识、实践和规则系统。""这些知识、实践和规则为该系统内的学者共同体提供该研究领域的唯一方向。"② 而福柯则认为："学科构成了话语生产的一个控制体系，它通过同一性的作用来设置其边界。而在这种同一性中，规则被永久性地恢复了活动。"③ 通过上述西方学者的相关论述可以看出，西方文化意义上的"学科"（discipline）具有多重而又相关的含义："包括学科、学术领域、课程、纪律、严格的训练、规范准则、戒律、约束以至熏陶等。汉语中没有相对应的词项能包含它的丰富含义。"④ 由于学科（discipline）一词的含义复杂，加之学科典范的严格，在西方的大学里或学术界绝不是任何一种研究领域或知识分支随便就可以称之为"学科"的。大学里的学科规训制度（disciplinarity）不仅强调知识与理论层面的智识建构，而且注重实践与制度层面的组织建制。简言之，在理论与实践、智识与建制的结合中，西方文化意义上的学科尤其强调学术组织、社会建制、学科的内在制度与规训等含义。

二、制度化学科与非制度化学科

一般意义上我们理解的学科，即作为知识分支或教学科目的学科，相当于学科发展的第一阶段，即非制度化阶段。大学的历史上，19 世纪以前的学科多是非制度化的学科。所谓非制度化学科，大体上相当于知识的分门别类，是知识分化或分类的一种自然状态。大学诞生之时，文、法、神、医诸学科的设置就反映了当时西欧知识发展的真实状态。这些学科不是大学规训的结果，而是这些学科本身规训了大学的课程设置。由于当时大学本身尚是一种行会，所谓的学科还根本没有正式的规训制度可言。"中世纪的大学中，'学科'变成等同书本的列单。""学术科目建基于学院论争的方法，不同学

---

① 华勒斯坦，等. 学科·知识·权力 [M]. 刘健芝，等，编译. 北京：生活·读书·新知三联书店，1999：13.
② 金吾伦. 跨学科研究引论 [M]. 北京：中央编译出版社，1997：序言.
③ 华勒斯坦，等. 开放社会科学 [M]. 刘锋，译. 北京：生活·读书·新知三联书店，1997：35.
④ 华勒斯坦，等. 学科·知识·权力 [M]. 刘健芝，等，编译. 北京：生活·读书·新知三联书店，1999：12.

科全赖不同的课本才能区分开来。"① 在西方大学的历史上，无论对于学科制度还是大学制度的建立而言，19 世纪初成立的柏林大学都是一个重要的转折点或分水岭。由于 17—18 世纪以学会和科学院代表的新建制和新践行的大发展，在文艺复兴之后，伴随着启蒙运动西欧迎来了近代科学的萌芽和近代大学的复兴。随着理性主义的急剧扩张和自然科学的迅速发展，大学与学科间的关系发生了根本性变化。虽然 "在整个十九世纪，对大学复兴贡献至巨者并非自然科学家，而是历史学家、古典学者和民族文学学者"②，但由于自然科学的兴起既满足了人类对于自然的好奇又适应了工业化的需要，近代大学还是迅速把自然科学家吸引到了快速发展的大学中。由此产生的结果就是，自然科学的引入导致大学制度以及学科制度产生了一系列不可逆转的变化。"这一新的知识结构——科学与哲学认识上的分歧——的出现，反映在大学体制上，主要表现在两方面。其一是院系的重组。中世纪欧洲大学有四个系，即宗教学系（最重要的系）、医学系、法学系和哲学系。自 1500 年起，宗教学系变得不那么重要了，而到了 19 世纪时几近消失。医学系和法学系则变得更加专业化，而哲学系的发展变化则是个至关重要的历程。哲学系发生了两个变化。第一个变化是 18 世纪在哲学系内外出现了新的'专科'高等教育院校。主要通过在哲学系内设立一系列的专业（我们现在称之为学科），大学体制才得以维持。而今天这些学科被分别设置在不同的系：文学系（或人文系或哲学系）和自然科学系，而不是被混合在一个哲学系内。第二个变化是大学学科重新设置的重要意义，不仅在于哲学和科学分家的制度化，而且在于一方面科学的文化影响力不断加强，另一方面人文学科（或哲学）日益受到冷落。开始时科学必须力争有突出表现，而大学体制起初对科学是有点敌意的，但不久，这一态势发生了逆转。"③ 19 世纪中叶以后，在自然科学的强力冲击下为了确立知识的合法性和争夺话语权，学科制度化思潮迅速漫延，大学里学科原有的含义发生了巨大的变化。学科不再仅仅意味着知识的分门别类或科学的分支，而开始强调认知的排他性和专业化。"他

---

① 华勒斯坦，等. 学科·知识·权力 [M]. 刘健芝，等，编译. 北京：生活·读书·新知三联书店，1999：14-15.

② 华勒斯坦，等. 开放社会科学 [M]. 刘锋，译. 北京：生活·读书·新知三联书店，1997：9.

③ 伊曼纽尔·沃勒斯坦. 知识的不确定性 [M]. 王昺，等，译. 济南：山东大学出版社，2006：8.

们经过服从规训（行为规训和学术规训）创立了各种现代的新学科。整体上，作为一种知识生态系统，这些新学科与过去的迥然不同；作为一种知识生产和消费体系，它们比以前任何一种求知方式更强而有力。"① 稍后，随着学术执业者入行机制的确立及学科边界的明确划分，制度化学科开始逐渐取代过去人们对于学科作为知识分支的理解，学术组织尤其是大学内的系科建制之于学科的重要性日益突出，同时大学的学位也不再仅仅意味着职业的"许可证"，而是成了学科规训的工具。伴随 1850 年至 1945 年间经典社会科学诸学科的崛起以及科学家作为一种学术职业的合法性的确立，学科制度化成为人类知识生产和积累过程中不可逆转的大趋势。学科制度化造就了制度化学科，现代大学里制度化学科不仅意味着知识的分类或教学的科目，而且强调学术的组织形式和制度结构，强调学科精英，强调外部的奖励与支持系统，更强调学科本身要能够在大学里培养和训练本学科的建设者和接班人。

三、自然科学的学科、社会科学的学科与人文学科

历史上，人们一直在尝试着对于科学或学科进行分类。最早在古希腊，亚里士多德在《形而上学》的第六卷中就对知识进行了分类。他认为，哲学是研究最普遍的"是"的学问，具体学科是研究具体领域的"是"的学问。他把所有的科学都称之为广义的哲学，"哲学被分类为理论科学（思辨的、证明的），包括物理学（研究运动的'是'）、数学（研究作为数的'是'）和形而上学（研究作为是的'是'的本体论）；实践科学，包括伦理学、政治学、经济学；诗的科学（制造的）"②。17 世纪初，培根在《学术的进展》一书中详细阐述了他的知识分类观。"知识的分布和分割并不像几条线一样会在一个角上相遇，因此在一点上就可以触摸到全体，而是如同一个树干的树枝，在树干停止分成枝丫以前就具有一种完整性和连续性。因此我们应当在进入细的分类之前，以第一的、原始的、综合的哲学的名义，创建一种普遍的科学，作为一种主要的、共同的大道，由此进入分岔的小

---

① 华勒斯坦，等. 学科·知识·权力 [M]. 刘健芝，等，编译. 北京：生活·读书·新知三联书店，1999：48.

② 王荣江. 亚里士多德的科学知识观及其学科分类思想 [J]. 广西师范大学学报：哲社版，2009（6）：31.

路。"① 在这本书里，培根根据人类的理解能力把整个人类的知识划分为三类学科，即记忆学科（包括历史学、语言学等）、想象学科（包括文学、艺术等）和理智学科（包括哲学和自然科学等）。在对上述人类的理性知识的划分进行详细论述之后，培根又指出："如果我所做的划分与通常所见到的所有不同，你们不要认为我对于没有采用的划分是不赞同的。我之所以要改变现有的划分是出于两层考虑。第一，对于事物按照性质来分类，跟按照用途来分类，在目的和结果上都是不同的。第二，指出现有知识的不足实际上也就改变了对现有知识的划分。"② 除培根之外，近代以来还有很多学者也对于知识或科学的分类进行过深入探讨，如圣西门、黑格尔、恩格斯、温德尔班、凯德洛夫等。在学者们相关理论探讨的基础上，结合现代大学知识生产的不同传统，"一般而言，英、法传统把科学分为自然科学、人文科学、社会科学；德国传统把科学分为自然科学和精神科学"③。但自 20 世纪中叶以来，英语逐渐成为学术界的通用语，尤其是随着美国大学的崛起和德国大学的衰落，作为英美大学智识传统的一部分，自然科学、社会科学与人文科学的分类框架迅速影响到了全世界。目前在世界范围内自然科学、社会科学和人文科学的三分框架虽然不完美但却逐渐为人们所普遍接受。回顾历史"18世纪末自然哲学断裂成为各门独立自然科学，现代诸学科正式诞生。社会科学稍后从道德哲学中分裂出来。'人文科学'是 20 世纪对那些遭排拒在自然科学和社会科学之外的学科的简便总称"④。就大学而言，学科的分化及其制度化也表明，自然科学、社会科学和人文科学的三分框架的形成有其合理性与必然性。"在整个十九世纪，各门学科呈扇形扩散开来，其所秉持的认识论立场互不相同。一端首先是数学，其次是以实验为基础的自然科学（它们按照一种逐次递降的决定论排序为：物理学、化学和生物学）；另一端则是人文科学（或文学艺术），其中哲学的地位最高（它作为一种非经验的活动依附于数学），然后是对于形式艺术实践（包括文学、绘画和雕塑、音乐学）的研究，这种研究时常接近于史学，如艺术史。介乎人文科学和自然科

---

① 弗朗西斯·培根. 学术的进展 [M]. 杨立信，毕秉钧，译. 上海：上海人民出版社，2007：78.
② 弗朗西斯·培根. 学术的进展 [M]. 杨立信，毕秉钧，译. 上海：上海人民出版社，2007：135.
③ 瞿葆奎. 教育科学分支学科丛书 [M]. 北京：人民教育出版社，1998：代序·3.
④ 华勒斯坦，等. 学科·知识·权力 [M]. 刘健芝，等，编译. 北京：生活·读书·新知三联书店，1999：16.

学之间的是对于社会现实的研究，其中历史（研究个别事件的）接近于文学艺术，事实上，它经常是后者的一部分，而社会科学（研究普遍规律的）则接近于自然科学。"① 由于英美大学在世界学术场域的核心地位，作为英美智识传统的一个重要组成部分，目前这样一种占主导地位的科学分类框架和学术分科模式已经深深地嵌入到现代大学体制（制度）之中。从早期斯诺的"两种文化"到后来华勒斯坦提出的第三种文化，即"社会科学文化"，再到托尼·比彻关于"学科地图"的隐喻，从这一系列的话语变迁中可以看出此种知识与科学分类框架对于现代大学学科标准以及学科制度所产生的巨大影响。"从 1850 年到 1970 年左右，世界上的大学体制把自然科学院系和人文学科院系分开，将两者在认识论上推向了完全不同的方向，致使社会科学夹于这两者之间，同时又被这两者弄得支离破碎。"② 由于科学主义的意识形态盛行，在科学史和学科史上，能够成为自然科学意义上的学科曾经是所有学科的梦想，因此是否科学成为不同学科争夺学术话语权的焦点。早期的社会科学以及后来的人文学科都曾有过自然科学化的努力。孔德创立社会学时就曾以"社会物理学"命名，意图很明显，就是要使社会学能够成为一门像物理学一样的学科。但很快社会学的雄心就遭受到了巨大的挫折，社会学领域不可能有自己的牛顿，更不可能存在"社会运动"的定律，因为社会学与物理学是两种性质完全不同的学科。但尽管如此，直到今天自然科学的方法论和思维方式对于社会科学以及人文学科的影响依旧深远。事实上，20 世纪以来，在自然科学、社会科学的框架之外，"人文科学"这一概念的提出本身就反映了自然科学对于人类整个知识界的巨大影响。

当前伴随着欧洲大学在全世界的凯旋，现代学术体系和知识景观（intellectual landscape）中，不同的学科开始服膺于同样的理性逻辑，也可以共享研究的问题和方法。在古代社会，由于交通的不便和信息的闭塞，在第一个轴心时代，人类的科学的确曾经是一种特定的文化现象，不同的文明会有不同的"科学"，不同的"科学"又分为不同的"学科"。但自 16 世纪以来，在人类的第二个轴心时代，随着近代科学的萌芽和大学的更加普遍，原本源

---

① 华勒斯坦，等. 开放社会科学 [M]. 刘锋，译. 北京：生活·读书·新知三联书店，1997：11.
② 伊曼纽尔·沃勒斯坦. 知识的不确定性 [M]. 王昺，等，译. 济南：山东大学出版社，2006：100.

于西方的地方性科学最终成了普适的、世界性的科学。近代科学本身成为整个人类共同的智识生活。"科学是人类能力的展示，它是专属于人类的。""它是人类认知能力的展示，是和每种文化的人都进行的日常经验探究紧密联系的。"① 作为现代性结果的一部分，在同一种科学范式和理性基础上，当前世界各国的大学都分享着类似的科学理性、分科逻辑和学科制度。现代的知识世界里学科类型和制度的同构是大学相互认同和培养专业人才的重要基础。如果不同国家或不同的大学拥有不同范式的科学，如果不同的科学范式支持不同的学科分类体系，如果不同的学科分类体系下的专业知识无法有效共享，那么科学进步的概率和效率将大打折扣，甚至是不可能的。近代以来，正是因为人类分享了同样的科学范式和类似的大学制度和学科制度，共享了几乎全部的智识成果，人类的精神生活，尤其是智识生活的进步才因为大学和科学的规模效应而大大的加速。当然，虽然起源于西方的近代科学范式具有普适性和世界性，现代科学也在全世界范围内取得了巨大的进步，但就今天而言，科学在世界上的分布仍然是极不均衡的，科学的中心与边缘之间的鸿沟似乎还在越拉越大。究其原因则在于，科学范式本身具有世界性并不意味着在世界的任何地方都能找到它。科学的繁荣需要合适的土壤（社会条件）。这就像当前世界各国的大学虽然拥有同一种科学，并设置了类似的学科和院系建制，但不同大学对于人类科学或学术进展的贡献却有天壤之别。

与古代多元化的高等教育机构不同，现代大学的通例是一种科学，多个学科。不过，现代大学里学科的分设和学科门类的划分并不意味着学科与学科间完全是异质的或不可通约，更不意味着存在多样化的科学。人类知识体系中自然科学、社会科学与人文科学的划分只是科学内部的知识分类的框架，而不是存在三种不同的科学范式。虽然无论是自然科学还是社会科学都不可能统一整个人类的科学，但如果不是在非常狭隘的意义上来理解，科学之所以为科学还是具有某些共同的智识底线，分享许多共同的前提和假设，至少它们都是人类的知识而不是社会原子的知识。对于科学研究而言，共同的底线就是，基于理性追求真理而不管真理可能是什么样的。自然科学有自然科学的真理，社会科学有社会科学的真理，人文科学同样也会有人文科学

---

① 苏珊·哈克. 理性地捍卫科学——在科学主义与犬儒主义之间 [M]. 曾国屏，袁航，等，译. 北京：中国人民大学出版社，2008：322-323.

的真理。换言之，科学有科学的真理，文学有文学的真理，但科学的真理与文学的真理之间仍然存在共同之处，即真正感。不同之处仅仅在于，自然科学所追求的真理是一种事实的真理，人文科学所追求的则是一种价值的真理，而社会科学的探究者所追求的真理介于事实和价值之间，既需要以事实为基础，又需要价值判断。但无论哪一种科学也无论其追求的是哪一种真理都需要尊重证据和智识的诚实性，都要求研究者诉诸理性而不能求诸任何超自然的力量。

最后要指出的是，虽然自然科学、社会科学以及人文科学的划分是人为的而非天然的，且以理性为标杆还存在共通之处，但它们彼此之间的客观差异还是比较明显的。比如，自然科学主要强调研究对象的客观性、强调理论的普适性；社会科学则立足于价值的中立，注重对于各种关系的小心求证，强调功能主义以及事物之间的因果关系等；相比之下，人文科学则更注重人的精神世界和诗意的存在，强调人文价值的优先性和优越性。基于此，对于学科问题的探讨必须避免科学主义的误导。如果盲目地坚持自然科学的普遍主义，不加追问何种学科，最终结果可能会导致自然科学文化对于其他学科领域的普遍"殖民"，从而导致人类知识的异化，学科的畸形。当然，无论逻辑上还是实践中，自然科学、社会科学与人文科学的划分又不是完美的。追问是自然科学意义上的学科、社会科学意义上的学科还是人文学科并不能帮助我们解决所有学科的分类问题。现实中有些学科并不能在这一分类框架中找到合适位置，有些学科会跨越这种分类之上。比如，心理学就既含有自然科学的成分，如生理心理学、脑心理学等；也有社会科学的属性，如管理心理学、社会心理学等，此外，心理学可能还有人文科学的因子，如人本主义心理学的某些流派等。地理学也是这样的，有人文地理与自然地理之分。教育学更是一个特例。在自然科学、社会科学与人文科学的分类框架下，教育学始终"居无定所"。在一种比较理想的状况下，教育学应是一个超越于人文科学与社会科学之上的综合性学科①。当前随着跨学科研究的兴起以及跨学科或综合性学科的大量涌现，自然科学、社会科学与人文科学间的界限越来越模糊。不过，无论何种情况，甚至即便没有了自然科学、社会科学与

---

① 王建华. 教育之学——超越社会科学与人文科学 [J]. 中国教育学刊, 2006 (10): 1-6.

人文科学这种三分框架，类似于"何种学科"的追问对于我们更好地理解学科问题总是会有所裨益的。至少通过这种追问可以使我们对所要讨论的问题更有针对性。

第二节 学科与大学的关系

学科制度是学科建设中的重要范畴。学科水平的高低绝不只是体现在学者个体的层面，而是深刻反映在学科制度的层面。因此，高水平的大学制度绝离不开完善的学科制度。学科制度是大学制度的核心，大学建制是学科制度的基础。"学科是大学的产物，是大学制度及其结构的基本元素。""学科作为一种制度和结构是作为大学制度的一个组成部分而形成和发展起来的，学科及其制度基本上以大学为存在的根据，而从大学结构的角度来考虑，学科系统构成了大学制度的主干。学科首先就是大学这个大厦的基地和框架，大学的其他结构、制度成分是围绕学科的制度化而形成的。""系、研究所和学院等等机构都是因应学科的分化与综合的需要而建立起来的，这些学术基层组织和结构的存在理由就是学科及其发展。"① 由于学科和大学间的紧密关系，离开了大学就不存在学科，离开了学科也就无所谓大学。基于此，撇开学科制度也就永远无法理解大学制度的真谛和学科建设的本质；同样，离开了大学建制也永远无法理解学科制度的缘由，更谈不上学科建设。

一、学科与大学

一般认为，大学（university）起源于中世纪，本质上是脑力劳动者的俱乐部。在学科的维度上，中世纪大学的产生在于对知识组织化的需要。因为"只有组织才能提供知识工作者为了取得成果所需要的基本连续性，也只有组织才能将知识工作者拥有的专门知识转化为业绩。专门化的知识本身并不能产生业绩。这就要求，专家应当能加入一个组织"②。人类的历史上，知识

① 韩水法. 大学制度与学科发展［J］. 中国社会科学，2002（3）：77.
② 彼得·德鲁克. 社会的管理［M］. 徐大建，译. 上海：上海财经大学出版社，2003：62.

的分门别类由来已久，但学科（discipline）本身却是一个比较晚近的概念。从学科史的角度考察，直到欧洲中世纪，才开始出现各种形式的有系统的学术课程规划，学术分科逐渐萌芽，人文学科与自然科学开始在自由七艺和自然哲学的名义下相对分离出来。稍后，在这些分类日益巩固的基础上，才出现了中世纪大学。中世纪大学的出现又进一步强化和丰富了这种知识的分门别类，并最终完善了"学科"的概念。中世纪大学之时，作为知识体系与组织建制的学科开始萌芽。不过，由于认识和历史的局限，当时的学科与课程往往处于同一个层面，没有显著差异。有时学科（subject）本身就相当于一门课程或某一科目的名称。柏林大学建立以后，学科的分化与制度化开始加剧，并不可逆转。在学科制度化的框架下，"一个新生学科总是致力于产生出一套新的通用词汇，以便帮助它的成员来界定这一学科，使它和其他学科分道扬镳"①。近代大学里很多自然科学的学科和人文学科逐渐从自然哲学和自由七艺中分化出来，另立门户，自成系科。稍后，社会科学也在 1850 到 1945 年间逐渐从道德哲学中分化出来并完成了制度化，最终形成政治学、经济学、社会学、人类学、历史学等诸多学科。至此，人类知识开始呈现出自然科学、社会科学与人文科学的三分局面。而在这三大科学门类之下则是通过学科制度化日益增多的独立的学术性学科。

作为知识分支的学科（subject）是中世纪大学得以产生的基础，而现代意义上的制度化学科（discipline）则大致形成于 19 世纪初的近代大学，学科制度化既是近代大学复兴的动因也是其重要的成果。"十九世纪思想史的首要标志就在于知识的学科化和专业化，即创立了以生产新知识、培养知识创造者为宗旨的永久性制度结构。"② 在 19 世纪所形成的学科制度的基础上，现代大学内部发生了深刻的变革，学者对于学科的重视远远地超过了对于学生的重视。终于，在 20 世纪后半叶，对学科的重视直接促成了研究型大学的兴起，而研究型大学的兴起则进一步带动了整个大学（高等教育）系统的繁荣。自 20 世纪中叶以来，随着高等教育系统和大学规模的迅速扩大，世界范围内学科与大学相互交织，成为高深知识生产的主要制度性场所。在

---

① 伯顿·克拉克. 高等教育系统——学术组织的跨国研究 [M]. 王承绪，等，译. 杭州：杭州大学出版社. 1994：220.

② 华勒斯坦，等. 开放社会科学 [M]. 刘锋，译. 北京：生活·读书·新知三联书店，1997：9.

"国际学术界，学科就是'产品线'，院校即为地理中心"。"高等教育必须以学科为中心，但它同时必须聚集于事业单位。"① 对于由学科和大学所构成的这种复杂"矩阵结构"（Matrix Structure），伯顿·克拉克认为："主宰学者工作生活的力量是学科而不是所在院校。强调学科的首要性是要改变我们对院校和学术系统的认识：我们把大学或学院看作国家和国际学科的地方分部的汇集，这些分部将更大领域里知识进展、规范准则和习俗惯例输入当地并使它们在当地生根发芽。"② 由此观之，大学与学科之间存在着非常紧密而复杂的联系。大学是学科的一种组织建制或存在形式，学科本身又是大学内部的一种组织建制，二者近似于一个硬币的两面。"在 20 世纪的大部分时间里，学术机构的显结构（surface structure）一直被学科所主宰。"③ 而在现代高等教育实践中学科又总是大学里的学科。没有大学的存在，学科的划分也就没有什么实质性的意义。同样没有学科也就无所谓大学。从历史的发展看，一方面学科作为一种组织建制，深化了人们对于大学的理解、丰富了大学的内涵。另一方面通过学科制度化促进知识积累又是 19 世纪近代大学复兴的动因和结果。

　　基于学科与大学间的密切关系，在制度的层面上，学科制度一直是大学制度的轴心，大学制度则是学科制度的延伸或拓展。具体而言，学科的制度化主要包括教学的制度化与研究的制度化。教学的制度化主要表现为首先在主要大学里设立一些首席讲座，然后再建立一些系来开设相关的课程，学生在完成课业后可以取得某一学科的学位，从而就完成了训练的制度化。学科研究的制度化是伴随着研究本身的制度化而实现的，如创办各学科的专业期刊，按学科建立种种学会（先是全国性的，然后是国际性的），建立按学科分类的图书收藏制度④。以教学的制度化和研究的制度化为基础，所谓学科制度化，"是指一个学科或研究领域的学术团体、专业杂志、书籍出版、

---

① 伯顿·克拉克. 高等教育系统——学术组织的跨国研究 [M]. 王承绪，等，译. 杭州：杭州大学出版社，1994：36.
② 伯顿·克拉克. 高等教育系统——学术组织的跨国研究 [M]. 王承绪，等，译. 杭州：杭州大学出版社，1994：35-36.
③ 朱丽·汤普森·克莱恩. 跨越学科——知识 学科 学科互涉 [M]. 姜智芹，译. 南京：南京大学出版社，2005：4.
④ 华勒斯坦，等. 开放社会科学 [M]. 刘锋，译. 北京：生活·读书·新知三联书店，1997：32.

基金资助渠道、教育培训、职业化以及图书馆收藏目录的确定等方面的建设，其中尤其以大学教学的发展（专业、系、所、学院的设置）为要"①。19 世纪以来，随着学科制度化的不断推进，大学里学科的数量不断增多，原先起源于德国大学的讲座制的弊端日益显现。为了克服讲座制的局限性，以学科为依托的学系出现了。系科取代讲座成了学科之"家"。我们知道，虽然学术系科的概念最早可以追溯到 1213 年巴黎大学的建立，但是现代系科结构却是起源于 19 世纪 90 年代，是受哈佛大学改革的影响而出现。② 建立学系的初衷"主要是为了克服德国大学讲座制带来的种种缺点，如学科狭小、门派林立、'教授封建主义'等等"③。20 世纪，随着这种以学科组织建制为主要特征的系科制度在世界各国大学的建立与普及，系科制作为一种组织形式和制度安排开始普及世界各地，成了一种具有普遍意义的学术组织或学科组织。不仅是在亚洲、欧洲，"摒弃讲座制度的趋势在拉美国家（如巴西）也越来越明显。那儿的一些院校和所属单位已经采用了系科制，新建的学校尤其如此"④。现代大学里系科制之所以能够如此迅速的普及和扩张，根本原因就在于，随着从小科学向大科学时代的转变，在学院的庇护下以系科代替讲座有利于拓宽学科的口径，也有利于将更多的教授组织起来，发挥学术团队的作用。当然，更深层次的原因可能还在于，讲座制无法满足学科的大量分化与制度化的要求，一个讲座一个教授的制度安排抑制了大学教师学术职业的发展空间。相比之下，系科制打破了"教授封建主义"，为学科的发展拓展了更大的空间。"系科转变为基本的行政单位，提高了同其他学科的竞争意识，同时，将权力转到判断课程和项目的适合性上，转到推荐任命、提升职务、增加工资和其他奖励方面。到了 20 世纪上半期，学科包含在系科这一单元里面，并受其管理。"⑤ 在整个 20 世纪，现代大学发展的事

---

① 陈振明. 当代西方社会科学发展的整体化趋势：成就、问题与启示 [J]. 学术月刊, 1999 (11)：43.

② 朱丽·汤普森·克莱恩. 跨越学科——知识 学科 学科互涉 [M]. 姜智芹, 译. 南京：南京大学出版社, 2005：68.

③ 周川. 大学建制的组织学诠释 [J]. 教育研究, 2002 (6)：70.

④ 伯顿·克拉克. 高等教育系统——学术组织的跨国研究 [M]. 王承绪, 等, 译. 杭州：杭州大学出版社, 1994：210.

⑤ 朱丽·汤普森·克莱恩. 跨越学科——知识 学科 学科互涉 [M]. 姜智芹, 译. 南京：南京大学出版社, 2005：68.

实也证明，在促进高深知识的发展方面，随着大学学科的不断增多与制度化，系科的建制相比讲座制有着较为明显的优越性。

二、跨学科与大学

学科的制度化及其相伴而生的系科制同任何其他事物一样也有其两面性。当前随着不同学科间知识的相互融合和科学研究中跨越学科边界现象的增多，在现代大学里学科更多的是作为一种知识分类的制度性标识而非独立性的知识板块。"学术机构的长远构成倾向于更加专门化、专业化、系科化、碎片化，但不同学科之间的互补、交叉、交流在不断增多。"① 在 20 世纪后半期，系科制在克服讲座制的缺陷、丰富大学制度的内涵并促进高深知识的生产、传播与应用的同时，也滋生出了许多难以克服的弊端。第二次世界大战以后，随着新的专业、新的混合领域、新的知识生产结构和新的教育格局的不断拓展，系科结构本身的包容性和可渗透性开始遭到挑战，学科与系科之间的严格一致性也开始被打破。针对系科制的不足和学科复杂性的显著增加，大学里一些传统系科开始被重组、各种跨学科的研究中心也应运而生。各种推行跨学科研究的计划和建立以问题为中心的研究单位的努力都是为了要遏制大学里系科以及学院不断增多的趋势。跨学科研究的兴起提醒大学，"科学的历史不仅是学科建立和增生的历史，它同时也是学科的边界被打破、一个学科的问题侵入另一个学科、概念流通、混合的学科形成（这些学科将以独立而告终）……的历史，最后它还是不同的学科聚合或黏合起来形成复合体的历史。换句话说，如果科学的正式的历史是学科性的历史，那么它的另一个相连的和不可分的历史就是相互间的——多项聚合的——跨越的学科性历史"②。在现代大学里，随着学科制度化的盛行，甚至是过度的制度化，学科越分越细，也越分越多，按学科制来组织、生产与传播高深知识的局限性日益显现。由于学科制度的局限，系科组织本身已经无法应对日益复杂的学术专业的发展。"系科组织可以克服讲座制的狭隘性，并使学科的分布较为合适。但是系科组织及相应单位的不断增多使得大学分崩离析的状态达到

---

① 朱丽·汤普森·克莱恩. 跨越学科——知识 学科 学科互涉 [M]. 姜智芹，译. 南京：南京大学出版社，2005：4.

② 埃德加·莫兰. 复杂性理论与教育问题 [M]. 陈一壮，译. 北京：北京大学出版社，2004：198.

了空前的程度。"① 在此背景下，成立某种跨学科的矩阵结构就成为必要。在这种矩阵结构中，一个教授和学生不但可以加入系科，而且还可以加入某个研究中心或其他学院，以争取实现跨学科研究的目的。

总之，作为对学科制度化的一种深刻反思，20 世纪六七十年代在西方国家的许多大学里跨学科或多学科研究迅速兴起。对此，约翰·海厄姆在《共同学习的挑战》中将之描述为"住在房间里的人在房门紧闭的情况下，从敞开的窗户探出身去，与周围的邻居愉快地交谈"。"实际上，更多的情形正在出现，一些人在愉快地交谈，另一些人在和邻居辩论，还有一些人已经跳出窗外。很多房门依旧紧闭，但也有一些已被撞开，有的甚至建造了全新的房子。"② 当前在学术研究的层面上，种种跨学科研究不但融合了不同学科的范式，推动了以往被专业学科所忽视的领域的研究，打破了知识专业化的学科垄断现象；而且增加了各学科之间的交流，形成了许多新的学科领域或跨学科学科。在总结 1970 年经济合作与发展组织在尼斯举行的关于学科互涉的第一次讨论会时，J. R. 加斯就曾宣称："今天的'学科互涉学科'就是明天的学科。"③ 当然，跨学科研究的目的绝不在于要形成"另外一门学科"。跨学科研究的关键还在于要促进大学组织与学科制度的变革。在促进学术研究之外，跨学科研究的大量出现与迅速发展对于传统的以分科模式为基础的大学制度产生了深刻而全面的影响，以至于有学者认为，一种新的跨学科大学已初露端倪④。其中成立于 1973 年的筑波大学就是这种"跨学科型大学"的良好实践。根据当时文部省的设想，筑波大学创建之时"第一次抛弃了日本传统的学部—学科—讲座的传统组织体系，代之以'学系'和'学群'这样的在日本大学史上从未有过的崭新的教育和研究组织"⑤。面对学科分化与制度化可能带来的种种危机，同时受到跨学科研究思潮的深刻影响，成立之初的筑波大学就力求在组织建制上打破学科的制度化壁垒，以有利于大学实

---

① 伯顿·克拉克. 高等教育系统——学术组织的跨国研究 [M]. 王承绪，等，译. 杭州：杭州大学出版社，1994：211-212.
② 朱丽·汤普森·克莱恩. 跨越学科——知识 学科 学科互涉 [M]. 姜智芹，译. 南京：南京大学出版社，2005：23.
③ 朱丽·汤普森·克莱恩. 跨越学科——知识 学科 学科互涉 [M]. 姜智芹，译. 南京：南京大学出版社，2005：101.
④ 刘仲林. 跨学科学导论 [M]. 杭州：浙江教育出版社，1990：144.
⑤ 胡建华. 战后日本大学史 [M]. 南京：南京大学出版社，2001：204.

行跨学科的教学和研究。作为一种跨学科型大学的开拓性实验，筑波大学虽然在一定程度上取得了成功，但它的成功并没有引起其他大学的效仿。个中原因可能在于："像其他地方一样，大学是确定合法成员和等级的条件与标准的争斗之地，学科互涉是一个以多种形式进入大学领域的争议性概念。"①在今天的大学世界里，筑波的办学体制及其制度设计仍然"一枝独秀"。也许正如克莱恩所言："一些机构因具有学科互涉的环境而闻名，但它们并不代表一种尺度，不过这也不是说学科互涉不具有重要的存在价值与影响力。"②与筑波大学在体制上根本性的改变不同，当前世界上更多的大学更加愿意选择在保持传统"以学科建制院系"、"以系科制组织高深知识的生产、传播与应用"的基础上，通过内部整合或内外合作成立更多的跨学科研究中心（项目或计划）这种新的组织形式，来应对由于学科制度化所带来的大学制度和学科制度的危机。

第三节 学科制度化的改造

随着后现代主义、法国年鉴学派的兴起及其他多种反思性学术思潮的冲击，学科的局限性日益受到众多学者的批评。在此背景下，多学科、跨学科、超学科等成为一股十分重要的学术思潮。一时间，以跨学科为代表的超越学科局限性的努力风靡整个学术界。早在1979年Joseph J. Kockelmans就编辑出版了名为《跨学科性与高等教育》（*Interdisciplinarity and Higher Education*）的论文集③。在这本论文集中各位学者集中探讨了"学科还是跨学科"、"科学与学科：几点历史与批判性的反思"、"学科与跨学科：历史的视角"、"高等教育中的课程、学科与跨学科：历史的视角"、"为什么要进行跨学科研究"、"社会科学中的跨学科合作"、"跨学科性：方法论的反

---

① 朱丽·汤普森·克莱恩. 跨越学科——知识 学科 学科互涉 [M]. 姜智芹，译. 南京：南京大学出版社，2005：6.

② 朱丽·汤普森·克莱恩. 跨越学科——知识 学科 学科互涉 [M]. 姜智芹，译. 南京：南京大学出版社，2005：23.

③ Joseph J. Kockelmans. *Interdisciplinarity and Higher Education* [M]. The Pennsylvania State University Press, 1979.

思"、"跨学科中面临的人员和机构问题"等专题,并收录了美国大学里跨学科研究的部分项目。当前随着现代大学里学科制度化危机的加剧,如何有效地引入跨学科研究的相关理论,以"打破学科之间的围墙,通过建立一个新的认识图式来超越或改造各学科"①,就成为学科建设研究中的一个前沿课题。

一、学科制度化的危机

19 世纪形成的社会科学发展到今天,无形之中成了学科制度化的经典,成了其他新兴学科进行学科建设的典范,甚至于学科建设被等同于了学科制度化。受到学科制度化模式的消极影响,"在洪堡的大学模式中,每门学科都在一个系统中占有自己的位置,思辨位于这个系统的顶端。一门学科侵入另一门学科的领域只会给系统带来混乱和'噪音'。学科之间的合作只能出现在思辨的层面上,即出现在哲学的头脑中。相反,跨学科性的观念在本质上属于非合法化时代和它那种受到围攻的经验主义"②。其结果,学科的定义被典范化,而典范化了的学科所带来的又是许多研究领域纷纷开疆拓土,然后高筑学科壁垒,急切地向外宣示自己的学科界限与主权。"在二十世纪的进程中,学科分化并重组成新的专业,是知识增长的主要形式,这种现象导致了大分化和大汇流。"③ 事实上,社会科学诸学科的形成虽然源于对学科界线的划分,但那已是 19 世纪的事情,其制度化和当时社会的政治、经济、文化环境密切相关。今天的学科建设是否还应遵循 19 世纪的教条,重走社会科学学科制度化的老路值得反思。不同的时代有不同的时代精神,不同的时代精神也会孕育出不同的学科范式。按照埃德加·莫兰的说法,"学科是科学知识内部的一个组织范畴,它在那里建立了工作的划分和专业化,它适应科学所覆盖的领域的多样性。一个学科虽然被包含在一个更广阔的科学整体中,但是通过它为自己划定的边界、它为自己构造的语言、它为自己制订的或使用的技术和最后特别是它所特有的理论,它总是自然地趋于独立。学

---

① 埃德加·莫兰. 复杂性理论与教育问题 [M]. 陈一壮, 译. 北京: 北京大学出版社, 2004: 201.
② 让-弗朗索瓦·利奥塔尔. 后现代状态: 关于知识的报告 [M]. 车槿山, 译. 北京: 生活·读书·新知三联书店, 1997: 110.
③ 朱丽·汤普森·克莱恩. 跨越学科——知识 学科 学科互涉 [M]. 姜智芹, 译. 南京: 南京大学出版社, 2005: 55.

科组织是在 19 世纪建立的，特别是伴随着现代大学的形成，然后在 20 世纪它随着科学研究的飞跃而发展。这说明各学科有一个历史：出生、定型、进化、衰退，等等；这个历史处于大学的历史之中，而大学的历史处于社会的历史之中；因此学科属于科学社会学和认识社会学的范围。学科因此不仅从属于一种认识和一种对于它自身的内在的反思，而且也属于一种外在的认识。因此只耽在一个学科内部来认识与之有关的一切问题是不够的"①。自第二次世界大战以来，随着地区研究、妇女研究、青年研究和城镇研究的兴起，以及法国年鉴学派、现代化研究、国际政治经济学等新学术思潮的涌现，现存的学科结构与制度受到强有力的挑战，大学里原有学科划分和系科结构的有效性与合法性开始受到普遍的质疑。从 20 世纪 80 年代开始，世界范围内许多学者开始不断地反思社会科学，开始重新思考学科的"迷思"与国家的"迷思"。正如 1993 年创立的重建社会科学委员会所郑重指出的，"摆在我们面前的问题是如何开放各门社会科学，以便使它们能够对自身的褊狭性所遭到的合理反对做出适当的、充分的回应，从而证明其对普遍的恰切性、适用性或有效性的宣称是有道理的"②。作为 19 世纪近代大学的一项伟大遗产——学科制度化，其历史功绩无疑是巨大的。"学科的有效性已在科学史上得到证明：一方面，它为一个技能的领域划定了边界，而没有这个边界认识将变得捉摸不定；另一方面，它为科学研究揭示、提取或建构了特别的对象。"③ 没有学科制度恐怕大学本身也不会存在那么久。学科的分化与制度化以及伴随而来的专业化与学术专业分工不仅促进了知识的积累，而且也增进和丰富了人类对于社会各个领域的了解。在学科规训的意义上，学科制度化与近代大学的复兴紧密相关，与现代高等教育的大发展也密不可分。大学为学科制度的建立提供了理想的制度性场所，高等教育的大发展则为学科的繁荣提供了足够的外部驱动力。自近代以来，一些历史学家、社会学家以及古典人文学者一直在把大学当作一种组织载体和制度空间以争取国家对其学术工作的支持④；而大学则为这些学者的学术自由和学科建制提供了一

① 埃德加·莫兰. 复杂性理论与教育问题 [M]. 陈一壮，译. 北京：北京大学出版社，2004：196.
② 华勒斯坦，等. 开放社会科学 [M]. 刘锋，译. 北京：生活·读书·新知三联书店，1997：63.
③ 埃德加·莫兰. 复杂性理论与教育问题 [M]. 陈一壮，译. 北京：北京大学出版社，2004：196.
④ 华勒斯坦，等. 开放社会科学 [M]. 刘锋，译. 北京：生活·读书·新知三联书店，1997：9.

种制度性的保护。

不过，学科制度化的成就不能也不应成为阻碍学科制度变革的理由。在大学的历史上，自然科学、社会科学以及人文学科基于学科划分而各自独立以后，所谓的学科壁垒开始形成，各个学科之间基于知识类型的差别而形成的学科界限开始为因利益驱动而形成的学术堡垒所替代。不同学科间，为了在资源的分配中占据有利地位，每个学科都紧紧守护着自己的领土和主权，拼命加固已有的学科界限，阻止局外人进入自己的学科领域之中。尤其重要的是，在一定哲学和意识形态的承诺下，各个学科都倾向于夸大自己在社会发展中的作用和在学术共同体中的重要性，倾向于将本学科对社会问题的研究当成是唯一正确的结论或最为重要的结论，无视其他学科的优点与贡献。"学科的边界、它的语言和它特有的概念将使该学科孤立于其他的学科和跨学科的问题。超级的学科性的精神将变成地主的精神，禁止任何外人对他的小块知识领地的侵入。"① 其结果，大学里学科与学科之间的对话显著减少了，隔行如隔山的现象开始在很多学科间出现，从而严重阻碍了人类知识的交流与进步。马太·多冈曾通过对学术出版物中的引用模式进行研究后发现，"如果某一亚学科的专家倾向于多半或全部仅仅引用同一个亚学科的专家，而且如果只有相对较少的作者越过本亚学科的边界线而引用其他专家，则该学科的内部凝聚力便低。这种情况无妨和一艘大船中那些滴水不漏的密封舱相比。……如果情况相反，有相当数量的作者像蜜蜂不择花而采蜜那样地越过专业界限引用文献，那么，该学科便显得较为整合"② 。事实上，整个人类的科学之间原本应是相通的，研究对象本来就是共同的。学科的分界中人为的因素很大，学科的划分只是为了研究的方便，并不意味着研究对象本来就是如此天然分割的。当前在高度制度化框架下，"偏狭的学科分类，一方面框限着知识朝向专业化和日益分割的方向发展，另一方面也可能促使接受这些学科训练的人，日益以学科内部的严格训练为借口，树立不必要的界限，以谋求巩固学科的专业地位。学科制度的优点是能够建立完整而融贯的理论传统和严格的方法学训练，但同时也有使学术体制成为偏见的生产地，

---

① 埃德加·莫兰. 复杂性理论与教育问题 [M]. 陈一壮，译. 北京：北京大学出版社，2004：197.
② 马太·多冈. 新的社会科学：学科壁垒上的裂缝 [J]. 李国武，译. 国际社会科学：中文版，1998 (3)：145.

以服务自己的利益（self-serving）为尚，建立虚假的权威之虞"①。因此，为了能够克服学科制度化的危机，在科学研究中，像蜜蜂不择花而采蜜一样是必需的，各学科间滴水不漏的隔断只会使彼此更加孤立，不利于学术的积累与知识的进步。

　　总之，通过学科制度化促进高深知识的积累和学术进步是 19 世纪近代大学复兴的结果。第二次世界大战以后，学者们已开始怀疑这种学科区分的有效性以及学科制度化的合法性，开始倡导跨学科研究。"近年来科学运动的最突出的事实之一是新知识分支的增多。这些新分支正是产生于邻近学科的组合，但事实上都有自己的新目的，这些目的又反射到母学科并丰富了母学科。""如果说存在一股人文科学自然科学化的倾向的话，那么，也有一股相反的倾向，即某些自然科学的人文科学化。""在人文科学与自然科学之间，学术研究的历史发展表明：一、应用借自自然科学的模式丝毫不排除对高级现象的特征的考虑；二、为人文科学领域所设计制定的许多技术反过来影响了生物学、甚至物理-化学。早在十九世纪，达尔文关于选择的思想就是部分地受到经济学和人口学概念的启发，而并不仅仅是受到饲养员人工淘汰的启发的。"② 在《知识的不确定性》一书中，华勒斯坦也阐明了他对于跨学科研究的立场。"第一，我认为 19 世纪所形成的作为学术领域的各学科的社会建构已经衰退无用了，如今成了严谨的学术研究工作的一大障碍。第二，我认为学科的组织结构依然相当稳固，然而我也认为在知识的整体结构中存在着重要的裂隙，并且只有那些刻意寻找的人才能发现这些裂隙，而这些裂隙对结构的稳定性所产生的破坏作用远比大多数学者想象的要大得多。第三，我认为每种学科文化都能结出丰硕的果实，我们应该取其精华，使其融会（或至少被采用）到社会科学的重建中。"③ 皮亚杰和华勒斯坦的论述，一方面表明了学科制度化的危机已相当严峻，学科的制度化问题已经成为整个大学和科学本身的问题，另一方面也可以看出整个学术界在应对学科制度

---

① 华勒斯坦，等. 学科·知识·权力 [M]. 刘健芝，等，编译. 北京：生活·读书·新知三联书店，1999：2.

② 让·皮亚杰. 人文科学认识论 [M]. 郑文彬，译. 北京：中央编译出版社，2002：232，55，16.

③ 伊曼纽尔·沃勒斯坦. 知识的不确定性 [M]. 王昺，等，译. 济南：山东大学出版社，2006：106.

化的危机方面已经开始采取行动。

二、跨学科研究的兴起

Interdisciplinarity，在英语中是一个合成词，中文译名较多，包括多学科、跨学科、交叉学科、学科互涉，学科间性，跨学科性，科际整合或跨科际学科规训制度等。为了避免行文中的混乱，并能够与对学科制度化危机的探讨相对应，本文选择将 interdisciplinarity 译为"跨学科"（**根据语境也使用"科际整合"或"跨学科性"等表达，引文则尊重译者的翻译**）。词源上，Interdisciplinarity 由 inter 和 disciplinarity 两个词组合而成。这个词最早于 1926 年出现于美国，当时只是为了速记的需要而创造的一个新合成词。1937 年被收入《新韦氏大辞典》和《牛津英语辞典增补本》。20 世纪 60 年代，随着科学的综合化和整体化的不断加强，"跨学科"在科学发展和学科建设中的地位迅速提升，20 世纪 70 年代以后，interdisciplinarity 一词风靡整个学术界。以至于后来"跨学科"本身也被一些学者作为一个专门的研究领域，形成了所谓的"跨学科学"这样一门新学科。那么，为什么"跨学科研究"一提出就立即受到如此重视呢？下面几个原因不容忽视：（1）它融合了不同学科的范式，推动了以往被专业学科所忽视的领域的研究，打破了专业化的垄断现象；（2）增加了各学科之间的交流，形成了许多新的学科；（3）创造了以"问题解决"（problem-solving）研究为中心的研究模式，推动了许多重要实践问题的解决①。

作为一种实践，莫兰认为，Interdisciplinarity 完全可意味着不同的学科坐在同一张桌子旁，如同不同的国家集合在联合国只是为了肯定它们各自所有的国家权利和反对邻国侵犯主权。但也可以表示愿意交流与合作，这就使得学科间性可以变成某种有机的东西②。相比之下，Multi-disciplinarity 或 Poly-disciplinarity 不追求学科间的"整合"，中文多译为多学科或多学科性。对于多学科性，莫兰认为是根据各学科共有的一个规划或一个对象建立的学科间的联盟，有时各学科如同不同专业技术人员一样被招拢来解决这样或那样的具体问题，有时相反的，它们处于深入的相互推动之中以便协力认识这个对

① 金吾伦. 跨学科研究引论 [M]. 北京：中央编译出版社，1997：3-4.
② 江小平. 法国的跨学科性研究与模式 [J]. 国外社会科学，2002（6）：21.

象或这个规划①。与跨学科以及多学科相比，Cross-disciplinarity，中文多译为横学科。关于横学科，莫兰认为，这经常涉及能够横贯诸学科的认识图式，它有时带有超强的力量使诸学科俯首听命②。与莫兰的看法类似，詹奇也提出："横学科"意味着在同一层次上，一门学科的原理对其他学科施加影响，因此围绕着这门特定学科的原理，各学科发生了固定的极化③。与"横学科"有所不同，Trans-disciplinarity，一般译为超学科，相应的，Supradiscipline被译为"超级学科"。"超级学科"仍然是学科，只不过知识体系高度复杂而庞大，比如，在今天的大学里，物理学、化学、生物学等都已经成为超级学科，超级学科下面的很多分支领域都已经成为独立的学科。与超级学科不同，"'超学科'这一术语通常用来标识一种范型或观点，这一范型或观点通过过度变形的综合，超越了狭隘的有关学科的分类观（worldview）"④。根据詹奇的看法，所谓"超学科"意味着在一般原理（由目的层次自上而下导出）和正在形成的认识论（协同认识）模式基础上，所有的学科和跨学科学科进行协同。他认为，唯有在超学科和跨学科性中，大学的教育革新体制才能"活跃起来。学科的内容、结构和相交面才能为了实现同一系统目的而相互协同，不断适应变化的情况"⑤。对于以上这些概念之间的关系，莫兰认为："其中蕴含的关键的概念，也就是说合作；较好一些，是连接、共有对象；更好一些，是共有规划。"⑥ 瑞士心理学家皮亚杰和奥地利学者J. 詹奇则认为，多学科（Multi-disciplinarity）是低层次的、利用多门学科的知识进行研究；跨学科（Interdisciplinarity）是中等层次的、多门学科间相互作用、相互补充的合作研究；超学科（Trans-disciplinarity）则是高层次的、不存在学科界限的统一研究⑦。此外，詹奇还从系统设计的角度，给出了学科与学科间相互作用的五种形式，由低到高、由浅到深，依次为：多学科（Multi-disciplinarity）、群学科（Pluri-disciplinarity）、横学科（Cross-discipli-

① 江小平. 法国的跨学科性研究与模式［J］. 国外社会科学，2002（6）：23.
② 江小平. 法国的跨学科性研究与模式［J］. 国外社会科学，2002（6）：27.
③ 刘仲林. 跨学科学导论［M］杭州：浙江教育出版社，1990：50.
④ 朱丽·汤普森·克莱恩. 跨越学科——知识 学科 学科互涉［M］. 姜智芹，译. 南京：南京大学出版社，2005：15.
⑤ 刘仲林. 跨学科学导论［M］杭州：浙江教育出版社，1990：51.
⑥ 埃德加·莫兰. 复杂性理论与教育问题［M］. 陈一壮，译. 北京：北京大学出版社，2004：205.
⑦ 刘仲林. 跨学科学导论［M］. 杭州：浙江教育出版社，1990：49.

narity)、跨学科（Inter-disciplinarity）和超学科（Trans-disciplinarity）。在这五种形式中，他认为，多学科和群学科中只需要有意无意地把刻板的学科参数凑到一起，横学科则意味着根据某一具体（学科）目的，用"蛮力"对学科的概念和目的进行解释，然后把固定的极化强加给同一层次上的各学科。唯有跨学科和超学科才能实现真正突破学科的局限，实现系统层次上的协同①。

那么，实践中什么是"跨学科"呢？对大学而言，作为一个概念，跨学科（interdisciplinarity）可能是新的，但作为一种知识生产方式和高等教育实践形式，跨学科一直存在于大学之中。"统一的科学、总体知识、综合、知识整合这些古老的概念，一直是人文科学、普通教育与文科教育（general and liberal education）中学科互涉思想强有力的保证。"② 巴姆（Bahm）在其1978年所写的《哲学与跨学科研究》的文章中就指出："哲学，就其综合功能而言，本质上是主要的跨学科。"但"这个事实已被大多数跨学科研究政策科学家们所遗忘了"③。不过，这里所要探讨的"跨学科"不再是哲学作为一门学科意义上的那种"跨学科"，而是有新的制度内涵，即作为学科制度的对应物或作为学科制度化改造的一种方略。克拉（Julie Thompson Klein）指出，"跨科际制度"（interdisciplnarity）一词虽有口皆道，却无一个清晰的意思，它的含意有多广泛亦不清楚。如果定义的话，只能通过描述性的方法。按克拉的看法，跨科际制度用来指述一系列的活动：学科间互借相换；合作解决问题（例如由大学研究员、医护人员、社团人员、代理机构职员和市民组成的医护关注队）；保持独立分隔的学科之间的沟通桥梁［例如斯诺（C. P. Snow）和李维斯（F. R. Leavis）之间有关"两种文化"的争论，以及其后在科学和文学之间建立联系的尝试］；发展在不同学科之间运作的综合理论（例如马克思主义、结构主义和一般系统论）；在各分隔的学科之间共同交叠的范围中开发新的领域（例如心理语言学、犯罪学、古埃及学、都市研究）。在此描述性定义的基础上，克拉还补充说："不管是为了整合性还是

---

① 刘仲林. 跨学科学导论［M］. 杭州：浙江教育出版社，1990：50.

② 朱丽·汤普森·克莱恩. 跨越学科——知识 学科 学科互涉［M］. 姜智芹，译. 南京：南京大学出版社，2005：10.

③ 金吾伦. 跨学科研究引论［M］. 北京：中央编译出版社，1997：3.

工具性的原因，他们都有一个共同的合理化模式：出于'需要'和'复杂性'。然而不管是什么形式和目的，跨科际规训制度都是尝试消除专科化所引致的难题和改变知识的学科规训组织形式。"① 与克拉对于"跨科际制度"的松散描述相比，G. 伯杰的定义则相对简单清晰。伯杰认为所谓跨学科就是指："两门或两门以上的学科之间紧密的和明显的相互作用，包括从简单的交换学术思想，直至全面交流整个学术观点、方法、程序、认识和术语以及各种资料。"② 克拉与伯杰的定义各有所长，克拉的定义侧重于可操作性，伯杰的定义较规范。在实践中，可以考虑将这两种定义结合起来使用。

从历史的维度来考察，在西方作为对学科局限性的反思以及基于政治和军事需要的考量，"学科互涉问题中心研究在'二战'期间广受重视，因为它满足了当时的军事需求，随后，防御需求、航空与工业产品的支持进一步增强了其合理性"③。以美国为代表，跨学科研究真正兴起于20世纪六七十年代。按刘小枫的说法，"在学问制度内部，学科分割和专门化原则因应美国成为头号王权国家而发生改变：历史学、经济学、社会学、政治学及人类学、古典学、东方学的学系分割，不能适应新的强权国家的政治需求。美国学界率先发展出跨学科或聚合性学科（或所谓科际整合），例如地域文化研究，明显带有为美国政治权力效力的动机。反过来，美国政府为了其全球范围的政治利益，要求学界对世界各地区作综合性研究，为美国维持国际王权提供政策基础。新王权国家的国际政治需要打破了人文—社会科学分界及其知识划分原则，其影响有两个方面；学科重合和新学科的产生（如传播学、行政学等），原有的学科变得不再纯粹。这一例子表明，现代学问体系和学科制度的发展与强权民族国家的权力仍是相关的"④。当时在西方特别是美国，为了解决某些超越了单一学科的复杂问题，各种跨学科研究机构纷纷成立，跨学科研究的文献大大增加，并涌现出了大量的交叉、横断和边缘性学科。在这个时期，为了满足社会和国家的需求，美国的各大学（如宾州大

---

① 华勒斯坦，等. 学科·知识·权力 [M]. 刘健芝，等，编译. 北京：生活·读书·新知三联书店，1999：28-29.

② 金吾伦. 跨学科研究引论 [M]. 北京：中央编译出版社，1997：45-46.

③ 朱丽·汤普森·克莱恩. 跨越学科——知识 学科 学科互涉 [M]. 姜智芹，译. 南京：南京大学出版社，2005：273.

④ 刘小枫. 拣尽寒枝 [M]. 北京：华夏出版社，2007：18.

学）纷纷成立了跨学科研究中心或跨学科研究协调中心。在当时各种不同的组织机构尤其是各种基金会也都热心支持跨学科研究。因此，20 世纪的六七十年代也被人们称为"跨学科研究的时代"。但值得注意的是，在当时"多数新项目规模小，参加的教师和学生人数有限，结果许多被划入主体机构的外围。这些项目虽然在教学上十分强大，但在政治上通常很弱，而且很多项目被取消了，或者在 20 世纪 70—80 年代经济低迷时被裁减掉了，到了 1978 年则大势已去"①。但进入 80 年代以后，伴随着传统跨学科研究的衰落，一种新生的跨学科研究思潮开始孕育。其结果，跨学科非但没有消失，反倒更加活跃了。在"'这一学科'正面的背后，学科互涉正一派欣欣向荣"②。自然科学、社会科学与人文科学之间及其内部的杂交化和整体化趋势更加强劲，学科边界日益模糊，学科的可渗透性显著增强。在此背景下，无论是自然科学还是社会科学，甚至那些传统的人文学科都开始面临着"学科开放"的问题。进入 20 世纪 90 年代，以华勒斯坦为代表的"重建社会科学委员会"出版了《开放社会科学——重建社会科学报告书》，从而标志着"跨学科研究"进入了一个实质性的新阶段。"像研究中心一样，学科互涉最终处于既要走向制度化，同时又要走出制度化的平衡作用之中，它们已经习惯以隐结构的形式存在，但却是它们那个潜在知识领域里重要的显结构。"③ 在整个 90 年代伴随着开放社会科学、重建社会科学理念的提出并不断普及，跨学科研究开始从一种哲学理念（Philosophy of Interdisciplinary Studies）逐渐过渡为一种具体研究的方法论，并进一步尝试在大学里向组织化和制度化的方向拓展。成中英从理论上对于跨学科研究作为一种方法论的目的与性质进行了概括和分析。如他所言："科际整合作为一种方法论，一是找寻焦点：两个以上的方法与观点同时观照，就有焦点可言。找寻焦点是方法，获得焦点是目的。二是建立融合：两组以上的概念需要融合起来以扩大视野，但融合可以是对立互补，也可是同中生异、异中显同。建立融合是方法，取得融

---

① 朱丽·汤普森·克莱恩. 跨越学科——知识 学科 学科互涉 [M]. 姜智芹，译. 南京：南京大学出版社，2005：41.

② 朱丽·汤普森·克莱恩. 跨越学科——知识 学科 学科互涉 [M]. 姜智芹，译. 南京：南京大学出版社，2005：25.

③ 朱丽·汤普森·克莱恩. 跨越学科——知识 学科 学科互涉 [M]. 姜智芹，译. 南京：南京大学出版社，2005：46.

合是目的。三是挖掘共源：任何不同的事物在其历史的深处都有共同的因子。认识共源是方法，说明共源是目的。四是扩大境界：两个以上观点的交合能扩大世界观与知识的境域。促使扩大是方法，印证扩大是目的。五是灵活应用：使两个以上的观点应用于实际经验与生活并产生价值，就是兼方法与目的的实践理性的发挥。"①　成中英的阐述涵盖了跨学科研究的主要技术性环节。不过，虽然有了对研究方法论的总结和技术路线图，跨学科研究的实践仍然表明，障碍与挫折是普遍存在的。路德维格·哈伯就提醒大家，"指出一个问题和事件只能用学科互涉的方式来处理不需要太多的勇气和独创性，学科互涉是每一个人都能够做到的事情，但真正在制度化背景下实现它却是一个比较困难的问题"②。为了能够克服非制度化的困难，近年来在各国高等教育的实践中，也有不少大学开始着手通过大学的组织变革与制度创新来尝试推行从学科性到跨学科性的转型，至于具体效果如何尚需要时间和实践的检验。比如，在我国台湾地区为了促进研究生教育质量的提高，各高校纷纷着力推动"科际整合"计划。该计划依据"行政院"1983年8月修订的科技发展方案，即《调整公私立大学及研究所有关科技之系所、加强科技教育》而制订。按实施的时间顺序大致可分为：设备整合、研究群整合、设立学程、专业整合、研究所整合、领域交流六个方面。（1）设备整合，包括调查各高等学校实习工场及实验室使用情况，将性质相近的予以合并共同使用。（2）研究群的建立，由于科技迅速发展，不论人文、社会或科技的研究工作，均不同以往只局限于单纯领域，要作跨系、所的研究，建立新的研究群。（3）设立学程，凡新兴学科或较具独立性学科的教学及研究，不必另行设置专业，而在原院系中设立学程。（4）本科专业整合，凡性质相近的专业，经过调查分析及协调后，由学校拟订合并计划，分年逐步实施。（5）研究生专业整合，随着大学本科专业的整合逐渐完成，逐步推动研究生专业的

---

① 李政涛. 教育学科与相关学科的"对话"——从知识、科学、信仰和人的角度［M］. 上海：上海教育出版社，2001：142-147. 在该书中，李政涛认为，除上述五个方面以外，还应补充一个方面，即"反思评价"。它涉及对前五种方法的反思性总结，也是当代科际整合过程中不可缺少的环节。他认为，在上述六个方面中，"找寻焦点"和"建立融合"是整合过程中的首要和中心环节，"挖掘共源"是科际整合的构成基础，"扩大境界"和"灵活运用"是科际整合的追求目标或方向，"反思评价"是对整合全过程的监控和检验，也是对整合有效性的一种保障。

② 朱丽·汤普森·克莱恩. 跨越学科——知识 学科 学科互涉［M］. 姜智芹，译. 南京：南京大学出版社，2005：274-275.

整合，其方式与本科专业整合相同。（6）领域交流，随着科技教育的发展，应增开人文、社会方面的必修和选修课程，人文、社会科学专业亦应增开科技方面的课程①。

综上所述，跨学科研究是对 19 世纪学科制度化进行反思的产物，是学科制度自身发展的一种必然结果，是一个学科制度化否定之否定的过程。不过，虽然跨学科研究基于对学科制度化的反思而兴起，有着诸多的合理性。但也必须看到，在今天的大学里，跨学科性更多的还只是一种理想或一种理念，制度化的程度还远远不够。在实践中不可避免地面临诸如人员、机构、资金、适合跨学科研究的领域以及适合参与跨学科研究的典型学科等问题。因此，"难怪在 1977 年'学科互涉'一词被收进《英语语病词典》（弗兰克，1988：98-99），也难怪多根和帕尔最近提议将这个词作为'现今实质上已经失去其真正含义'的词，从语言中清除出去（1990，65）"②。长期以来，跨学科运动无论是在教学上还是研究上都难以建制化或制度化，其中最主要的原因就是，跨学科的教学或科研很难得到外界的财政支持，也无法克服学院里学科文化的惯性。"如果教学不仅应该保证能力的复制，而且应该保证能力的进步，那么知识的传递就不应该限于传递信息，而且应该包括学习所有的程序，这些程序可以改善那种连接不同领域的能力，知识的传统结构小心翼翼地把这些领域隔离开来了。跨学科性这一口号似乎符合这个方向，它是在 1968 年的危机后得到普及的，但在此之前很久就已经有人提倡了。所以这一口号遭到大学封建主义的反对，其实它遭到更多人的反对。"③除此之外，关于跨学科研究这种方法论本身的有效性也不是没有争论。比尔·雷丁斯就认为，我们有理由对跨学科这一制度主张保持警惕，并指出："跨学科开放的益处很多——在跨学科系工作的我，尤其认识到这一点——但我们不能因为这些益处，就对其所包括的制度性风险视而不见。"④ 而对于跨学科研究能不能替代学科制度化下的专门化的知识生产模式，跨学科研究

---

① 张宝蓉. 台湾高等学校专业设置与调整研究 [D]. 厦门：厦门大学，2007：112-113.
② 朱丽·汤普森·克莱恩. 跨越学科——知识 学科 学科互涉 [M]. 姜智芹，译. 南京：南京大学出版社，2005：12-13.
③ 让-弗朗索瓦·利奥塔尔. 后现代状态：关于知识的报告 [M]. 车槿山，译. 北京：生活·读书·新知三联书店，1997：109.
④ 比尔·雷丁斯. 废墟中的大学 [M]. 郭军，等，译. 北京：北京大学出版社，2008：37.

的制度安排是不是就一定优于专业化的学科制度安排，跨学科研究的适用领域在哪里等等，很多学者也都大有疑问。虽然有学者认为，"科学的进步主要途径是杂交而非专业化，大多数专家都并不处于所谓的学科的核心而是在外沿地带，与其他学科的专家保持着接触。他们在边境地区又借又贷。他们是杂交的专家学者"①。但也有学者反对这种看法。多根（Mattei Dogan）和帕尔（Robert Pahre）就相信专门化是知识生产的必然阶段，不赞同科际研究。他们认为，"对大部分学者而言，尝试统合在一个纲领下是肤浅的做法。专门化提供了必需的焦点，社会科学的创新不是通过跨科际规训制度，而是透过'分裂和杂交（fragmentation and hybridization）的双重过程'，学科间'交汇'是自然地产生的。当学科吸引更多的学者生产更多的知识，它们变得更严密；当它们变得更严密就会分裂出次领域，结果自然再专门细化"②。根据多根和帕尔的论述："'交汇面'就是不同学科的专门知识重叠之处。在交汇面从事研究的那些具有创意的学者，意图将各个碎段结合成一个交杂的领域。分割和交杂的双重过程宛如万花筒般重组知识。"③ 由此可见，跨学科研究只是对于学科制度化进行改造的一个可能方案。至少目前"学术奖励体系仍然青睐传统的学科范畴，学科互涉研究依然受到制约"④。

　　毫无疑问，世界是一体的，学科是人为的。"社会有问题，而大学有系科"⑤，但问题与系科不可能一一对应。即便人们可以对于学科的划分达成共识也并不意味着学科的设置本来就应该如此。不过，学科一经设立，学科制度一旦建立，便会形成强大的路径依赖并对学科的从业者产生规训作用，因此对于学科（制度）本身的改造十分不易。"多数边界跨越发生在专业这一层面上，而不是发生在整个学科上。一门学科包括一组专业，这些专业构成

　　① 马太·多冈. 新的社会科学：学科壁垒上的裂缝 ［J］. 李国武，译. 国际社会科学杂志：中文版，1998（3）：157.

　　② 华勒斯坦，等. 学科·知识·权力 ［M］. 刘健芝，等，编译. 北京：生活·读书·新知三联书店，1999：29.

　　③ 华勒斯坦，等. 学科·知识·权力 ［M］. 刘健芝，等，编译. 北京：生活·读书·新知三联书店，1999：30.

　　④ 朱丽·汤普森·克莱恩. 跨越学科——知识 学科 学科互涉 ［M］. 姜智芹，译. 南京：南京大学出版社，2005：8.

　　⑤ 朱丽·汤普森·克莱恩. 跨越学科——知识 学科 学科互涉 ［M］. 姜智芹，译. 南京：南京大学出版社，2005：16.

研究与交流的微观环境。"① 对于很多学科的从业者而言，学科是构成大学的基本材料，是学术职业的制度根基，学科的存在从来都是客观的和先在的。"标准模式强调稳定性、先兆性和自主性，然而，学科不是一个纯粹的范畴，它在建构自我、确立自身、维持边界、管理和奖掖从业人员、驾驭相同意见和不同意见，以及内部和外部交流的方式上，并不相同。"② 尽管不能证明存在着学科天赋，但事实上并不存在适合所有学科的人，也不存在适合所有人的学科。"正如各种学科对于人们的智能具有不同的治疗和补救的效果，人的智能或能力对于各种学科也具有特定的感应，使一些人特别适合学习或对于某些学科进展迅速。"③ 无论何时，找出什么样的人或人的何种天性最适宜学习什么样的学科都至关重要。实践中大学里不同的学者总是基于不同的倾向或偏好选择不同的学科，不同的学科也总是规训出不同的学术人。"把一个学科的内容与选择这种学科作为其一生追求的人的类型分开是困难的。选择社会学或艺术史的年轻人，很可能不会从事分子生物学或粒子物理学的研究。"④ 由此可见，对于个体而言，学科既是人为的又是先验的。个体的力量往往很难左右学科的划分，而只能通过个体的理性选择在既有的学科框架下从事某种学科的研究工作。

当然，这样讲也不意味着要完全否定跨学科研究的重要性或学科制度化改造的可能性。虽然至今跨学科研究作为一种对于学科制度化进行改造的可行性方案仍然存有争议。如莫兰所言："并不是只有科际整合性和跨学科性的观念。我们应该把各学科'环境化'（écologiser），也就是考虑到所有在此作为背景的东西，包括文化的和社会的条件；也就是说应当看到它们是在什么环境中产生、提出问题、变得僵固、发生变迁的。还应有元科学性，术语'元'（méta）意味着超越和保留。人们可能粉碎由学科建立的东西；人们不能粉碎任何围栅。学科必须既开放又封闭。对于学科的问题、科学的问题以

---

① 朱丽·汤普森·克莱恩. 跨越学科——知识 学科 学科互涉 [M]. 姜智芹，译. 南京：南京大学出版社，2005：52.
② 朱丽·汤普森·克莱恩. 跨越学科——知识 学科 学科互涉 [M]. 姜智芹，译. 南京：南京大学出版社，2005：70.
③ 弗朗西斯·培根. 学术的进展 [M]. 杨立信，毕秉钧，译. 上海：上海人民出版社，2007：134.
④ 杰罗姆·凯根. 三种文化：21世纪的自然科学、社会科学和人文学科 [M]. 王加丰，宋严萍，译. 上海：格致出版社，2011：37.

至生命的问题都应这样看待。"① 另外，我们也必须看到，对于现代大学而言，在没有发现更好的制度选择之前，作为一种对于学科制度创新的探索性试验，跨学科研究仍然有值得尝试的价值。现代大学里学科制度是 19 世纪的产物，有着浓厚的意识形态根源，与 19 世纪时西方资本主义国家的政治、经济和文化体系密不可分。现有的学科范畴，其取向于边界封闭与研究领域的分割，即学科的建立就是要在原有的研究领域四周筑起"篱笆"，目的就是要与其他学科区别开来，并尽可能防止其他学科的入侵以及学科边界上的领土纠纷。更有甚者，由于利益分配或资源竞争的缘故，很多学科在学科建设的过程中对于其他学科的介入有一种天然的排斥性，在实践中拒绝与其他相邻的学科进行交往。早在 60 多年前，雅斯贝尔斯就曾警告："当大学成员彼此之间谨小慎微地断绝来往的时候，当交流变成仅仅是一种社交礼节的时候，当实质的精神联系被日常的俗套弄得模糊不清的时候，大学的精神生活就要开始走下坡路了。"② 托尼·贝克尔（Tony Becher）曾根据对多位学者的访问，绘出了一幅所谓学科间"清晰详细的概念地图"。根据这幅地图："经济学据称分别与数学和政治科学毗连接邻，跟历史和社会学有些贸易关系，与心理学、哲学和法律共同分享的领域较少。生物学被描绘成：一面与数学和物理科学（尤其是物理、化学和物理地理学）、另一面与人文科学（特别是心理学、人类学和人文地理学）接壤分界。"③ 与地图的隐喻相一致，由于学科制度化的推进，在人类的知识领域内学科作为一种制度正式被"政治化"，学科在大学里的活动与民族国家在世界范围内的活动越来越类似。"知识空间问题就像绘图问题，这是一个通过把知识比作地图而将其强化的类比。"④ 当前学者对于学科的忠诚简直就是公民对于国家忠诚的翻版。由于学科的自利性使然，本学科从业者对于学科边界、主权与独立地位的诉求正在使得学科制度本身失去学术合法性。

　　总之，由于学科制度化的危机不可避免，在今天的大学里学科之间的交

---

① 埃德加·莫兰. 复杂性理论与教育问题 [M]. 陈一壮，译. 北京：北京大学出版社，2004：205-206.

② 卡尔·雅斯贝尔斯. 大学之理念 [M]. 邱立波，译. 上海：上海人民出版社，2007：100.

③ 华勒斯坦，等. 学科·知识·权力 [M]. 刘健芝，等，编译. 北京：生活·读书·新知三联书店，1999：222.

④ 朱丽·汤普森·克莱恩. 跨越学科——知识 学科 学科互涉 [M]. 姜智芹，译. 南京：南京大学出版社，2005：3.

又或跨学科研究是必需的。现有的学科划分纯认知的因素并不占主导。通常情况下，很多的学科拥有共同的研究对象和相似的研究方法。学科的划分往往只是人为的结果或历史的产物，是为了研究的便利或利益的考量或只是遵循惯例。在具体的研究实践中，对于同一问题，很多学科都会有所研究，有时只是角度不同，使用的概念、理论或方法略有差别而已。客观上，科学的任何一个分支或任何一个社会或人的问题都是非常复杂的，对于任何一个问题的研究都需要多学科的介入或跨学科的研究。不过，"如同学科研究和专业研究一样，学科互涉研究应该根据研究做得好坏进行评价"①。因此无论何时，学者们判断研究质量的好坏、成功与否都绝不能先入为主地把跨学科研究嵌入优等意识之中。换言之，我们既要高度重视跨学科的研究又必须注意避免另一种倾向，即"多学科依赖症"或"知识转移综合征"（不生产知识只转移知识）。"虽说是跨学科时代，改革某个领域的理论体系，也必须依靠自己内部的创造力去实现，因此，同革命不能输出一样，一个学科领域的变革，虽然可能参考别的学科领域的变革，但除非自己领域内部发生变革，否则是不会生效的。"② 无论如何，跨学科研究绝不是把一个学科的知识贩运到另一个学科那么简单。"从其他学科输入术语或概念，也在知识体系中制造了一种噪音。"③ 由于当前在大学里学科本身仍然是进行跨学科研究的必要的制度性基础，在学科建设过程中，要真正实现跨学科性绝不是一件简单的事。跨学科研究的关键在于"科际"的"整合"而不是"科际间"的"贸易"。

① 朱丽·汤普森·克莱恩. 跨越学科——知识 学科 学科互涉 [M]. 姜智芹，译. 南京：南京大学出版社，2005：276.
② 堤清二. 消费社会批判 [M]. 朱绍文，等，译. 北京：经济科学出版社，1998：75.
③ 朱丽·汤普森·克莱恩. 跨越学科——知识 学科 学科互涉 [M]. 姜智芹，译. 南京：南京大学出版社，2005：108.

第五章　跨学科大学及其建构

　　19 世纪以来，在学科制度化思潮的影响下，以系科结构为轴心的现代大学彻底制度化。其结果，在一个以分析式思维为主导的时代，人类的知识领域普遍地被学科化，大学也随之成为分科的大学。在分科大学的模式下，人类知识结构的进化呈现典型的树状结构。伴随着学科的分化，原先的树状结构进一步根系化，人类知识不可避免地呈现出碎片化与原子化。但毫无疑问，人类世界所面对的自然、社会以及人文方面的问题绝不是按照学者的知识分类结构有序地组织起来的，而是一个相互不可分割的整体性结构。为了达成知识的条块分割与问题整体性之间的有效平衡，"科学和工程学的发展日益要求来自多门不同学科的学者之间的合作，促使这一变化出现的是对于研究跨越传统的学科界限的复杂问题的迫切需要，以及新技术所具备的改造现有学科和产生新学科的能力"[①]。20 世纪中叶以来，为了弥补分析式思维可能给人类发展和知识进化带来的困境，跨越学科边界的跨学科研究以及构建超越分科大学模式的跨学科大学就成为世界各国高等教育改革的重要选择。世界范围内"现在跨学科已经变成了科学研究的'规则'，成了这个科学时代标准的研究范式"[②]。伴随着从学科到跨学科的转型，在跨学科大学的模式下，人类知识的树状结构将逐渐地被知识的网状结构所取代，人类知识的整体性将逐步得以恢复或重建。

[①]　程如烟. 美国国家科学院协会报告《促进跨学科研究》述评 [J]. 中国软科学, 2005 (10)：73.

[②]　刘仲林，等. 国外交叉科学（跨学科）研究新进展 [J]. 河池学院学报, 2009 (1)：10.

第一节　从学科研究到跨学科研究

跨学科教育与研究根源于现代高等教育的课程综合化改革、政府和企业主导的应用研究以及大学学者自觉或不自觉地跨越学科边界的学术活动。20世纪60年代以来，在分科大学的制度框架下，为了满足知识生产和问题解决的现实需要，以学科为基础的学者个体和群体跨越学科边界的行动直接或间接地导致了一大批交叉学科和跨学科研究领域的出现。"跨学科是打破传统学科壁垒的新方式，是传统学科领域互相开放和融合的纽带。跨学科的出现突破了'标准'学科探索科学知识的垄断局面。跨学科致力于打破传统学科的规则和方法，打破传统学科的界限，帮助传统学科建立新规则。"① 当然，由于思维和行动的惯性，加之对学科制度化的路径依赖，从学科到跨学科的转变不可能一蹴而就。沃勒斯坦就认为，当前跨学科研究虽然"表现出巨大活力，但是大部分仍停留在提升良知阶段，还没有发展到有足够的能力重塑大学体制的议程"②。尽管如此，未来高等教育中跨学科研究的大趋势已不可逆转。

一、从关于跨学科研究的研究到跨学科研究的实施

大学中的跨学科研究从无意识到有意识，从对于跨学科研究的理论探讨到具体实施跨学科研究的制度安排经历了相当长的时间，付出了艰辛的努力。当前由于新的跨学科的制度安排尚未形成，传统的系科结构依然在主导着大学发展，跨学科研究还处于从理论探讨到制度创新，从无意为之到有意创造的过渡阶段。正如简妮·哈钦内等人在对芬兰科学院资助跨学科研究的研究中所指出的："大学跨学科研究不是很明显，因为它常常发生于虚实结构之间，从历史上分析，它在学科体系中也只是很少的一部分，并且大学内跨学科研究组织在很大程度上面临'不足的制度存量'。跨学科研究要求行动上的达成一致需要进一步从制度上进行操控与规范，这种跨学科研究的制

---

① 陈婵. 高等学校跨学科组织的系统管理研究 [D]. 浙江大学，2005：4.
② 伊曼纽尔·沃勒斯坦. 否思社会科学——19 世纪范式的局限 [M]. 刘琦岩，叶萌芽，译. 北京：生活·读书·新知三联书店，2008：118.

度化将是实践中的一个趋势，大学将面临对于跨学科研究组织与行动的制度转换。"① 经过长期的积淀，现有大学体制下，组织结构与知识结构已经相互统一、高度匹配。分科大学模式与传统的系科结构互为表里。不改变大学的组织结构，以学科为基本单位的知识结构就很难实现变革。同样不改变以系科为基础的组织建制原则，大学也很难实现真正的组织变革和制度创新。在以分科为基础的大学制度下，跨学科教育与研究的组织机构就缺少生存和发展的空间。在以学科为基本单位的分科大学里，很多跨学科教育与研究难免流于形式。"名义上一些巨额资助的科研项目会由多位科学家协作完成，事实上却是分成多个'小'项目各自独立地开展。个别科学家尖锐地指出，'跨学科研究'可能是大学领导用来向外界（包括校友）争取科研资助或基建经费的一个动听词汇。"② 由于受到学院的学科文化与系科结构的排斥，当前的高等教育实践中，比较成功的跨学科研究机构往往不属于任何大学的任何一个院系，相反它们还经常超越学校的边界，与政府、企业等其他组织保持着密切的关系。由于现有分科大学的制度安排还无法与跨学科研究的组织机构有效地融合，因此很多巨型的跨学科研究机构往往只是选择"位于"大学，而不是"属于"大学。在目前情况下，这样的一种存在状态既保证了跨学科研究机构可以充分地利用大学的智力资源，又保证了这些机构能够具有一定的独立性以超越不必要的学科边界和大学边界，并达成自己的使命。但从长远来看，这种局面对于大学从学科研究向跨学科研究，从分科大学向跨学科大学的转型很可能是不利的。因为那些位于大学的跨学科研究机构的成功很可能会让大学产生一种成功转型的幻觉，从而掩盖了分科大学和学科研究中已经存在的诸多深层次问题，错把大学的发展当作改革，进而失去了转型的冲动。正如有学者所言："尽管学术界曾较早地提倡跨学科研究，但是学术专业化程度也在同时加快，学科越分越细。美国学者哈维·布鲁克斯（Harvey Brooks）曾于 1994 年罗列了研究型大学的八大弊端，其中第一个就是大学按照学科组织起来，不适宜解决实践问题；其成员只对学科同行负责，而不对学校、学生以及利益相关人负责。"③ 基于大学在跨学科研究中所

---

①　周朝成. 当代大学中的跨学科研究——学科文化与组织的视阈 [D]. 华东师范大学, 2008: 181.
②　董金华, 刘凡丰. 研究型大学跨学科研究的组织模式初探 [J]. 中国软科学, 2008 (3): 84.
③　董金华, 刘凡丰. 研究型大学跨学科研究的组织模式初探 [J]. 中国软科学, 2008 (3): 82.

面临的组织与制度困境，很多国家和机构都主张通过打破大学传统组织建制的障碍来促进跨学科研究，使得跨学科的研究者和组织者不再忙于协调各学科或机构之间的边界冲突。1999 年英国的大学拨款委员会评价组织（Evaluation Associates）的报告《跨学科研究与科研评价活动》，2003 年荷兰国家科技政策委员会的报告《1 + 1 > 2，促进荷兰的多学科研究》（1 + 1 > 2, *Promoting Multidisciplinary Research in the Netherlands*），2004 年 4 月欧盟科研咨询团（European Union's Research Advisory Board）的研究报告《欧洲的跨学科研究》等，都是相关机构针对其所在国家或地区的跨学科研究的现状与问题，分析障碍、提出对策，其中也都涉及了跨学科组织的建设问题①。2004 年美国国家科学院发表的《促进跨学科研究》报告更是把跨学科研究提升到了国家战略的高度。目前虽然以分科为基础的学院、系、所仍然是美国研究型大学最基本的组织形式，是研究型大学教学和研究职能的主要承担者，但 2000 年美国学科分类的指导性标准（Classification of Instructional Programs，CIP）已专门设置了与人文科学、社会科学、自然科学、技术科学并列的交叉学科大门类。CIP2000 设置交叉学科这一新门类就是对单一学科科研、教学体制的改革和创新，旨在突破传统的学科界限和知识壁垒，鼓励跨学科的研究与合作，从而使美国研究型大学的跨学科研究有了制度和政策的保障②。某种意义上，在美国这一指导性标准的出台就从体制上和根本上改变了单一学科科研和教育制度的封闭、僵硬与故步自封，从制度上保障了跨学科研究的发展，使得跨学科研究领域有据可循，有类可分，拥有与传统经典学科同等发展的权利和空间。

二、从外生的跨学科研究到内生的跨学科研究

大学历史上，由于分科逻辑的深入人心，一开始人们认为大学中的跨学科研究只是为了满足社会的需要，解决具体的问题，属于为社会服务的范畴，与大学的核心使命无关。随着大学卷入社会经济活动程度的不断加深，人们又开始相信社会需要比新知识生产更能推动大学学科结构的转变和大学模式的转型。最终"'问题优先'模式使得社会和技术问题成为大学开展跨

---

① 肖彬. 中国研究型大学跨学科组织的发展研究 [D]. 国防科技大学，2006：6.
② 程妍. 跨学科研究与研究型大学建设 [D]. 中国科技大学，2009：47.

学科研究的体制动力。这种动力是如此之强劲，以至于在 1982 年，OECD 就宣称，外生于大学的跨学科研究现在比内生于大学的跨学科研究具有优先权，因为，外生的跨学科研究源于社会的'真实'问题所带来的持久动力和高校履行其全部社会责任的需要"①。但是跨学科一定以问题研究为中心吗？跨学科研究一定指向应用吗？以跨学科为建制原则的大学一定更强调社会服务吗？恐怕未必那么简单！"学科互涉理论化的方式很多，虽然其观点与相关的活动可以用它们置身其中的争论术语光谱来看待。在光谱的一端，工具主义将学科互涉看作一个经验问题；在光谱的另一端，认识论将其视为一个理论问题。解决社会和技术问题以及借鉴工具与方法，体现出工具性的一面；而探讨知识和批评的统一则是其认识论的一面。"② 正如美国科学、工程和政策委员会在其编写的《促进跨学科研究》一书中所指出的："跨学科研究与教育是受复杂问题的解决需求驱动而产生的，这种复杂性问题可能来自于科学好奇心，也可能来自于社会。"③ 从认识论的角度来看，跨学科是学科制度化内在逻辑演化过程中否定之否定的必然结果，是一种"重新建构"（reconstructing）。马克思早就预言："自然科学往后将会把关于人类的科学总结在自己下面，正如同关于人类的科学把自然科学总结在自己下面一样：它将变成一个科学。我们称这种自然科学与社会科学成为一个科学的过程为自然科学与社会科学的一体化。"④ 从政治论或工具主义的角度来看，跨学科研究又是社会转型、国家转型与政治变革的产物，主要起到"搭建桥梁"（bridge building）的作用。詹奇就认为："不能孤立地看待教育或大学，应把它们同科学技术发展密切联系起来，在社会发展的动态大系统中，对大学实行全新的科学—教育—改革一体化设计。大学传统僵化的学科、专业设置与不断发展的社会需求存在着尖锐的矛盾，大量社会需求是综合的、不分学科的，而大学系科建制却是学科壁垒森严。从这个角度说，'跨学科'是大学

---

① 刘欣. 大学跨学科组织的发展研究——以 E 大学研究院为个案 [D]. 华东师范大学，2007：17.

② 朱丽·汤普森·克莱恩. 跨越学科——知识 学科 学科互涉 [M]. 姜智芹，译. 南京：南京大学出版社，2005：13.

③ 李平，王玲. 美国研究生跨学科培养模式的本质特征探析 [J]. 学位与研究生教育，2008 (9)：72.

④ 马克思. 经济学—哲学手稿 [M]. 何思敬，译. 北京：人民出版社，1956：91-92.

适应现代社会需要的必要手段。"① 由此可见，大学中跨学科研究的兴起既离不开外部需求也脱离不了学科内在逻辑的演进。具体而言，以问题为导向的跨学科研究其目的在于解决复杂的社会现实问题，以学科为导向的跨学科研究其目的则在于以新的范式生产新的高深知识。二者相比，问题导向的跨学科研究外生于大学，学科导向的跨学科研究则内生于大学。外生于大学的跨学科研究指向产学研合作和为社会服务，内生于大学的跨学科研究则主要满足于大学的科研和教学。需要注意的是，虽然大学在产学研合作过程中需要大量的跨学科研究，但是跨学科研究的意义绝不只在于为了更好地进行产学研合作。大学之所以要存在的根本仍然在于知识的创新与社会的发展。在新的大学模式下，跨学科研究机构不应成为传统系科或学院的附属机构，而应成为大学组织建制的主流。跨学科研究绝不仅仅是为了更好地进行产学研的合作，也不能只是为了满足政府或产业界的现实需求。这些都只是外因。唯有大学制度和高深知识的演进才是跨学科教育和研究的内在逻辑。当前，在以系科结构为轴心的传统大学制度下，大学内的跨学科研究机构还只不过是旧的系科结构的简单重组而不是真正意义上的创新。"高校内组建跨学科科研组织，很大程度上具有'跨利益组织'性质，而联合不同学科利益主体进行'跨组织'研究活动需要较大的'交易成本。'"② 归根结底，跨学科研究不仅仅意味着一种新的方法和思维方式，更意味着一种组织和制度的创新，甚至是大学模式和制度的创新。"学科互涉不再仅仅是一种教学方法或视野，而是一种组织化的需求。"③ 没有组织和制度创新，跨学科研究没有前途。没有大学组织和制度的变革，跨学科研究行之不远。

第二节　从分科大学到跨学科大学

以学科研究向跨学科研究的转变为基础，大学从分科大学向跨学科大学的演进有其内在的原因，一是知识从分化到综合的内在逻辑，二是大学为了

---

① 刘仲林. 现代交叉科学 [M]. 杭州：浙江教育出版社，1998：148-149.
② 柳洲. 高校跨学科科研组织成长机制研究 [D]. 天津大学，2008：7.
③ 朱丽·汤普森·克莱恩. 跨越学科——知识 学科 学科互涉 [M]. 姜智芹，译. 南京：南京大学出版社，2005：16.

更好地满足社会需求的反映，三是大学内部组织建制以及大学制度本身变迁的需要。在本体论上，大学的发展绝不只是知识的积累和人才的培养，大学作为一种组织制度其本身也有价值取向，也必然要经历着某种质的转变，即从一种大学范式到另一种大学范式的革命性变化。和其他任何事物一样，没有一成不变的大学制度，也没有一成不变的大学模式。"以前，对大学的比喻可能是'扩展中'（spreading）的大学，现在它更可能是'被拉伸'（stretched）的大学。作为进行情境化的、分布式的知识得以生产的地方，大学的演进使其本身可以被视为情境化和分布化的一个组成部分。"① 由此可见，有什么样的知识生产制度就有什么样的学科制度，有什么样的学科制度就有什么样的大学制度。反之亦然。知识生产制度、学科制度与大学制度之间不是谁决定谁的问题，而是一个彼此适应、相互匹配的过程。"大学转型代表了一种知识转型，也就是从所谓'知识模型 1'向'知识模型 2'转变。其中'知识模型 1'强调同质性，它植根于等级化的强势学科，知识通过师徒关系传递给学生；'知识模型 2'则是非等级、多元、跨学科、变化迅速的，它对多样化需求具有社会敏感性。"② 无论历史上还是现实中，大学组织自身的变革都与大学内部知识类型的变革、人才培养类型的变迁相辅相成。"知识模式的重组意味着大学的革新而不是终结。""大学不可能重建已打破的知识统一性，但它可以为不同种类的知识提供相互交往的渠道。"③ 作为一种社会建构的文化组织，大学组织的转型某种程度上类似于格式塔心理学中关于认识过程中整体形象的转换。一种新的大学模式也就意味着一种新的大学形象，一种新的大学形象也就意味着一种新的知识生产方式和新的组织建制和制度安排。

一、从在分科大学中成立专门的跨学科组织到建立跨学科大学

跨学科教育与研究组织在分科大学的建立与跨学科大学的构建是同步进

---

① 海尔格·诺沃特尼，彼得·斯科特，迈克尔·吉本斯. 反思科学：不确定时代的知识与公众 [M]. 冷民，等，译. 上海：上海交通大学出版社，2011：90.

② 安东尼·史密斯，弗兰克·韦伯斯特. 后现代大学来临？[C]. 侯定凯，赵叶珠，译. 北京：北京大学出版社，2010：176.

③ 杰勒德·德兰迪. 知识社会中的大学 [M]. 黄建如，译. 北京：北京大学出版社，2010：8-9.

行的。跨学科组织在分科大学里的不断制度化，既意味着分科大学模式的不断衰变，也意味着跨学科大学模式的不断兴起。从在大学里设立专门的跨学科研究与教育组织到作为跨学科组织的大学的完全制度化是一个十分漫长的过程。当前在渐进式的制度变迁过程中，分科大学与跨学科大学事实上是并存的。分科大学里蕴含着跨学科大学制度创新的动因，将来的跨学科大学里同样也会有分科大学的影子，跨学科大学是对分科大学的超越而不是完全的否定。学科是跨学科的必要的基础，跨学科是对学科的综合而不是抛弃。分科大学向跨学科大学的转型与从学科研究向跨学科研究的转型是一个硬币的两面。在学科研究向跨学科研究已成定局的今天，现代大学本身无论从组织上还是制度上都必须向跨学科的方向转变。在从分科大学向跨学科大学转型的过程中，大学里专门化、组织化的跨学科研究与教学机构的普遍建立只是一个必要的过渡。如果是在理念和制度上分科大学没有彻底转变为跨学科大学，在传统学科制度的巨大压力和行动惯性之下，分科大学里那些新增的跨学科教育与研究机构或跨学科研究与教育项目将面临极大的不确定性。换言之，在从分科大学向跨学科大学转型的过程中，仅有规模的扩张和增量的改革还远远不够，大学制度的存量部分也必须进行从未要求它进行过的最根本的变革，唯有如此跨学科大学的建立才有希望。

当前虽然在理论上从分科大学向跨学科大学转变已是大势所趋，但是也绝不能为跨学科而跨学科。跨学科是对学科的超越而非否定。为了跨学科而肆意地否认学科的价值是极端错误的。无论如何，学科仍然是跨学科的基础。没有学科也就无所谓跨学科。大学发展到今天，人类已不可能再退回到知识整体性的百科全书的时代。如果那样将意味着历史的倒退而不是知识的进化。与此同时以学科研究向跨学科研究为基础的跨学科大学也并不是要完全否认分科大学的历史意义与存在价值。毕竟分科大学也曾经为人类知识的进步做出了巨大的贡献，并至今仍在发挥着其他组织难以取代的重要作用。分科大学依然是建立跨学科大学的必要的制度基础。在分科大学的基础上，跨学科的必要性既是为了适应社会结构转型对于知识结构转型的内在要求，也是为了高深知识生产方式和大学模式的创新。与分科大学相比，跨学科大学的基础在于学科导向的跨学科研究，即跨学科学科是跨学科大学的基础，跨学科性是跨学科大学组织建制的基本原则。当然，无论跨学科学科还是跨学科大学其本质其根本都在于知识生产范式和大学组织建制的创新。跨学科大学主要是为跨学科研究提供一个好的制度环境。跨学科研究的目的则在于创造一种新的科学范式与学科范式。以此新的科学范式和学科范式为基础，现代大学制度创新的路径就是从分科大学走向跨学科大学。跨学科大学作为对传统以分科为基础的研究型大学的创新，同样需要在教学、研究和社会服务之间保持必要的平衡，而不是更加注重直接为社会服务和问题研究。即便有社会服务，跨学科大学仍然是以学术的方式提供，而不是将自己降格成为一个"服务大学"或"适应性大学"。那些致力于为社会服务的适应性大学也许是跨学科的，但跨学科大学绝不仅意味着服务。

二、从分科大学到跨学科大学转变的困境

在分科制度下，每一学科都有能力阐明一个事物或问题的一个方面，虽然没有哪个学科必然比另一个学科更重要，但无论是哪一个学科的见解都是片面的。分科大学可以生产知识，可以培养专家，却无法揭示真相。只有在跨学科制度下，人类对于事物的认识才能更加完整，更加全面。只有在跨学科大学里，知识生产与人才培养才能更加接近于大学的理想。不过"由于当前大学中规范跨学科研究的制度存量不足，学科组织之间参与跨学科研究中的责权利没有得到很好的明确，教师往往不愿走出学科边界进行学科之间的合作。为促进大学跨学科研究，必须针对跨学科研究参与机构建立相应的经费补偿制度。由于参与跨学科研究的相关部门涉及间接成本问题，导致许多部门'割据'自己边界内的设备设施，跨学科研究单位难以共享到资源，在美国的一些大学中已经逐渐在建立一种对于这些部门的间接成本补偿制度"①。事实上，建立间接成本补偿制度只能是分科大学的权宜之计，这种制度也许能够缓和矛盾，但并不能从根本上解决由于学科与部门之间的条块分割所形成的学术割据与知识碎化的问题。要真正促进大学的跨学科研究，大学模式本身必须在组织与制度层面上做出反应。从发展的角度看，为了适应跨学科研究的需要，从分科大学到跨学科大学转变已是现代大学发展的必由之路。毕竟只有在跨学科大学里才能够真正解决历史上由于学科划分方案的不合理所造成的科际间的矛盾和冲突等重大知识生产制度问题。在跨学科大

---

① 周朝成. 当代大学中的跨学科研究——学科文化与组织的视阈 [D]. 华东师范大学, 2008：165.

学里，以现有学科为基础跨学科学科或跨学科研究领域的形成更多的是客观需要，而不是主观设计或通过立法使它们成立。在分科大学的学科规训制度下，每一位大学教师都是传统系科的产物，他们都忠诚于某一具体学科或系科而不是大学。在跨学科大学里首先要帮助教师消除他们专业认知的障碍和狭隘的学科意识，教师忠诚的对象也将由学科和系科转向大学或知识本身。在跨学科大学里，传统按学科划分专业的做法将为全新的跨学科学科与跨学科专业所取代。

目前而言，面对学科分化可能带来的种种制度性危机，与此同时受到跨学科研究思潮的深刻影响，从学科研究到跨学科研究，从分科大学向跨学科大学转型的趋势已经日益明朗。但是由于学科制度、系科结构以及学院文化的根深蒂固，跨学科大学的建立并不会一帆风顺，更不会在短时间内完成。从分科大学到跨学科大学的转型必将是一个十分漫长而痛苦的过程。"历史上高教系统的变化通常采用这样一种折中方式，即新的单位绕过旧的单位，而旧的单位依然生存。"① 正是由于大学变革过程中存在这种"只做加法不做减法"的路径依赖现象，至少在今天跨学科大学更多的还是一个理想而不是现实，甚至跨学科大学作为一种新的大学模式还谈不上能够与分科大学的旧模式分庭抗礼。当前无论学术界还是实践中虽然对于跨学科研究可以克服学科制度化的弊端并无多大异议，但对于跨学科大学是不是代表着大学制度未来的发展方向还有疑问。基于此种背景，在跨学科研究的基础上，未来大学组织变革的目标就是要重塑大学的组织结构，逐渐从系科结构与跨学科机构并存过渡到以跨学科性作为大学组织建制的基本原则，以跨学科组织作为大学的轴心机构。

第三节　跨学科大学的逻辑与建构

面对从传统分科大学向跨学科大学转型的严峻挑战，当前高教系统在组织与制度层面上缺乏充分准备，仍然在沿着惯性前进。美国社会科学研究委

---

① 伯顿·克拉克. 高等教育系统——学术组织的跨国研究 [M]. 王承绪, 译. 杭州：杭州大学出版社, 1994：242.

员会"知识制度"项目（Knowledge Institutions Program）主任黛安娜认为："美国的跨学科研究并不缺乏外部的关注和支持，也不缺乏内部的动机，而是在组织层面缺乏系统的执行架构和机制。大学的管理和架构更多仍是支持单学科的研究，而对跨学科研究则缺乏支撑力和推动力。"与此同时黛安娜还认为，"实际上，大学倾向于将跨学科理解为一种趋势（trend），而不是一场真正的转变（transition）。在这种状况下，大学推进跨学科研究的方式是零碎的、不连贯的，而不是全面的、彻底的"①。黛安娜对于大学跨学科研究的评论是深刻的、中肯的。这种评论既揭示了跨学科大学建立的可能路径，也警示了跨学科大学建构中可能面临的巨大困境。

一、学科的逻辑与大学的逻辑

学科是大学的基础性结构与核心构件，为大学的发展与变革提供了不竭的动力。大学是学科的组织外壳，为学科的发展提供了制度性保护。学科是大学的核心技术，为大学的发展提供了无限的可能。大学是学科组织化的结果，学科又作为大学的一个组成部分而形成和发展。学科以大学为存在的根据，大学以学科为发展的基础。"系、研究所和学院等等机构都是因应学科的分化与综合的需要而建立起来的，这些学术基层组织和结构的存在理由就是学科及其发展。"② 尽管如此，学科与大学也并非是完全等同，二者更不能相互替代。学科的归学科，大学的归大学。学科与大学之间存在着巨大的张力。学科的逻辑与大学的逻辑和而不同。一方面学科的逻辑主导着大学，甚至决定着大学的逻辑，另一方面学科的逻辑又可能与大学的逻辑相背离，大学的逻辑有时会要求重塑学科。

学科的逻辑主要是一种知识与组织分化的逻辑。无论是从心理学的层面还是从社会学的层面，也无论是从经济学的层面还是从政治学的层面，学科的逻辑都是分裂主义的。在心理学的认知论的层面上，研究对象的精细化符合人类求知和认识论的一般规律；在社会学的层面上，研究领域或知识分支的具体化也符合学科组织专门化的要求；从经济学的意义上讲，作为一种人类知识生产的根本性制度，学科分化越细，学科组织越小，学科内部同行间

① 肖彬. 中国研究型大学跨学科组织的发展研究 [D]. 国防科技大学, 2006: 17.
② 韩水法. 大学制度与学科发展 [J]. 中国社会科学, 2002 (3): 77.

的认同就越强烈，知识生产过程中的交易成本也就越低；从政治学的意义上讲，知识就是权力，知识的分化与专门化既可以造就更多的学科专家，也可以满足当今社会对专家主义的需要。基于分裂主义的逻辑，当前的大学里知识分化与组织建制的分化已经是一股难以阻挡的潮流。1945 年以后在大学里新学科层出不穷，并且都获得了适当的制度性基础：大学里新的研究规划甚至新建的系，新的学术团体，新创办的期刊，以及图书馆制定的新的分类书目①。其结果，"无论是英美模式：大学—学院—学系，还是德国模式：大学—学部—研究所（讲座制），都是建立在学科分化基础上的。英美模式中，学系就'是一个围绕某一学科的共同利益而组织起来的相对统一的机构'，每一学系代表一门学科，新学科的增加就意味着学系乃至学院的增加"。而在德国，"大学的研究所通常范围更小，常常代表的是某些分支学科的领域"②。20 世纪 60 年代以来，伴随知识分支与学科组织的不断分化，学科制度的局限性日益显现，以系科主义为基础的学科制度化遭遇到了严峻挑战。

与学科的分裂主义逻辑不同，以知识和组织的分化为基础，大学主要以高深知识的生产与传播为目的，强调多科主义。"大学被人为地划分为不同的学院和系别，各种学科的学科活动经由近似的职业圈子，并为划一的标准化业绩指标所推动。"③ 早期的大学虽然也有单科性质的，但后世的大学一般都是多科性的。无论是教育还是研究，大学的逻辑都是多科主义的，"综合性"至今仍是人们对于现代大学组织的善意的误解和美好的想象。今天无论是在知识的层面还是在组织的层面，还没有哪所大学真的是"综合性大学"。真的"综合性"大学要求学科的融通和知识的系统，要求组织跨越学科的边界，学科跨越组织的边界，而今天大学的现实是，学科以组织为边界，组织以学科为边界；现代大学的根基仍然是学科的分化而非综合，现代大学仍然是基于多学科主义的分科大学，而绝非基于学科汇聚或整合的综合性大学。当前所谓的综合性大学只不过是拥有更多学科的多科性大学。因此，大学的逻辑仍然是多科性而非综合性。综合性也许是现代大学的理想，但多科性却

① 华勒斯坦，等. 开放社会科学 [M]. 刘锋，译. 北京：生活·读书·新知三联书店，1997：51.
② 段丹. 基于矩阵结构的大学学科组织结构创新研究 [D]. 浙江大学，2003：12，14.
③ 约翰·齐曼. 真科学——它是什么，它指什么 [M]. 曾国屏，等，译. 上海：上海科技教育出版社，2002：33.

是现代大学的现实。当然，现实也是理想得以产生的必要土壤。多科性是综合性的基础，没有多科性就不可能有综合性。另外，无论历史上还是现实中大学的多科主义的逻辑都有其合理性。从教育方面来看，由于分科的不可避免性，学生的培养需要自然学科、社会学科与人文学科的诸种知识，只有通过多学科的知识才有可能培养出一个有教养的全面发展的人。"现代大学应该是多学科的。从教育方面的原因考虑，大学应该覆盖尽可能广泛的学科，比如从希腊古典文学到计算宇宙学。"① 从研究方面来看，知识本身虽然应该是一个整体，但是大学需要分设不同的院系和一门门的学科，以满足人们对于不同领域的知识进行探索的需要，绝不存在一个万能的学院和学科。"学者们不可能像医师和建筑师那样独立开业，他们需要一种行会（universitas）。"② 任何一门学科都不可能单独地解决人类面临的复杂问题，它们需要在一个多科性的大学里互相融合、取长补短。因此"大学按学科设置系别和学院是一种必要的组织设计"③。基于此，至今学科仍是大学进行知识生产与传播的基本单位，只有以学科为基础，大学才能实现高深知识生产与传播的目的。

总之，学科的逻辑是大学的逻辑的合理内核。学科的逻辑也是大学组织变革的基础。没有知识的分化与分支学科的组织化就没有大学的产生，也更不会有对于多学科知识的生产与传播。大学区别于古代传统高等教育机构的一个最重要的标志就是分科制度与多学科性。在人类历史上，传播百科全书式的知识与培养百科全书式的人曾是古代高等教育的一种理想境界，但中世纪以来，大学的合法性基础逐渐由普遍知识转向专门的高深学问。普遍主义为专门化所代替，一门门的专业性学科成了大学的象征。在大学里系统性是知识生产的理想，专门性是知识系统化的必要步骤。在从专门化走向系统化的过程中，学科制度起着承上启下的作用。在今天整体性的知识只能是一种抽象的存在，大学所生产与传播的一定是具体的知识，即某一门学科的专业

① 约翰·齐曼. 真科学——它是什么，它指什么［M］. 曾国屏，等，译. 上海：上海科技教育出版社，2002：33.

② 乔治·凯勒. 大学战略与规划：美国高等教育管理革命［M］. 别敦荣，主译. 青岛：中国海洋大学出版社，2005：203.

③ 约翰·齐曼. 真科学——它是什么，它指什么［M］. 曾国屏，等，译. 上海：上海科技教育出版社，2002：35.

知识。知识的分化与学科的分裂促进了科学的进步与知识的增长，但也造成了大学的"涣散"和"肢解"，阻碍了现代大学的发展与变革。学科分裂主义的逻辑导致了大学组织建制的过度分化与专门化，损害了知识的整体性与大学的整合性以及人的全面性。"今天的大学制度原本脱胎于19世纪下半叶涌现出来的西方社会的知识分工与既得利益分配体系。虽然西方大学教育正在从分科制度向跨学科制度转型，但是一个仍处于知识生产初级阶段的社会的大学教育或许还要继续在分科制度下蹒跚前行。这样，一方面是学科划分的努力，另一方面是开启人类心智的努力。这两方面的努力相互冲突，构成当代高等教育的基本矛盾。"① 由此可见，学科的逻辑与大学的理想间的矛盾是现代大学转型的主要矛盾。学科的分裂主义逻辑虽然满足了大学对于多学科性的需求，为大学的综合性奠定了基础；但过度的学科制度化也阻碍了大学对于知识整合的追求，以学科的分裂主义逻辑为基础的系科主义倾向也妨碍了现代大学从多科性向整合性，从分科大学向跨学科大学的转型。

二、跨学科大学建立的路径

当前无论是哪个国家的哪所大学均由多种学科组成，纯粹单科性质的大学已不存在，多科性已是大学的标准类型。虽然多科性符合大学多科主义的逻辑，但多科性绝非大学的理想。无论基于自由知识、普遍知识还是高深知识，大学的理想都是要对人类知识的整体进行探究。按照波耶尔（Boyer，1994）的理论：现代大学正在兴起和发展第四种学术领域，即学术的整合（the scholarship of integration），其定义为"从不同的学科和广泛的知识背景出发，在知识和范式之间建立起联系；同时打破原有知识体系的僵化分割，为新学科的成长和知识的应用提供交汇点"。"根据组织结构原理，组织功能的发展，必然要求组织结构发生适应性变革。大学学术组织功能的发展，即知识整合功能的出现，必然要求大学学科组织结构发生相应的变革。"② 今天学术整合的逻辑与学科分裂的逻辑之间处于一种紧张状态。在分科大学里高深知识的生产遵循着分析与专门化的逻辑；学术的整合不但需要学科的会

---

① 汪丁丁. 跨学科教育文集［M］. 大连：东北财经大学出版社，2009：256.
② 邹晓东. 研究型大学学科组织创新研究［D］. 浙江大学，2003：32.

聚，而且需要大学组织结构的调整。只有在一种跨学科甚至超学科的框架内，通过学科组织结构的重构才有可能实现学术的整合。当前"一种大学，多种学科"的制度设计，绝不仅仅意味着学科数量的多少，而且意味着学科旨趣的差异与变迁。"诸科学的领域分崩离析。它们的方法论各异其趋。今天，诸科学花样繁多的分裂状态，依赖各大学及其各系科之间的技术性组织以维持统一，由这些系科的实践目的捏为一个有意义的整体。但是，与此相反，诸科学的根本在其本质（存在）的基地上萎缩了。"① 基于此，在分科大学里传统的学科制度面临重重危机。为了能够重构大学，首先必须重构学科。当然，学科的重构并非要完全拆除学科边界上的篱笆，而是要超越系科主义在学科建设中画地为牢式的消极影响。重构后的学科将逐渐淡化领地的概念，强化将学科作为一种理解方式，多学科共同分享人类知识的盛宴。在传统学科向跨学科或超学科范式转变的过程中，学术共同体一定要尽可能淡化学科的组织边界，强化学术团队与视角融合，直面现实问题而不问学科的归属。

实践中分科大学在学科制度化过程中所形成的牢固的系科结构是大规模开展跨学科研究的根本障碍，也是跨学科大学构建过程中必须超越的组织架构。为了能够克服系科结构对于跨学科研究以及跨学科大学建构的影响，盖格（Roger L. Geiger）提出在大学中建立"有组织的研究单位"（Organized Research Units, ORUs）的主张，以适应一些由于规模、时间和目标等而不适宜在系科结构中进行的研究形式。"ORUs 能够进行系所不能进行的研究，能够使大学扩大选择研究问题的范围，而不影响学术系科的基本教学任务。这类机构是由来自不同专门研究领域的研究人员组成，还包括一些非科学家人员，并发展出自己的评价标准、声望结构和职业模式。"② 除盖格关于建立"有组织的研究单位"的主张之外，当前高等教育实践中为了促进跨学科研究的顺利开展和跨学科大学的形成还出现了其他形式的制度创新。比如，在学院层面上，日本东京大学就创建了具有跨学科研究和研究生教育功能的新

① 海德格尔. 人，诗意地安居：海德格尔语要 [M]. 郜元宝，译. 桂林：广西师范大学出版社，2000：25.

② 耿益群. 美国研究型大学跨学科研究中心与大学创新力的发展——基于制度创新视角的分析 [J]. 比较教育研究，2008（9）：25.

型学院，即综合学院。再比如，麻省理工学院也提供了多样化的跨学科发展形式，并给予跨学科研究充分的自由。在麻省理工学院跨学科研究是全员性和开放性的，有教师参与，也有学生参与；有校内师生的参与，也有来自其他高校和各种机构的人员参与。在大学层面上，跨学科大学的雏形也开始形成。比如，美国洛克菲勒大学就注重跨学科研究，该大学没有传统的学系，主要以开放的实验室为中心开展跨学科研究。再比如，欧林工学院（Franklin W. Olin College of Engineering）。它的课程设置别出心裁，致力于给予学生跨学科学习的经验，使学生在基础科学、数学和工程之间，艺术、人文、社会科学和技术学科之间，工商业、创业技能和工程技术之间建立联系。为实现"欧林三角"的培养思路，欧林工学院在组织、制度上进行了独特的设计。首先学院里不设"系"，以防其成为"跨学科"培养理念的障碍，只设工程学（Engineering）、电子及计算机工程（Electrical and Computer Engineering），以及机械工程（Mechanical Engineering）三个"主修"的本科学位。其次学院在选址上也充分考虑到为实现跨学科培养提供永久可能性。它与柏布森学院（Babson College）和韦尔斯利女子学院（Wellesley College）相邻，以便从两校分享非工程类的课程资源、教师资源和校园设施。此外，欧林工学院取消教授终身聘用制，以便组成学校所开设课程需要的跨学科团队。教师不属于任何一个系，完全采用合同制，五年一个任期，这种做法在美国历史上也是绝无仅有的。① 与国外众多高校对于创建跨学科大学的探索相比，我国大学的改革相对滞后。目前只有从尚在建设中的南方科技大学身上隐隐约约可以看出一丝跨学科大学的影子。南方科技大学决定取消学院和系，这在国内是一个前所未有的尝试。创校校长朱清时认为，院系对交叉学科有不利影响，取消院系是一种新的有活力的大学模式。取而代之的是设几十个研究所及实验室，由学校直接管理。鼓励教师们依照自己的兴趣从事高风险、高回报的前沿研究，同时接纳本科生在研究所上课和实习。根据南方科技大学网站上的介绍，南科大将设置理学部和工学部，条件成熟时还将设置经济管理学部及人文社科部。在学部下建设若干个研究室（所）和跨学科的研究中心。学部承担专业基础课程的教学工作。研究室（所）和研究中心

① 李曼丽. 独辟蹊径的卓越工程师培养之道——欧林工学院的人才教育理念与实践 [J]. 大学教育科学，2010（2）：93-94.

既是学校的教育基地，为本科生开设专业课程，并接受选读这些专业课的本科生在该实验室进行科研实习；同时也是前沿学科的研究基地。南方科技大学将依托研究室（所）培养研究生，学习国际先进经验，尝试探索学科培育和研究生培养的新方式。

上述各国高等教育实践中对于跨学科大学的探索表明，跨学科大学是一种新的大学模式。在这种新式的大学里，跨学科研究机构是跨学科大学实现其功能的一种重要组织建制。因此，不能将跨学科研究机构作为跨学科项目研究的临时载体，而应将其视为未来大学组织建制的基本形式。在从分科大学向跨学科大学转变的过程中，大学中的跨学科研究机构的人员可以是流动性的，方向也是可以不断调整的，但机构应是永久性的，并且要逐渐制度化，机构不应随着项目的结束而解散。对于大学而言，机构应是争取项目的基础，而不应是完成项目的工具。在分科大学里，从跨学科项目的设立到搭建创新平台，从创新平台到在大学里成立专门的跨学科机构，再从跨学科组织的制度化到将传统的学科性学院改造成为跨学科的学院，最后就是一个由跨学科的院系组成的跨学科大学的形成。这既是跨学科研究在现代大学制度变迁中的一般路径也是从分科大学到跨学科大学转型的具体过程。

三、跨学科大学的体系与结构

经过从学科研究到跨学科研究，从分科大学到跨学科大学的剧变后，"这些大学的学科组织结构已经不同于传统的直线职能制学科组织结构：为便于新兴学科及跨学科研究的发展，它们在保留院系结构的同时，吸收了跨学科、跨专业元素，将院系结构与跨学科研究组织统一在一起；兼顾学科导向与问题导向，形成了由纵横两套系统（学科系统与问题系统）交叉组合而成的复合组织结构"①。与传统的分科大学相比，这种新型的跨学科大学不仅在组织机构、制度安排和大学理念上具有跨学科性的特点，而且在专业设置、课程开设、教学方式、学习方法和人才培养目标等诸多方面也有根本的不同（见下表）。

---

① 段丹. 基于矩阵结构的大学学科组织结构创新研究 ［D］. 浙江大学，2003：45.

传统大学与跨学科大学比较①

比较项目	传统大学	跨学科大学
教学	中学式抽象的	活泼具体的
目标	知识	技能（如何获取知识）
传授	老化的知识	更新的知识
强调重点	内容	结构
教学方法	重复法	发现法
教学基础	消极地接受被学究式分科的知识	连续的、批判的、认识论的思考
大学本身	被束缚在一种明显的孤独境地，提供一种与生活绝缘的知识	克服大学和社会、知识和现实之间的鸿沟
要求	一个纯等级系统和僵化的教学大纲	依据大纲实施情况进行整体性全面修订
提倡	孤立和竞争	集体性活动和研究

资料来源：OECD-CERI：Interdisciplinary.

在传统学科制度框架下，所谓的跨学科研究最终的结果很可能只是在大学里增添一些新的分支学科和相应的系科。这样非但不能缓解学科制度化的危机而且可能会加剧学科制度化的危机。"当前大学中的跨学科研究面临两个基本问题：一是需要更大的组织系统支撑，'要重组大学的学系结构和学术会议的协会组织'，要重构 19 世纪以来'预设了学科分类合法地位'的现代大学体制——以学科制度为基础的学系结构；二是需要更大的制度系统支撑，由于大学跨学科研究常常发生于虚实结构之间，在很大程度上面临着'不足的制度存量'（insufficient institutional capacity）。"② 为了能够解决跨学科研究制度存量不足的问题，大学必须从分科大学向跨学科大学，从多科性大学向整合性大学转型。大学从分科走向跨学科既反映了学科组织从综合到分化再到综合的辩证逻辑，也反映了大学组织变革从科层化再到去科层化的内在需要，符合制度变迁的一般规律。根据新制度主义经济学中的交易成本理论，跨学科大学在本质上是对于大学里越来越多的跨学科研究活动的一种制度化安排，其目的是节约在大学里进行跨学科研究的交易成本。在新的框

---

① 刘仲林. 跨学科学导论 [M]. 杭州：浙江教育出版社，1990：144.
② 周朝成. 加州大学跨学科研究的组织结构与制度研究 [J]. 高等工程教育研究，2009（3）：101.

架下，"跨学科组织从制度上保障和促进了大学内部跨学科研究的进行，使各学科的教师都有机会与可能发起跨学科的合作，减少彼此之间寻找合作者的盲目性和学校管理部门协调跨学科研究的成本，同时可以实现各学科之间的知识、设备等资源的共享"①。在从分科大学向跨学科大学转型的过程中，大学里专门化的、组织化的跨学科研究与教学机构的普遍建立是一个必要的过渡。跨学科研究机构不应成为传统系科或学院的附属机构，而应成为大学的主流。跨学科研究的目的绝不仅是为了更好地进行产学研的合作，也不是为了满足政府或产业界的需求，而是为了跨学科大学的最终形成作准备。归根结底，跨学科大学是分科大学制度、传统学科组织以及高深知识演进的内在逻辑共同作用下的必然结果。

最后要指出的是，当前由于大学中的跨学科研究面临传统的系科结构和学科制度的阻碍，大学从分科大学向跨学科大学的转型还"在路上"。因此，跨学科大学的体系与结构都还处于理论探讨的前制度化阶段，严格意义上，当前学术界对于"跨学科"的理解都还远没有达成普遍的共识。比如 Ruegg 就认为，"应该用'合作团队'代替'跨学科'。在当今的科学和知识领域，学科的边界已经逐渐成为流动性的，不断有新的学科在学科边界处产生"。他认为"'跨学科'不是不同的学科在一起工作，而是多个有不同学科背景，拥有足够开放的思维的个体，用他们的专业知识来解决问题和完成任务"②。由于对于跨学科的理解有所不同，对于什么是跨学科大学，跨学科大学的体系结构如何自然也是众说纷纭。③ 当然，对于学术问题存在争议是必然的，但这些争议本身并不能改变从分科大学向跨学科大学转型的大趋势，而只会促进相关研究的深入。对于跨学科大学的体系与结构，基于跨学科研究的基本原则，有两种主张比较有代表性。一种观点认为："跨学科大学的最底层依然是传统的学科系，这也是跨学科大学的基础。因为跨学科是建立在学科的基础上，没有学科跨学科就无从谈起。学科系之上是跨学科定向系，致力于把跨学科的研究和教育内化为范式，面对科技社会中遇到的复杂性问题，知道怎么做、做什么。最高级系统目标系则是知道未来去哪里，对

① 肖彬，等. 解读大学跨学科组织的四种理论视角 [J]. 高等教育研究学报，2008（4）：20.
② 陈婵. 高等学校跨学科组织的系统管理研究 [D]. 浙江大学，2005：12.
③ 刘仲林. 中国交叉科学（第二卷）[M]. 北京：科学出版社，2008：35-43.

人类、社会、自然的未来走向提出关乎未来的前瞻思想。这三种类型的系组成了跨学科大学的主结构，它们动态相连互为反馈，系统目标系在某种程度上引领着传统学科系、跨学科定向系的协调发展。"① 另一种观点则认为："建立多学科型、流动型和协作型的跨学科大学运行体系，将跨学科大学的各类学科组织有机衔接起来，形成一个综合的学科组织系统。这个学科组织系统至少应该包括下列基本机制：a. 保证代表不同知识门类的多学科之间的有效合作和交流。在灵活设置跨学科学科组织的基础上，尽量减少人为的学术分割，弱化学科组织严格界限。b. 保证学术成员可以在学科组织之间自由流动。不将学科组织成员固定在某一学科或专业范围内，允许学科组织成员根据课题需要和个人研究志向自由选择各类学科组织。c. 保证科研和教学设施在整个跨学科学科组织系统中充分共享，这既是跨学科研究的必要保障，也是提高跨学科科研课题项目效益的有效措施。"② 上述两种主张每一种都有一定道理，都从一个侧面透视了跨学科大学的体系与结构，也都符合从学科研究到跨学科研究，从分科大学向跨学科大学转型的内在逻辑。整合两种主张，从系统性的角度考虑，对于跨学科大学的体系与结构的形成可以做如下描述：首先是大学要明确跨学科教育、教学和研究的理念。在跨学科大学理念指导下，在传统系科结构和学科研究的基础上渐进式地推进大学跨学科组织机构的建设，最终形成符合大学转型需要的跨学科教育和研究制度。某种意义上，分科大学里跨学科教育和研究组织的制度化也就标志着跨学科大学的初步形成。最终在跨学科大学里，传统的学科研究被跨学科研究所取代，传统的系科结构被跨学科的教育和研究机构所替代。与传统的分科大学模式相比，在跨学科大学里，专业、课程与教学同样也是跨学科的，学生在经过重新设计的跨学科专业里通过跨学科课程（科目）、跨学科教学以及跨学科的学习接受一种跨学科的教育。

① 程妍. 跨学科研究与研究型大学建设 [D]. 中国科技大学，2009：121.
② 邹晓东. 研究型大学学科组织创新研究 [D]. 浙江大学，2003：64.

第六章　知识规划与学科建设

　　大学里的学科就其历史而言大致有四种情况。第一种情况是学科的历史长于大学的历史，即在没有大学时这些学科在其他形式的学术机构或高等教育机构中就已经存在，是先有这些学科后有大学。在这方面，"自由七艺"最为典型。当前大学里的很多自然科学和人文学科就是由"自由七艺"中的"四科"或"三艺"分化而来，属于其衍生学科。第二种情况是伴随着中世纪大学的产生而出现的学科，这些学科与大学相互依存。大学为这些学科的发展提供了制度性的保护，这些学科也为大学的存在提供了合法性来源。在这方面最典型的就是神学、医学和法学。虽然在中世纪之前就存在神学、医学和法学方面的知识，但是作为学科，神学、医学和法学与中世纪大学的兴起密不可分。第三种情况是随着中世纪大学的制度化，尤其是在高等教育近代化以后，经由人的理性设计或权力的规划而出现的诸多学科。在这方面最为典型的就是以人类学、经济学、社会学、政治学和历史学为代表的社会科学。除了上述三种类型的学科之外，第二次世界大战之后，现代大学里学科的数量猛增。这些新兴的学科大多通过传统学科的分化、交叉或科际的整合而形成，可以归为第四种情况，即所谓的新兴学科。上述无论哪种类型的学科，其形成都与知识的规划和学科的制度化密切相关。每一学科背后都对应着一种知识规划的方案和相应的学科建制。基于此，知识规划方案和组织建制就成了当前大学里学科建设的重要内容。由于在大学里通常先有知识规划后有组织建制。因此如何理解知识规划以及知识如何规划对于搞好学科建设就至关重要。

第一节　知识规划的含义

对于知识的规划根据合法性来源的不同主要有两种方式。一种是政治性的权力规划，一种是学术性的理性规划。政治性的规划往往借助于外部的行政力量，以政治上正确为标准，对于知识的版图进行重新划分，强化符合主流意识形态的那些知识，淡化或遮蔽不符合主流意识形态的那些知识。那些被强化的知识最终会成为大学里的强势或热门的学科，被淡化或遮蔽的知识则会在大学里逐渐萎缩，乃至最后消失。与政治性的权力规划有所不同，学术性规划通常发生在学科内部或学科之间，其根源在于人既是知识的对象，也是知识的主体，强调智识生活的理性基础，即学术上正确。由于知识是人类社会生活实践的产物。没有人，没有理性就无所谓知识。知识史上无论基于权力的规划还是基于理性的规划都既有成功的例子也有失败的例子。更何况有时权力和理性本身就纠缠在一起，学术与政治之间边界模糊，政治上正确和学术上正确难以区分。人类历史上，不同的国家，不同的时代总会有一些伟大的政治家或学术界的巨人对于知识的分门别类提出自己的个人意见。这些表征着时代精神的个人意见有时真的会影响一个时代学术的进展和学科的设置。

无论任何一个时代，任何一个国家，知识的生产都会面临着被政治权力和学术权力所规划的威胁。无论这种权力是基于人类的理性还是政治的意识形态。但是也没有哪一个时代，知识的生产可以完全被权力所规划。知识的他控性和自主性总是相互制衡，完全偏向任何一方都会是一种灾难。无论作为一种个人化的智性活动还是一种制度化的社会实践，大学里知识的生产与再生产都受到各种因素的制约。在这诸多制约因素当中，源于人性的好奇心和源于社会的有用性，一直是决定知识性质的关键所在。求知的天性往往将知识本身作为目的，但有用性的原则往往会导致或引诱通过行政权力来规划知识、控制知识。在行政权力的约束下，知识的自主性会被有用性、个体性会被集体性所替代。当前在大学这样高度制度化的机构里，随着越来越多被行政权力自上而下所规划的知识，纷纷以学科的名义获得了组织建制的合法性，一个"知识规划时代"已经呼之欲出。"这种'知识规划时代'所具有的最为根本的特征，便在于它是以政治性的权力和由它所确定的'学术'制度安排为基础的，而这在根本上意味着这种政治性的权力和'学术'制度安排在很大程度上不仅会确定我们的知识生产方式，而且还有可能型构我们知识产品的具体内容。"① 通过"规划"原本隐蔽的知识—权力关系被公开化。知识规划的实践表明，在知识和权力之间，一方面权力可以规划知识，通过权力的配置可以让大学生产出符合规划预期的"类型知识"或"规划知识"；但另一方面知识本身就是权力，正是通过大学对于知识的传播，权力的影响才无远弗届。当然，作为一种媒介，知识在延伸权力触角的同时也在对权力本身进行规训。福柯就称学校为现代权力的"规训机构"（disciplinary institute）②。大学作为生产与传播高深知识的最为重要的社会机构和制度性场所，其对于权力的规训更为明显。大学制度的完善虽然无法将权力完全关进笼子里，但现代大学的发达程度总是与暴力的盛行成反比。文明进展的一个重要的方面就表现在人类权力的合法性来源正在从暴力、金钱走向知识。在一个文明的民主的社会里，一切现代权力都要受到专业性的制约，而大学则是各种专业性人才的最大供给者。通过学科与专业制度的设置，大学提升了人的专业性，维护了现代社会权力机制的健康运行。

　　实践中权力对于知识的规划是通过一整套制度或机制实现的，而不是某个人的主观意志或金口玉言能够决定的。现代社会中权力对于知识生产的介入或规划已经形成了一个明显的制度链条，尤其是在中国。从科研规划、课题指南、项目招标到论文发表、著作出版、成果评价，权力规划的影子无处不在。通过以上制度化流程，符合权力规划预期的类型知识源源不断地被大学里的学者生产出来。大学学科建设完全被裹挟进了这种知识生产和再生产的规划机制当中。在政府的各种规划的引导下，在学科专业制度的强制下，我国大学已或主动或被动地将权力内化为了学科制度和大学制度的一部分，知识或学科的自主性不可避免地成了权力规划的牺牲品。福柯曾经指出："人们常常强调化学的发展同工业发展的需要关系密切，这是对的，已经得到了证明。但是我更感兴趣的是分析科学在欧洲怎样被制度化为权力。科学之被制度化的权力，是通过大学制度……这类抑制性的设施进行的。"③ 和

---

① 邓正来. 反思与批判：体制中与体制外 [M]. 北京：法律出版社，2006：51.
② 刘北成. 福柯思想肖像 [M]. 上海：上海人民出版社，2001：5.
③ 邓正来. 学术与自主：中国社会科学研究 [M]. 北京：北京大学出版，2008：47.

"科学之被制度化的权力"一样，"知识之被规划的权力"也"是通过大学制度……这类抑制性的设施进行的。"换言之，大学制度是权力规划知识中最为重要的一环，离开了大学制度的参与，知识的规划将失去意义。当然，这里需要注意的是，"这种'知识规划'与福柯所言的那种西方式的知识或科学的'制度化'不尽相同"。知识的规划"直接出自于政治性的权力和由它确定的'学术'制度。"而科学的"制度化"则"主要源出于相对独立的大学自己设定的技术性微观制度"①。二者相比，虽然形同但却异构。由政治性的权力所设定的所谓"学术"制度是一个宏大的嵌入式的知识生产机器的一部分，其制度逻辑是强制性的。而由大学自己设定的学术制度则是微型的技术性的规训机制，支撑其运作的不是行政权力而是学术权威。简言之，前者是一种宏观的正式的制度，而后者则更多的是一种微观的规训的技术。制度与技术有区别亦有联系。"在各种规训机构里，规训跨过了'技术'的门槛，形成了'学科'，如临床医学、精神医学、儿童心理学、教育学、犯罪学等。"② 在历史上，大学的内部以学科为核心的技术性微观制度（作为一种技术的学科规训制度）原本是用来抵御政治权力对于知识的侵蚀，但最终由于政治性权力所具有的压倒性优势，大学内部相对独立的学科制度也被由政治性权力所规划的所谓的学术制度或宰制性的知识生产机器所同化。政治性权力对于知识的规划直接进入了大学学术的核心地带——系科，学科建设就成了大学维系知识—权力关系的一种重要媒介。

在大学内部，权力对于知识的规划在不同学科领域的影响是不同的。以中世纪为界线，此前自然科学的研究曾受到权力的压制。中世纪大学产生以后，虽然在名义上教会仍然反对自然科学的研究，但事实上基督教对于自然科学在中世纪大学的发展仍然给予了宽容和支持。19 世纪以后，在近代大学里以昔日"七艺"中的"四科"为基础的自然科学基于内在的逻辑迅速分化，纷纷建立了独立的系科。由于自然科学本身属于"硬科学"的特性，近代以来相对来说不受政治性权力规划的影响。无论在哪个国家，哪个时代，物理学、化学、天文学、数学都很少遭遇政治的干涉。自然科学知识的结构和学科分布也很少重新规划。与自然科学相比，大学里传统的人文学科遭遇

---

① 邓正来. 学术与自主：中国社会科学研究［M］. 北京：北京大学出版社，2008：48.
② 刘北成. 福柯思想肖像［M］. 上海：上海人民出版社，2001：293.

权力规划的机会要多一些。在传统的人文学科当中，古典研究与语言学等较少受限制，但文学、史学与哲学由于受到意识形态的控制，随着意识形态的更迭，政治正确性的变迁，其知识结构和学科性质也不断被权力重新规划，甚至被重写。但在所有学科当中，受政治性权力规划实践影响最大的无疑是社会科学诸学科。因为无论从起源还是现实来看，社会科学诸学科都是民族国家主动对于相关知识进行规划的结果。由于社会科学本身以民族国家为分析单位，以维护社会的良好运行或实现良好的社会为目的，与权力之间具有天然的亲和性。社会科学的所有研究在某种意义上就是在尝试重新规划社会，而在这一过程中社会反过来也在根据自己的需要规划着社会科学。19 世纪以来，社会生活中原来属于常识理性的东西被归于社会科学的门下，而原本超越常识属于科学的东西则划给了政治权力。其结果，社会科学不是揭示社会何以可能的思想体系，而是作为一种科学性的象征物，表示人类社会从此脱离了蒙昧。根据政治性权力的规划，由于社会科学诸学科的存在，现代社会就不再是一个谜而是一个明确的实体。现代社会中无论是政治、经济还是法律、教育的运行，都有某种"类型知识"可以作为专业的或科学的依据。

　　除了学科领域的差异之外，在不同的时代，影响知识规划的主要权力类型也有所不同。不同的国家，权力对于知识的规划方式不同，介入的程度也不同。纵向上，在民族国家产生以前，知识规划主要基于人的理性或宗教信仰。民族国家产生以后，知识的规划则越来越多地受到政治性权力的影响。而在经济全球化的时代，经济因素在知识规划中的影响不可避免地在增大。对于知识规划的这些外在影响，我们无法简单地判定其对错或好坏，往往需要具体问题具体分析。横向上，在那些坚持自由主义意识形态的国家里，学术共同体对于政治性权力在知识生产与再生产中的介入相对敏感。学术自由被认为是神圣不可侵犯。对知识的规划往往十分隐蔽且谨慎。政府往往选择经济的资助或价值观的渗透慢慢改变大学里的学术生态和知识力量的格局。在这方面，无论是历史上的国家学、人类学、东方学还是近年来盛行的区域研究、文化研究、妇女研究、黑人研究等无不在学术的背后暗藏着政治的或权力的影子。而在那些排斥自由主义意识形态的国家里，大学本身往往就是舶来品，学术自由通常不被本土文化所接纳、更难以扎根，知识的有用性主导着一切。在大学的学科设置和知识生产方面，自然科学因其实用性较少受到权力的干涉，往往依循西方大学的通例；而社会科学和人文学科则因其价值性或政治性而经常沦为意识形态的工具，政治权力对于知识的规划会十分明显且频繁。其结果，在这些国家的大学里，权力对于社会科学和人文学科知识的规划通过微型的"政治技术"最终逐渐变成了学科的自我规训。这些学科知识的国家性或民族性被凸显，普遍性被削弱。学术职业的合法性遭遇危机。知识的性质和权力的形式相互纠缠，那些有用的或有利可图的规划的知识被以真理的名义凸显出来，不利于统治的知识被禁止，"无用"的知识被冷处理。随着被规划的类型知识的不断增多，学术场域的自主性和独立性逐渐丧失。各种类型的规划知识成为文化工业或政治意识形态的一部分，在大众传媒或宣传部门的授意下被批量生产和消费。因此，虽然无论在任何国家，任何时代对于知识进行规划都不可避免，但在我们这个时代里对于知识规划的后果，尤其是政治性权力对于知识的过度规划仍然要保持高度的警惕。在一个知识规划占主导的时代里，虽然有时候表面上看仍然是个体在生产着知识，但实质上，现代大学体制中个体不过是整个庞大的知识生产机器的一个"螺丝"或"齿轮"。不是人在生产知识而是知识在生产着生产知识的人。由于学科规训制度和知识规划制度的同时存在，个体的学术旨趣不可避免地会在无意识间被集体选择所同化，被时代的精神所裹挟。"一方面，我们在使自己沦为这台知识生产机器之一部分的时候对此毫不意识；而另一方面，我们还有可能通过自己的所作所为而使这台知识生产机器的生产更为有效，而且使其生产和再生产出来的那种知识具有更大的正当性。"[①] 因为如果只是强调知识—权力关系的合理性，而忽略了对于知识生产方式的反思，对于政治性权力规划的"类型知识"的批判，大学里很多学科建设的努力和成果都有可能会以学术泡沫的形式付诸东流。

总之，所谓知识规划，就是个人或组织基于理性或某种意识形态的考量，通过政治性权力或学术权力对于人类知识整体结构和知识力量分布的筹划或调整。现代社会中，大学是实现知识规划的主要制度性场所，大学制度和学科制度也是权力规划知识中最为重要的两个环节。各利益相关方期望或强制大学满足现代社会的各种"需要"或"欲望"是通过权力对于知识进

---

① 邓正来. 反思与批判：体制中与体制外 [M]. 北京：法律出版社，2006：77.

行规划的重要驱动力。而为了巩固规划主体的既得利益，权力对于知识规划的结果最终又会在大学里被以学科设置的形式固定下来，从而成了大学学科建设的基础性结构。

第二节　知识规划与学科规训

知识原是人类智识生活的结晶。知识最初的分门别类与人类早期的生活方式密切相关。不同时期，人类有什么样的生活方式就会有什么样的知识生产方式和知识分类方式。"我们现在把高等教育分成 3 个大块，即自然科学—人文科学—社会科学。这样的学科划分是在 19 世纪才开始慢慢出现的。如此划分是近代形而上学知识论的结果——我们的大学教育建制就以此为基础。明乎此，我们才能确知我们所置身其中的处境，弄清教育机制是在施行什么样的知识教育，我们是在领受什么样的知识教育。"① 在大学诞生以前，通常是那些伟大的个人（先哲或先知）通过自己的"大书"在主导着知识的生产与分类。大学产生以后，个体化的知识生产方式逐渐被系科制度所取代。大学成为知识生产和分类的制度性场所。个体的知识生产必须打上大学的相应系科的烙印，才会具有合法性。"今天，任何真正明确而有价值的成就，肯定也是一项专业成就。"② 其结果，随着学科制度化和学术专业化的推进，民间学术逐渐式微，宗教的先知也逐渐退出了学术场域。在大学的历史上，19 世纪之前学科门类相对固定，独立的学科屈指可数。19 世纪之后，通过对于知识的重新规划，新的学科开始逐渐增多。在 19 世纪建立的近代大学里，那些新增的学科当中，自然科学主要源于自然哲学和古希腊科学，是近代科学革命的成果。相比之下，社会科学却完全是新兴的，是启蒙运动的产物，是经由民族国家的规划而形成的，主要目的就是满足民族国家统治合法性的需要。从知识的内在逻辑分析，社会科学以民族国家为基本分析单位，将研究对象一分为三的做法在学术的层面上具有很大的误导性。社会科学诸学科在大学里的设立，与其说是为了获得关于社会运行的科学知识以实

---

① 刘小枫. 当今教育状况的几点观察 [J]. 中山大学学报（社会科学版），2006（2）：1-2.
② 马克斯·韦伯. 学术与政治 [M]. 冯克利，译. 北京：生活·读书·新知三联书店，1998：23.

现良好社会，还不如说是在为了自我的合法性和有用性进行学术辩护。"19
世纪社会科学最持久的（也是最具误导性的）'三分神话'——将社会分析
划分为三大领域、三种逻辑、三个层次——经济、政治和社会结构。虽然这
种理论的某些部分是正确的，但是大部分可能还是错误的。三位一体的理论
如花岗岩般坚实地站立在路中央，挡住了知识前进的脚步。"① 尽管存在着这
样的缺陷，但由于获得了民族国家的支持，满足了政治合法性的需要。对于
大学而言，社会科学仍然是成功的。与自然科学主要为工业界提供实用知
识，人文学科为学生的自由教育提供资源不同，社会科学满足的主要是政府
对于合法统治知识的需要。如果说中世纪大学的建立得益于人文学者和神学
家—自然哲学家的努力，近代大学的复兴有赖于自然科学的引入，那么现代
大学里社会科学的繁荣则更加意味深长，毕竟正是社会科学的建立为政府控
制大学提供了合法的理由。19 世纪以来，社会科学的大获成功鼓舞了权力对
于知识进行规划的野心。大学成了任何一种知识试图以学科名义获得合法性
的最佳场所。由于各种规划权力的失控，现代大学里学科制度化的周期在迅速
缩短。基于政治、经济或社会的特殊需要，很多学科"无中生有"，一夜之间
就可以被创造出来。正像库恩的范式理论原本只是对于科学史的总结，结果却
成为很多新兴学科获得合法性的借口。学科制度化理论也一样。它原本也只是
学者对于 19 世纪以来社会科学诸学科建立过程的回溯性的描述。结果今天也
同样成为许多新兴学科获得大学组织建制的"路线图"。

　　知识规划的背后是权力的意志，权力因素的存在使得学科的划分和建立
充满偶然性。相比于科学的客观性和实证性，学科更多的是一种话语体系。
学科话语体系的主要功能是对于学者的规训而不是强调知识的科学性。无论
是在大学产生前就有的古典学科，伴随大学而产生的经典学科还是那些在大
学产生之后根据民族国家需要而建构的现代学科或新兴学科，其学科史都不
是清晰可辨的。虽然在今天的大学里，我们知道有些学科的名称已被确定下
来，难以更改。但在历史上，哪些研究领域会被公认为学科的确是充满了不
确定性，而且即便是那些被确立下来的学科当中，其学科内涵和边界也一直
处在不断变动中。如福柯所言："对于像精神病理学、经济学、语法、医学

① 伊曼纽尔·沃勒斯坦. 否思社会科学 ——19 世纪范式的局限 [M]. 刘琦岩，叶萌芽，译.
北京：生活·读书·新知三联书店，2008：导言·4.

这些固执而又模糊地出现的总体形态，我们曾自问构成这些总体形态的是何种单位，即：这些总体形态会不会只是在特殊的作品，连续的理论，概念或者主题的基础上的重建？这些概念或主题中的一部分被遗弃了，一部分被传统保留下来，还有一些被遗忘而后又被重新发掘出来。它们会不会只是一个被连接在一起的事情的序列。"① 福柯对于权力的发现以及"知识考古学"的运用帮助人们揭开了笼罩在学科身上的神秘面纱。知识—权力的谱系展示了学科史的另一面，即学科不是天生的而是人为建构的。准确地说，学科是一种社会的建构，或是社会通过权力建构而成。权力规划了学科的知识，学科则又规训了学者，而学者享有知识赋予的专业性权力。大学的历史上，任何一个知识领域作为一门学科出现，都会"处于不断地更新之中，不断地有所发现、批评和纠正谬误；而已确定的形成的系统一直是稳定的。但要明白：持久不变的既不是对象，也不是对象形成的范围，甚至也不是对象的出发点，或者它们特征化的方式，而是对象可能出现的、自我界限的、自我分析和自我说明的表层的相互关系"②。由此可见，学科的本质或核心仍然在于一套独特的话语体系。当然，这套话语体系又要依附于独特的话语场所和话语实践。大学虽然不是为了学科而生，但却为学科的产生提供了最佳的话语场所。无论是医学、化学、物理学、生物学等自然科学还是经济学、政治学、社会学等社会科学，甚至包括文史哲等人文学科的形成都与测验、计分、实验室、课室、方法论等一系列大学的特有规训技术密切相关。在每一个时代中，正是这些使它成为可能的东西和权力通过规划实践所施加的影响相互交织在一起共同导致了一个个具体学科的诞生。因此对于学科的话语体系，既不应把它们完全归结于智识的范围，也不应完全归结于制度的因素。"为了分析陈述类型的形成，则既不应把它们归结于正在认识的主体，也不应把它们归结于心理上的个性。同样，为了分析概念的形成，既不应把它们归结于理想性的范围，也不应归结于观念的经验性发展。"③ 毕竟，学科的知

① 米歇尔·福柯. 知识考古学 [M]. 谢强，马月，译. 北京：生活·读书·新知三联书店，2003：50.
② 米歇尔·福柯. 知识考古学 [M]. 谢强，马月，译. 北京：生活·读书·新知三联书店，2003：51.
③ 米歇尔·福柯. 知识考古学 [M]. 谢强，马月，译. 北京：生活·读书·新知三联书店，2003：68.

识虽然建基于经验研究之上，但仍然不可避免地带有理想主义的色彩。某种意义上，虽然学科是被权力所规划，虽然学科本身也是一种社会建构，但学科的话语体系本身仍然是学者的一种建构，是学科的一种自我辩护。无论从动机还是从结果来看，学科建构一套话语体系的目的，主要还是为了同行能够相互认同为同行，而不是为了方便为经济社会发展服务，甚至也不是为了追求科学或真理。正是因为这个原因，无论何时，无论何地，大学里的科学研究和学科建设永远会面临着学科性与科学性，理论性和实践性相互脱离的矛盾。

在学科的话语体系中，概念是话语分析的基本单位。学科本身作为一种话语体系就意味着某些概念需要超越实践，根据自身的逻辑自治性、严密性和稳定性的程度构成一些主题或理论框架。无论这些理论的抽象水平如何，它们都是把学科知识与社会需要联系起来的一种中介。只有通过这些学科的理论建构，知识力量的分布结构才能显示出来，权力对于知识规划的影响才能被实践所检验。一门学科的研究主题或理论框架既不是放在那里等着人们去发现的必然存在，也不是某个天才的完全偶然的个人创造或灵光一现。一门学科之所以形成总是在偶然与必然之间找到了某种类规律性的东西，并以此为基础而形成一种共同的话语实践。这种话语实践之所以能被称之为学科就在于它们"借用一些科学模式的结构，以严密性和论证性为目的，并被作为科学接受、制度化、转让、有时乃至被讲授的陈述整体"①。作为一种具有标志性的陈述所形成的整体，话语实践一定早于学科本身而存在，话语实践的范围也比既定学科的外延要广泛得多。比如，那些19世纪以后才在近代大学里建立的诸多学科，如果上溯到17和18世纪，根本找不到它们的任何影子，更不用说更早些的历史。然而，历史上虽然不存在与已建立学科相应的学科形式或学科名称，但却存在着这个学科的知识，即话语实践。任何一门学科的知识都要早于这个学科而存在。一门学科的建立往往也就意味着关于这门学科的知识规划的过程。学科史的编撰也就是要根据学科的话语方式将历史上关于这门学科的知识重新归位。因此，我们不能把一种话语实践与某个既定的学科等同起来。我们既不能用现有的学科概念去排斥历史上关于

---

① 米歇尔·福柯. 知识考古学 [M]. 谢强，马月，译. 北京：生活·读书·新知三联书店，2003：198.

该学科的知识，也不能以现有的话语实践去虚构一个学科。知识是永恒的，学科却只能是历史的。由于人的主体性和话语实践的历史性，知识可以重新规划，学科也可以推倒重来。学科只是人们对知识进行规划和组织的一种可能的方式并不意味着科学；而科学则只是人们用来描述知识有用性的新标签，并不意味着知识的全部。人类社会中有些知识可以独立于科学，也可以不属于任何一个学科，但所有的知识都离不开话语实践。无论科学还是学科都必须以具有确定话语实践的知识为基础。科学的构思产生于话语实践，学科的规训同样有赖于话语实践。

以话语实践为基础，学科作为一种话语体系具有一定的自主性。有时候，一门学科一旦创立，其发展就具有某种不可控性。就像一本书一旦写出来并出版，就不再受作者的控制一样。书有书的命运，学科也会有学科的内在逻辑和规则系统，有时候并不完全以人的意志或理性为转移。但由于学科不是对事物本身的真理性认识，根本无法独立于其研究对象和研究主体而存在；学科的内在逻辑和规则系统只能是相对的。就像历史上书可能被焚被禁，大学也可能被政府彻底关停一样，社会制度、大学制度或政治性权力仍然会通过对知识的规划影响，甚至决定着学科的话语实践。毕竟学科本身就是社会建构的结果。福柯曾经用"知识考古学"的方法，对学科的话语实践进行了深入分析，揭示出了知识的深层结构，拨去了笼罩在"真理"和"科学"身上的迷障，从而发现了知识—权力的双向关联，即权力规划并生产知识，知识参与建立和维护权力统治。"若没有一个沟通、记录、积累和转移系统，任何知识都不可能形成，这系统本身就是一种权力形式，其存在与功能同其他形式的权力紧密相连。反之，任何权力的行使，都离不开对知识的汲取、占有、分配和保留。从这种层次上看，不存在知识与社会的对立，也不存在科学与国家的对立，而是存在着各种'权力—知识'的基本形式。"[①] 某种意义上，大学制度和学科制度的建立为知识—权力的这种双向关联提供了极大的便利。长期以来，正是依靠大学制度和学科制度的庇护，知识—权力的关系才一直被隐藏在官方的和专家的以科学或真理为措辞的严肃的言语行为背后。当然，权力和知识的关系是双向的。这也就意味着权力绝

① 刘北成. 福柯思想肖像 [M]. 上海：上海人民出版社，2001：263.

不只是知识生产的障碍，权力也是知识生产的重要驱动者。没有知识就没有权力（知识就是权力），没有权力也就没有知识（权力规划知识）。知识会随着权力的增长而增长，权力也会随着知识的传播而漫延。知识是权力的"面子"，权力是知识的"里子"。因此，对于知识规划的反思就绝不仅仅是要揭示权力是如何通过规划知识、利用知识或压制某些知识来达到自己"不可告人"的目的，实现自己的利益，而是要认清学科建设过程中知识规划的必要性的边界，知识规划与知识管理的区别，以避免规划主义的盛行可能导致的学术的泡沫化或知识沦为一种语言的游戏。

现代大学里由于规划主义的盛行，很多的学术活动不再直面事物本身，很多所谓的知识已有沦为"语言的游戏"的危险。根据福柯对词与物的考察，"自 16 世纪以来，西方文化先后出现四种知识型。16 世纪文艺复兴时期知识型：词与物统一；17—18 世纪古典时期知识型：用词的秩序再现物的秩序；19 世纪以来的现代知识型：词的秩序不表示真实事物，而表示人对物的表现。西方知识型已经经历了从文艺复兴到古典时期、再到现代的两次大裂变，现在面临着一次的裂变，将会出现新的知识型。当代知识型的特点是，词只表示其他词，或者用结构主义者的术语说，符号仅指涉其他符号，而不指涉外界"①。福柯上述对于知识史上"知识型"变化的描述不同于库恩的"范式"变迁理论。"范式"所针对的只是科学的内在史，"知识型"则同时兼顾了知识的内在史和外在史。"范式"的变迁所反映的仅仅是科学自身的发展方向问题，"知识型"对词与物的关系的分析则不但凸显了知识史中的断裂，而且揭示出了知识型与外部社会制度间的互动关系。某种意义上，正是因为词与物的分离，权力才乘机介入了知识的规划与生产过程中。在知识—权力的关系中，由于权力的过度干预，很多的研究远离了真理，也不再意味着科学。由于过度的研究和新兴学科的大量制度化，各种各样的甚至相互矛盾的知识被大学以学术的名义生产出来，并通过人才培养机制渗透出来，最终弥散在人们的日常生活中。这些各种各样碎片化的知识在人们的日常生活之外构成了一种抽象关系的环境。这种知识环境的发展比知识本身更迅速。它独立于人而存在，不仅会使人对于常识失去敏感，对于专家的言论

---

① 刘北成. 福柯思想肖像［M］. 上海：上海人民出版社，2001：145.

偏听偏信，而且由于学科规训机制的存在，它还会使人的理性失去内在的自由而成为某些所谓的专业知识的奴隶。如福柯所言："知识在激增，但是，它的代价也随之增大。""不仅知识在使人脱离感官，而且感受力本身也在使人脱离感官。感受力不再受大自然运动的控制，而是受各种习惯、各种社会生活的要求的控制。"① 简言之，由于学科制度和科学主义意识形态的存在，知识和其他所有东西一样都具有两面性，绝非越多越好。知识会带给人类自由和解放，但也可能成为控制人性的枷锁和媒介。由于越来越多的知识被权力规划而来，所以人类的智性并没有因为知识的增多而更加自由，而是由于科学主义和学科本位主义而更加不自由。即便是所谓的真科学，带给人类的也不全是光明，伴随科学而来的有时还有更多的无知。"不顾世人的无知、愚蠢和任性，自伽利略时代以来科学方法确已攻占了一个又一个阵地。从力学到物理学，从物理学到生物学，从生物学到心理学，科学都能渐渐地适应其熟悉的领域。研究好像永无止境，有人说得好：知识之球愈大，则其与未知界接触之面也愈大。"② 当然，这种由真科学所带来的"无知"也是另一种意义上的"知"，它一直激励着人类在知识的王国中持续探索，直到知识被权力重新规划或遭到禁止。

第三节　知识重组与学科重构

　　虽然权力会干预知识的生产，但知识的生产仍然以人的理性为基础。在现有的知识生产制度下，学科仍然是知识生产的一种最主要的制度形式。"学科并没有失去其生成新知识的能力，而且与此同时，其他力量受到新需求、新利益、新技术的推动，催生出新的课题及看待旧课题的新方法。"③ 大学里知识的理想状态是成为真理，而在成为真理之前，知识的合法身份就是

---

① 米歇尔·福柯. 疯癫与文明：理性时代的疯癫史 [M]. 刘北成，杨远婴，译. 北京：生活·读书·新知三联书店，2003：201.

② 丹皮尔. 科学史及其与哲学和宗教的关系 [M]. 李珩，译. 桂林：广西师范大学出版社，2001：420.

③ 朱丽·汤普森·克莱恩. 跨越学科——知识 学科 学科互涉 [M]. 姜智芹，译. 南京：南京大学出版社，2005：312.

成为一种科学或属于某个学科。但无论是"学科"还是"'科学'的产生并不是纯粹的知识活动。意识形态控制着科学话语,科学也在不同程度上具有意识形态功能"①。学科的制度化同样如此。现代大学里,知识与真理、学科、科学之间的关系错综复杂。知识、学科、真理和科学本身都是一种话语方式,都要受权力的制约。除了实然与应然之间的紧张之外,知识与真理的关系还总是会被学科与科学的关系所纠缠。知识不意味着真理,学科也不意味着科学。知识与权力的亲和性使得学科成为一种奇特的科学—政治或权力—真理的复合体。在科学社会学的意义上,学科是科学王国的"封地",学科是学者的主人,学者忠诚于学科;但在知识政治学的意义上,学科就是知识王国的"政体",权力是学科的主宰,学科是学者谋生的工具,学者是学科知识的"放牧者"。现实中权力对于知识的规划以及学科对于知识和人的规训相互纠缠在一起。围绕着大学里的知识规划与学科建设衍生出大量的利益相关者:政府相关部门、教育工作者、学生、专业学会、职业团体、出版机构,甚至媒体。所有这些利益相关方都会分享着由知识规划与学科建设所带来的权力和利益。在分享权力和利益的同时,这些利益相关方也会对于知识的规划和学科的建设提出自己的诉求,施加自己的影响。从而使知识和学科的关系愈来愈复杂。现代大学里通过对真理的诉求一整套关于知识、学科与科学的话语已经形成,并且与权力的规划实践纠缠在一起。无论知识、学科还是科学都不再纯粹,权力的影子无处不在。因此,福柯就认为:"或许,我们也应该完全抛弃那种传统的想象,即只有在权力关系暂不发生作用的地方知识才能存在,只有在命令、要求和利益之外知识才能发展。或许我们应该抛弃那种信念,即权力使人疯狂,因此弃绝权力乃是获得知识的条件之一。相反,我们应该承认,权力制造知识(而且,不仅仅是因为知识为权力服务,权力才鼓励知识,也不仅仅是因为知识有用,权力才使用知识);权力和知识是直接相互连带的;不相应地建构一种知识领域就不可能有权力关系,不同时预设和建构权力关系就不会有任何知识。"② 学科和科学与权力的关系也大致如此。因此,对于权力的介入,大学里关于学术自由的制度性

① 刘北成. 福柯思想肖像 [M]. 上海:上海人民出版社,2001:199.
② 米歇尔·福柯. 规训与惩罚:监狱的诞生 [M]. 刘北成,杨远婴,译. 北京:生活·读书·新知三联书店,1999:29.

保护具有很大的局限性。在对权力—真理关系的分析中，个体或机构相对于权力体系是否能够保持自由虽然非常重要，但由于权力关系的无处不在，与其做"掩耳盗铃"式的否认或排斥，不如正大光明地承认权力规划实践的存在，并尽可能使权力对于知识的规划服务于大学的学科建设。"不是认识主体的活动产生某种有助于权力或反权力的知识体系，相反，权力—知识，贯穿权力—知识和构成权力—知识的发展变化和矛盾斗争，决定了知识的形式及其可能的领域。"① 现代大学只有认识了知识规划背后的权力实践是学科建设的重要前提，才有可能规范权力规划对于学科建设的影响。高等教育实践中学科建设与知识规划既有冲突也有一致性。一方面知识的规划会破坏学科的连续性、严密性和稳定性。另一方面学科建设本身也意味着要在某种意义上对知识进行重新规划。相比之下，权力对于知识的规划往往是跨学科的，会破坏学科的边界，而在学科建设过程中对于知识的规划则是在稳定学科边界的基础上伺机进行知识的对外扩张。

　　大学学科建设的过程中，对于知识的规划不是某个人能够完成的，其背后有一个庞大的知识生产机器。"学术活动不单纯是才智或意志的事，而要有社会的时机配合。"② 无论何时，权力对于知识进行规划的最后环节都是诉诸某种制度的力量，而这种制度力量的背后则是时代精神或意识形态在起作用。"它涉及一种主要的社会授权。"③ 人类社会中新知识的产生，既与知识生产模式的变迁有关，也与社会价值观的转向有关。大学里的学科划分与建设同样如此。19 世纪以来，社会科学诸学科的建立与发展就与自由主义意识形态在大学里的漫延并最终占据主导地位密不可分。"自由主义意识形态与社会科学事业之间的联系成了必不可少的，而且不仅是现实存在的。……存在亲缘关系就是本质一致的天然结果。"④ 正是依据自由主义意识形态对于知识的规划和学科的划分，社会科学诸学科才先后在现代大学里建立起来，并

① 米歇尔·福柯. 规训与惩罚：监狱的诞生 [M]. 刘北成，杨远婴，译. 北京：生活·读书·新知三联书店，1999：30.
② 伊曼纽尔·沃勒斯坦. 所知世界的终结——二十一世纪的社会科学 [M]. 冯炳昆，译. 北京：社会科学文献出版社，2002：218.
③ 伊曼纽尔·沃勒斯坦. 否思社会科学——19 世纪范式的局限 [M]. 刘琦岩，叶萌芽，译. 北京：生活·读书·新知三联书店，2008：17.
④ 伊曼纽尔·沃勒斯坦. 所知世界的终结——二十一世纪的社会科学 [M]. 冯炳昆，译. 北京：社会科学文献出版社，2002：161.

不断的繁荣。当然追溯起来，大学的产生以及制度化本身就与近代科学、新教伦理、资本主义等因素相互纠缠在一起。而这一切又都与西方的文明体系，尤其是自由主义的意识形态和认识论传统脱不了干系。社会科学在大学里的制度化也可以看作自由主义意识形态在学术领域的凯旋。虽然社会科学不会随着自由主义意识形态的衰落而消亡，但在那些排斥自由主义意识形态的国家或区域，社会科学却不可避免地面临学术合法性的危机。历史上，正是基于意识形态的理由，在有些国家社会科学的很多学科就被定义为资本主义或资产阶级的学科，这种做法无疑极大地阻碍了人类知识的进步，但也并非全无道理（这些学科的产生确实和资本主义的兴起有关）。马克思对于资本主义制度的批判同样也适用于大学制度以及学科制度。不过，问题的关键在于，马克思主义本身同样也是一种意识形态，如果以马克思主义为指导来重构大学的学科体系或知识力量的分布结构，同样会面临一样的问题。以马克思主义为基础的学科体系也未必就一定会优于以自由主义意识形态为基础的学科体系。因此，当前世界范围内，无论一个国家主流的意识形态是什么，大学里的学科体系基本上大同小异。19世纪欧洲大学学科制度化的遗产已被全世界的大学所继承，并正在飞速发展。基于19世纪知识规划结果的学科制度化逻辑最终主导了所有大学里的知识生产与传播。为了促进知识的整合与进步，打破社会科学的"三分神话"，超越19世纪以来的学科制度化实践对于大学的学科建设所造成的路径依赖，将人类知识生产从传统的系科模式中解脱出来，我们必须对于大学的知识和组织重新进行规划。"随着目前对知识三分法越来越多的批评，新的暂时性的一致认识出现在未来25年到50年间也不是不可能。还有，如果出现了暂时性的一致性认识，这对于大学体制（即院系）的组织结构及科研活动就会产生深远的影响。"① 当然，在看到这种可能性的同时我们也必须承认，由于大学的学科制度化毕竟经历了一百多年的历史积淀，现的有学科分工高度的组织化和制度化，知识力量的分布结构也是根深蒂固，以至于会出现尾大不掉的情形。早在20世纪初，马克斯·韦伯就指出："学术已达到了空前专业化阶段，而且这种局面会一直继续下去。无论就表面上还是本质上而言，个人只有通过最彻底的专业

---

① 伊曼纽尔·沃勒斯坦. 知识的不确定性 [M]. 王昺，等，译. 济南：山东大学出版社，2006：14.

化，才有可能具备信心在知识领域取得一些真正完美的成就。"① 因此，可以预期知识的重新规划和学科结构的变革会十分艰难，最终可能不得不将知识与学科的问题提升到政治的高度，通过政治性权力对于知识重新规划，对于学科重新划分。

大学里对于学科的形成主要有两种不同的看法。一种看法认为，一个学科之所以是学科因为历史上它就是学科。学科是人类知识积累到一定程度后的自然结果。另一种看法则完全相反，认为学科完全是人为的建构或社会的建构。知识的积累并不能必然导致学科的产生。学科的建立完全是权力和利益介入的结果。上述两种观点看似矛盾，实则不然。今天大学里的学科既有历史形成的自由学科，也有人为建构的经典学科或新兴学科。"任何一门学科（或较大的学科群）都必须以学术要求与社会实践的某种特殊的、不断变化的融合为基础。这些要求与实践相互支撑，然后又得到该学科或门类的制度化再生产的不断增强。"② 从古典到现代，从中世纪大学到现代大学，人类的知识生产模式经历了巨大变化，学科的含义也在不断地变迁，而大学则继承了所有的学术传统，包容了各式各样的学科。如果说在过去知识的生产曾经以知识本身作为目的，学科是同行相互认同为同行的精神纽带，那么"现今的学术知识生产，已深深地和各种社会权力、利益体制相互交缠。这不单只是说大规模的知识生产只是为功利的社会国家目标或个别社会阶层的利益而服务，而是说学术体制的内部组织，关于知识发展和开拓的规划，都受制于关乎学科门类的偏见，及这些偏见所体现出来的权力和利益关系"③。在这种新的被规划的知识和学科体制下，随着权力和利益对于知识的"肢解"，学科内部开始四分五裂。随着学科数量的不断激增，"独立的学科"不再具有实质的意义。学科不再是联系同行的精神纽带，而仅仅成为一种制度性的符号或标识。学科不再意味着一个理性的共同体，也不再是学者忠诚的对象，而是成了学者谋求专业权力和利益的一种借口。学科的建设不再是为了知识的积累或学术的进步而是服务于学者自身或专业学术机构的利益。尤其是在后现代主义思潮下，传统的学科制度遭到解构，知识的无政府状态或学

① 马克斯·韦伯. 学术与政治 [M]. 冯克利，译. 北京：生活·读书·新知三联书店，1998：23.
② 华勒斯坦，等. 开放社会科学 [M]. 刘锋，译. 北京：生活·读书·新知三联书店，1997：53.
③ 华勒斯坦，等. 学科·知识·权力 [M]. 刘健芝，等，编译. 北京：生活·读书·新知三联书店，1999：2.

科划分的任意性受到推崇。各种新兴的学科以各种理由被不断炮制出来。"学科在认识论上的创新与批评姿态，信守了连贯的知识图画的承诺。然而，即使是挑战单学科（monodisciplinarity）和自主权的后现代主义社会理论，也可能由于创造出更多的知识生产单元，而加剧了零碎化。"① 以女性主义为例，今天的大学里在任何一门学科前面只要加上"女性"或"妇女"两个字就可以构成一个新的学科。对此，Charlotte Bunch 的名言就是"加点女人然后搅匀"②。其结果，大学里学科的数量急剧膨胀，学术的组织建制叠床架屋，学科建设成为具有压倒性的中心工作。但值得注意的是，19 世纪以来人类知识的积累和学术的进展却没有和学科数量的增长同步，也没有因对学科建设的重视而飞速猛进。相反，随着各种"研究"的不断增多，知识的增长却在减缓。知识的精细化与学术的泡沫化成为大学学科建设中难以回避的难题。一方面在权力的规划下知识越分越细，学科越来越多。另一方面由于利益的介入，研究越来越多，知识越来越少。"研究工具、日常工作和经常费用增加了完成研究任务所需要的基金数量。但常常是进行的研究越多，获得的知识产品越少。"③ 现代大学里，学科建设更大的困境还在于，既不能因为知识产品的减少而削弱研究的人员，也不能因为知识增长的缓慢而裁减学科的数量；相反，为了在竞争中获胜大学只能通过各种各样的规划不断增加学科的数量和研究的人员。其结果，由于知识的无限性和学科分化的无穷性，最终现代大学里以研究的名义所造成"人满为患"将不可避免。学科的组织建制最终将沦为各种专业研究者的合法的避难所。

由于学科建设中路径依赖现象的存在，一旦经由知识规划实现了学科的划分之后，学科制度就成为保护前期知识规划结果的坚固堡垒。就像"所有的历史都是当代史"一样，"所有的学术研究都是现在——一种不断发展的现在——的活动。没有学者能够逃避现实的要求"④。没有人愿意背叛曾经培

---

① 朱丽·汤普森·克莱恩. 跨越学科——知识 学科 学科互涉 [M]. 姜智芹，译. 南京：南京大学出版社，2005：14-15.
② 华勒斯坦，等. 学科·知识·权力 [M]. 刘健芝，等，编译. 北京：生活·读书·新知三联书店，1999：31.
③ 刘易斯·科塞. 理念人：一项社会学的考察 [M]. 郭方，等，译. 北京：中央编译出版社，2001：317.
④ 伊曼纽尔·沃勒斯坦. 知识的不确定性 [M]. 王昺，等，译. 济南：山东大学出版社，2006：17.

养了自己的学科，也没有哪个学科既得利益者愿意损害自己的利益。这也就是大学里学科的数量增加容易减少难的一个最为重要的原因。因此，无论知识的规划多么不合理，无论学科的划分存有何种缺陷，只要经由制度化途径完成了学科设置，拥有了相应的组织建制，学科的内部就会迅速滋生出一种保守主义或学科本位主义的文化，强化本学科的合理性和优越性，反对任何可能涉及知识与学科重新划分的学术活动或跨学科的研究。但吊诡的是，由于学科数量的不断增加，大多数学科逐渐丧失了学科原本应具有的学术资质，仅仅成了获取学术资源的一种工具或空壳。面对这种情况，学科建设有三种不同的选择。第一种选择是继续沿着系科化的路径前进，通过制度化路径将更多的学术领域学科化。通过扩大大学的规模来为更多的学科谋求组织建制提供方便。最终的结果是，"我们划分得愈细，每个分支学科似乎变得愈加扩大涉及范围"①。直到大学因为系科组织过于庞大而崩溃。第二种选择是在现有学科的基础上，倡导通过多学科或跨学科研究来避免学科模式的失败，最终实现知识生产从模式1到模式2的转型。第三种选择是打破现有学科模式，对于人类的知识重新规划，对于学科进行更明智、更合理的划分。三种选择相比，第一种做法虽然危险，但由于符合普遍的心理预期和利益格局，仍然是当前最为普遍的一种选择。第二种做法本质上是一种权宜之计，但由于改革的成本相对较低现在也呼声很高。但无论多学科研究还是跨学科研究都是以对现有学科的承认为前提的，其结果不仅不能改变既有的学科分布，还会强化现有学科的合理性。另外，跨学科研究本身并不能直接导致知识生产模式2的出现。第三种做法由于具有强烈的颠覆性，可以预期会受到各方的强烈反对，暂时不太可能出现，但却也是最值得期待的。无论如何，"19世纪的主要学科划分方法或许被摒弃了，但还会有其他的划分法受人推崇，而且或许受到推崇的还是今天那些被人们质疑的划分法"②。如果现代大学能够根据当前科学发展的最新进展以及社会发展的现实需要，对于人类的知识重新进行规划，对于大学的学科重新进行划分，最终重构大学制度和学

---

① 伊曼纽尔·沃勒斯坦. 所知世界的终结——二十一世纪的社会科学 [M]. 冯炳昆，译. 北京：社会科学文献出版社，2002：175.

② 伊曼纽尔·沃勒斯坦. 知识的不确定性 [M]. 王昺，等，译. 济南：山东大学出版社，2006：17.

科制度，必将极大地促进学术的进步。

　　当前基于 19 世纪的知识规划所形成的学科制度和大学制度已经开始束缚科学的发展和学术的进步。大学里不合理的学科划分已经导致人类知识的整体结构中出现致命性的缺陷。这种缺陷正在损害大学的合法性和学科模式的有效性。大学里无论关于人自身的，人与自然，还是人与社会的知识都不可能是相互隔离的。"所有的结构既是基础也是障碍。"① 学科的结构也是一样。当然，无论是知识的重组，学科制度的重构还是大学制度的重建，都不是一件容易的事。毕竟经过一百多年的积淀，现有的知识规划和学科制度已经完全嵌入大学制度之中，二者相互吻合，天衣无缝。由于"我们尚未准备好承认牛顿主义时代的结束，在我们还在构建的衍生学科的压力下，"② 重新规划知识或重新划分学科必然困难重重。完全推倒重来，甚至是痴人说梦。但知识和学科的历史告诉我们，传统的知识划分方案与学科设置既不是不可避免的，也不是不可改变的，一味地维持现状同样也无助于问题的解决。相信后人比我们聪明就像相信我们比古人聪明一样，不过是一种自我安慰的托词。按华勒斯坦的说法，"作为我们的整个大学制度、因而也是我们的整个专门化大厦之坚固基础的笛卡儿范式，正在面临自从 18 世纪末以来第一次严重的挑战。我相信在今后 50 年内，这项挑战事实上将导致重大的建制性重建"③。因此，大学的学科建设必须有长远的战略眼光。为了避免学科发展中路径依赖的消极影响，打破大学里学科的数量只增不减的怪圈，对于知识和学科适时进行重新的规划和调整十分必要。现在问题的关键在于，知识规划有没有底线，什么需要规划，什么不需要规划，需要的是何种规划，如何进行规划，学科建设本身有没有内在的规律。如果知识规划的主观性影响到了学科自身的自洽性，如果学科划分的任意性影响到了知识生产的有效性，那么就要警惕学科建设可能存在的功利主义的陷阱。"过去谈学科建设，对学术背后的政治权力注意不够；现在则反过来，受福柯影响，满眼看过去，

_____

　　① 伊曼纽尔·沃勒斯坦. 知识的不确定性 [M]. 王昺，等，译. 济南：山东大学出版社，2006：45.
　　② 伊曼纽尔·沃勒斯坦. 所知世界的终结——二十一世纪的社会科学 [M]. 冯炳昆，译. 北京：社会科学文献出版社，2002：182.
　　③ 伊曼纽尔·沃勒斯坦. 所知世界的终结——二十一世纪的社会科学 [M]. 冯炳昆，译. 北京：社会科学文献出版社，2002：178.

'知识'全都变成了'权力'。这同样也是一种遮蔽。"① 无论如何，规划都是人的理性中固有的一种自负的情结，学科建设要完全避免规划的存在是不可能的，但要实现完全的规划也是灾难性的。学科建设中新旧知识规划方案的更替既是必然的，也必然是漫长的，不可能一蹴而就。从认识论的角度出发，一种合乎逻辑的推论是如果权力不介入，给予知识或学科自主发展的权利，最终整个社会的收益将远远大于预期。但从政治论的角度看，放任却是一种不负责的态度。知识或学科只有通过科学的规划才能更好地服务于学术的进步和社会的发展。否则大学由于保守或惰性容易走向封闭，知识由于僵化而走向教条。大学的学科建设必须在外部关于知识的规划和内部的学科规训之间保持必要的张力。学科建设要在学术自主和知识规划之间达到某种平衡。完全的自主不现实，过多的规划也得不偿失。在自主与规划之间，今天我国大学的问题表面上看可能是政治性权力的规划过多，学科的自主性不够。但转到问题的背后，今天的大学面临的更为普遍的问题则是习惯性的结构力量过于强大，对于知识重新规划、对于学科重新划分的勇气和胆识严重缺乏。学术研究中自由主义固然是一种好的价值观，但放任主义却绝非学科建设最好的选择。为了协调大学与社会、大学与政府的关系，知识的生产与学科的建设必须进行科学的规划和历史的分析。"各种学科是划分不同的知识内容以及相关的大学院系和专业协会的知识领域。这些学科是在一定社会条件下建立起来的，并随着时间的变化而变化；它们的产生是人为的而不是自然的。"② 因此，大学里的学科建设一定要思考"为什么知识是这样划分的，现有的学科制度是如何形成的"。只有通过对学科历史的研究，重建了人类知识领域形成以及学科制度化的具体过程，才可能基于人类知识不断变化的社会生态环境以及政治生态环境对于大学知识的生产与学科的建设进行科学的规划。未来大学里的学科应当探索自然和社会如何按照我们通常用于人类的表述来运作而不是相反要求人类按照传统学科框架下关于自然和社会的表征来行事。回顾历史，就像 13 世纪有巴黎大学的脱颖而出，19 世纪有柏林大学的异军突起，21 世纪人类也需要一种全新的大学来引领知识的进步

---

① 陈平原. 作为学科的文学史 [M]. 北京：北京大学出版社，2011：406.

② 埃伦·康德利夫·拉格曼. 一门捉摸不定的科学：困扰不断的教育研究的历史 [M]. 花海燕，等，译. 北京：教育科学出版社，2006：英文版序·10.

和学术的繁荣，而这种全新的大学必然要求知识的重组和学科的重构。

　　总之，学科的发展受内部与外部双重因素的影响。学科建设既不能被动等待学科知识的成熟，也不能为了学科而学科任意建构。在智识层面，学科的演进与知识的积累密切相关。伴随着知识的进步，学科会不断从初创走向成熟。在制度层面，学科的发展与知识生产体制密切相关。伴随着社会对知识的规划，新兴的学科会不断在大学里产生，并逐一被制度化。今天随着知识规划时代的来临，大学里的学科建设面临着双重的挑战。大学既要避免学术的保守主义可能导致的知识孤岛现象，又要警惕知识规划主义可能带来的学术泡沫。学科建设需要大学或政府对于知识进行重新的规划，但又一定要避免权力对于知识的任意宰制。

第七章　学科建设的新思维

作为人类 19 世纪思想史的重要遗产，学科制度化曾极大地促进了大学的高深知识生产；但随着妇女研究、文化研究、地区研究、城镇研究等新践行的出现以及后现代科学、开放社会科学、重建社会科学、统一社会科学等新理论的不断兴起，学科制度化思潮在高深学问生产、传播与应用过程中的局限性愈发明显。后现代主义者让·鲍德里亚（Jean Baudriuard）曾以"内爆"来概括学科在新千年的状况。按照"内爆"逻辑，"学科正通过不受控制的专业化进行着分解，学科的界限被粉碎了。学术人员不是只停留在其自身的学科领域内而是探索其他学科的中心科目"①。不过，学科的"内爆"并不意味着学科的终结或学科制度的瓦解。如"吉鲁、沙姆韦和索斯诺斯基（1984）所提醒的致命的制度化妥协，是真实存在的，但声称学科的权威正在消失，学科边界已经消融，则是天真的，甚至是危险的"②。至少在我国大学里，19 世纪以来的学科制度化思潮仍然在主导着大学的学科建设，甚至可以说，今天在我国许多大学里的学科建设仍然在沿着 19 世纪以来学科制度化的轨迹在运行。面向未来，如何应对学科制度化的危机和系科制的弊端，如何在此基础上创新我国大学学科建设的制度安排和思维方式，已经成为学科建设过程中至关重要的问题。

---

① 哈兰德·布罗兰德. 无论后现代主义发生了什么：新的千年里高等教育没有安魂曲 [J]. 张存玉，译. 国际高等教育研究，2007（3）：18.

② 朱丽·汤普森·克莱恩. 跨越学科——知识 学科 学科互涉 [M]. 姜智芹，译. 南京：南京大学出版社，2005：173.

第一节　谁的学科？谁来建设

学科在原初的意义上，指一个知识领域或学问分支；伴随着大学的出现，学科开始指涉相应的组织建制；进而在学问分支、组织建制之外，学科还意味着一种文化，即学科文化。随着时间的推移，现代大学里上述三层含义相互叠加，学科开始产生了规训的功能。学科开始培养学者对于学科本身的"忠诚"，学者开始成为某一个学科的学者。学科开始指涉一种话语体系，学科甚至开始成为一种社会的规范。这时候作为一个学科，就不仅仅意味着一定的研究范围，而且拥有相应的组织载体和规训制度。除此之外，学科还将成为一个学术共同体或无形学院，维系着学科从业者的身份认同，以便同行能够互相认同为同行。

人类认识世界的历史上，学科并不是相伴始终。早期无论是东方还是西方，人类的知识是一体化的，即便有简单的分门别类也没有分科的观念。早期的知识无所谓科学，也无所谓哲学，完全混在一起。学科只是近代以来人类发明的用以认识世界的一个概念性和制度性的工具。学科是一个地地道道的人造物。任何一个学科，最终以何种状态呈现出来都是偶然的而绝非必然的。因为并不存在一个客观的学科模式可以供人类来发现，学科是创造发明出来的而不是发现的结果。在进入大学以前，学科是非制度化的，最多是半制度化的，与今天大学里关于学科的含义有所不同。在中世纪大学之前，学科的观念极为淡薄，人们崇尚的是百科全书式的学者。中世纪大学产生以后，在文、法、神、医的框架下，人文科学的学科与自然科学的学科才开始相对地分离出来。但这一分化的过程极其缓慢。大致在 17 世纪到 19 世纪的两百年间，伴随着民族国家的兴起以及近代大学的复兴，现代意义上的学科制度才基本形成。"自然科学与其他学科的分道扬镳，从康德和歌德之后就开始了。"① 而社会科学学科制度化的完成还要往后推。一般认为，直到 1850 至 1945 年，社会科学的诸多学科才最终在世界范围内的大学里实现了制度化。

---

① 布鲁姆. 走向封闭的美国精神 [M]. 缪青，宋丽娜，译. 北京：中国社会科学出版社，1994：373.

回顾历史，19 世纪以来学科制度化的过程也是一个学科纷纷"独立"的过程，其过程颇类似近代民族国家独立的过程。与民族国家的独立需要政治的合法性不同，学科的独立需要的是学术合法性。政治的合法性来自于政治的认同，学术的合法性则来自学术界的认可，而学术界认可的标准除了学科理智的成熟度之外主要就是学科制度化的程度。经过制度化过程，独立的学科开始从开放走向封闭。学科知识的生产开始变得规范而内敛。近代以来学科制度与大学制度相互叠加。一方面正是在学科制度的支撑下，大学制度才得以形成；但另一方面也正是在大学制度的裹挟下，学科才开始从非制度化走向制度化，从制度化走向过度制度化，最终演变为"超级学科"。对此问题，早在 20 世纪二三十年代海德格尔就曾经深刻地指出："今天这个各学科组成的大杂烩只是靠大学和系科的技术组织维系在一起，并且只靠各学科的实际应用目的才有一种意义。"① 20 世纪中叶以来，伴随着大学规模的增大，为了满足相应的制度架构，学科开始远离大学，成为某个学院或某个系的学科，从而严重削弱了大学学科建设的活力，影响了学科对于高深知识生产的贡献。"大学系统在全球范围内势不可当的扩张具有一种非常特殊的组织含义，它给不断加强的专业化造成了一种结构性压力。"② 面对这种局面，为了更好地促进学科建设，我们自然要问，学科，谁的学科？谁来建设？

按照波普"三个世界"的理论③，学科属于世界了。作为一种客观存在的陈述系统或波普意义上的"客观知识"，可以说，学科属于它自己。原因在于，一旦一门学科产生并完成了制度化，它就不会仅仅依赖于某一个人或某一个机构而存在。作为世界 3 的一部分，它有自己的内在逻辑和自主性。在这种逻辑下，不是学者创造了学科而是学科塑造了学者。"学科属于它自己"能够回答"谁的学科"这一问题吗？逻辑上，当然可以。但在实践面前，这种回答则显得苍白无力。这就好比说"人是属于他自己"一样。这种陈述逻辑上没错，但实践中基于种种考量，我们仍然必须区分"谁的人"。因为，真正只属于他自己的人不可能存在。学科也一样。学科不能仅仅属于

---

① 张汝伦. 海德格尔与大学改革 [J]. 读书, 2006 (12): 129.

② 华勒斯坦, 等. 开放社会科学 [M]. 刘锋, 译. 北京: 生活·读书·新知三联书店, 1997: 37-38.

③ 卡尔·波普尔. 客观知识: 一个进化论的研究 [M]. 舒炜光, 等, 译. 上海: 上海译文出版社, 1987: 164.

它自己。既然学科不能仅仅属于它自己，那么学科应属于谁呢？谁来建设学科呢？众所周知，原生意义上学科是学者的学科，学科是学者的共同体，是本学科学者组成的一个无形学院。没有学者，无所谓学科。但吊诡的是，现在这种关系可能正在发生倒转，学者必须是某一学科的学者，没有学科的存在，无所谓学者。在现有大学制度框架下，由于学科的过度制度化，任何一个从事某种学术研究的学者，必须首先栖身于某一学科，然后才有被称为学者的资格，否则他就没有话语权或其话语就有可能失去合法性。基于这种关系，现在已很难说学科是学者的学科，而只能说学者是学科的学者。

现实是学科不能仅属于它自己，学科也不再是学者的学科，学科成了"学院"的学科或"系"的学科。利奥塔尔认为："从 19 世纪末开始，科学知识的'危机'便表现了种种迹象，危机来自知识合法性原则的内在侵蚀。……各科学领域的传统界限重新受到质疑：一些学科消失了，学科之间的重叠出现了，由此产生了新的领域。知识的思辨等级制被一种内在的、几乎可以说是'平面'的研究网络所代替，研究的边界总在变动。过去的'院系'分裂为形形色色的研究所和基金会，大学丧失了自己的思辨合法化功能，被剥夺了研究的责任（它被思辨叙事扼杀了），仅满足于传递那些被认为可靠的知识，通过教学保障教师的复制，而不是学者的复制。"① 在"校、院、系"三级组织建制下，经过制度化的过程，学科已经既不属于它自己也不属于个别学者，学科英雄的时代已经过去，学科组织化的时代已经来临，今天的学科只能属于某个学院或某个系。那么，何以造成此种局面呢？

在组织化的大背景下，学科制度与大学制度的双重互动是其关键。在学科仅仅意味着学问分支的时代，在一个英雄人物或大师就可以支撑一个学科的时代，大学与学科之间的关系是疏远的。此时，大学对有些学科会非常排斥，有些学科也会非常不喜欢大学。此时，是不是学科与在不在大学没有任何关系。但等到学科不仅意味着学问的分支而且意味着相应的组织建制，意味着一种社会规范体系或规训制度时，大学与学科之间的关系便显得异常紧密。大学与学科之间互为表里，也互为因果。在这时，能不能在大学里开设

---

① 让-弗朗索瓦·利奥塔尔. 后现代状态：关于知识的报告 [M]. 车槿山，译. 北京：生活·读书·新知三联书店，1997：83.

相关课程，招收学生，颁发学位，进而开展相应的研究工作等就成了能否成为学科的必要条件。当然，学科如果一直是大学的学科倒也是不错的选择，问题的关键在于，随着大学的高度科层化和学科的过度制度化，学科已不再是大学的学科，而成了学院的学科或系的学科。

　　早期的大学，制度架构相对简单，文法神医四个学院，基本涵盖了当时所有的知识门类。其中法学、神学与医学是三个地位较高的系科。以自由七艺为主要内容的文科处在附属地位，相当于大学的预科。直到1810年柏林大学的建立，大学的院系仍然极为简单，学科之间的界限仍然极为松散，学科仍然是大学的学科甚至学者的学科，很多学科居于一个学院，尚没有出现哪个院系独占某个学科或某个学科独占哪个院系。"从19世纪中叶开始，各种不同的新兴力量，冲击着那些古旧、宗教气氛浓烈的书院制大学。这些力量往往交叉地起作用，占夺大学原有的一些成分，或者植入一些新的东西。这些力量将大学和大学以外的计划、利益和企业挂钩，剔除了原有的古老价值，任由大学变成柯尔曼（Coleman）所说的'躯壳'，容许注入各种不同的力量。"① 作为大学"躯壳化"的一种反映，哲学系科在19世纪晚期开始分裂，进而丧失了它的独特性与统一性。"一方面分裂为一个数学和自然科学的系科，另一方面分裂为各人文学科，而接下来，又由人文学科派生出一个社会科学的系科。人们会倾向于把各个系科看作肩并肩的并存，而不会认为它们会构成一个有机的整体。顺理成章地，大学的同一性理念丧失了。大学变成了一个杂烩，一个学术院系的超市。"② 按照华勒斯坦的说法，1850年以后在社会科学领域，学科之间通过划定边界、相互独立成了人类高深知识生产中的重要现象。到1945年，此次学科独立进程以少数在学科边界纷争中的赢家在世界范围内的大学里的制度化而告一段落。1945年以后，现代大学里学科制度化思潮非但没有停止，反而更为猛烈。"在1850至1945年期间，用以给社会科学知识活动归类的名称一直都在不断地减少，最后只剩下寥寥几个公认的学科名称。然而，1945年以后却出现了一个反向的曲线运

---

　　① 华勒斯坦，等. 学科·知识·权力 [M].刘健芝，等，编译. 北京：生活·读书·新知三联书店，1999：199.
　　② 卡尔·雅斯贝尔斯. 大学之理念 [M]. 邱立波，译. 上海：上海人民出版社，2007：131.

动，新名称层出不穷，并且都获得了适当的制度性基础。"① 如果说在1850—1945 年间的学科制度化是以部分学科的胜出，大量学科的消亡为特征的话；那么 1945 年以后的学科制度化则可谓百花齐放，许多新兴学科在这一时期确立了学科合法性。"无视这些新的学科成员的出现只是百无一用的势利而已。大学的理念要求大学应该对新颖的理念敞开。没有什么东西是不值得学习的，也没有什么技艺是不包含某种形式知识的。"② 第二次世界大战以来，大学里学科数量的激增，最根本的原因就在于大学规模的膨胀和学科无限性理念的被广为接受。

整个 20 世纪是大学实现现代化的一个世纪，在这个世纪里专家控制着大学，学术性学科内部的知识专门化得到了迅速发展。"最令人关注的是学科持续解体为更加专门化的独立实体以及新学科的创立。"③ 随着学科的急剧增多，学校规模的增大，院系的建制也是越来越多。今天的大学，尤其是在后发外生型国家，哪一所大学不是由十几个学院、几十个系组合构成。在很多国家的大学里已不是许多学科共存一个学院，而可能是一个学科分成几个学院。"旧有的大学传统与理想掩盖了下述事实，古典的学科联系已经瓦解了，各个专业间旧的婚姻已经不复存在了。大学生活显然丧失了它们以往具有的城邦式的各方面学科的有机联系，而愈益像一个搭载乘客的轮船，人们是些偶然相逢的旅行者，不久又下船而去，各走各的路。在自然科学、社会科学与人文科学之间的联系纯粹是出于学院管理上的需要，毫无具体的知识方面的联系。"④ 随着院系的不断增多，大学与学科之间的关系越来越淡薄；在科层化管理制度的主导下，大学本身越来越成为校级行政机构的集合体而非学科共同体，是行政机构而不是学科在代表着大学。大学本身对于学科建设的实质性调控越来越无力，大学的领导者对于学科建设的具体内容也越来越"无知"。"大学各个系科也不停地成为本身封闭的专业学院，每个专业学院都在自身展开了巨大的、富有成果的运作。各个系科只是通过共同的管

---

① 华勒斯坦，等. 开放社会科学 [M]. 刘锋，译. 北京：生活·读书·新知三联书店，1997：112.

② 卡尔·雅斯贝尔斯. 大学之理念 [M]. 邱立波，译. 上海：上海人民出版社，2007：132.

③ 哈兰德·布罗兰德. 无论后现代主义发生了什么：新的千年里高等教育没有安魂曲 [J]. 张存玉，译. 国际高等教育研究，2007（3）：17.

④ 布鲁姆. 走向封闭的美国精神 [M]. 缪青，宋丽娜，译. 北京：中国社会科学出版社，1994：374.

理和共同促进所谓文化的空洞意识，外在地凑合在一起。"① 在此背景下，大学作为整个制度架构中的高层，已经逐渐远离学科建设的具体过程，学科已经逐渐沦为了某一个学院或系的学科。大学里学科的分裂"削弱了任何追求高等教育一体化的观念"。"也影响了知识传播的方式。它更趋向于通过小实体进行传播而很少是经由学院和大学的统一体和共同意愿。"② 其结果，学院成为学科的囚笼，学科成为学院的封地成为不可避免的现实。现代大学里根据学科制度化的逻辑，学院常常被建构的像一种"封建"制度，而学者则选择将自己的忠诚出卖给某个学科，以求得相关学院对其学术自由权利（力）的庇护。当然，理论上学科以一定的学院为组织载体，大学以相应学院为平台推进学科建设，促进高深学问的生产、传播与应用，并无不妥，甚至是必然的选择。现在问题的关键在于，由于利益的驱动，学科已经从制度化走向过度制度化，从而使得学科失去想象力。学院式的学科建设，其建设者均是该学科的从业者。这些从业者以该学科的发展为"志业"，可以促进学科的不断深入，这是其优点。但与这些优点相比，由于学科制度本身的偏狭，学院式的学科建设，其缺点也同样明显。作为学科制度化的一种组织外壳，学院是学科与学科之间边界划分的某种"物化形式"。有形的学院是学科的坚强堡垒，甚至可以说，学院是大学分封给相应学科的独立领地。在此背景下，学院是学科的所有者，学科是学院存在的合法性依据。学科与学院之间的这种利益关系，使得学院的学科建设只能是自我建设。"为了博得名声，他必须专业化，或者说他受到鼓励对此深信不疑；于是，150 位学院教师被分为 30 或 40 个系，各行其是，各自受到已经站住脚，甚至更糟，受到刚刚站住脚的那些人的庇护，这些人生怕自己的专业受到侵害或者被合并。"其结果，"在这样的科层体系中，平庸制定了自己的规则，塑造了自己的成功意象"③。在自我建设过程中，学科必将趋于封闭或不得不走向封闭。至少在形式上，封闭是学科独立性的象征，封闭象征着学科建设的自主性。

由于学科只是某个学院的学科，学科与大学的关系日益疏远，大学日益成为行政共同体而不是学科共同体。在学院的范围内，仅由本学科的从业者

① 莱特·米尔斯. 白领：美国的中产阶级 [M]. 周晓虹，译. 南京：南京大学出版社，2006：131.
② 哈兰德·布罗德. 无论后现代主义发生了什么：新的千年里高等教育没有安魂曲 [J]. 张存玉，译. 国际高等教育研究，2007（3）：17.
③ 莱特·米尔斯. 白领：美国的中产阶级 [M]. 周晓虹，译. 南京：南京大学出版社，2006：131.

进行独自建设，在这种自我建设的过程中，学科发展的空间日益狭窄，学科建设成果贫乏。打一比方，学科建设好比农民种地，农民居住的村庄好比学院，村民好比本学科的从业者，即学院式学科的建设者。如果这片地一直由这个村的村民世代耕种，也许村民十分勤劳，但由于受到耕作传统的影响，收获不会很大。没有"外人"以及"外力"的介入很难实现农作物的杂交或更新换代，更不要说产业结构的转型。学科建设也一样。如果某一学科一直由本学科从业者以本学院为载体进行建设。在早期阶段，也许由于"土壤肥沃"，加之"辛勤耕耘"，可能会收获颇丰。但长此以往，土地必将"贫瘠"，思维必然僵化，学科建设必将陷于低水平重复。如果没有多学科学者参与，没有其他学科的有效介入，学院式的学科建设过程中研究论文数量的增多可以满足某种学术的想象，但却难以促进人类知识的真正进步。大学需要自治、学术需要自由，但学科建设绝对不能是"自己建设自己"，而必须统筹规划，以大学本身为平台，主动构建学科之间、学院之间的合作共建。道理很简单，学科是大学的学科，学科建设当然要由整个大学来建设。

第二节　何种方略？何以可能

既然目前以学院为单位，封闭式地进行学科建设存在许多弊端，越来越不适应高深学问生产、传播与应用的需要。那么，大学的学科建设应采取何种方略来应对学科的过于制度化？又应该如何来实施这种方略呢？目前在国际范围内，针对学科制度化的弊端，大学里的学科建设大致有两种可以选择的应对方略。其一是20世纪90年代以来由华勒斯坦等人所主张的以"开放社会科学"为标志的学科开放方略；其二是20世纪六七十年代兴起于美国的跨学科研究方略。按照华勒斯坦等人所设想的那种大学结构："每个人都同时受聘于两个系，其中一个系的专业与他或她所拥有的学位相关，另一个系的专业则与他的个人兴趣相关，或与他所做的有关研究工作相关。""要求每一个系至少有百分之二十五的教职员不具备该学科的学位。"[①] 根据开放社

---

① 华勒斯坦，等. 开放社会科学 [M]. 刘锋，译. 北京：生活·读书·新知三联书店，1997：111.

会科学的逻辑，目前可以考虑采取强制性的措施要求某一个学科的研究生去其他学科从事一些研究工作，但这并不能解决根本的问题。大学学科建设过程中，跨学科研究与学科开放方略有相似之处，但也有不同的地方。一般而言，在大学的学科建设过程中学科开放取向于宏观的制度架构，而跨学科研究则注重于微观的具体操作。根据相关学者的研究，规范化的跨学科研究（Inter-Disciplinary Research，以下简称 IDR）有六个基本要求："从研究对象的构成角度，IDR 至少应以两个或两个以上学科构成的对象为前提；必须先把基本术语的注释标准化，研究者应以规范的语言形式进行跨学科交流；IDR 计划中必须包括不同学科间的有机的整体化合用；在 IDR 实施中，不同学科的研究者逐渐形成 IDR 特有的共同语言，是 IDR 溶化的标志；研究者在进行合作时能运用不同的，但必须是得到肯定的研究方法；每一项 IDR 课题，应至少有一名以上的通才型人物起领导或骨干作用，在各类科学家之间架桥，保证跨学科研究计划的协调实施。"[①] 当然，在学科建设过程中，跨学科研究也绝不是仅限于微观的技术操作。在更宏观的层面上，跨学科研究方略同样大有用处。基于学科制度与大学制度的相关性，在大学学科建设过程，通过跨学科研究同样可以达成更为宏大的制度理想。"大学的再度统一，源自对科学宇宙的自觉，不能够简单地理解为将局面恢复到中世纪的统一状况。现代知识和科研的整个内容必须加以整合，也就是说，扩展大学的视野必须推动所有学问分支的真正统一。"[②] 理论上，通过在大学学科建设过程中普遍开展跨学科性的研究，传统的封闭式的学科制度将为跨学科制度所取代。随着跨学科制度对于学科制度的取代，一种新型的跨学科大学也将取代传统的分科型大学，进而成为大学制度的一种新类型。

由于大学发展所处制度环境的变化以及学科境况本身的改变，加之科学转型和社会转型的相互叠加。"把知识划分成自然科学、人文学科和社会科学三部分遭到了一部分人的责难。……一个是源于自然科学的'复杂学'，一个是源于人文学科的'文化学'。这两大运动的出发点完全不同，但实际上他们批判的对象却是一致的，他们的矛头都指向了自 17 世纪以来形成的建立在牛顿力学基础上的自然科学的主导研究方法。""随着目前对知识三分

① 刘仲林. 跨学科学导论 [M]. 杭州：浙江教育出版社，1990：137-138.
② 卡尔·雅斯贝尔斯. 大学之理念 [M]. 邱立波，译. 上海：上海人民出版社，2007：131.

法越来越多的批评，新的暂时性的一致认识出现在未来 25 年到 50 年间也不是不可能。还有，如果出现了暂时性的一致性认识，这对于大学体制（即院系）的组织结构及科研活动就会产生深远的影响。"① 目前正在兴起的学科开放方略与跨学科研究方略都是大学学科建设过程中的值得借鉴的重要方略。但无论是学科开放还是跨学科研究还都刚刚起步，由于理论上尚有争议其对于现实中的学科建设影响甚微。此外，学科开放与跨学科研究方略虽然都有部分良好实践作为支撑，但更多的还是一种学科建设的新理念，缺乏相关大学制度安排作为保障，或说其本身作为一种理念很难制度化。原因在于，19 世纪以来现代大学里所形成的学科制度化思潮仍然还有很大的惯性，无论是学科开放还是跨学科研究都无法真正超越学科，而只能以现有学科制度为基础进行适度改良。目前虽然学科开放与跨学科研究之类的渐进式的改革措施可能符合大学的组织特性以及学科自身的发展趋势，但由于大学组织的保守性和学院势力的强大，学科建设似乎也不适合"大动干戈"。为了适应知识转型和大学转型的需要，大学的学科建设局限在跨学科研究或学科开放的理念诉求远远不够，要想弥补学科制度化所造成的以学院为单位的画地为牢式的学科建设的诸多不足，大学本身必须有所作为，积极借鉴国外大学实践中学科开放与跨学科研究的一些有益经验，通过某些制度安排使学科重新成为大学的学科，使学科建设真正成为整个大学所有学者的共同责任，而不仅仅是某个学院的某个学科的从业者的自留地。在组织边界日益淡化、灵活，学科日益开放的今天，学科作为一种制度形式，"象征性的符号日益取代边界划分的物质主义方式"② 必将成为不可避免的大趋势。

今天大学里对于学科建设的重视是史无前例的，学科建设是大学所有工作的龙头也毫无疑问。在世界范围内，自洪堡创建柏林大学以来，伴随着"学术的漂移"，"哈佛化"或向"研究型大学看齐"几乎成了所有大学发展过程中潜在的目标。而要实现研究型大学的雄心壮志，加强学科建设是唯一的手段。历史上确实有很多大学通过加强学科建设成就了研究型大学的梦想。目前我国面临创建世界一流大学的挑战，加强学科建设是必然的选择。

---

① 伊曼纽尔·沃勒斯坦. 知识的不确定性 [M]. 王昺，等，译. 济南：山东大学出版社，2006：11，14.

② 斯科特. 对组织社会学 50 年来发展的反思 [J]. 李国武，译. 国外社会科学，2006（1）：11.

但我国大学的学科建设表面上虽然很繁荣，实质性的成果与所付出的努力并不成正比。问题的根源在于，学科建设的方略有问题，学科建设的思维有问题。目前这种以学科制度化为基础，以学院为中心，以学科分化为目标，以本学科从业者为建设者的学科建设模式亟须改变。在创建世界一流大学的前提下，大学的学科建设，面对新形势，必须有新思维、新方略。首先，必须明确学科是大学的学科，学科建设是大学的学科建设；因此，学科建设应以学科为中心而不是以学院为中心。大学的学科建设必须以学科为中心，突破学院的限制，通过整合全校的力量进行学科建设。其次，在今天学科建设的目标不应是学科分化、再分化，而应着眼于学科开放、学科交叉、学科融合、科际整合。近些年来主要的科学进展，无不来源于学科的交叉。最后，大学必须是学科共同体而非行政共同体，大学的主要精力应集中在学科建设的实质性工作上，而不能只限于行政管理；大学必须超越科层管理制度的羁绊，主动构建一种跨学科的制度安排，以此来促进或带动学科之间或学院之间的学科开放与科际整合。在目前情况下，由于受到学科制度化思潮的影响，学科与学科之间、学院与学院之间仍存在着坚固的知识壁垒和制度壁垒；希望学院之间主动消除学科壁垒，学科之间主动淡化学科边界会非常困难；要打破制度的"坚冰"只能依靠大学的宏观调控和知识规划。在将跨学科性作为一种制度安排应用于学科建设的过程中，可以考虑采取下列举措：其一，扩展大学内部或大学联合的各类机构，集合各方面的学者围绕某些紧要主题开展为期一年的共同研究；其二，在大学结构内部制定跨越传统界限、具有特定的学术目标并且在一个有限的时期内（比如说五年）得到资金保障的整合的研究规划；其三，采取强制的联合聘用教授办法；其四，联合培养研究生①。

第三节　学科建设，建设什么

学科建设，建设什么？如果学科建设就是在建设学科，或就是要建设学

---

① 华勒斯坦，等. 开放社会科学 [M]. 刘锋，译. 北京：生活·读书·新知三联书店，1997：111-113.

科。那么，无论是开放学科还是科际整合都没有多大的制度意义。因为最终的结果仍然是要产生或创造出一个个新的学科。而如果是要建设这些新学科，势必又回到学科制度化的老路上去。正如华勒斯坦所担忧的，"无论是'跨学科'还是'多学科'，表面上似乎都是要努力跨越各学科的界分标准，然而，这样的努力并没有真正达到它所设定的目的，反而强化了这些学科并在这个过程中形成了一些新的所谓'学科'。这是因为'跨学科'这一观念本身就是以分立学科的存在为前提的，它实际上是对分立学科范畴的意义和合法性的确认"①。如果学科建设不是要建设学科，那建设什么呢？

作为 19 世纪人类思想史的遗产，在今天的大学里，学科制度化已经表现出诸多的局限。现代大学里学科制度化危机以及学科的急剧分化导致了大学制度的异化，大学本身远离知识生产，学科与大学之间关系日益疏远。如果学科能够从学院重归大学，如果学科建设能够突破学院或系科的桎梏，在大学的层面上以大学为平台进行开放式的建设，那么我们希望收获得将不仅仅是一个个新的学科，而是综合性、系统性的扎实可靠的知识（valid knowledge），是整合式的学术，是人类关于一切未知世界的全面的高深学问或真理。归根结底大学存在的价值在于发展学术，学科只是学术的一种形式而已。绝不能为了形式而阉割内容。"大学乃是一切知识和科学、事实和原理、探索和发现、实验和思索的高级保护力量；它描绘出理智的疆域，并表明……在那里对任何一边既不侵犯也不屈服。"② 遗憾的是，今天纽曼式的大学已不存在。由于学科制度化的兴起，大学已被众多的学科所肢解，大学已经成为学科的拼图。在此背景下，如果继续学科建设，建设学科的传统思路，大学将会进一步被系科所碎片化。一些在现有学科分类中无法归类的知识将失去学术合法性，得不到应有的重视。人类对于未知世界的探索将因为学科的存在而受到禁锢。因此，对于学科建设问题有必要回到学科产生的原点进行重新思考。

在原生的意义上，学科是一个晚近的概念，是人类认识世界的一种概念性和制度性工具，是人类为了更好地认识世界，而创造了学科这种制度形式。遗憾的是，在大学与学科共同发展的过程中，手段变成了目的，形式高

---

① 邓正来. 否思社会科学：学科的迷思 [J]. 河北经贸大学学报，1999（3）：26.
② 克拉克·克尔. 大学的功用 [M]. 陈学飞，译. 南昌：江西教育出版社，1990：1-2.

过了内容，工具成了主人。学科原先只是人类借以认识世界的一种工具，今天反倒成了人类认识世界的重要目的，即创立学科并形成相应的理论体系成了学者生活中最重要的追求。"然而，回到知识能被包容进去的传统分类是不可能的，但这又不是一个学科互涉取代传统系科的问题。更可能的是，系科边界继续存在，但里面蕴含着一个永恒的危机，一个已在努力吸收新的文化研究的危机。这一点是通过宣称指定学科除非受到极端的强迫，否则不准备出让一寸领土以适应新学科来实现的，即便对这一宣称理解得不够，或完全不理解也是如此。"① 正如历史学家黄仁宇所言："我们回溯历史时会感到惊讶，因为许多荒谬的情况往前追溯时，都是当时开始合理化的里程碑。就人类历史长期的合理性而言，我们认为是绝对真理的事，可能逐步降成相对真理。"② 无论是学科制度、大学制度还是其他的任何制度形式，都具有时代性。"如同产品、工艺流程和服务一样，机构、体制和政策最终也都会腐朽。当它们能够达到自己的目的时，人们在使用它们，当它们达不到自己的目的时，人们也还在使用它们。它们的机件也许仍在走动，但据以设计它们的假定已经变得无效。……于是的的确确，理性变成了胡说，好事变成了灾难。"③ 因此，凡事务必要用发展的、辩证的眼光来看待。大学的学科建设同样如此，必须与时俱进。

　　无论何时，学科的成熟都主要由问题驱动。现实世界中问题是永恒的，学科则是历史的。对于一个学科而言，学科建设与问题研究原本就是一回事。不研究具体问题如何建设学科，不建设好学科又如何研究具体的问题。学科建设过程中最大的困境就是学科建设与问题研究的两张皮。问题研究所研究的多是一些与学科的基本问题无关的热点问题，而关于学科建设的研究则侧重于对学科建设本身的研究。其结果，学科的基本问题一直没有受到足够的重视。"人类根深蒂固的倾向是将严肃的意见交换转化为一种竞赛、一场辩论，或仅仅是一场喧哗和打斗，以取代问题求解的合作探究。人们对真

　　① 朱丽·汤普森·克莱恩. 跨越学科——知识 学科 学科互涉［M］. 姜智芹，译. 南京：南京大学出版社，2005：113-114.
　　② 黄仁宇. 黄河青山［M］. 北京：生活·读书·新知三联书店，2001：281.
　　③ 彼得·德鲁克. 社会的管理［M］. 徐大建，译. 上海：上海财经大学出版社，2003：98.

相或真理的兴趣与其他浪漫偏好相比实在很微弱。"① 从学科建设的角度出发，每一学科的研究者都首先要研究对于本学科发展有意义的有价值的"真问题"，尤其是那些基本问题。维特根斯坦曾经断言：有意义的问题必然是能够有答案的问题。② 但问题的关键在于，什么是答案。如果答案可以约定，那么就不存在没有答案的问题，如果答案不可以约定，那么就没有问题有固定的答案。与维特根斯坦的见解不同，汪丁丁在引用康德和詹姆斯的相关见解的基础上，认为一个问题之所以成为"问题"，需要具备三个要素：（1）有至少两种相互冲突的求解途径，这样的问题称为"issue"（议题），而且这些相互冲突的求解途径有几乎同样的力量，这就构成"困境"，英文是"dilemma"（两难困境），如果有三种相互冲突的求解途径就是"trilemma"（三难困难）；（2）上述的困境纠缠着特定的个人，挥之不去，于是摆脱困境或求解问题似乎是他的使命，非他莫属，其他人可能根本不知道或不感觉有这样的困境；（3）存在一些前人求解同一问题的遗产，构成这一问题的"学术传统"或知识背景③。基于此，所谓的基本问题主要有两个特征：其一是挥之不去；其二是无解。一门学科的基本问题，每一代学者都试图求解，并且永远无解④。参照汪丁丁关于"问题"的三个条件和两个特征的表述，当前学科建设过程中很多问题研究所研究的并不是学科本身需要研究或急需研究的"大问题"（issue），而只是政府或社会需要解决的"难题"（problem）。在应用化和政策化的趋势下，那些问题研究的成果充其量具有现实意义而较少能够转化为学科知识并被留存下来。随着时间的流逝，很多的现实问题自然而然就会消失，相关研究成果由于研究对象的消失很难沉淀为具有可继承性的知识遗产，更不可能在学科史上留下痕迹。这样的问题显然不属于学科的基本问题，甚至不是有意义的"问题"。当然，也不是说这样的现实问题不要研究或不能研究而是必须注意学科建设过程中学术资源的分配。虽然无论哪个学科具有普遍必然性的客观知识都是稀缺的，但那些隐

① 汪丁丁. 新政治经济学讲义——在中国思索正义、效率与公共选择 [M]. 上海：上海人民出版社，2013：268.
② 赵汀阳. 论可能生活 [M]. 北京：中国人民大学出版社，2010：6.
③ 汪丁丁. 新政治经济学讲义——在中国思索正义、效率与公共选择 [M]. 上海：上海人民出版社，2013：235.
④ 汪丁丁. 新政治经济学讲义——在中国思索正义、效率与公共选择 [M]. 上海：上海人民出版社，2013：59.

藏在各个学科的基本问题背后的"不普遍但是必然的偶然客观性"①的知识同样具有真理的价值。为了避免当前学术研究中经常出现用一种理论解释替代另一种理论解释，用知识的可引用性代替知识的真理性的现象，维护学术传统的继承性和知识的累积性，各学科的问题研究应尽可能"在理论角度，按照理论重要性就如何对各项研究工作进行排序达成统一意见"②。简言之，学科建设过程中，问题研究必须重视并实现"问题"本身的转型，即从对热点问题的研究转向对学科基本问题的研究。只有通过对于学科基本问题的研究，才有可能实现学科逻辑的自然展开。任何一个学科，学术资源都是有限的或稀缺的。如果过多的学者将精力投入到了这些短期的政策性热点问题和难点问题的研究中，那么对于那些真正具有长远价值的"大问题"的研究必然不足。如果整个学术共同体为了学科的短期利益，有意无意地放弃了对于学科真理或真相的尽力追逐，那么学科本身的发展必然乏力。

回到学科建设，建设什么这个话题。由于学科制度化面临危机，学科建设应通过学科的交叉与融合寻找新的学术增长点而不应再局限于形成新学科，无论这种学科是分化而来还是交叉而成。"在大学里面，所有的学科应该是统合在一起的。各个学科的学生相互遭遇。他们被眼前如此之多的知识形态所鼓舞，并联合在一起。他们之间的相互切磋导致了不同学科统一性的出现。倘若任由它们各自发展，学科的整体就会土崩瓦解，成为一个松散的、由孤立的学科拼凑起来的大杂烩。"③ 当然，这样讲也不意味着我们要刻意地回避一些新学科的产生、人为压制新学科的产生。"人们可能粉碎由学科建立的东西；人们不能粉碎任何围栅。"④ 因此，对于学科建设过程中能否产生新的学科，应顺其自然。不过，学科建设过程中即使有新学科产生也不应再按传统的学科制度化路径，为其划定疆界或势力范围。在今天有生命力的学科必须是学术共同体的学科，而不能只是某些人的学科或某个学院和系的学科。"我们不相信有什么智慧能够被垄断，也不相信有什么知识域是专

① 赵汀阳. 论可能生活 [M]. 北京：中国人民大学出版社，2010：55.
② 杰罗姆·凯根. 三种文化：21 世纪的自然科学、社会科学和人文学科 [M]. 王加丰，宋严萍，译. 上海：格致出版社，2011：182.
③ 卡尔·雅斯贝尔斯. 大学之理念 [M]. 邱立波，译. 上海：上海人民出版社，2007：104.
④ 埃德加·莫兰. 复杂性理论与教育问题 [M]. 陈一壮，译. 北京：北京大学出版社，2004：205-206.

门保留给拥有特定学位的研究者的。"① 学科应是一个开放的共同体而不是一个封闭的学术堡垒或部落。学科建设的最终目的应着眼于学术的进展，知识的进步，着眼于对人、对社会、对自然的更深刻的理解与解释，而不是为了满足学者或大学创立"新"学科的企图。

---

① 华勒斯坦，等. 开放社会科学 [M]. 刘锋，译. 北京：生活·读书·新知三联书店，1997：106.

下编

大学的遭遇

第八章　大学为何出现于西方

　　现代意义上的大学（university）产生于西方是一个事实，但大学为什么诞生在西方则是一个没有确切答案的理论问题。席文（Nathan Sivin）曾经对"李约瑟问题"表示过如下看法："关于历史上未曾发生的问题，我们恐怕很难找出其原因来，"因此与其追究"现代科学为何未出现在中国"，不如去研究"现代科学为何出现在西方"①。对于大学的产生也同样如此。与其追问中国或阿拉伯文明为何没有孕育出西方现代意义上的大学这种组织，不如去研究大学为何诞生在中世纪时的西欧。就像近代科学和资本主义在西方且仅在西方兴起一样，大学也是在西方且仅在西方兴起的。当然，如果仅仅是兴起也许并不值得特别加以关注。历史上，倏兴倏灭的事件一直层出不穷。关键的是，中世纪的大学像后来的近代科学和资本主义一样大获成功，成为欧洲文明的象征，传遍全世界。"大学是一种欧洲建制（institution）。事实上，大学是各种欧洲建制中的极致……在漫长的历史进程中，欧洲大学一直保持其自身的基本特征、社会角色和职能……没有其他任何类型的欧洲建制能像传统欧洲大学一样，在世界各地广泛传播和发展……大学发展和传播了科学知识以及创造知识的方法，这些知识植根于欧洲的一般性学术传统，并构成了这一传统的一部分。"② 追溯历史，中世纪大学、近代科学以及资本主义都诞生且仅诞生在西方绝不是偶然的巧合，三者在世界范围内的大获成

---

　　① 陈方正. 继承与叛逆：现代科学为何出现于西方［M］. 北京：生活·读书·新知三联书店，2009：序·IX.
　　② 马尔科姆·泰特. 高等教育研究：进展与方法［M］. 侯定凯，译. 北京：北京大学出版社，2007：143.

功也绝不是相互孤立的个案。中世纪大学与近代科学，近代科学与资本主义，资本主义与大学彼此之间都存在千丝万缕的联系，而这三者背后共同的背景就是西方文明（基督教文明）的独特性。对此问题，马克斯·韦伯的《新教伦理与资本主义》、默顿的《十七世纪英格兰的科学、技术与社会》以及托比·胡弗的《近代科学为什么诞生在西方》和陈方正的《继承与叛逆——现代科学为何出现于西方》等著作都有所涉及。综观相关研究，无论大学、近代科学还是资本主义的兴起与繁荣都要在其自身之外寻找原因，无论在观念上还是在制度上，三者都是在西方文明演进过程中内外部因素相互作用的结果，既是文明的宿命也有历史的偶然，绝非是"天注定"。大学的产生尤其如此。同一时期无论阿拉伯文明还是中国文明都既没有建立起对应于或类似于欧洲大学的学术机构，也没有以公开的制度化的方式进行自然科学的研究。大学是 12 世纪西方基督教世界的独特产物。大学之所以产生于中世纪的西欧是多种因素综合作用的结果，其中最为关键的就是大学与宗教、科学三者间的微妙关系。

第一节　宗教与科学的关系

长期以来，人们都认为是教会压制了科学的发展，是宗教和神学抑制了科学。这种论调在很大程度上是由启蒙运动所造成的。就像启蒙运动时期的学者认为中世纪是一个愚昧黑暗的时代一样。"启蒙运动的历史学家并非客观的研究者，他们是代表世俗主义的辩论家。"① 与启蒙运动对于中世纪的贬低相比，后世也有学者将中世纪称为"中古盛世"。但无论抬高还是贬低都是对于历史的误读。只有尊重历史才能真正地认识历史。中世纪时基督教与科学间的关系微妙而复杂。科学的发展既曾得益于基督教的信仰和教会的庇护，同时很多与宗教信仰无关的因素也参与其中，共同促进了科学的发展。基督教会既审判过科学家，烧毁和查禁过科学著作，也曾作为帮助科学渡过难关的庇护所。总体而言，虽然不是有意为之，但在客观上在西方宗教确实

---

① 兰西·佩尔斯，查理士·撒士顿. 科学的灵魂——500 年科学与信仰、哲学的互动史［M］. 潘柏滔，译. 南昌：江西人民出版社，2006：45.

成了近代科学的助产士而非破坏者。在西方自古希腊时起，科学和哲学就是其文明的轴心，对于自然的关注也一直是西方认识论和自然哲学的重要内容。基督教兴起以后，经历了几百年时间的传播，终于慢慢融入西方文明。在其漫长的传播过程中，由于教会一直处于弱势，基督教对于各种异教学术相对较为宽容，并逐渐接受了发端于古希腊哲学和科学中的理性主义传统。"如果神学家将亚里士多德的学术当作信仰的威胁而加以反对，那么它根本不可能成为大学的研究重心。但他们没有这样做。西方基督教有利用异教思想为自己服务的悠久传统。作为这一传统的支持者，中世纪的神学家以同样的方式对待希腊—阿拉伯学术，认为它能够增进他们对《圣经》的理解。中世纪神学家相信自然哲学也是阐释神学的有用工具，这种正面态度正是源于基督教最初的四五百年中发展和培养起来的态度。"① 从内部史的角度看，西方近代科学的发展在源头上可以追溯到古希腊的科学和自然哲学，但从外部史的角度看，中世纪近代科学的萌芽在根本上却得益于基督教的信仰和神学的存在。由于基督教对理性和理性主义前所未有的颂扬，甚至那些基督教会的主教、教士或牧师本人都曾热切地希望成为"科学家"或"真理的追求者"。"欧洲的主旋律在 11 世纪是教皇革命和军事扩张，在 12 世纪是翻译运动、经院哲学和大学出现，在号称'中古盛世'的 13 世纪则是教会权威和神学发展的巅峰。然而，这也是欧洲科学兴起的世纪。"② 由此可见，中世纪在教皇革命的大背景下，西欧在 12 世纪的文艺复兴和 13 世纪科学的兴起，绝不是历史的巧合。这些结果的出现虽然不是教会主观上所期待的，但客观上也必须承认，正是基督教会的自我振兴促进了欧洲科学的萌芽以及大学的兴起。

追溯起来，近代自然科学的前身是自然哲学，自然哲学源于对自然的研究，而自然研究在中世纪主要服从于宗教的需要。按照基督教的说法，人和自然都是上帝创造的。因此，人可以通过对自然的研究来认识上帝的存在。在当时浓厚的宗教氛围里，出于对信仰的维护，科学研究的目的就是要荣神

---

① 爱德华·格兰特. 近代科学在中世纪的基础 [M]. 张卜天，译. 长沙：湖南科学技术出版社，2010：104.

② 陈方正. 继承与叛逆：现代科学为何出现于西方 [M]. 北京：生活·读书·新知三联书店，2009：419.

益人。为了实现这一终极目的，宗教与科学之间达成了某种默契。"第一，基督教给科学一个'大前提'（即一个有理性的神应创造一个有理性和秩序的宇宙）。第二，基督教也'支持'科学研究（即科技是用作解除人类痛苦的工具）。第三，基督教给人研究科学的'动机'（即要彰显神的荣耀和智慧）。第四，基督教也有制定科学方法的贡献（即神学上的意志论被用来支持实验科学）。"① 由此可见，在当时科学之所以能够被容许以自然哲学的名义加以研究，主要的理由就是科学不仅是通向真正的自然之路，也是通向真正的上帝之路。按照斯瓦姆默丹的说法："我借解剖跳蚤，向你证明神的存在。"② "神"的存在赋予了自然哲学和人的理性以合法性，关于自然哲学的研究也被认为是通往神学的必要的阶梯，是人类赖以认识上帝的工具。因此，中世纪时神学当之无愧的是大学里最高级的学科，和其他学科一样，自然哲学在名义上只能是神学的婢女。就像后来的大学曾经是教会的婢女一样。但事实上，"婢女理论"不过是一种为了满足形式合法性的说辞或套话，随着自然哲学研究中的理性和理性主义思想逐渐渗透进了神学体系，神学本身也变得科学化了。换言之，虽然神学的研究对象仍然是非理性的，但神学研究本身却是高度理性的。"神学立足在理性的基础上，从而变成了科学——这是本世纪（12世纪，本书作者注）具有决定性意义的一大进步。"③ 此时，自然哲学不再作为七艺的一部分，也不再限于"四科"的范围，而是被极大地拓展，并作为独立的学科和神学一起成为大学关注的重心。"到了13世纪末，大学的艺学院实际上已经独立于神学院"④，成了大学不可或缺的组成部分。中世纪自然哲学的繁荣，一方面反映了西方文明中古希腊科学和哲学传统的复兴，另一方面也体现了基督教信仰对于自然哲学的宽容和信任。"在中世纪，自然哲学不仅是道德哲学的基础，而且几乎处处与形而上学相关联，甚至神学、医学和（少数情况下的）音乐也非常依赖它。"⑤ 正是由于

① 兰西·佩尔斯，查理士·撒士顿. 科学的灵魂——500年科学与信仰、哲学的互动史 [M]. 潘柏滔，译. 南昌：江西人民出版社，2006：33.
② 马克斯·韦伯. 学术与政治 [M]. 冯克利，译. 北京：生活·读书·新知三联书店，1998：32.
③ 雅克·勒戈夫. 中世纪的知识分子 [M]. 张弘，译. 北京：商务印书馆，2002：81.
④ 爱德华·格兰特. 近代科学在中世纪的基础 [M]. 张卜天，译. 长沙：湖南科学技术出版社，2010：243.
⑤ 爱德华·格兰特. 近代科学在中世纪的基础 [M]. 张卜天，译. 长沙：湖南科学技术出版社，2010：60.

基督教神学家对于异教学术的格外宽容和接受，在"婢女理论"的庇护之下，才使得古希腊科学和自然哲学以及从中东通过翻译运动传过来的阿拉伯科学在中世纪的大学里逐渐繁荣，大放异彩，从而为后来近代科学的诞生奠定了智识和制度的基础。

不过，需要指出的是，尽管基督教与自然哲学（近代科学）之间存在微妙而复杂的关系，并在客观上通过教会的自我振兴促进了近代科学的萌芽。但毕竟科学是科学，宗教是宗教。发展科学不是宗教的使命，为宗教服务也不是科学的目的。二者具有不同的逻辑起点和发展动力。无论是 12 世纪的文艺复兴还是 13 世纪欧洲科学的萌芽绝对都是基督教会意料之外的后果。中世纪时，尽管古希腊的科学和自然哲学通过翻译运动再次回到了欧洲，恢复了西方知识的连续性；尽管基督教信仰与科学之间存在十分暧昧的关系，教会对于科学的压制大多也有名无实，但科学的基础依然十分脆弱。无论如何，中世纪绝不是科学的黄金时代。"我们不要忘记，科学思想在当时（中世纪）既很少见，而且同一般人的心理也格格不入。几棵疏落的科学树苗，必须在始终阻遏生机的旷野密菁中生长，而不是像有些科学历史家所想象的那样在开阔而有益于康健的愚昧草原中生长。一块农地如果几年不加耕种，即仍成为草莽，在思想的园地里也不乏同样的危险情况。费了科学家三百年的劳动，才得清除草秽，成为熟土；但毁灭很小一部分人口，便足以毁灭科学的知识，使我们回到差不多普遍信仰巫术、妖术和占星术的局面中去。"①回头来看中世纪时宗教与科学的关系，既不应夸大教会对于科学的打压，也不应夸大宗教对于科学的促进。教会的天职始终是传播信仰，原本无意发展世俗意义上的科学，其客观上对于科学的促进也只能看作基督教会的无意之举或教会自我振兴的副产品，毕竟宗教看重的并非科学本身，而仅仅是将科学作为认识上帝的一种手段或技术性工具。"研究自然现象是促进赞颂上帝的一种有效的手段，'以一种令人信服的、科学的方式'研究自然可以加深对造物主威力的充分赏识，因此在赞颂上帝方面，科学家势必比偶尔的观察者更加训练有素。宗教就是以这种直截了当的方式赞许和认可了科学，并通

---

① 丹皮尔. 科学史及其与哲学和宗教的关系 [M]. 李珩，译. 桂林：广西师范大学出版社，2001：71.

过强化和传播对科学的兴趣而提高了社会对科学探索者的评价。"① 后来的事实也证明，随着自然哲学被近代科学所取代，近代科学的发展最终完全背离了宗教的意图。由于理智和启示的不相容性和不可通约性，科学没有成为真正的通往自然或上帝之路，反倒完成了对世界的祛魅。最终，在近代科学革命的半个世纪之后，即 18 世纪启蒙运动时期，随着理性与信仰的决裂，上帝的归上帝，恺撒的归恺撒，科学与宗教不可避免地分道扬镳。

第二节　科学与大学的关系

与宗教强调启示不同，科学主要是一种世俗活动，强调理智的制度化，需要特殊的社会环境和法律制度的支持。只有在适合科学成长的社会环境和法律环境里，科学才能释放出最大的潜力或能量。历史上，近代科学之所以出现在西方而不是中国或中东，除西方的基督教文明有适合于科学成长的理智环境和组织制度外，与西欧特殊的法律制度和法律革命也密切相关②。当然，对于近代科学的兴起，除了基督教文明和法律制度的因素外，更重要的可能还是科学和自然哲学本身就是西方大传统的一部分。从古希腊科学和自然哲学到近代自然科学其本质上（认识论传统和哲学基础）是一致的。从公元前 4 世纪古希腊的新普罗米修斯革命到 17 世纪发源于西欧的近代科学革命再到 20 世纪初的现代科学革命，科学内部的一次次的革命反复证明西方才是科学的故乡，科学是西方文明或大传统的重要组成部分。和近代科学一样，大学也是西方文明的独特产物。大学也诞生且仅诞生在西方。和近代科学的萌芽一样，大学是西方文明的产物并不意味着西方文明在自然演进的过程中必然就会产生大学。大学之所以会出现在西方同样受益于其他文明的积极影响，甚至很难排除有运气的成分。毕竟大学初创之时不过只是普通的行会，是中世纪拉丁人"公社运动"的产物，和其他由手工劳动者组成的行会没有本质的区别。"12 世纪的城市知识分子觉得自己实际上就像手工工匠，就像同其他城市市民平等的专业人员。他

---

① 罗伯特·金·默顿. 十七世纪英格兰的科学、技术与社会 [M]. 范岱年，等，译. 北京：商务印书馆，2000：108.

② 托比·胡弗. 近代科学为什么诞生在西方 [M]. 周程，于霞，译. 北京：北京大学出版社，2010：114.

们的专业是'自由艺术'。""它是教授们的专长，就像盖房子的木匠及铁匠的专长。"① 因此，中世纪的知识分子本质上就是精神的手工业者。"拉丁语'universitas'（社团或整体）被用来专指后来沿用了大学名称的高等学府，只不过是历史的偶然。"② 回顾历史，虽然在理智或智识的层面上，可以在西方文明里为大学的产生找到各种适宜的条件，但大学的兴起确实又存在历史的偶然性，毕竟幼苗的夭折并不是小概率事件。

作为大学的故乡，古希腊文明在欧洲遭遇劫难之时，恰逢阿拉伯文明兴起。正是阿拉伯的图书馆里为欧洲 12 世纪的文艺复兴保留下了知识的火种。"从 6 世纪开始，在汹涌而至的野蛮民族的冲击下，欧洲陷入巨大混乱：大一统秩序崩溃，物质生活全面倒退，学术文化火炬熄灭，此前那么辉煌的科学传统也被遗忘。另一方面，从 7 世纪初开始，伊斯兰教兴起于阿拉伯半岛，在短短一个世纪间以狂飙激流之势席卷波斯、两河流域、巴勒斯坦，以至埃及、北非、西班牙这一大片区域。从 8 世纪中叶开始，在多位开明君主鼓励与推动下，伊斯兰世界竟然张开双臂接受希腊哲学与科学，大量典籍从叙利亚文与希腊文翻译成阿拉伯文，许多阿拉伯与伊朗学者以巨大热情投入学术研究，他们由是接过火炬，促成伊斯兰科学的诞生。"③ 毫无疑问，没有古希腊和阿拉伯人科学财富的回传，很难想象西欧会产生中世纪大学以及后来的近代科学。可以说正是新知识的回流成就了中世纪大学，而中世纪大学作为对新知识进行组织、吸收与扩张的最有效的组织反过来也为近代科学的兴起储备了充足的人才，并扫除了智识和制度上的障碍。"中世纪社会的文化和法律机构为这种新型形而上学综合提供了一个制度化的家园，也就是大学。"④ 具体而言，一方面通过翻译运动回传到欧洲的逻辑、自然哲学和科学方面的新知识，促成了中世纪大学的兴起。而另一方面中世纪大学反过来通过为古希腊科学和自然哲学的发展提供制度性的保护又成了近代科学诞生的重要条件。正是在受到法律保护的拥有自治特权的大学中自然哲学和古希腊

---

① 雅克·勒戈夫. 中世纪的知识分子 [M]. 张弘，译. 北京：商务印书馆，2002：55-56.

② 托比·胡弗. 近代科学为什么诞生在西方 [M]. 周程，于霞，译. 北京：北京大学出版社，2010：129.

③ 陈方正. 继承与叛逆：现代科学为何出现于西方 [M]. 北京：生活·读书·新知三联书店，2009：309.

④ 托比·胡弗. 近代科学为什么诞生在西方 [M]. 周程，于霞，译. 北京：北京大学出版社，2010：337.

科学受到了前所未有的庇护，从而得以茁壮地成长。

长期以来，科学史对于大学与科学的关系一直有一种误解，即认为科学主要产生于大学之外，忽略了大学在近代科学兴起中所起到的核心作用。甚至有人认为，因为近代科学主要兴起于大学之外，所以中世纪大学本质上是反科学的。事实上，虽然近代科学革命的确主要产生于大学之外，但从大学内部新增设教席的情况仍然可以看到大学对此所做的贡献①。托比·胡弗也认为："关于大学作为科学制度化的场所以及科学思想和论证的孵化器所起的作用，无论是社会学还是历史学的阐述都未免过于轻描淡写。"② 植根于西方文明的大传统，中世纪大学从一产生就带有浓厚的哲学和科学的气息，就不可遏止地选择了古希腊科学和亚里士多德的自然哲学作为教学和研究的主要内容。中世纪时所谓大学就是一群人从事"研究"（studium）或"寻求知识"活动的地方③。当时自由"七艺"中的"四科"（算术、几何、天文、音乐）就是后来的自然科学的基础。历史上，大学不但为科学的发展培养了人才而且为科学家提供了从事研究工作的制度性场所。哥白尼、伽利略、第谷、开普勒和牛顿等许多近代科学革命的发起人，无论其科学成就的取得是在大学内还是大学外，他们无一例外都是中世纪大学培养出的杰出人才，是大学培养了他们。除了在科学方面的贡献之外，对于大学与科学关系的另一种误解是认为中世纪大学是一个纯教学机构，排斥科学或对研究不感兴趣。历史上，虽然教学的确曾是中世纪大学最为重要的活动，但这并不意味着中世纪大学与科学或研究无关，更不意味着中世纪大学不重视科学研究工作。"从阿伯拉尔到布拉班特的西格尔，大学的诞生与发展伴随着他们所具有的一种知识劳动和'哲学家'境界的独创的特殊意识，这种意识不同于骑士、教士或修士的意识。'哲学家'自觉为一个工作者，其工作是研究和无私无利的教学，其道德是职业的道德。"④ 因此，与教学一样研究也是大学的本质所在，科学—自然哲学课程也从一开始就存在于大学之中，并最终成为大学

① 罗伯特·金·默顿. 十七世纪英格兰的科学、技术与社会 [M]. 范岱年，等，译. 北京：商务印书馆，2000：60.
② 托比·胡弗. 近代科学为什么诞生在西方 [M]. 周程，于霞，译. 北京：北京大学出版社，2010：319.
③ 迈克尔·欧克肖特. 人文学习之声 [M]. 孙磊，译. 上海：上海译文出版社，2012：111.
④ 雅克·韦尔热. 中世纪大学 [M]. 王晓辉，译. 上海：上海人民出版社，2007：153.

的重要传统。当时除了强调研究工作对于宗教信仰的重要性之外，在中世纪大学里每一位教授七艺的教师还都必须讲授一门自然哲学的课程。因此，19世纪近代大学顺利引入自然科学课程，并建立与自然科学相关的系科，绝不是突然或偶然出现的，而是对于中世纪大学热衷自然哲学和研究工作的学术传统的某种延续。爱德华·格兰特就曾指出："中世纪大学里含有现代科学研究的基础。中世纪大学提供了本质上以科学为基础的教育。""比现代及以后的类似机构更加强调科学。"① 在西欧 12 和 13 世纪的史无前例的翻译运动使自然科学成了中世纪大学教育的基础和核心。由此可见，中世纪大学与近代大学，自然哲学与近代科学之间存在十分密切的关系。这种密切关系绝不是因为彼此在时间上的连续性（即所谓的"在此之后"、"因此之故"）而是有着更为深刻的内在逻辑。以大学的兴起作为转折点，中世纪早期与中世纪晚期的关系和中世纪晚期与近代早期的关系就截然不同。因为"除了一些不太重要的例外，希腊科学在中世纪早期是没有的。比如欧几里得几何实际上并不存在。在 12 世纪进入欧洲的希腊—阿拉伯科学不仅丰富了欠发达的拉丁科学，而且意味着与过去的决裂和新的开端。逻辑、科学和自然哲学从此在新兴的大学中被制度化"② 。历史上，虽然直到文艺复兴，自然科学仍然只是哲学的一分支，以实验为基础的近代科学直到 19 世纪下半叶才在大学里取得合法地位，但以思辨为主的古典科学（自然哲学）一直是中世纪大学课程的重要组成部分。尽管教会对于亚里士多德的某些学术观点持批判的态度，但"责难对于抑制学术自由、阻止亚里士多德思想的教授以及禁止科学思考的作用甚微。相反，欧洲的主要大学都很好地接纳了亚里士多德有关自然的著作——处理物理性质、植物、动物和气象学等问题——并持续到了 17世纪"③ 。由此可见，以古希腊科学和自然哲学作为基础，大学可谓是西方近代科学革命的摇篮。"尽管有瘟疫、战乱和革命，但大学一直维持了下来，使自然哲学和科学能够持续发展。科学和自然哲学有了一个持久的体制基

---

① 托比·胡弗. 近代科学为什么诞生在西方 [M]. 周程，于霞，译. 北京：北京大学出版社，2010：172.

② 爱德华·格兰特. 近代科学在中世纪的基础 [M]. 张卜天，译. 长沙：湖南科学技术出版社，2010：250.

③ 托比·胡弗. 近代科学为什么诞生在西方 [M]. 周程，于霞，译. 北京：北京大学出版社，2010：101.

础，这在历史上还是第一次。自然哲学的保存不再听天由命，不再依靠个别教师和学生的努力。"① 正是因为有了制度化大学的存在，近代科学有了持久的制度基础，科学在西方才得以兴起，并最终成为一种普世价值，迅速传播到全世界。

近代科学产生以后，由于地理、政治、经济、宗教等环境的不同，科学的发展在西方世界存在巨大的差异，且在不同时期不均衡地集中在某些区域。根据约瑟夫·本-戴维的研究，科学活动的中心一直在转移。17 世纪中期以前，科学研究的中心在意大利，半个世纪之后转移到了英国。1800 年左右法国成了无可争辩的中心，而在 40 年后，世界科学家举行会议和接受训练的地点变成了德国。20 世纪 20 年代以后，科学研究的中心又转移到了美国②。直到今天美国还一直保持着世界科学研究中心的地位。科学中心的转移受很多因素的影响，但最主要还是大学的发达程度而非经济的发达程度。中世纪大学最早兴起于意大利、法国和英国，博洛尼亚大学、巴黎大学以及牛津大学是整个欧洲中世纪大学的最杰出的代表。与意大利、法国和英国相比，德国的大学产生较晚，但其近代化进程却是起步最早、影响最大，并率先在 19 世纪初就建立起了以柏林大学为代表的近代大学，大力提倡科学研究。凭借超强的科研实力，德国大学的强盛至少持续了近百年，直到第一次世界大战结束，德国大学仍然是世界上最好的大学。然而稍后纳粹的上台给了德国大学最致命的打击，最迟到第二次世界大战结束，美国已经毫无疑问地成了世界上最好的大学的集中地。当然，大学中心的转移与科学中心转移在时间和地点上并非完全的一致。毕竟大学除了科学研究外还要培养专业性人才；同样除了大学之外，各国也还有其他机构在从事科学的研究。比如，19 世纪初世界科学的中心在法国，而法国的科学中心是科学院而非大学，但稍后德国成为科学的中心，其科学中心则位于大学。尽管如此，我们仍然可以看出二者之间存在高度的相关性。"大学是欧洲近现代学术的摇篮，也曾经一度是科学成长的温床，而且，从 13 世纪中古科学兴起以迄 17 世纪科学

---

① 爱德华·格兰特. 近代科学在中世纪的基础 [M]. 张卜天，译. 长沙：湖南科学技术出版社，2010：226.
② 约瑟夫·本一戴维. 科学家在社会中的角色 [M]. 赵佳苓，译. 成都：四川人民出版社，1988：24-25.

革命，科学家除了极少数例外都是在大学培养出来，更有相当部分是在大学工作；至于神学、医学、法学也莫不是在大学中发展其专业和训练人才。"①在西欧，至少在 19 世纪中期以后，大学就成了纯科学或基础科学研究的中心。大学之外即便还有科研中心的存在也已不再是主流。因此，无论历史上还是现实中，大学都既是近代科学的发源地和孵化器也是现代科学的动力站。正是中世纪大学对古希腊科学和自然哲学的探讨，甚至是那些看似烦琐的经院哲学，最终造就了一种通过理性来认识世界的新观念和新人。亚里士多德的自然哲学和古希腊科学不是限制或束缚了近代科学，而是通过大学为近代科学的产生奠定了理性的基础，扫清了智识层面和社会制度层面的障碍。自然哲学的繁荣为近代自然科学的兴起提供了重要的前提。没有中世纪大学对于古典科学的呵护，没有古希腊科学和自然哲学作为必要的知识基础，就不会有近代科学的产生，"倘若科学和自然哲学依然停留在 12 世纪上半叶的水平，也就是说，停留在希腊—阿拉伯科学在 12 世纪下半叶被译成拉丁文之前的水平，那么科学革命就不可能在 17 世纪的西欧发生"②。同样没有近代科学也就不会有近代大学。正是近代科学的介入才复兴了近代大学。近代科学的产生极大地促进了理智的制度化，正是理智的制度化从观念与制度两个层面奠定了近代大学的现代性基础，为中世纪大学的近代化指明了方向。

最后要指出的是，作为西方文明的独特产物，对于大学的产生以及近代科学的产生而言，古希腊和阿拉伯科学的回流只是外因或必要条件，而非充分条件，真正决定大学和近代科学命运的因素仍然隐藏在西方文明的深处，这个因素既不是城市的兴起也不是贸易的繁荣，而是基督教对于理性和理性主义的推崇与赞扬以及西欧中世纪社会特有的社会与法律环境。"12、13 世纪的西方发生了一场广泛的智识和法律革命，它变革了中世纪的社会并使其成为近代科学兴起和发展的最合适的土壤。而阿拉伯—伊斯兰文明和中国文明都没有发生这种革命。"③ 当时在知识的积累上，西欧不如中东的阿拉伯文

---

① 陈方正. 继承与叛逆：现代科学为何出现于西方 [M]. 北京：生活·读书·新知三联书店，2009：394.

② 爱德华·格兰特. 近代科学在中世纪的基础 [M]. 张卜天，译. 长沙：湖南科学技术出版社，2010：209.

③ 托比·胡弗. 近代科学为什么诞生在西方 [M]. 周程，于霞，译. 北京：北京大学出版社，2010：140.

明，在财富的积累上，西欧不如中国当时的宋朝，但无论中东还是中国当时都没有产生大学或类似大学的机构。无论是阿拉伯文明的穆斯林学校还是宋朝的书院与欧洲的中世纪大学都有本质的不同。任何把欧洲之外的古代高等教育机构或同一时期的其他学术机构称之为大学的做法都是对于欧洲大学独特性的忽视，都是对于现代意义上大学（university）概念的误解。"欧洲中世纪的人们，完全出于认知的目的，创造了法律上自主、自我管理的高等教育体制，并且之后引入了方法论上强大、哲学上丰富的宇宙论——直接挑战并否定了传统基督教世界观。他们没有疏远这些'外来科学'（像中东人那样），而是使它们成为高等教育的官方话语和公共话语不可分割的一部分。通过……把亚里士多德的自然主义作品编入中世纪的大学课程，于是一种客观的自然研究议程被制度化了。它被制度化为课程或学习程序，而正是这样的课程在欧洲大学中持续了四百年。"① 由此可见，欧洲模式的大学是独特的。在法律上，欧洲模式的大学是一个自治的法人实体；在课程的设置上，欧洲模式的大学重视哲学和自然科学的学习、研究与教学，在形而上学层面上，欧洲模式的大学的使命是追求真理。欧洲模式的大学之所以可以做到这一切，除了西方文明中重视科学和哲学的大传统之外，主要还得益于当时欧洲社会允许教会与国家相分离，而且两者都愿意承认大学的法人自治地位。相比之下，无论是中东地区的穆斯林学校、伊斯兰学院还是中国的书院、国子监都既不是自治的法人实体，也不重视对科学的研究，更没有追求真理的观念，更不用说独立授予学位、教学资格证或者任何其他公认的学术成就的头衔。基于此，许美德认为，"就拿'大学'（university）这个词来说，在欧洲和北美洲历史文化发展进程中，已经赋予了它特定的形式和内容，蕴含着它在欧美文化背景下丰富的历史遗产"②。今天世界各国的大学都是欧洲大学的凯旋③。

---

① 托比·胡弗. 近代科学为什么诞生在西方 [M]. 周程，于霞，译. 北京：北京大学出版社，2010：180.
② 许美德. 中国大学1895—1995：一个文化冲突的世纪 [M]. 许洁英，译. 北京：教育科学出版社，1999：17.
③ 许美德. 中国大学1895—1995：一个文化冲突的世纪 [M]. 许洁英，译. 北京：教育科学出版社，1999：32.

第三节　大学与教会的关系

11 世纪以前，在西欧基督教会受世俗政权的控制，教权受制于皇权或王权。这种从属或依附关系阻碍了教会本身的发展。为了实现基督教会的自我振兴，在罗马教皇和世俗君主间爆发了"授职权之争"。结果教俗双方在1122 年签订了《沃尔姆斯宗教协定》，最终实现了教会与国家的分离。这个由授职权之争而引发的全面政教冲突，被伯尔曼称之为"教皇革命"。后来由这场革命所引发的十字军东征，意想不到地促进了古希腊科学和阿拉伯科学经由翻译运动回传到了欧洲，进而促进了西欧经院哲学的发展。再加上由"教皇革命"所引发的法学研究热潮，"这些崭新学问吸引了大量学生，他们的需求无论在内容或者总量上都远远超过传统教堂学校的承担能力。在这一巨大压力之下，学堂组织原则和形式的蜕变成为不可避免，最后促成了大学诞生"[1]。11 世纪的教皇革命和军事扩张彻底改变了欧洲的政治平衡，教会与国家的分离使整个社会充满活力，各国之间的竞争也加速了大学体制的在欧洲的散播。

回溯历史，中世纪大学的产生有各种各样的原因，最根本的就是西方文明中最深层次的对于理智的需要。"欧洲大学的性质在最初虽然与伊斯兰高等学院相似，而且也同样发生过宗教和学术之间的冲突，这包括亚里士多德哲学被禁止讲授，著名神学家如阿奎那在身后间接受谴责，以及主教乃至教皇之多次企图控制大学，等等。然而，冲突的最终结果却是教会权威被迫退缩，大学在教学和研究上得以保持独立。因此之故，本来是教会体制一部分的欧洲大学，后来却蜕变为培植哲学和科学，令它得以成长与传播的重要体制。"[2] 大学作为中世纪欧洲社会的一种独特的发明，受到具体时空背景的限制，它既不是按照人的天性可以自然发展而来也不是某种社会的实践需要直接可以催生。中世纪大学的产生需要特殊的文化土壤，如果没有这种文化土

---

[1] 陈方正. 继承与叛逆：现代科学为何出现于西方 [M]. 北京：生活・读书・新知三联书店，2009：371.

[2] 陈方正. 继承与叛逆：现代科学为何出现于西方 [M]. 北京：生活・读书・新知三联书店，2009：367.

壤，即便有"种子"也不会发芽，即便发芽也可能会夭折。虽然在中世纪大学产生之时西欧的确伴随有城市的兴起和贸易的繁荣，但这些都不是大学产生的充分条件，最多算是必要条件。如果仅有这些条件无论如何也不会导致大学的形成。因为，这些条件在同一时期世界其他地方并不鲜见，甚至还要优越于当时的西欧。有学者曾以中世纪大学的职业性来佐证大学是因应社会的实践需要而产生的。比如，哈罗德·珀金就指出："如果有人认为，文学部与专业学部相比，较少具有功利性和职业性，那就大错特错了。因为绝大多数学生可能不再继续就学，文学部为他们在读写、辩论、思维、计算、测量和自然科学基础知识方面提供的有用训练，使他们适于承担教会和世俗政府中的种种职业。"① 上述这种说法虽然不能说是错误的，但却反映了现代人认识上的一个误区，即用现代社会的职业观念和现代人的价值观念去看待过去的历史。事实上，现代社会的很多价值观念根本不适用于中世纪。"欧洲的 12—14 世纪是基督教的高潮，也是其至高理想得以实现时期，宗教精神几乎笼罩一切。"② 大学的产生虽然得益于教会与国家的分离，得益于教皇革命和翻译运动，但中世纪大学并非纯粹的世俗性组织，更不是服务于世俗社会的功利性组织。"作为献身于无私的研究和教学的知识劳动者的协会，大学仍为教会的机构。……大学培养的大部分学生都不能成为教师，却就职于王室和教会机构。"③ 在整个中世纪，大学都处在教会的庇护下。在那个宗教信仰高于一切的时代，知识是上帝的恩赐，大学要为证明上帝的存在而努力，满足社会的实践需要不是大学的目的所在，这也就是大学里神学知识高于一切知识的原因。在当时，"如果一门学科看起来是'亵渎基督教的'、'有利可图的'（即为个人带来利益），或者是'技术的'（即与物质有关），那么这门学科将会被降级，甚至被毫无保留地取消"④。与教会要求信徒通过牺牲理智而达至信仰不同，大学对于信仰的实现则是诉诸对神学的研究和人的

---

① 伯顿·克拉克. 高等教育新论——多学科的研究 [M]. 王承绪，等，译. 杭州：浙江教育出版社，1988：31.

② 陈方正. 继承与叛逆：现代科学为何出现于西方 [M]. 北京：生活·读书·新知三联书店，2009：421.

③ 雅克·韦尔热. 中世纪大学 [M]. 王晓辉，译. 上海：上海人民出版社，2007：61.

④ 希尔德·德·里德—西蒙斯，吕埃格. 欧洲大学史：中世纪大学 [M]. 张斌贤，等，译. 保定：河北大学出版社，2007：44-45.

理性，即通过人的理性对于自然的研究来寻找真正的通往上帝之路。所以，在中世纪时虽然教学一直是大学里最主要的活动，但研究可能才是中世纪大学的本质所在。当然，那时的研究以思辨为主，主要属于形而上学或自然哲学的范畴，与以实验为基础的近代自然科学研究尚有根本的不同。但正是以这种思辨研究为基础，中世纪大学发展出了高度理论化的神学和烦琐的经院哲学，广泛地传播了理性和理性主义，从而为近代科学的兴起和繁荣奠定了理性基础。

除了西方文明中深层次的理智需要外，中世纪大学的兴起还得益于12、13世纪通过翻译运动从中东地区回传的希腊—阿拉伯科学财富和思想遗产。这批新知识和学术成果以古希腊科学和亚里士多德的自然哲学为主，基本上是与实践无关的理论著作。虽然当时也有阿拉伯的精确科学和实用知识被传到西欧，但中世纪大学教育仍然是以亚里士多德的自然哲学和神学为核心而排斥实用知识。"希腊—阿拉伯著作被译成拉丁文或许与中世纪大学的发展有关。到了1200年左右，就在大多数翻译完成之后不久，巴黎大学、牛津大学和博洛尼亚大学建立起来。翻译为新大学提供了现成的课程，主要由精确科学、逻辑和自然哲学组成。倘若那些翻译主要涉及文学、诗歌和历史，那么大学的课程就会截然不同。然而，翻译主要集中在科学和自然哲学领域。将无数翻译著作、特别是亚里士多德以及基于翻译的原创性著作纳入大学课程，使得科学与自然哲学能够被制度化。"① 在此后几百年的时间里，中世纪大学的核心课程一直保持不变。学生在中世纪大学里学习，逻辑、几何、算术、天文、音乐以及自然哲学等课程是所有人必修的，是学习更高级的法学、医学和神学的前提，在不同学院专业课程的差异并不大。在当时无论哪个专业的学生对于知识的学习基本上都是以知识本身为目的，崇尚理性和思辨，而不是出于实用或赚钱的目的。"以亚里士多德为代表并被波埃修等人加强的古代传统非常强调对学术的热爱，强调为知识本身而获得知识。为了赚钱或实用而学习是它所不齿的。中世纪社会的教师和学生对此都表示赞同，这也相应地决定了中世纪大学的特点。"② 当然，这里需要注意的是，

① 爱德华·格兰特. 近代科学在中世纪的基础 [M]. 张卜天，译. 长沙：湖南科学技术出版社，2010：210.
② 爱德华·格兰特. 近代科学在中世纪的基础 [M]. 张卜天，译. 长沙：湖南科学技术出版社，2010：63.

中世纪大学不是为了满足社会的实践需要而建立并不意味着中世纪大学客观上没有满足社会的实践需要。这是两个完全不同的问题。就像前面对科学与宗教关系的论述，宗教原本只是要以科学为手段来传播信仰、认识上帝，无意于发展世俗科学，但仍然在客观上促进了科学的发展。中世纪大学虽然不是应因法庭听证、政府讨论和教会布道对于专业人才的实践需要而建立，但在客观上中世纪的大学通过文、法、神、医相关学科专业的设置，通过对新知识的组织、传播与再生产确实为西欧社会（包括教会）培养了各方面的人才，尤其是法学和神学方面，而这些人才无疑在社会实践中发挥了应有的作用，满足了社会实践的需要。因此，对于社会实践需要的满足可以看作是中世纪大学产生的一个结果而不是其产生的主要目的或原因。无论历史上还是现实中，一旦将直接满足社会实践需要作为大学的主要目的或直接目的，就会威胁大学作为一个学术组织的其他可能性。大学可能就不再是真正的大学。"十七世纪，对于科学的功利性时常提出有些过分的要求，那主要是科学的体制化的前奏。一旦科学得到确立并带有一定程度的功能自主性，基础科学知识的学说作为一种自身独立的价值就成为科学家们的信念的一个组成部分。"① 中世纪时大学产生的初衷虽然也不是直接为了满足社会的实践需要，但大学产生以后在获得作为一种社会体制的牢固基础之前，为了生存它自然需要合法性的外部来源，即不仅要在形式上而且要在实质上满足教会与国家的现实需要。正是基于这种情况，中世纪大学呈现出了迥然不同的多面性。不同学者基于不同的心理期待或价值观自然会有不同的观察也会有不同的结论。除前面提及的哈罗德·珀金的观点之外，科班也曾认为："中世纪大学在很大程度上是职业性学校。它们训练学生掌握一定的知识，以为以后从事法律、医学、教学这些世俗专业或献身教会工作所用。"② 与珀金的看法一样，科班的这种观察也是片面的。他看到的只不过是中世纪大学为了满足自身合法性的需要而呈现出的功利性的一面而没有注意到大学之所以为大学的本质。"如果大学只是作为一种追求物质利益和自由的法人团体，它本应

---

① 罗伯特·金·默顿. 十七世纪英格兰的科学、技术与社会 [M]. 范岱年，等，译. 北京：商务印书馆，2000：19.
② 伯顿·克拉克. 高等教育系统——学术组织的跨国研究 [M]. 王承绪，等，译. 杭州：杭州大学出版社，1994：20.

与中世纪其他机构具有同样的命运，而这些机构已经销声匿迹了。"① 历史上，当中世纪大学完成了制度化以后，其自主性就在逐渐增加，最终其合法性更多的源自大学内在的逻辑而非外在的社会实践需要。在大学漫长的历史上，永恒不变的是大学对学术和科学的兴趣以及对于真理的不懈追求；对于教会、国家以及其他任何组织的功利性要求大多持排斥的态度，而不是主动的为其服务。这种做法一方面导致了大学的保守主义，但另一方面也维护了大学的独立性与独特性。

综上所述，大学从 11 世纪末开始萌芽，12 世纪正式建立，并逐渐趋于制度化，13 世纪走向繁荣。中世纪大学在西欧的兴起是一个十分漫长的过程。从最初的普通行会到逐渐成长为一种独特的学术性组织，至少经历了一个世纪的时间。虽然在 11 世纪甚至更早的时候，在后来建立中世纪大学的那些地方就有作为大学前身的修道院或主教座堂学校存在，但这些机构被称之为大学却很晚。"12 世纪为后来的世界创造了大学的模式，我们也将会看到，至少五所大学的历史可以追溯到 12 世纪：萨莱诺、博洛尼亚、巴黎、蒙彼利埃和牛津。然而这些大学还没有从普通类型的学校中脱颖而出：这种意义上的大学还不为人们所知；它的特殊的组织还几乎没有被认识，大学之间还没有交往，教廷还没有给它们以指导。"② 作为世界上最古老的大学之一，博洛尼亚大学将建立的时间被确定为 1088 年，但事实上其获得大学身份则在 1158 年；而巴黎大学则更晚一些，没有人能说清楚巴黎大学什么时候不再是主教座堂学校。至少在 13 世纪以前都极少有证据证明在巴黎存在着与大学相关的制度，甚至连"大学"这个名称都没有出现。中世纪时，大学曾被认为是教会的婢女。但事实上，"尽管很多欧洲大学来源于教会学校和宗教命令，但这既不是大学的必要前提也不是必然结果"。作为学术性的行会，"它们迅速涌现……在没有国王、教皇、王储或主教直接授权的情况下。它们是 11、12 世纪如巨浪般迅速席卷了欧洲城镇的联合本能的自发产

---

① 希尔德·德·里德—西蒙斯，吕埃格. 欧洲大学史：中世纪大学 [M]. 张斌贤，等，译. 保定：河北大学出版社，2007：25.
② 查尔斯·霍默·哈斯金斯. 12 世纪的文艺复兴 [M]. 夏继果，译. 上海：上海人民出版社，2005：47.

物"①。正是由于大多是自发的产物，在不同的城市里，有的大学获得了成功，留存至今，有的大学则因种种原因，短暂兴起而迅速消亡。在诸多失败者的名录上，萨莱诺大学就是一个典型。"对于 1231 年之前萨莱诺学校的组织情况，我们一无所知。……尽管在医学史上地位重要，萨莱诺大学对于大学制度的发展并未发挥多大作用。"② 与后世大学的建立有一个具体的时间不同，中世纪大学的形成更多的是一个自然的生成过程。往往先有大学的"种子"（教师或学生的行会），然后才有大学的名字。12 世纪之所以成为中世纪大学形成中最为关键的时期，就是因为那些早在 11 世纪就埋下的"种子"终于开始发芽。在"行会"兴起的大背景下，11 世纪的教皇革命确立了教会与国家的分离，12 世纪的翻译运动又为中世纪大学的建立提供了知识基础。"只要知识一直局限于中世纪早期的'自由七艺'（the seven liberal art），就不会出现大学。"③ 在 12、13 世纪里随着新知识的不断涌入，在教会或世俗政权的支持下，早期的修道院和主教座堂学校逐渐被大学所取代。"在 11 世纪末，学问几乎完全局限于传统课程中的自由七艺，而在 12 世纪，除三艺和四艺外，又增加了新逻辑、新数学和新天文学，与此同时还形成了法律、医学和神学三种职业机构。此前，大学还不曾存在过，原因在于西欧没有足够的知识积淀可资成为其存在的理由，随着这一时期知识的增长，大学自然而然地产生了。知识革命和机构革命是同时发生的。"④ 最终 12 世纪的欧洲以翻译运动和中世纪大学的建立两件事为转折点，呈现出了后人称之为"12 世纪文艺复兴"（Twelve-Century Renaissance）的新气象。正是在"12 世纪文艺复兴"这种大的时代背景下，越来越多的中世纪大学得以建立和走向繁荣，并最终决定了整个西方高等教育制度化的方向。"欧洲中世纪的人们是把伟大思想和理念以及新社会秩序制度化的大师，其中大学是最重要的新社会秩序，是制度化推进的产物。"⑤ 中世纪大学兴起以后，传统的以

---

① 托比·胡弗. 近代科学为什么诞生在西方 [M]. 周程, 于霞, 译. 北京：北京大学出版社, 2010：171.
② 查尔斯·霍默·哈斯金斯. 大学的兴起 [M]. 王建妮, 译. 上海：上海人民出版社, 2007：5.
③ 查尔斯·霍默·哈斯金斯. 大学的兴起 [M]. 王建妮, 译. 上海：上海人民出版社, 2007：4.
④ 查尔斯·霍默·哈斯金斯. 12 世纪的文艺复兴 [M]. 夏继果, 译. 上海：上海人民出版社, 2005：273.
⑤ 托比·胡弗. 近代科学为什么诞生在西方 [M]. 周程, 于霞, 译. 北京：北京大学出版社, 2010：128.

人（教师）为中心的高等教育形式逐渐的没落，以组织（大学）为中心的高等教育形式逐渐制度化。当然仔细考察，中世纪大学产生之初和后来的情况也完全不同，起初仍然是"学生从远方来到波隆那、巴黎、蒙彼利埃或牛津、跟随名师学习法律、神学或医学，正像在印度和埃及的学生会去追随一位著名大师一样"①。但后来很快教师与学生就共同结成了行会并获得了法律上的自治地位。根据当时的法律制度和大学章程，只有大学才能颁发教学许可证（licential docendi）。至少13世纪以后，在欧洲学生追随某个著名的学者求学的传统就逐渐地被学生进入大学的某个学科或专业学习所取代，大学无可避免地朝向制度化方向发展。而同一时期，与中国总是由国家或政府而非学术团体授予教育能力资格证书不同，阿拉伯文明中一直是由单个教授给学生颁发授权许可证②。相比之下，在欧洲以法人自治为基础的大学制度，由于其理念和体制具有可移植性和可模仿性，对于学术的繁荣和教育的发展无疑更为优越。最终近代以来伴随着欧洲大学在全世界的凯旋，无论是中东还是中国其传统高等教育机构都逐渐消亡。原本相对于其他文明制度设置具有浓厚欧洲色彩和独特性的大学逐渐褪去民族或宗教的特色，成为一种具有普适性的主要高等教育机构。

　　总之，大学是西方文明的独特产物。中世纪时大学诞生于西欧是多种因素综合作用的结果。中世纪时教会与国家的分离使得大学获得了"中立空间"，源于古希腊的哲学和科学传统则奠定了大学的理性基础，基督教对于异教学术的宽容使通过翻译运动回传的阿拉伯科学和亚里士多德的自然哲学可以在大学里自由地研究和教授，从而使大学发展出了多样性的系科，成了新的知识中心。12世纪的西欧迎来了文艺复兴和科学的萌芽，在科学与宗教的张力下，知识革命和教皇革命相互影响，共同导致了机构革命，即大学的兴起。

---

① 约瑟夫·本—戴维. 科学家在社会中的角色 [M]. 赵佳苓，译. 成都：四川人民出版社，1988：93.
② 托比·胡弗. 近代科学为什么诞生在西方 [M]. 周程，于霞，译. 北京：北京大学出版社，2010：74.

第九章　真理、科学与大学

　　求知是人的本性之一。真理乃是求知的终极目的。虽然生活的意义未必全赖于对真理的发现，但若没有对于真理的追求，人生必然毫无意义。"除了探寻真理，没有什么可以给我们的生活带来意义（即便对于那意义是什么和它的蕴涵为何，我们难以有确定的把握）；没有什么能够不被我们的求知热情所征服；还有，最关键的，生活期望把自己置身于思索的基础之上。"①在西方的认识论传统中，无论教会还是世俗，无不坚持对于对真理的信仰。在某种意义上，正是对于真理的热爱才导致了西方世界的兴起，并成就了灿烂的西方文明。从古希腊哲人对沉思的推崇到中世纪知识分子对于真理的探究。从柏拉图的阿卡德米学院到中世纪大学，从自由七艺到基督教哲学，对于真理的追求始终是西方人智识生活中大事。近代科学的兴起直接导致了宗教的祛魅，科学的应用性与高等教育的政治论哲学互为犄角，从而瓦解了以真理的整体性和普遍性为前提的认识论哲学。按照自然科学的理性主义逻辑，"规律"成了真理的替代物。所谓的真理就成了最高的自然规律而不再是理智的终极信仰。其结果是，现代大学彻底沦为科学研究的机构而不是追求真理的场所。当然，科学与真理并不必然矛盾，但科学绝不能直接等同于真理，更不能替代真理。科学的结果可能意味着真理，但真理绝不仅仅是科学。大学里很多非科学的研究活动同样蕴涵着真理。可今天的现实是，科学主义的范式垄断或主导了大学的研究活动，所有的研究都成了科学研究，大学对于真理本身的追求被对于规律的发现所取代。在功利主义思想的主导

---

① 雅斯贝尔斯. 大学之理念 [M]. 邱立波，译. 上海：上海人民出版社，2007：39.

下，大学的改革日益陷入适应论的怪圈而无法超越。历史上，坚信真理的存在曾是大学合法性的重要来源。在大学里真理本身即目的而非基于某种功利主义的考量。现代以降，科学主义的盛行直接导致了真理在大学里的隐退。随着大学里追求真理的活动被科学探究的活动所取代，大学逐渐失去了形而上的意义而沦为一种制度性的存在。对于科学的研究只是大学的一种职能，对于真理的追求才是大学的灵魂所在。现代大学的改革必须从理念上恢复其对于真理的偏好而避免陷入科学主义的窠臼。

第一节　真理的隐退

关于真理的观念是西方文明的精华。整个西方文明的主要内驱力就是对于真理的追求。按苏格拉底的说法，即求知若求生。西方文明的智识传统中，对于何为"真"，亚里士多德早在《形而上学》中就曾指出："凡以不是为是、是为不是者，这就是假的，凡以实为实、以假为假者，这就是真的。"① 自古希腊以来，这种符合论的真理观一直影响并主导着整个西方世界的智识生活，并催生了灿烂的欧洲文明。中世纪以后，基督教会同样接受了耶稣"你将掌握真理，同时真理将使你自由"的箴言②。其结果，在基督教哲学的影响下，伴随着神学自身的科学化，近代科学开始慢慢在教会的庇荫下萌芽，并最终发展壮大。相比之下，中国传统文化中并无"真理"的观念。"只有在佛教的观念中，'理'才有真假之分。"③ 现代汉语中的"真理"一词也来自于佛教用语，所谓"真理虚寂，惑心不解"。跨文化的比较显示，在古代中国与古希腊时期"真理"观念较为相近的是关于"道"的观念。但与西方文明中将追求真理的活动诉诸人的理性不同，中国传统文化中的"道"的观念更具非理性或超理性的色彩，主要强调个人的直觉或顿悟。所谓"道可道，非常道"。

在哲学视野里，儒家的思想框架是"道—德"二元结构，而古希腊哲学

① 亚里士多德. 形而上学 [M]. 吴寿彭，译. 北京：商务印书馆，1995：79.
② 马凤岐. 变革时代大学的核心价值：高等教育哲学的几个基本问题 [M]. 北京：北京师范大学出版社，2013：195.
③ 金观涛，刘青峰. 观念史研究：中国现代重要政治术语的形成 [M]. 北京：法律出版社，2010：28.

则奠基于"沉思-德性"双层架构。德性伦理上，孔子主张，"志于道，据于德"，而苏格拉底则认为，"知识即美德"。这里的"知识"其实就是指通过"沉思"所获得的"真理"而不是"意见"。因为，能够与美德相匹配的知识必须是"真知"而不能是"假知"。而所谓的真理即真正的知识或具有永恒价值的知识。在古希腊语中，"科学"和"知识"是同一个词，即 episteme。Episteme 所指的"知识"或"真知"是与"意见"或"信念"（doxa）相对应的。"知识必须是关于'是'或存在的，而意见是关于既存在又不存在的事物的。"① 结合亚里士多德关于"是什么说是什么，不是什么说不是什么，这是真的"的逻辑论断，所谓的"知识"必须蕴涵着"真理"而不可能是"意见"，否则不可能是"美德"。后来，随着古希腊文明的没落，罗马帝国的兴起，拉丁文逐渐取代希腊文，并成为整个欧洲的通用语言。而在拉丁文中，scientia 是对希腊文 episteme 的翻译，被用来泛指一般意义上的知识。而今天英语中的 science 和 knowledge 都是根据情境对于拉丁文 scientia 的翻译。现代世界中，基于英美的智识传统和语言习惯，science 被等同于了 natural science。"到十九世纪初，科学终于大获全胜，其独尊地位在语言上得到反映。人们把不带限定性形容词的'科学'一语主要地（而且经常是唯一地）与自然科学等同了起来。"② 按照自然科学的方法论逻辑和思维方式，科学成了真理的唯一标准。只有科学的才是真理。由此真理被自然科学所垄断。但事实上，真理是普遍的。在人类知识领域中自然科学的范式是极特殊的，并非所有的知识分支都可以称之为科学。

中世纪大学产生之时，近代意义上的科学尚处于襁褓之中，还只是自然哲学的一部分。科学作为一个专门概念尚未出现，更不用提科学研究的职业化和科学家群体的形成。中世纪，知识分子的使命仍然是"追求真理——时代的女儿"而非从事科学研究。迟至 19 世纪中叶，虽然那时很多近代大学里已引进自然科学的课程，但纽曼在他的《大学的理想》一书中仍然称大学为"国民追求真理的中心"③。事实上，正是继承古希腊的认识论传统，以

① 余纪元.《理想国》讲演录［M］. 北京：中国人民大学出版社，2011：133.
② 华勒斯坦，等. 开放社会科学［M］. 刘锋，译. 北京：生活·读书·新知三联书店，1997：7.
③ 约翰·亨利·纽曼. 大学的理想（节本）［M］. 徐辉，等，译. 杭州：浙江教育出版社，2001：序·12.

真理的存在作为终极信仰，纽曼才断言"知识本身即为目的"。由于深受古希腊文明的影响，在同一时代，即便是曾开科学研究先河的柏林大学，当时之所以要引入"科学"其本意也主要是为了人的"教养"或"通识性教养"，其主观上也主要是强调科学的精神性而非应用性。在第二次世界大战德国战败之际，作为哲学家的雅斯贝尔斯仍然认为，"大学是一个由学者与学生组成的、致力于寻求真理之事业的共同体"①。由此可见，从中世纪到近代，乃至现代，本质上大学的理念是以追求真理为终极目的（Telos）而非科学主义的。"大学是这样一处所在，……人们出于寻求真理的唯一目的而群居于此。因为这是一项人权：即在某个地方人们可以不受任何限制地探求真理，并且是为真理而真理。"② 可以说，西方世界中相当长的时期里，以真理为终极目的反映了高等教育认识论哲学对于大学的绝对主导。基于西方文明的认识论逻辑，真正的大学就是一个不计代价或无条件地追求真理的地方。

大学里与建立在实验基础上的近代科学范式相比，真理更加普遍，也更加自足。哈佛的校训即为"真理"（VERITAS）。真理本身在形而上意义上的终极价值更符合大学的性质。不过，真理具有终极价值并不意味着真理是无条件的或绝对的。由于经验和逻辑的紧张关系，无论何时，真理本身都会存在某种"悖论"，即一方面真理本身是永恒的，另一方面又没有永恒的真理。"知识前沿的特点与其说是为人们提供终极的真理，不如说是亦真亦幻。人类所能提供的只是五花八门的、变幻不定的、近似真理的学说。知识将一如既往地保持它那四分五裂的不完美形态。"③ 具体而言，"真理本身是永恒的"强调了真理的未来性和可能性，而"没有永恒的真理"关注的则是真理的历史性和局限性。托马斯·默里就曾提醒说："完美的知识是一种妄想，有缺陷的知识才是我们永恒的情形。"④ 认知过程中，真理的同一性和整体性为我们的知识探究指明了方向，但事实上，"真理的同一性和整体性不可能在任何一个地方觅到。无论何时，我所知道的都只能是大千世界里的一个具

① 雅斯贝尔斯. 大学之理念 [M]. 邱立波，译. 上海：上海人民出版社，2007：19.
② 雅斯贝尔斯. 大学之理念 [M]. 邱立波，译. 上海：上海人民出版社，2007：20.
③ 伯顿·克拉克. 高等教育系统——学术组织的跨国研究 [M]. 王承绪，等，译. 杭州：杭州大学出版社，1994：314.
④ 朱丽·汤普森·克莱恩. 跨越学科——知识 学科 学科互涉 [M]. 姜智芹，译. 南京：南京大学出版社，2005：293.

体事例"①。"真理的悖论"就像"人性的悖论"一样是客观存在的，无法避免的。但就像"人性的悖论"无法否认人性的存在一样，"真理的悖论"也不是要否认或怀疑真理的存在。知识上的怀疑论最终只会推进知识的进步。"真理的悖论"也只会使人不懈地追求真理。亚里士多德早就指出："对真理的考察既困难又容易，这从没有一个人能够把握它本身，也没有一个人毫无所得就可以看出，每个人都对事物的本性说了些什么，作为一个个体，对真理可能全无或很少贡献，但联合起来就产生了巨大的效果。"② 西方的历史上，古希腊哲学家对于沉思的极度推崇和对于真理的迷恋是发自内心的。在古希腊为了人之为人的卓越，真理本身才是最高的目的。在真理与自由的关系上，先有真理后有自由。《理想国》中，柏拉图就认为，人们应该按真理生活，真理比自由更重要。后来在《尼各马可伦理学中》，亚里士多德同样表示"更爱真理"。他认为，自由虽然重要，但它仍不是最高的善。在古希腊哲人的心目中，"沉思"之所以被誉之为"第一幸福"就在于它可以超越人的肉体本身的易朽性，指向永恒的真理。

由于未来性和历史性、可能性和局限性的冲突，在现代大学里科学家和学者越来越羞于谈论真理，这就像自宗教祛魅以后牧师和教士越来越羞于谈论上帝一样。与在宗教信仰方面宣称"上帝死了"的出言不逊一样，进入20 世纪以后，在哲学层面上，"不惜一切代价寻求真理"的求真意志同样遭到了"权力意志"哲学的激烈批判。尼采以他的"超人哲学"试图"重估一切价值"。真理本身遭到质疑。尼采之后，以福柯对于知识和权力关系的话语分析为切入点，真理受到了后现代主义者的普遍怀疑，并进而遭到激烈解构。"后现代"旨在把学科重新情境化、削弱学科之间的界线、改变学科的身份③。在后现代主义者眼中，无论科学还是真理都不过是"语言的游戏"或权力的建构。事实上，虽然科学与真理同属于现代性宏大叙事的一部分，同样的受到后现代主义者的批判，但科学话语和真理话语还是有明显不同。对于大学而言，科学与真理的境况和遭遇也明显不同。某种意义上，真

---

① 雅斯贝尔斯. 大学之理念 [M]. 邱立波，译. 上海：上海人民出版社，2007：45.

② 余纪元. 德性之镜：孔子与亚里士多德的伦理学 [M]. 林航，译. 北京：中国人民大学出版社，2009：11.

③ 朱丽·汤普森·克莱恩. 跨越学科——知识 学科 学科互涉 [M]. 姜智芹，译. 南京：南京大学出版社，2005：312.

理是永恒的，而科学则是历史的。现代以前，真理本身就是古典传统的一部分，而科学则地地道道的是现代社会的产物。古典时期没有现代意义上的科学。无论何时，真理始终作为一个整体而存在，而科学则只能以知识分支的形式或特定科学的形式来呈现。除此之外，由于科学本身在大学里已经高度的制度化，后现代主义的批判丝毫无损于科学的扩张。相反，真理话语主要存在于大学的理念中，不可能被制度化。其结果，在外有后现代主义的解构，内有科学主义的排挤的情况下，大学里真理话语的隐退不可避免。纳斯鲍姆就认为，"对今天的学术界极为有害的趋势是放弃追求真理和客观性，就好像这些目标再也不能对我们起指导作用"①。其结果，随着科学在大学里的繁荣，"科学"最终取代"真理"成了学术活动的主要话语方式和知识合法性的来源。大学已成为科学探究的场所而不再是追求真理的中心是不争的事实。

总之，对大学而言，真理是永恒的目的而不是目标（target）。作为终极目的，真理具有整体性，且永远不可能完全被发现。和真理的自成目的性相比，科学的本质则在于应用。科学本身不是目的。即便是科学中的基础研究，其价值仍在于未来的可应用性。洪堡在柏林大学所提倡的那种服务于人的"教养"或"通识性教养"的"纯科学"，如果不是从来没有真正存在过也顶多算是"美丽的误会"。大学里只有关于特定对象的特定的科学而没有一般的科学，更不会有"无用"的科学或"通用"的科学。历史上，伴随着近代科学的兴起并向现代科学成功转型，真理逐渐从大学的话语体系中隐退。而随着真理话语体系的不断隐退，科学主义作为一种意识形态逐渐垄断了大学的理念市场、学术话语体系和知识的合法性来源。其结果，人文与科学失去了共同感（common sense），并分裂成相互对立的"两种文化"。不过，真理话语隐退并不意味着真理的消失。消失的只能是真理话语，而真理本身的存在不以人的意志为转移。大学毕竟是人的组合，如果我们愿意，完全可以恢复对于真理的偏好。归根结底，真理是人对于可知世界和未知世界的一种认识论的信仰。它深深植根于人的求知本性之中。"如果人们能够了解自身的长处和短处，能够相互吸收创新之光，而不是否定之火，把对真理

---

① 玛莎·纳斯鲍姆. 培养人性：从古典学角度为通识教育改革辩护 [M]. 李艳，译. 上海：上海三联书店，2013：27.

的探究看作一项事业，而不仅仅是当作一种才能或装饰，把他们的才智和异禀应用到有价值和优异的事物上去，而不是粗俗和流行的事情上去，那么学问上的第三次繁荣一定会大大超过希腊和罗马时期的光荣。"① 现代社会中的科学话语仍不过是真理话语的临时替代品。人们对于科学的执迷，除了功利主义的驱使之外，仍然源于对真理的期望。科学之于真理，正犹如宗教之于信仰。木心曾有言："宗教事小，信仰事大。"② 同样的，对于大学而言，"科学事小，真理事大"。正是以真理的名义，不同的学科才得以共存于大学，大学本身才有普世的价值。如果按照科学的逻辑，大学早已沦为知识的工厂，而失去了人文的底蕴。科学的有效性仅局限于科学世界，而真理则无论在科学世界还是生活世界都起作用。

第二节　科学的兴起

对于未知的好奇和探究是人的本能，但探究或求知并不能直接导致发现科学。历史上，人类并非一开始就拥有科学。科学是知识的子集或是人类的一种特殊的知识。"科学知识并不是全部的知识，它曾经是多余的，它总是处在与另一种知识的竞争和冲突中。"③ 近代科学的成功放大了科学的普适性。相对于人类漫长的历史而言，在世界范围内拥有统一科学范式的历史非常短暂。"人们不可能单靠自己就可以对科学产生天生的兴趣，……只有当社会感到需要科学的时候，才会去唤醒人类。"④ 人类社会的历史上，科学只是人类诸多探究中的一种，科学知识也只是人类知识总体中的一个极特殊的组成部分。现代自然科学意义上的科学系统更是很晚才在大学里兴起并逐渐发展壮大。客观上，近代以来，自然科学萌芽于西方世界既是一种文明的宿命也存在历史的偶然。一方面西方理性主义的智识传统为近代科学的出现奠定了认识论的基础，另一方面中世纪大学及其他科学建制的产生也为近代科

---

① 弗朗西斯·培根. 学术的进展 [M]. 杨立信，毕秉钧，译. 上海：上海人民出版社，2007：187.
② 木心. 文学回忆录 [M]. 桂林：广西师范大学出版社，2013：68.
③ 让-弗朗索瓦·利奥塔尔. 后现代状态：关于知识的报告 [M]. 车槿山，译. 南京：南京大学出版社，2011：29.
④ 爱弥尔·涂尔干. 道德教育 [M]. 陈光金，等，译. 上海：上海人民出版社，2001：312.

学的繁荣及其向现代科学转型提供了难得的历史机缘。"科学从某种意义上说是宗教的继承者，有宗教的起源，同时也是社会的产物。""就像在动物中那样，本能已经足以应付一切，科学根本不会出现，科学只有在本能消退的时候才能繁荣起来。科学的诞生表明，社会需要科学。"① 按恩格斯的说法，"社会一旦有技术上的需要，这种需要就会比十所大学更能把科学推向前进。"② 不过，这种说法成立的前提是科学赖以产生和发展的土壤已经存在。否则，无论社会需求多么强烈，智识的沙漠里也长不出科学的幼苗。对于科学的产生和发展而言，仅有社会需要肯定是不够的。更何况社会需要本身就是一种文明的产物，而不是凭空产生的。

一般认为，人类文明演化的重要的机制就是人类的好奇（认识论哲学）和社会的需要（政治论哲学）。至于由"好奇"和"需要"会导致何种"科学"则充满不确定性。从古希腊哲人对于沉思的高度推崇到今天大学里科学主义盛行，其间的经历也绝非一帆风顺或顺理成章，而是人类的理智在歧路重重中杀出一条"血路"。19 世纪以来，科学的兴起为人类社会带来了极大的便利，改善了人的福祉。但与此同时，由于人的工具理性的极度扩展，科学技术的发展大有背离甚至危及人的有意义的生活的趋势。科学和技术在带来繁荣和富裕的同时也在制造风险。所谓的风险社会绝非危言耸听，而是成为人类挥之不去的噩梦。除了由科学和技术所直接造成的技术风险之外，社会生活领域中科学主义认识论的风险也在积聚。"具有头等重要性的是将社会问题置于科学视角下的危险，并将求解社会问题的努力转化为用'科学方法'来求解社会问题。科学的实质与操作都是工具性的和个人主义的（或将群体利益视为给定）。研究社会的所谓'科学的'思路，从行动的视角看，相当于假设求解一个社会问题就是要发现给定'材料'的各种性质，并在操纵和利用的视角下实现作为操纵者的研究者的目的。"③ 根据人的常识理性或人类的基本经验可以断定，社会具有与自然迥异的逻辑，试图通过科学的方法来解剖社会构成，以实现理性的企图，这当中必然会隐藏着巨大的认知风

① 爱弥尔·涂尔干. 道德教育 [M]. 陈光金，等，译. 上海：上海人民出版社，2001：70.
② 汪丁丁. 新政治经济学讲义——在中国思索正义、效率与公共选择 [M]. 上海：上海人民出版社，2013：25.
③ 汪丁丁. 新政治经济学讲义——在中国思索正义、效率与公共选择 [M]. 上海：上海人民出版社，2013：276.

险。人类在理性上的致命的自负会导致人性的被奴役。

　　由于不再以追求真理作为终极目的，现代社会中科学家已降格为科学的工作者，成为科学的仆人而不再是主人。他们对于科学本身已没有爱因斯坦所强调的那种宗教般的信仰，作为科学的从业者他们选择从事科学研究只是将其作为一项谋生的职业而不再是人生意义的寄托。在政府的主导下，科学的控制权更多地掌握在非科学家手中。"科学家在可预见的将来仍然是研究的推动力，但科学与高等教育同资助者，特别是政府，已经有了更全面、更复杂的关系，因为资助者有自己的计划和期望。"① 根据当前学术职业的潜规则，"大部分科学家都知道，一个研究项目的获批，需要由三个鉴定人做出一致同意，并意识到提出的思想愈有原创性，获得一致同意就愈难。所以大多数科学家都不愿发起一项过分偏离当前流行观念的研究，而宁愿聪明地转而申请一个既安全，又可能出成果的项目，这种行为不足为奇"②。实践中，由于真正有价值的科学研究规模越来越大，周期越来越长，在科研活动的过程中，为了眼前利益，多数人放弃了对于科学原创性的追求，转而追逐短期的实际利益（科研经费），其结果，碎片式的知识生产甚嚣尘上，琐碎的科学发现层出不穷，具有整体性的基础研究日益乏力。"当前的周围环境鼓励人们采取某种规避风险的策略，研究那些有希望在短期内获得许多成果的课题。"③ 由于科研活动中大量的这种短期行为的叠加效应，在现代大学里随着在各种期刊上发表论文的增多，真正有价值的知识并没有同比例的增加，那些具有原创性的伟大成就甚至还在减少或者有减少的趋势。在《科学共和国》一书中波兰尼就曾抱怨："政治和商业通过任命指派和捐助资金对科学大肆破坏，期刊中充斥太多的废话而变得难以阅读。"④ 近来曝光的"SCIgen"更是将这一状况推到了极端。SCIgen 是一个计算机程序，能够自动生成无意义的英文计算机科学研究论文，并且包含图片、表格、流程图和

---

① 朱丽·汤普森·克莱恩. 跨越学科——知识 学科 学科互涉 [M]. 姜智芹, 译. 南京: 南京大学出版社, 2005: 272.
② 杰罗姆·凯根. 三种文化: 21 世纪的自然科学、社会科学和人文学科 [M]. 王加丰, 宋严萍, 译. 上海: 格致出版社, 2011: 37.
③ 杰罗姆·凯根. 三种文化: 21 世纪的自然科学、社会科学和人文学科 [M]. 王加丰, 宋严萍, 译. 上海: 格致出版社, 2011: 36.
④ 苏珊·哈克. 理性地捍卫科学——在科学主义与犬儒主义之间 [M]. 曾国屏, 袁航, 等, 译. 北京: 中国人民大学出版社, 2008: 175.

参考文献等。事实上，论文原本只是呈现科研成果的一种方式，期刊原本也只是学者发表科学成果的一个阵地，但今天论文和期刊本身却在很大程度上主宰了科学研究的进程，甚至成了评判科学成果的标准。期刊的功利主义、学术的浮躁和论文的粗制滥造相互叠加，加之知识消费主义的影响，在现代大学里几乎完全是由商业精神而非科学精神在控制着科学研究的过程。"在我们能立即想到的障碍中，虽然没有那么夸张但仍然令人烦扰的是，花费巨大的时间和精力去争取资助，并要注明在你的成功过程中是谁提供了资助；而在资源上所依赖的实体，他们对产生这种而不是那种方式的结果感兴趣，或对竞争对手予以拒绝；承受着去解决那些被看作是社会急需而不是在目前的研究领域中最能解决的难题的压力；一系列的出版物是如此之多以至于阻碍了交流而不是增进了交流。"① 由于功利主义哲学的盛行，现代大学里主导着重大科研活动的主要不再是人的求知的理性和难以遏制的好奇心而是金钱和欲望。表面上看来，现代社会迎来了一个"大科学"的时代，科学的盛世似乎即将来临。但实质上，"大科学"并不必然意味着科学本身的繁荣和强大。如果处置不当，"大科学"大的可能主要是规模而不是质量。"在大科学时代，科学—技术—产业的链条紧密得难分彼此。……科学、资本与权力的结盟达到了浑然一体的程度。"② 当前一个无法否认的事实就是，在大科学时代，科学的从业者不可能再凭一己之力来开展科学研究。大学里高度制度化的科学建制已将很多闲逸的好奇排除在了科学的领地之外。今天的大学里任何一项科学研究，尤其是基础研究的展开都必须有外部资金的介入或国家的支持。"如果没有金钱，就没有证据、没有对陈述的检验、没有真理。科学语言游戏将变成富人的游戏。最富的人最有可能有理。财富、效能和真理之间出现了一个方程式。"③ 由于基础研究对于资金需求的异常庞大，未来的政府和企业会不会继续支持大学的基础研究存在极大的不确定性。即便政府仍然支持大学从事基础研究，在商业化的背景下，科学能否仍然以追求真理和客观性为目的也十分可疑。

① 苏珊·哈克. 理性地捍卫科学——在科学主义与犬儒主义之间 [M]. 曾国屏，袁航，等，译. 北京：中国人民大学出版社，2008：12.

② 田松. 警惕科学家 [J]. 读书，2014（4）：112.

③ 让-弗朗索瓦·利奥塔尔. 后现代状态：关于知识的报告 [M]. 车槿山，译. 南京：南京大学出版社，2011：155-156.

　　科学兴起之时，人们曾希望能够通过科学和理性来探究真理，甚至认为科学是通向真理的唯一桥梁。正是基于对于科学求真的假设，追求真理也曾一直被认为是现代大学的天职。雅斯贝尔斯就认为，"大学是一个不计任何条件千方百计探讨真理的地方。一切科研工作形式都必须为探索真理的目的服务。这种对于真理的极端献身精神在大学校园里面造成了强烈的精神紧张。而这正是发展所必需的条件"①。但事实上，现代以降，大学追求真理的理念就被"知识就是力量（权力）"的信条所重塑，科学研究在诸多利益相关者关于价值和利益的博弈中陷入"囚徒困境"。科学不再是科学家的科学，而是成了利益相关者的科学。科学探究的这种社会特征既反映了我们时代科学的本质也可以被认为是一种对于科学的本体论的威胁。受到多元主义哲学的影响，在"意见之路"的诱惑下，科学的"真理之路"越走越窄。多个真理共存而不再追求唯一的真理成为学术界的常识或共识。多元主义的认识论表面上调和了科学与真理之间的矛盾，但实质上不过是在用科学的多元主义来消解真理的唯一性。社会的运作需要科学的合法性，科学的运转也需要社会的合法性。科学的多元主义在本质上不过是基于政治论哲学以科学的名义对于利益相关方的回报。在科学与社会的互动中，基于认识论哲学的真理的客观性被忽略，很多"主观的真理"开始以科学的名义通过专家之口大行其道。"因为科学变得更加昂贵，所以只有政府和大企业的关注才能担负得起给它提供支持的重任，随着事业压力增加，随着科学家从他的发现中获得财富的机会增加，随着专家证词（expert-witness）事业的迅速繁荣，就不能保证那些迄今滋养了科学想象和维持了对证据的尊重的机制将会继续起作用。"② 当前由于科学的社会化运作不断被强化，作为更大的社会建制中的一种，现代大学不再是真理的发源地而是成了政治合法性的代言人和经济繁荣的发动机。今天由于经济资助和政治正确的重要性被置于真理的重要性之上，在那些新犬儒主义者眼中，科学甚至正日益沦为利益的代言或权力的谎言。按照新犬儒主义者的说法，"在这个时代里，部分真理被持续地改造成

---

　　① 雅斯贝尔斯. 大学之理念［M］. 邱立波，译. 上海：上海人民出版社，2007：98.
　　② 苏珊·哈克. 理性地捍卫科学——在科学主义与犬儒主义之间［M］. 曾国屏，袁航，等，译. 北京：中国人民大学出版社，2008：139.

彻底的谬误，然而谬误又被赞誉为革命性的新发现"①。新犬儒主义的说法无疑过于偏激，但科学在繁荣背后存在危机却毋庸置疑。

总之，19 世纪以来，随着洪堡式的大学理念（大学自治、学术自由、教学与科研相统一）迅速传播和科学研究自身的不断扩张，在自由与真理的天平上，大学开始更加倾向于自由。"他们不是使自由基于真理的概念上，而是把它看作追求真理的条件。"② 按照自由主义的认识论逻辑，先有自由后有真理。只有先有了自由才有可能发现真理，而发现真理仍然是为了自由。现代社会真理本身不再是目的，而自由本身成了终极目的。从古典到现代，自由与真理之间关系的逆转，反映了时代精神的急剧变化，即求真意志的隐退和自由意志的觉醒。在真理至上的古典时代，人生的终极目标是"幸福"，而在自由至上的现代，人生失去了终极目标，现实的追求不过是"快乐"。在真理至上的时代，大学的终极目标就是探索真理，以实现人的理性的自由和生活的幸福。"大学旨在寻求真理和人类的进步，它的目的是代表人类品性的精华。"③ 而在自由至上的时代，大学失去了终极的目标，现实的追求不过是以自由为条件为了满足世俗社会的需要而致力于对科学知识的生产、传播与应用。追求真理的大学是一种古典意义上的形而上的理念大学，而以追求科学为目的的研究型大学则是一种现代化的制度大学。现代大学危机的根源就在于失去了对于真理的追求而成为制度的存在，在科学主义的主导下进而沦为科学家的实验室或知识的工厂。

第三节 大学的危机

现代大学的危机其实质就是科学的危机，而科学危机的根源既不是科学研究规模的萎缩也不是科学疆域的过度扩张以及由此而导致的科学帝国主义，而是科学知识的合法性危机。"从 19 世纪末开始，科学知识的'危机'便表现出种种迹象，危机并不来自科学出乎意料的迅猛发展，这种发展本身

---

① 苏珊·哈克. 理性地捍卫科学——在科学主义与犬儒主义之间 [M]. 曾国屏，袁航，等，译. 北京：中国人民大学出版社，2008：37.
② 约翰·S. 布鲁贝克. 高等教育哲学 [M]. 王承绪，等，译. 杭州：浙江教育出版社，1988：47.
③ 雅斯贝尔斯. 大学之理念 [M]. 邱立波，译. 上海：上海人民出版社，2007：190.

也是技术进步和资本主义扩张的结果。危机来自知识合法性原则的内在侵蚀。"① 归根结底,科学的危机植根于科学知识的本质。无论是外在的需求还是内在的逻辑都表明,科学的价值在于应用。虽然有人试图为科学正名,将科学分为"自为的科学"和"实用的科学",但"'自为的科学'这一箴言现在正声名狼藉。过分乞灵于科学招致了对它意义的全盘否认"②。历史上,科学自从进入大学,应用性就迅速超越精神性成为其最主要的力量。早在 19 世纪尼采就指出,几个世纪以来,基于三种错误的动机,人们大大促进了科学。"一方面,是因为人们希望用科学对上帝的善意和智慧做最佳的理解;另一个方面,是因为人们相信知识的功利,尤其相信知识可与道德和幸福结合起来;再一方面,是因为人们认为,在科学中可以获得并喜爱某些无私、无害、无辜和使自己满足的东西,它们根本不掺杂人的恶欲。"③ 19 世纪以来,随着科学在人类知识领域内的攻无不克、战无不胜,原本以追求真理为理念的具有形而上意义的大学逐渐演变为了以科学为职业的制度化大学。由于科学本身必然是琐碎的,科学研究必须着眼于具体的问题或目标,而随着每一个具体科学目标的完成或实现,该问题本身的科学研究的价值也就消失了。接下来,科学研究者就需要继续寻找新的目标或"建构"新的问题。马克斯·韦伯认为,"这就是科学的命运,当然,也是科学工作的真正意义所在"。"每一次科学的'完成'都意味着新的问题,科学请求被人超越,请求相形见绌。任何希望投身于科学的人,都必须面对这一事实。"④ 在这种原子主义的科学方法论的指导下,人类知识的整体性消失,真理的本体论让位于科学的功利主义和实用主义,发现真理本身也被作为了科学功利主义和实用主义的一种筹码。由于科学本身的功利性和应用性,大学以科学研究为目标很容易陷入功利主义和实用主义的泥潭,从而失去精神上的崇高性和德性的卓越。"购买学者、技师和仪器不是为了掌握真理,而是为了增加力量。"⑤ 由于科学被作为工具,并体现为人的工具理性,现代大学里人们绝少

---

① 让-弗朗索瓦·利奥塔尔. 后现代状态:关于知识的报告 [M]. 车槿山,译. 南京:南京大学出版社,2011:138.

② 雅斯贝尔斯. 大学之理念 [M]. 邱立波,译. 上海:上海人民出版社,2007:39.

③ 尼采. 快乐的科学 [M]. 黄明嘉,译. 上海:华东师范大学出版社,2007:112.

④ 马克斯·韦伯. 学术与政治 [M]. 冯克利,译. 北京:生活·读书·新知三联书店,1998:23.

⑤ 让-弗朗索瓦·利奥塔尔. 后现代状态:关于知识的报告 [M]. 车槿山,译. 南京:南京大学出版社,2011:158.

表现出对科学本身的热情而只是在完成一个个项目或课题。

　　自从斯宾塞提出"什么知识最有价值"的问题以来，知识的应用性就备受社会的推崇。当前世界各国大学的学术研究受制于国家知识生产制度的影响，知识为政治、经济服务成为学者的潜意识和国家的显意识。在知识经济和知识社会的大背景下，"知识的供应者和使用者与知识的关系，越来越具有商品的生产者和消费者与商品的关系所具有的形式，即价值形式。不论现在还是将来，知识为了出售而被生产，为了在新的生产中增殖而被消费：它在这两种情形中都是为了交换。它不再以自身为目的，它失去了自己的'使用价值'"①。当然，无论何时也无论在哪个国家，大学本来都是国家知识生产机器（制度）的重要组成部分，大学也不是不能或不应为国家服务或为社会服务，而是服务的方式要体现大学的特殊价值。大学的天职是追求真理并发现真理。因此，大学主要通过追求真理和发现真理来为国家或社会服务。"大学需要履行的伟大职责是'展现全部知识，既展现原理，也展现基础，'因为'没有思辨精神，就不存在科学创造力'。"② 如果国家或社会急功近利地将大学变成自己的智库或参谋，如果大学自身也急功近利地以科学的名义致力于为国家的政策或社会的选择出谋划策和冲锋陷阵，那么无论对于国家还是对于大学这都是"双输"而不是"双赢"。当前由于国家掌握了主要的科研资源，凭借学术资助和课题申报制度，大学里绝大多数学者的注意力都被吸引到了一些"有利可图"的研究项目上，知识与金钱和政治的关系愈发紧密。近年来，大学里各种智库的建设更是甚嚣尘上。使得学术研究所必需的自由和寂寞越来越成为一种奢侈。当然，这种情况并非某个国家独有，而是我们时代由于真理隐退大学被科学所主导所呈现出的一个世界性的现象，即大学重视对那些有利可图的热点问题的研究而忽视基于追求真理而对学科或社会基本问题的研究。根据知识社会学的原理，对于学术基本问题的足够关注需要有一个稳定的社会环境，更需要学者在一个稳态社会里有闲逸的好奇和足够的自由，才有可能追求真理。但吊诡的是，在稳态的社会里

---

　　① 让-弗朗索瓦·利奥塔尔. 后现代状态：关于知识的报告 [M]. 车槿山，译. 南京：南京大学出版社，2011：13-14.

　　② 让-弗朗索瓦·利奥塔尔. 后现代状态：关于知识的报告 [M]. 车槿山，译. 南京：南京大学出版社，2011：120-121.

人本身贪图安逸，求真意志薄弱，对于学术基本问题的研究似乎又缺乏迫切性，而在那些迫切需要研究基本问题的转型社会却又被诸多热点问题所困扰，无暇顾及基本问题的研究。实践中永恒的真理似乎远不及所谓的科学有用。其结果，"由于社会力量的作用，应当研究的未必是事实上研究的。人类大多数知识学科都没有按照它们内涵的路径演化"①。在社会、政治、经济力量的综合作用下，大学中应当研究的问题未必是学者愿意或喜欢的，更未必是政府或社会所鼓励的。在利益的权衡下和权力的干预下，对于真理的追求被放弃，那些对于大学发展具有永恒性质的学术问题被搁置，伴随学术论文和著作不断增多，人类知识的进步却乏善可陈，真理本身也似乎更加虚无缥缈。乔姆斯基曾经提过两个有趣的问题：（1）为什么我们获得的材料如此之少，而产生的知识却如此多？（2）为什么可利用的材料如此之多，而我们的知识却如此少？② 前一个问题针对的是人类文明的第一个轴心时代，后一个问题针对的则是现代社会。在第一个轴心时代，出于对真理的追求，人类的智慧创造了灿烂的文明，积累了丰硕的知识。与人类的第一个轴心时代相比，现代社会在科学和技术方面可能更先进了，大学作为高深学问生产的制度性场所也生产了大量可以为人类带来福利或功用的科学和技术知识，但在另一方面和古典时代相比，现代大学里可能更缺乏某种真理意义上的知识（episteme）。在"知识"的维度上，现代大学更像一个"意见共同体"而非"真理共同体"。当然，这种境况的产生绝不是现代大学单方面造成的，而是我们时代以便利性为主导的精神状况造就了大学与社会的同构（isomorphisme）。某种意义上，正是这种制度的同构导致了大学人理智的眩晕（科学主义）和心智的迷茫（真理的隐退）。

在以功利主义和消费主义为主导的时代精神的影响下，加之科学的应用取向，大学里的学术研究趋向于喜"新"厌"旧"和见"利"忘"义"，大学里很多学科被作为一种培养应用人才的知识工具而不是追求真理的桥梁。20世纪80年代，布坎南就在《自由，市场与国家》中写道："经济学，如它在80年代的那个样子，是一门忘记了最终目的或意义的'科学'……在

---

① 汪丁丁. 新政治经济学讲义——在中国思索正义、效率与公共选择［M］. 上海：上海人民出版社，2013：63.

② 赵汀阳. 论可能生活［M］. 北京：中国人民大学出版社，2010：修订版前言·6.

非常现实的意义上，80 年代的经济学家们在他们自己领域的基本原理方面其实是文盲……他们似乎是一群被阉割了意识形态的人……我们的研究生院正在成批生产着这样的训练有素的和高度机智的技术专家，这些专家被训练为幸运地可以无视他们学术事业的最高宗旨的匠人。他们绝不感到有道德上的义务去说服和传授给他们的学生那些有关一群自由个体究竟如何能组织为可以相当有效地利用自然资源并且不发生导致社会解体的重大冲突的社会过程的理念。"① 毫无疑问，经济学只是人类知识应用化倾向的一个缩影。由于受到自然科学成功范例的激励和现实利益的诱惑，当前在现代大学里几乎所有的学术研究都正在通过学习自然科学而趋向于应用化。"无论是他们的方法，还是他们对自己在这个体系中角色的认识，社会科学已经在模仿自然科学。理论在学科中不再是首要目的，而被降格为一个不是很重要的分支学科。重要的分支是那些与政策有关的，那些可以被认为是国家社会科学的学科。"②
即便那些原本与自然科学相对应的人文学科其境况也好不到哪里。随着人文学科向人文科学的转变，现代大学里的人文学科也不再是自由学科或自由学术而是成了国家的学科或应用的学科。伴随着功利主义哲学对于现代大学理念的冲击，对于学科基本问题或基本原理的探究正在成为普遍的"冷门"，对于真理的追求更被那些权力或利益的拥有者视为一种迂腐。由于现代社会中对应用的偏好似乎难以逆转，学术工作不再是一种追求真理的志业或天职（calling），而是成了一种特殊的专业或职业（profession 或 vocation）。但正如尼采所言，"每种职业都是扭曲的"。"人们不惜一切代价，掌握了专业，然后最终又沦为专业的祭品。"③ 今天的大学里为了眼前的利益，在科学的范式下，学者们在学术研究中喜欢做的是回答各种奇怪的"问题"（question）或解决各种各样的"难题"（problem），而不是持续的探究真正的"议题"（issue），以追求永恒的真理。按尼采的说法，"这些人的'科学欲'实际上只显出他们的百无聊赖"④。这种"百无聊赖"式的研究实际上和研究"百

① 汪丁丁. 新政治经济学讲义——在中国思索正义、效率与公共选择 [M]. 上海：上海人民出版社，2013：286.
② 斯坦利·阿罗诺维兹. 知识工厂——废除企业型大学并创建真正的高等教育 [M]. 周敬敬，郑跃平，译. 北京：高等教育出版社，2012：56.
③ 尼采. 快乐的科学 [M]. 黄明嘉，译. 上海：华东师范大学出版社，2007：370.
④ 尼采. 快乐的科学 [M]. 黄明嘉，译. 上海：华东师范大学出版社，2007：206.

无聊赖"没有什么大的差别。尤其严重的是，当前世界各国的大学改革不是试图扭转这种趋势而是在尽力加剧着这种趋势。

当然，大学不是不能或不要从事各种不同专业的科学研究，毕竟无论何种科学研究其本身也是人类追求真理的一种可能的途径。问题的关键在于，并非所有的真理都是以科学的形式存在。科学也许可以通过证实或证伪从而在某种规则下达成"共识"，但"并不是所有的共识都标志着真理。"① 科学本身不能垄断人类发现真理的权利与途径，大学也不能只是生产并传播那些可靠的科学知识而不致力于追求真理。科学的未必是真理，真理也未必一定是科学。现代大学需要科学但绝对不需要科学主义。为了应对科学的危机，现代大学必须恢复对于真理的偏好以抑制科学主义的漫延，并重建知识的统一性和整体性。

① 让-弗朗索瓦·利奥塔尔. 后现代状态：关于知识的报告 [M]. 车槿山，译. 南京：南京大学出版社，2011：91.

第十章　知识社会视野中的大学

　　当前以城市化、工业化为代表的工业社会逐渐达到了顶峰，对于工业社会之后人类社会将会呈现出何种形态，走向何方，吉凶如何，学界有各种不同的预测，也提出了各种不同的概念。各种意见归纳起来可以概括为两种。一种意见认为，工业社会的逻辑仍将继续，现代性仍然是未竟的事业，未来将是一个高度工业化的社会。另一种意见认为，工业社会已经走到了尽头，现代性已无生命力，下一个社会将是以知识为基础的后工业社会。由于知识价值的不确定性，这种后工业社会既可能是知识社会也可能是风险社会。与农业社会相比，工业社会的历史并不长，但在不长的时间里，工业化却彻底改变了整个世界。由于工业社会中，生产力高度发达，人类活动对于环境和地球本身的影响急剧恶化，有地质学家甚至认为，"自18世纪晚期开始的'人类世'应该是最新的地质时期"[①]。今天世界范围内，由于环境问题、能源问题的凸显，工业社会的逻辑不可能再一直持续。社会实践中一种源自工业社会但又不同于工业社会的新的社会形态正在形成。伴随着新社会的孕育，大学也处在转型之中。现代大学虽然源于中世纪，但今天世界上存在的大学主要还是工业文明的产物，是工业文明成就了今天的大学。现代大学已经成为现代工业文明不可分割的重要组成部分。工业社会的未来与现代大学的未来密不可分。今后如果现代大学不能对变化中的知识生产模式和社会形态做出适当反应并尽可能地超越知识生产模式2的挑战的话，在新的知识生产机构和新的知识生产模式的双重挑战之下，大学的失败将不可避免。自20

---

　　① 杨雪梅. 人类活动改变环境 地质学迎来新世代［N］. 人民日报，2004-11-08.

世纪后半期以来，随着以自反性（reflexivity）、超学科性（transdisciplinarity）和多样性（heterogeneity）为特征的新的知识生产模式的出现和"后资本主义社会"的形成，"现代大学就不再是知识生产领域的支配者，并且其地位不断下降"[①]。换言之，当前"大学中心主义的衰落"已经是既成的事实。不过，对于这一客观存在的事实如何看待，不同学者会持截然不同的判断。丹尼尔·贝尔在其著作《后工业社会的来临》中就认为，大学是高度依赖知识生产的后工业社会的中心，大学将是后工业社会的"轴心机构"。其理由是，在知识社会中，虽然大学不再是知识生产的唯一机构，但"大学是社会上最能把工业需求、技术和市场力量与公民需求相联系的机构。就这些力量对基于专家的大学的强烈依赖来说，大学实际上正在变得强大而不是衰落"[②]。对于现代大学未来命运的不同预测，表面上看似乎相互矛盾，但却真实地反映了在未来的知识社会中大学功能的高度不确定性。因为，无论对于工业社会，还是对于现代大学而言，知识社会都还是一个变化中的目标。同样以知识为基础，人类社会可能走向安全的知识社会，也可能走向不安全的风险社会。在从工业社会走向知识社会，从现代大学走向"后现代大学"的过程中，我们的每一个选择都既改变着工业社会的结构，也改变着现代大学的理念与制度，更会改变着人们对于知识社会本身的认识。在通向知识社会的路上，不确定性对于现代大学既是风险，也是机遇。在迎接知识社会的过程中，现代大学必须勇于创新、敢于放弃，以适应并超越知识变革的步伐。

第一节 知识价值的革命

人类对于知识价值的认识经历了曲折的过程。长期以来，人类知识主要局限于非生产性的精神场域。知识史与工作史的有效交叉很晚才发生。知识应用史上发源于英国的工业革命是一个重要的里程碑。"这场大变动是由知识意义的剧烈改变所推动的。无论是在西方或在东方，在这之前，知识一直被视为'道'（being），但一夕之间，知识就变成'器'（doing）。这也就是

---

① 杰勒德·德兰迪. 知识社会中的大学 [M]. 黄建如，译. 北京：北京大学出版社，2010：125.
② 杰勒德·德兰迪. 知识社会中的大学 [M]. 黄建如，译. 北京：北京大学出版社，2010：138.

说，知识变成一种资源、一种实用利器。知识原本一直被视为属于个人层面的东西，当时却变成属于社会层面的东西。"① 自工业革命以后，知识的实用价值受到了全社会的普遍关注。由此人们开始主动地将知识应用于工作。在此之前，知识主要局限于人的认知层面，主要用于人性的改造和精神的陶冶。在此之后，知识开始从认知的层面走向社会和经济领域，服务于人的工作和社会的生产。在"什么知识最有价值"的工具理性启蒙下，以自然科学为代表的硬科学在大学里迅速扩张，科技知识开始大规模进入人们的生产、生活，工业社会的生产力大幅度地提高，知识的经济价值得以凸显。工业革命之后的生产力革命极大地改变了工业社会的组织结构、美学意识与伦理观念，也引发了许多难以解决的社会问题。当前随着资源与环境危机的不断加剧，原先隐藏在"知识就是力量"以及"科学技术是第一生产力"背后的征服逻辑不再是永恒的真理，转向知识价值的背后，转变社会发展模式已经迫在眉睫。

本质上，大学就是一个知识机构。大学离不开知识，知识也曾经离不开大学。长期以来大学对于知识的垄断被认为是天经地义的事情，对知识的垄断或在高深知识占有方面的不对称性曾是大学能够独家提供高等教育的重要合法性基础。大学与知识的关系犹如鱼和水一样，双方谁也离不开谁，但"鱼不知水"的事同样发生在大学身上。大学虽拥有知识，但并不知如何利用知识和管理知识。中世纪时，大学以"自由七艺"为基础主要传播一些关于说什么、怎么说的知识，其目的是为教会和城邦培养职业人才。而在工业社会，以自然科学为代表的知识主要关涉是什么、为什么，其目的主要是为国家和政府培养科学家和学者。而在下一个社会，大学作为一个知识机构在知识生产过程中将会主要关心做什么、怎么做，其目的是用知识创造知识和用知识创造财富。由于知识的极端重要和普及，在知识社会中"无知"将会成为最大的灾难。对此，以乌尔里希·贝克为代表的一些学者持有不同看法。贝克认为"危险的来源不再是无知而是知识；不再是因为对自然缺乏控制而是控制太完善了；不是那些脱离了人的把握的东西，而是工业时代建立起来的规范和体系"②。虽然贝克的看法不无道理，但要超越由知识带来的风

---

① 彼得·F. 德鲁克. 后资本主义社会［M］. 傅振焜，译. 北京：东方出版社，2009：3.
② 乌尔里希·贝克. 风险社会［M］. 何博闻，译. 南京：译林出版社，2004：226.

险仍然只有依赖知识本身。我们不可能舍弃知识重返无知，而只能不断地克服无知，走向以知识为基础的知识社会。归根结底，专门知识作为一种创造新社会的重要力量必将入侵人类社会生活的所有领域。当然，这种"知识帝国主义"的出现既会带来积极的社会影响但也将引起整个社会价值观念与意识形态的巨大冲突。我们必须认真考虑：是努力向依赖于"少数人"的"知识型社会"前进还是向依赖于"多数人智慧"的"大众化知识型社会"前进①。无论做出何种选择，都必须有充分的准备。

大学的历史上，早期重视知识的传播，今天重视知识的生产，将来必定高度重视知识的应用。诚然，知识的生产、传播与应用是不可分割的系统，但何者占主导仍然标示着不同的社会形态，具有不同的社会意义。对于知识与社会间关系的判断，绝不是根据现阶段知识会有什么功能，而是根据知识的哪种功能在占主导地位。知识的生产、传播与应用分别占主导地位的不同社会形态中，人们的知识观和大学观也会各不相同。农业社会中知识传播占主导，知识的价值和功能主要是一种装饰，大学是一种奢侈，上大学的目的主要是学习一些"无用"的知识以标示自己的身份。工业社会中，强调知识的生产，知识成了生产力，大学的功能也就侧重于科研而不是教学。未来的知识社会中，大学里仍然会进行知识的生产与传播，但知识的应用将会变得更加突出。没有应用，知识的价值将无法显现。此时"知识不再局限于智力活动，而是进入了生产过程，并且在应用的过程中不断再创造"②。今天高等教育领域在产学研合作以及大学、政府与企业的三重螺旋过程中，大学已经开始高度重视知识的应用，学术的资本主义亦逐渐成为很多研究型大学发展的新理念。对于在研究型大学中正在发生的这种变化，我们绝不能仅仅将其作为零星的局部现象或暂时现象看待，而应从整个社会和整个大学发展的角度和高度去加以深入分析。在知识价值革命的大背景下，对知识的应用绝不是研究型大学的特权和专利，而是所有高等教育机构，所有知识机构必须高度重视的大课题。

知识价值革命或知识社会的来临必须有两个前提条件，一个是大学和研

---

① 乌尔里希·泰希勒. 迈向教育高度发达的社会：国际比较视野下的高等教育体系 [M]. 肖念，王绽蕊，主译. 北京：科学出版社，2014：242.

② 杰勒德·德兰迪. 知识社会中的大学 [M]. 黄建如，译. 北京：北京大学出版社，2010：127.

究的大众化（即高等教育大众化），一个是信息技术的飞速发展。大学和研究的大众化为知识社会提供了充足的知识和知识工作者，信息技术的飞速发展又使得知识的储存、加工和交流成本十分低廉和快捷。这两个条件结合在一起就使得知识弥散于整个社会成为可能。但将这种可能性转变为现实还需要整个社会知识价值观念的根本转变。今天我们这个时代，由于高等教育的大众化以及信息技术的飞速发展，知识的丰富程度已经超过人类以往任何时代，知识在我们这个社会中所起的作用也超过了以往任何时代。我们这个时代虽然可能仍然残留着一些工业时代的金钱和商品拜物教的价值观，但以微软和苹果为代表的新的知识企业的崛起和以斯坦福大学、沃里克大学为代表的创业型大学的兴起，已经初步显示出了知识经济的强劲动力和知识价值革命的宏伟蓝图。工业社会中大学传统上只是高深知识的产地，大学与产业彼此保持一定的距离。二者之间的合作往往需要通过中介机构加以联系。未来的知识社会中，大学本身不但将成为基于知识的产业，而且将直接把知识作为商品加以"销售"，在大学、企业与政府的三重螺旋中"学科—专业—产业链"的建构将成为大学服务于经济社会发展的最重要的"脐带"。按此趋势发展下去，人类社会继工业革命、生产力革命和管理革命之后，知识价值的再次革命将不可避免。在某种意义上，所谓知识社会也就是"知识与智慧价值大大提高的社会"①。

　　导源于知识价值革命，知识社会的本质特征就是知识生产弥散在整个社会当中，知识的社会价值和经济价值充分展现。知识社会中的每一个人，每一个机构都既是知识的消费者，也是知识的生产者。在这样一个社会里，精英大学将走下高深学问的神坛，那些研究型大学的学科专家也不再必然是知识的权威。无论在自然科学领域还是社会科学和人文学科当中，每一个具体情境中的人，都将成为相关知识的生产者和消费者；每一个具体情境中的机构，都必须是一个知识型和学习型的组织。在这样的社会中，精英大学与一般大学，大学与产业，专家与民众之间的边界将逐渐趋于模糊。在知识面前，无论是人与人，还是机构与机构之间将不再有显著的等级差异或阶级差异，而只有分工的不同和角色的不同。在知识生产、传播和应用的整个过程

---

① 堺屋太一. 知识价值革命 [M]. 金泰相，译. 沈阳：沈阳出版社，1999：37.

中，所有的人和组织都将是工作中的伙伴关系，所有的知识和人都将不再有等级之分，而只有功用之别。此时将不再是人选择知识，而是知识选择人。知识不再是人的工具，相反人不过是知识有效流动的最优载体。知识社会中知识的爆炸"不仅意味着知识增长的速度远远超过任何个人能够获取知识的速度，更致命地，它意味着我们每一个都仅仅是知识的注脚"①。由于这种变化的剧烈程度在历史上从未有过，现代大学必须面向未来重构自己的理念和制度，以实现自身从学术资本向知识经济的转变，以适应知识社会中知识价值革命的新挑战。

第二节　学科模式的失败

　　人类有一个奇怪的现象，总喜欢将近期的历史绝对化。总是习惯于以今天为原点去回顾过去并展望未来。总是会以为现在是这样的，过去也是这样，将来也会是这样。"在任何时代，人们往往把新发明的机器看成是现有机器的延续。人们最初把电影看作为'运动的相片'；把汽车看作为'没有马的马车'；把电视看作为'家庭电影院'。但是，到后来，人们逐渐发现了新的用途。目前，社会上对新技术的认识也是如此。"② 对于大学，人类的思维也依然如此。人们不但会把今天的大学的境况带入对于大学历史的想象，而且会认为将来的大学也会如此。就大学而言，近千年的历史可谓沧海桑田。但是今天无论组织还是个人对于大学的想象力，其眼界总是难以超过百年甚至半个世纪，总是习惯于把近百年或近半个世纪的历史当成大学全部的历史，甚至会强迫自己认为大学的未来也应如此、也会如此。事实上，今天世界上的现代大学已是中世纪大学数次转型和蜕变后的结果。现代大学之所以是这样的而不是那样的，既有历史必然性的因素也不乏偶然性的运气成分。中世纪大学与现代大学虽有渊源，但二者相比早已是霄壤之别。即便是那些建立于中世纪时的老大学，其昨天与今天也不可同日而语。更何况"大多数的现代大学要么建立于第一次世界大战前的30多年，要么建立于第二

---

① 汪丁丁. 串接的叙事：自由·秩序·知识 [M]. 北京：生活·读书·新知三联书店，2009：12.
② 堺屋太一. 知识价值革命 [M]. 金泰相，译. 沈阳：沈阳出版社，1999：148.

次世界大战后的一段时期"①。因此严格地讲,现代大学是工业社会的产物而不是中世纪大学的衍生,总体上现代大学是一种大众教育而非精英教育的机构。由于工业化逻辑的不可持续性,今天以传统系科结构为基础的现代大学面临着转型的挑战。传统上那种建立在学科、专业和课程基础上的终结型的高等教育将为一种可持续性的终身教育体制所取代,今天现代大学中残存的古典大学的理念人的价值理性将被知识人的工具理性所取代。"站在学科的立场上,学科失去了对研究的控制权。学科批评功能的丧失,驱使'认识论漂移'(epistemic drift)远离严格的内部标准与评价体系的控制,转向外部驱动标准,这种标准对政界的外部法规更加开放。随着研究活动中越来越多的部分在院系、大学以外进行,一个与'认识论潜移'平行的'研究漂移'(research drift)正在出现。"② 其结果,随着情境化的加深和知识生产模式2的普及,现代大学中知识生产的学科模式的失败会不可避免,从分科大学制度向跨学科大学制度转变也将是大势所趋。

道理很简单。现代教育只是人类教育发展的一个阶段。现代大学也只是大学的一个阶段。人类的教育和大学既不是自古以来就是如此,也不会将来永远如此。今天高等教育中分阶段、分专业、班级授课式的制度安排只是人类为了应对当时和当下的社会发展而选择的一种教育形式和制度安排。无论传统的农业社会还是现在的工业社会,教育和学校都是作为社会发展和人的发展的一种工具而存在。教育和学校自身的本体价值以及人的价值并不被关注和重视。作为一种工具性存在,为了规模效益和方便管理,无论在哪个国家基本上都是由学校垄断了教育供给。随着知识生产机构的多元化,知识生产模式的多样化以及知识增长和传播速度的快速化,学校将不再是教育的同义词,大学也不再是高等教育的垄断者,原先体制化的大学教育有可能被一种更灵活的即时的在线教育所替代。原先分阶段按年级安排的课程方案也许会被终身教育中的主动学习所取代。"正规教育的目的不再是向学生传授将来全时参与生产过程所需的预备知识,而是培养学生将来进入终身教育阶段时主动获取知识的能力。这就是人们通常所说的:'学校最重要的职能是传

① 杰勒德·德兰迪. 知识社会中的大学 [M]. 黄建如,译. 北京:北京大学出版社,2010:34.
② 朱丽·汤普森·克莱恩. 跨越学科——知识 学科 学科互涉 [M]. 姜智芹,译. 南京:南京大学出版社,2005:18.

授怎样获得知识而不是传授知识.'"①

今天知识社会的愿景虽然已经浮现出来,但工业社会中关于大规模和标准化的价值观仍投射在大学身上。现代大学的发展正在步现代企业发展的后尘。"大的"就是"好的"的理念仍存在于不少大学办学者的潜意识中。在质量保障的名义下,今天在大学里专业人才培养的标准化浪潮也是甚嚣尘上,新职业教育主义正在席卷整个大学。作为现代大学的基础结构,系科结构源于19世纪,20世纪后半期逐渐达于顶峰,今天已经越来越难以适应社会和知识发展的需要。"大学被吸纳到工业社会中。20世纪广为流行的认知结构也出现在这几十年中,例如客观事实与价值观的分离、理性与信念的分离、知识分子与专家的分离、民族统一与国家的分离、传统与现代性的分离。大学丧失了它在启蒙时期拥有的判断价值以及为客观事实正名的权力。"② 由于学科模式和启蒙理性的普遍失败,德国模式的"大学正处在黄昏时代。""现代性意义上的大学已经随风而逝。"③ 当然,由于知识社会的性质、结构和形态尚未最终确定,在知识社会中大学究竟会扮演什么样的角色也具有不确定性。不过,近半个世纪以来,"知识的使用者已经扩展到一系列的社会机构和社会群体中。知识成为知识经济、电信系统、技术系统、政治学以及日常生活的核心。知识社会就是指一种用知识生产知识的环境,而且这种知识生产的环境并不受知识模式本身所控制。"④ 为了应对知识社会的上述挑战,并化解学术分科所造成的大学合法性危机,近几十年来科学转型和跨学科研究风起云涌。但在现代大学既有的系科结构内跨学科研究很难成功。因为很多跨学科研究本身的目标就是成为一个跨学科的学科。与跨学科研究范式不同,科学转型过程中在大学之外兴起的知识生产模式2对于现代大学的学科模式给予了最致命的一击。与以学科模式为代表的知识生产模式1不同,知识生产模式2虽然也是跨学科研究,但它"并不一定以将其自身建立为一个新的、跨学科的学科为目的,也不以修复统一的认知为目的。

① 汪丁丁. 知识印象 [M]. 北京:中信出版社,2003:81.
② 杰勒德·德兰迪. 知识社会中的大学 [M]. 黄建如,译. 北京:北京大学出版社,2010:51-52.
③ 比尔·雷丁斯. 废墟中的大学 [M]. 郭军,等,译. 北京:北京大学出版社,2008:7,161.
④ 杰勒德·德兰迪. 知识社会中的大学 [M]. 黄建如,译. 北京:北京大学出版社,2010:184.

相反，它在本质上是一种暂时性的布局，因此是具有高度可变性的"①。在以知识生产模式 2 为主导的跨学科的应用情境中，学科与学科，学科与产业，大学与企业，基础研究与应用研究，科学家与企业家间的组织边界日益模糊。"学科不再是大多数引导兴趣的问题所在的场所，也不再是科学家们必须回归其中寻找认同或奖赏的地方。在毕生的时间中，这些专家可能长久地偏离于他们自己的学科之外，在各种各样充满刺激的问题中实现他们的职业生涯。"② 未来在知识生产模式 2 的影响下，持续几个世纪的学科忠诚和同行认可制度在知识社会中极可能会"寿终正寝"。

由于受社会分工和学术分科思想的影响，传统上，大学教师习惯于将自己的工作定位为学术职业。学术职业以学院科学为基础，主要强调学术自治、学术自由和学术中立的价值观。在知识社会中，伴随学院科学向产业科学，知识生产模式 1 向模式 2 的转型，学术本身的内涵面临着重构，什么是学术开始成为一个重大的问题。由于学术资本主义的盛兴，自治不再成为大学免责的理由，强调绩效将成为无法回避的选择。"大学要求得到特殊待遇的理由、职业培训场所，与职业特权一样，被逐步削弱。未来的大学将越来越被当作其他组织来对待，而其专业人士也越来越被当作其他职业的从业者来对待。"③ 其表现之一就是大学里科学和科学家的称号将不可避免地被知识和知识工作者所取代，大学所赖以存在的合法性基础不再是自治的学术职业而是营利的知识产业。"今天大众化、工业化社会中，大众教育条件下自由的大学（liberal university）理念正在消退。在现代大学中，知识拥有社会实用性已经不再被视为是对大学自治的威胁。"④ 在未来的知识社会中，情况将更是如此。在知识社会中学术自由不再由学术共同体来决定和维护，而是由大学的诸多利益相关者共同决定和治理。学术自由甚至极有可能成为知识社会中高等教育和大学应用性的第一个牺牲品。原因在于，由于情境化的加深和知识的地方化，科学不再是自治的和自由的，学术也不再是中立的和客观

---

① 迈克尔·吉本斯，等. 知识生产的新模式——当代社会科学与研究的动力学 [M]. 陈洪捷，沈文钦，译. 北京：北京大学出版社，2011：26.

② 迈克尔·吉本斯，等. 知识生产的新模式——当代社会科学与研究的动力学 [M]. 陈洪捷，沈文钦，译. 北京：北京大学出版社，2011：26.

③ 杰勒德·德兰迪. 知识社会中的大学 [M]. 黄建如，译. 北京：北京大学出版社，2010：150.

④ 杰勒德·德兰迪. 知识社会中的大学 [M]. 黄建如，译. 北京：北京大学出版社，2010：68.

的，知识需要有计划的创新，需要强调绩效和责任。"将来学校必须建立'绩效底线'，也就是说，人家付出多少，学校就有责任付出多少绩效回馈给人家，这两者之前的'盈亏底线'必须建立。"① 当代工业社会中，由于文化大学理念的破产和一流大学理念的兴起，一方面是研究型大学的凯旋，另一方面是大学和科学合法性危机的不断蔓延。随着科学情境化和社会化程度的加深，现代大学里以学科为基础的知识生产模式越来越难以适应社会经济发展的需要，受外力驱动，一种新的知识生产模式将应运而生。"这种新的知识生产模式影响非常广泛，不仅影响生产什么知识，还影响知识如何生产、知识探索所置身的情境、知识组织的方式、知识的奖励体制、知识的质量监控机制等等。"② 与传统的学科模式不同，这种新的知识生产模式会以应用为情境，以超学科或跨学科为手段，以多变的组织为载体，以社会责任和绩效管理为标准，以社会问责和反思性为工作目标。

由于学科模式的失败，在知识社会中，大学将不再能够垄断知识的生产、传播与应用。未来大学不是走入社会的中心成为统治者，而是要融入社会成为各类知识机构中的参与者和竞争者。大学赢得竞争的手段不再是政府的特许、庞大的规模和标准化的人才培养，而只能是基于利基市场的不断的创新，即个性化教育。"今天的教育，大势所趋，不再是专业化的、工业时代的、技术人生的教育。人生原本应当是艺术的，而非技术的。教育原本应当是个性的，而非标准的。"③ 当然，工业社会中的大学也有提倡个性化，也会强调跨学科，也有基于知识的产业，也会强调创新人才的培养，但这与知识社会有根本的不同。对于社会的发展，包括大学的发展，我们要看的绝不是它有什么，而是它主要是什么。"一个社会的决定性因素不是'有什么'，而是'以什么为主'；就是说，决定一种社会的因素，是'该社会中的一般规则'。"④ 在知识社会中知识本身将成为一种产业，大学不再是基于知识的产业，而是一种知识产业的集合体。今天人类社会仍处在工业社会和现代性的尾声，基于知识的产业的蓬勃发展充其量证明当今社会正在从能源经济转

① 彼得·F. 德鲁克. 后资本主义社会 [M]. 傅振焜，译. 北京：东方出版社，2009：170.
② 迈克尔·吉本斯，等. 知识生产的新模式——当代社会科学与研究的动力学 [M]. 陈洪捷，沈文钦，译. 北京：北京大学出版社，2011：序言·1.
③ 汪丁丁. 知识印象 [M]. 北京：中信出版社，2003：87.
④ 堺屋太一. 知识价值革命 [M]. 金泰相，译. 沈阳：沈阳出版社，1999：40.

向知识经济，而并不意味着我们的社会就是知识社会。对于现代大学而言，知识社会绝不只是一个概念，而是实实在在即将来临的现实挑战。因为，当世界进入知识社会以后，大学周围的一切都将发生根本变化，在知识社会的情境中，大学要么进行它从未进行过的变革或转型，要么就会被其他机构所超越或替代。

第三节 知识社会中的大学

知识社会的来临与大学和研究的大众化密切相关。甚至没有大学和研究的大众化就不会有知识社会的产生。大学和研究的大众化不但为知识社会提供了充足的知识工作者而且也改变了大学在知识生产、传播与应用中的角色。但在另一层意义上，大学的繁荣和规模的扩张也导致了其自身在知识社会中的合法性危机。由于社会和知识的转型，今天现代大学的发展似乎正在步入一个自我否定的怪圈。因为在高等教育大众化过程中，大学的功能日益多样化和广泛化，但未来的知识社会却要求所有的组织，包括大学，功能必须专门化。除了功能层面的冲突之外，在理念层面上大学也面临巨大的张力。在知识社会中，传统的大学自治与学术自由面临挑战。科学自治将为情境化所取代，学科边界日益模糊，传统的系科结构将会重构，统合性的知识将转型为专门化知识。为学术而学术，知识本身就是目的经典理念将为知识就是财富的新理念所取代。基于上述矛盾，知识社会中现代大学必须转型。

大学的转型主要受两种因素的影响，即外部的社会转型和内部的知识转型。"任何关于高等教育机构的研究都应基于两种视角：内部的视角——意味着知识的科学本质；以及外部的视角——即社会施加的压力和寄予的期望。"① 今天无论在外部还是在内部，大学的转型都与知识的变革密切相关。在外部，从工业社会向知识社会的转型为大学转型提供了社会期望，在内部，从知识生产模式1到模式2的转型为大学转型提供了动力机制。虽然知识生产模式的转型未必与知识社会的来临有关，但是对于大学转型而言，二

① 迈克尔·吉本斯，等. 知识生产的新模式——当代社会科学与研究的动力学 [M]. 陈洪捷，沈文钦，译. 北京：北京大学出版社，2011：71.

者亦不乏契合之处，其共同背景就是大学和研究的持续大众化，其动力学机制都是知识的商品化和研究的市场化（知识价值革命），其结果都是大学垄断地位的消失和知识的极大丰富。在高等教育大众化的过程中，越来越多的人进入大学，越来越多的知识被生产和传播。由于学术漂移的存在，加之社会对于学历和学位的崇拜，越来越多的大学开始提供研究生教育，越来越多的人最终接受了学术研究训练。研究生教育的大众化导致很多受过研究训练，尤其是拥有博士学位的毕业生根本无法进入现有的学科体系从事学院科学的教学和研究工作。其结果，在社会其他领域，这些拥有研究能力的专门人才在各自的工作岗位上逐渐开拓出一种崭新的知识生产模式。在这些大学之外的新型研究机构、政府以及企业组织内，知识的生产、传播与应用完全聚焦于实践问题，突破了传统的学科的界限。"一个数十亿美金的知识产业在现有的教育机构之外发展起来，以更为直接、往往也更为有效的方式对实业界和劳动力市场的需求做出反应。这就导致大学在提供训练和颁发在私立部门内具有良好流通性的教育文凭方面的垄断地位被侵蚀。"①

工业社会是人类社会发展的一个过渡性阶段，现代大学也是大学发展的一种特殊形态。没有永恒的社会形态，自然也没有永恒的大学模式。随着工业社会向知识社会的逐渐转型，以系科结构为基础的现代大学向跨学科的后现代大学转型也是必然趋势。当前"一流大学"论者喜欢将研究型大学作为大学的黄金范式，甚至是标准模式，这反映了大学想象力的萎缩。今天尽管研究型大学的基本范畴和系科结构仍然没有发生根本变化，但雷丁斯提出的"废墟中的大学"已经成为一个挥之不去的意象。在即将到来的知识社会中，以研究型为典范的那些精英大学为了避免崩溃必将会逐渐转型为以知识应用为核心的后现代大学。从长期的发展趋势看，以石油为代表的工业能源的枯竭不可避免，传统的工业化思路面临挑战。面临资源的约束和能源的危机，当前工业社会中形成的消费主义价值观会危及人类的生存。随着知识价值革命的发生和信息化时代的来临，一种新的美学观念和消费伦理正在形成。对于物质财富的追求会逐渐被对于幸福生活的追求所替代。生产和消费领域的大规模和标准化也正在被多样化和个性化所取代。当然，从工业社会向知识

① 迈克尔·吉本斯，等. 知识生产的新模式——当代社会科学与研究的动力学 [M]. 陈洪捷，沈文钦，译. 北京：北京大学出版社，2011：68.

社会的转型过程十分漫长，现代大学向后现代大学的转型也将是一个漫长的渐进过程。从现在来看，这个过程无论起点还是终点都还是模糊的。所谓里程碑式的标志也不过是大学发展史中具有典型意义的某一事件。就像现代大学以柏林大学的建立为起点一样，斯坦福大学旁边硅谷的出现也可以看作工业社会的现代大学向知识社会的后现代大学转型的开始。但这种典型事件并非每个国家都会出现，更不意味着在转型过程中所有的大学都会有共同的路线图和时间表，共同的起点和终点。在社会转型的背景下，大学转型的历史多半会是"同一个世界，不同的梦想"。即便是在同一个国家，大学的转型在速度、广度、深度、难度和向度方面也会有所差异。

今天知识社会尚处在形成中，从工业社会向知识社会的转型刚刚拉开序幕，还没有哪一个国家真正进入知识社会，更不可能存在所谓的知识社会中的大学的标准范式。因此，今天对于知识社会中的大学的"议论"更多的还是一种理论上的猜测和思想上的启迪而非实证的探究。虽然有些国家早已经在着手改革本国高等教育体系以使其更好地适应知识经济发展的要求，但还没有哪个国家以应对知识社会的来临为目标来制定相关的大学转型政策。事实上，今天从工业社会向知识社会转型的种种新现实已经对现代大学的发展提出了严峻挑战。在实践中从高等教育向终身教育的转变也已不再只是趋势而成了一种客观的存在。此外，企业大学和虚拟大学等新兴机构的兴起也打破了传统大学对于高等教育的垄断。长期为大学所垄断的学历和文凭授予今天也日益的多元化。由政府或企业内部的培训机构或独立的研究机构授予学位正在成为一种潮流。从这个发展趋势来看，未来的知识社会中，大学将危机重重，而不是一帆风顺，其致命威胁可能不是来自内部而是外部。"将来会逐渐变成学校和'非学校'之间的激烈竞争，也就是说，会有不同机构渗入教育领域，提供不同的教育途径，从而与学校竞争。随着知识变成后资本主义的资源，学校作为知识'生产者'与'分配管道'，其社会地位与独占地位都将遭受挑战。而且若干竞争者一定会成功。所以，教什么、学什么，怎么教、怎么学，教育与学校的消费者是谁，学校在社会中的地位如何，所有这些问题，在未来几十年会有重大变化。教育与学校挑战之大，会面临的变革之剧烈，是其他机构所比不上的。"① 今天从表面上看，工业社会中的现代大学是高度成功的，但实际上却也是高度危险的。在从一种稳态向另一种稳态过渡的转型期，现代大学正不可逆转地在走"下坡路"。无论是从工业社会向知识社会的转型，还是从知识生产模式1向模式2的转型，都意味着"将来，高等教育机构——特别是大学——将仅构成知识生产部门的一部分，且可能仅仅是很小的一部分。无论是从科学、经济还是政治的角度，它们都不再处于足够强势的地位，无法决定教学和研究中什么才算是卓越的。为了适应这些新的压力，高等教育所做的调试就是改变大学系统传统的组织和结构"②。对于现代大学而言，无论是知识生产模式的转型还是社会结构的转型，都是一个客观事实，基本不存在主观选择的弹性空间。大学无法改变别人，只能改变自己。从工业社会向知识社会的转型是社会发展的大趋势，具有不以人的意志为转移的强制性。从知识生产模式1向模式2的转型也是社会转型过程中知识转型的一种具体表现形式，同样不以人的意志为转移。大学转型的目标多半是要适应社会的转型和知识的转型而绝不是要去对抗它们。当然，大学对知识社会的适应绝不只是消极的，而应是积极的超越。毕竟风险与机遇共存，失望与希望同在。如果现代大学能够积极地参与到公民社会的运转当中，超越知识生产模式2的羁绊，未来的大学仍然会充满生机和活力。因为"在知识社会中，认知过程不仅产生知识的内容，而且提出新的认知结构和认知本体，这是一种更深层的、更深远的认识视野的变化。这一变化意味着那时大学的作用被强化了，而不是削弱了，因为在知识社会中，大学开辟了一个不同话语系统相互交流的空间"③。今天对于现代大学即将迎来的转型我们无法以价值判断的"好与坏"来衡量，而只能从事实出发，冷静地面对大学不得不转型的客观现实。今天的大学由于科层化严重，院系等传统的学术单位已经高度的行政化。未来的知识社会虽不是大学的天堂，但今天现代大学如不尝试以此为契机"改弦更张"，可能永远无法实现"反败为胜"的理想。

---

① 彼得·F.德鲁克.后资本主义社会 [M].傅振焜，译.北京：东方出版社，2009：170.
② 迈克尔·吉本斯，等.知识生产的新模式——当代社会科学与研究的动力学 [M].陈洪捷，沈文钦，译.北京：北京大学出版社，2011：74.
③ 杰勒德·德兰迪.知识社会中的大学 [M].黄建如，译.北京：北京大学出版社，2010：185.

　　为了应对学科模式的普遍失败，知识社会中的大学将会尝试走出科层制的铁笼，大学中等级化的制度安排将被平等的伙伴关系所取代。以学科内和学科间认同为动力学基础的知识生产模式和奖励机制将被以学科外承认为主导的知识生产动力学机制所代替。此时学者需要"效忠"的既不是学科，也不是大学，而是知识的消费者或知识生产的委托人和资助者。今天现代大学就可以开始有计划、有步骤、有系统地放弃一些习惯的、熟悉的、舒适的知识生产与传播方面的惯习。对于现代大学而言，那些历史证明了行之有效的做法并不必然意味着在将来依然有效。大学转型应该更多地关注未来而不是重复历史。随着信息技术的飞速发展和知识社会的来临，大学内部的变化会越来越剧烈。面对高度不确定的未来，历史经验会逐渐失效，甚至会起副作用。过去一句话可以概括几个世纪，而现在甚至没有人知道下一秒世界会发生什么。如彼得·德鲁克所言："知识改变得很快，今天还斩钉截铁的事情，明天就成荒谬可笑的话题，这正是知识的本质。"① 今天很多大学还在以大为美，以历史悠久为荣，由于经不住政治与经济的诱惑，加之机构自身的欲望使然，大学什么都想做，功能日益泛化，规模日益庞大，大学甚至已无法区分哪些是自己的核心使命，哪些是支持系统。在工具理性主导下，走出象牙塔的大学逐渐迷失在商业化与市场化的大潮中，成了金钱的"奴隶"而不是财富的"主人"。知识社会同样是一个高度市场化和商业化的社会，在知识社会中大学自身更是高度的产业化。但与今天不一样的是，知识社会中的大学必须高度专注于它本身的使命所在，即知识产业与高等的教育，与此无关的工作将从大学剥离。德鲁克就曾深刻地指出，未来不论企业、工会、大学、医院，或是政府，通通都需要"反败为胜"。要"反败为胜"以下三个步骤都是不可或缺的："放弃不成功（行不通）的事；放弃从来就不成功的事；放弃已经过时、再也不能有贡献的事。专心做成功（行得通）的事，专心做真的有成果的事，专心做能提升组织执行能力的事。对于半成功半失败的事，我们应该分析为什么会成功，又为什么会失败。要反败为胜，那么，凡是前面所讲的种种不成功之事，我们通通都必须放弃，凡是成功之事，我们都必须做得更进一步。"② 现代大学如要成功转型，以上三条同样值得

---

① 彼得·F. 德鲁克. 后资本主义社会 [M]. 傅振焜，译. 北京：东方出版社，2009：38.
② 彼得·F. 德鲁克. 后资本主义社会 [M]. 傅振焜，译. 北京：东方出版社，2009：125.

借鉴。

总之，由于知识的价值发生了革命性的变化，知识社会与工业社会也会有本质的不同。当然，这种不同绝不局限于技术发展和产业结构的变化方面，它还将引起整个社会基本结构的变化，美学意识和伦理观念的变化。由于镶嵌在社会结构中的一系列社会硬件和软件的急剧变化，知识社会中的大学与工业社会中的大学相比也将有根本的不同。适用于现代大学的很多治理模式和制度安排在知识社会中未必有效。用来分析现代大学的很多概念工具和理论范畴在知识社会中也未必合适。尽管如此，未来在漫长的有可能超过一个世纪的知识社会的形成过程中，现代大学的转型也绝非毫无线索可循，毫无规律可遵。假若我们能够抓住历史的机遇，认真地对待社会转型中初露端倪的知识价值革命和知识生产模式的转型，对于现代大学在即将到来的知识社会中的转型也不是完全无法预知。至少可以肯定，"现代大学是大众教育的机构，是城市化和工业化的产物"①。现代大学其本身就必然意味着大学发展的一个阶段而不可能是终点。从知识社会的观点看现代大学就像今天从工业社会的观点看中世纪大学一样，价值观的冲突将不可避免。就像现代社会认定中世纪是一个黑暗时代一样，未来的知识社会也极有可能会认为现代大学诞生于一个极度崇尚金钱和物质，无视思想和理念的平庸和荒诞的时代。与工业社会对于研究型大学的推崇不同，知识社会中的理想的大学未必还是研究型的。在知识社会中那些研究型的精英大学与一般的地方大学相比在知识生产、传播与应用方面并不必然具有绝对的优势。相反，由于知识生产的情境化程度不断加深，那些地方大学在解决区域问题方面还将占有压倒性的优势。最后，作为工业社会之后的下一个社会，知识社会中的工业生产将会主动放弃大规模和标准化，而主要以知识为基础，凸显个性化和创新性。在知识社会中知识将不再意味着力量和权力，也不再意味着对自然的征服和对人的控制，而是主要体现为人的全面发展，知识将成为人类走出工业社会困境的手段。此时大学教育将告别标准化和批量化，真正迎来个性化的新时代。

---

① 杰勒德·德兰迪. 知识社会中的大学 [M]. 黄建如，译. 北京：北京大学出版社，2010：56.

第十一章　知识规划视野中的大学

　　知识的演变过程是一个极为复杂的历史过程。任何的知识既是地方性的又是历史性的。历史上，大学的产生与知识的规划密切相关。以古希腊科学和自然哲学为基础的自由七艺以及神学、医学和法学的课程规划奠定了大学的原型。此后的数百年里，虽有"系科之争"，但大学内部知识结构和学科版图一直相对稳定。近代大学的兴起源于理性对于知识的重新规划。正是借由知识的重新规划，自然科学和社会科学才得以从自然哲学和道德哲学的名义下解放出来，从而打破了人文学科和古典学者对于大学的统治。20世纪以后，近代大学知识规划的结果在现代大学里被颠覆，各种名目的新兴学科层出不穷，传统大学的知识结构和学科版图被重构，以自由教育为宗旨的经典大学理念被忽视。"大学从富有诗意的圣经对没有信仰的唯物主义的关注，发展到亵渎神圣的现世意义，最后转向实用教育，这在文理学院的本科系部为学生做就业前的职业准备时，就会交织着这样的问题：'个人的利益是什么？'"①回顾历史，我们很难说是大学改变了知识的规划还是知识的规划在不断改变着大学。至少在现代大学里，随着不同类型的知识不断涌入以及人们对于知识地图的不断规划，人非但没有感受到求知的快乐，反倒出现了自我认识的危机。当形而上学与传统宗教信仰在面对生物进化论与天体物理学的挑战时，当大学由对"自由七艺"的传授发展到现代多元巨型大学具备庞大学科体系并发挥着多种职能的时候，学术活动的意义已经和人的自我认

　　本章由李海龙、王建华合作撰写。

　　①　索尔斯坦·凡勃伦. 学与商的博弈——论美国高等教育［M］. 惠圣，译. 上海：上海人民出版社，2009：17.

同危机一起陷入迷茫之中。"如果大学不想沦为以技术为主导的消费主义的追随者，使学生成为纯粹的知识消费者，或通过'卓越'的技术权威话语把自己定性为跨国的官僚化的公司，那么大学必须重新为自己定位。不过，一个非常明显的事实是，在可供选择的前提下，后现代社会并没有什么新角色可以提供。"① 面对这种知性的困局和角色的吊诡，重新审视知识规划与大学的关系十分必要。

第一节　知识规划的历史与变迁

　　知识规划指的是人们生产、选择、组织知识并确定传播方式的过程，在这个过程中，人们为知识划定边界，赋予不同的价值属性。知识规划既可以是一种基于理性的科学行为，也可以是一种基于政治正确性的社会过程。总体上，知识规划就是知识与权力的双向互动。无论是学术权力还是行政权力都可以通过规划行为改变知识的版图。"任何现代学科规训形式，都难逃错综复杂的权力/知识问题框框。"② 在高等教育实践中，知识的规划主要表现为系科结构的建制，研究内容、研究目的的确立，教学课程的安排以及学科组织的形式等方面。知识规划反映了社会中权力、利益和文化间的复杂关系。由于利益相关者的每一方都希望将知识纳入自己的名下，并需要凭借知识为自己的利益诉求赋予种种合法身份，所以各方都对知识规划的权力窥伺已久。作为高深知识生产的最主要的制度性场所，大学里对知识规划权力的争夺尤为激烈。一方面，政府希望通过合法的知识规划来控制大学的知识生产，以维护政府统治的合法性；另一方面，大学则希望通过知识规划来反对政府的意识形态控制，从而维护大学自治的传统。高深知识的自主性一直是大学自治的合法性基础，知识规划是大学的核心利益。对于作为专业性学术组织的大学而言，知识规划的权利（力）是不可妥协也不愿意让渡的。"长久以来，知识分子生态系统借持续不断的分门划界，分割成'分离'的建制

---

① 杰勒德·德兰迪. 知识社会中的大学 [M]. 黄建如，译. 北京：北京大学出版社，2010：7.
② 华勒斯坦，等. 学科·知识·权力 [M]. 刘健芝，等，编译. 北京：生活·读书·新知三联书店，1999：124.

和专业空间，以便达致目标、方法、能力和实质专业技能的表面细分。"① 如果政府可以随意对于大学内部的知识生产进行规划，那么大学也就不再是大学。但现实是由于大学太重要了，知识规划的权利（力）不可能完全交给教授，政府的介入不可避免。同样的道理，知识规划的权利（力）也不可能完全交给政府，大学的自治仍然存在。最终的结果，就是政府与大学在知识规划问题上达成妥协。"自从中古时代创立以来，大学这个活动场域与政权便往往维持紧张的关系，大学虽然永远没法把自己跟政权完全分割开来，却总试图跟政府保持一定的距离。结果是造成一个拉锯的局面，而且看来永远也得如此。"② 对于知识的规划与选择也同样如此。政府要尊重大学自治与学术自由的传统，大学也要接受政府必要的干预。

从某种程度上来说，知识的观念是社会意识形态的反映，规划权力所决定的不仅是可以生产什么样的知识，而且决定了这些知识以什么样的形态出现在人们面前，知识在社会中的价值究竟有多大，何种知识有利于权力和利益的再生产。反之，权力又决定了评定知识的价值标准和叙事方式。知识可以生产权力，权力也可以产生知识。"因此，这些叙事一方面可以规定能力标准——这是叙事被讲述时所处的那个社会的标准，另一方面可以用这些标准来评价社会实现或可能实现的性能。"③ 事实上，从另一个角度看，知识本身既是人性的表现方式，也是构成人与人交流的媒介。具体而言，一方面所谓知识都是关于人的知识或为了人的知识；另一方面，所谓知识，都具有主体间性，都是公共的而不是私人的，都是可以供人分享和交流，完全无法交流也无法重复的私人体验或内心感受不能称为知识。人们对于知识规划的动机主要来自于人的两种情结：一种是人的符号化情结，另一种是人类群体化过程中追逐分类与综合的系统化情结。由于符号是人在社会中的认知方式，符号是用于沟通的工具，同时知识通过符号化的规范处理后可以形成人的认知经验，并可以相对确定的保存下来或流传下去。"人不再生活在一个单纯

---

① 华勒斯坦，等. 学科·知识·权力 [M]. 刘健芝，等，编译. 北京：生活·读书·新知三联书店，1999：21.

② 华勒斯坦，等. 学科·知识·权力 [M]. 刘健芝，等，编译. 北京：生活·读书·新知三联书店，1999：219.

③ 让-弗朗索瓦·利奥塔尔. 后现代状态：关于知识的报告 [M]. 车槿山，译. 南京：南京大学出版社，2011：77.

的物理宇宙之中，而是生活在一个符号宇宙之中。语言、神话、艺术和宗教则是这个符号宇宙的各部分，它们是织成符号之网的不同丝线，是人类经验的交织之网。"① 在一个由成熟的符号系统所构成的网络中，知识可以变得易于识别，并且易于交流和传播。以符号作为必要的基础，人们倾向对事物进行分类与综合的系统化情结来源于自身在进化过程中不断理解自然的过程，实际上反映了一个将混沌的外部世界逐渐清晰化的经历，这当中就有构成分类语言、总结经验、建立组织与发展序列的系统化过程。出于这种进化当中的系统化的本能，人们对知识进行规划的过程也是一个智能进化，增进理解与交流的过程。当然，人虽然有符号化和系统化的情节，但也绝不会为规划而规划。知识的规划通常和教育的过程密切相关。那些规划后的知识是构成教育的重要资源，其目的是更好地培养人或培养更好的人。"一切经验知识的客观有效性，全都依赖于用范畴整理给定的实在。在特定意义上，亦即在它们为我们的认识提供了先决条件。"② 无论任何时代，所谓的教育都是要选择合适的知识以培养理想的人，而知识的选择往往既是规划的动力也是规划的结果。最终，由这种经过规划的经验知识再形成人类社会存在的符号网络，知识本身的价值才能得以体现。

知识规划的性质因时代的变迁而发生着改变，知识生产与传播的渠道也因为这种规划而实现某种特定的目的。教育的方式往往伴随规划语境的确定而确立，高等教育中对知识的探究在某种程度上就变成了生产并排定知识的序列并赋予其价值的过程。"教育的目的不只是传授有关价值的知识，而且还要致力于价值本身，将理想内化为行为、感情和思想与从知识层面掌握理想同样重要。"③ 由于知识本身的多种属性与不同的功能，人们在不同的时代对于知识所附带的价值属性表现出了极大的热衷。尽管从表面上看，人们希望通过知识获得自身在社会中立足的力量，但人们更希望通过知识搭建通往权力的阶梯。高等教育系统中知识虽然在流向出口上有多种路径可以选择，但知识的入口只控制在特定权力的拥有者手中。只有通过对于知识的规划才可以渗透价值诉求，价值观取向和特定的意识形态。这一点在大学发展的历

---

① 恩斯特·卡西尔. 人论 [M]. 甘阳，译. 上海：上海译文出版社，2004：35.
② 马克斯·韦伯. 社会科学方法论 [M]. 杨富斌，译. 北京：华夏出版社，1999：205.
③ 哈佛委员会. 哈佛通识教育红皮书 [M]. 李曼丽，译. 北京：北京大学出版社，2010：56.

史中早有先例。即使是最为抽象的自由知识，通过大学中的课程规划行为也可以表现其社会价值的诉求，并且在大学中得以用课程的方式为自身实现合法性的传递。"亚里士多德、托勒密和盖伦的著作主导着中世纪大学，因为这些著作（先从希腊语被译成阿拉伯语，后来又从阿拉伯语被译成拉丁语）构成了中世纪课程的基础。它们规定了学科的性质和分类以及研究课程。"①无论何时，知识规划及其为知识设立序列的方式都符合了人类社会中等级差异的格局，以褒扬贬抑的形式最终确定了不同知识的叙事方式与言说立场。换言之，知识规划的过程就是不同权力与价值观博弈的过程。当然，知识规划的权力与价值观博弈也反映了人性对于权威和权力的崇拜，不论这种权威和权力是否来自知识本身。这一点在大学形成之初最为明显，学者群体利用知识规划完成了个体向行会的过渡，也实现了知识生产本身的制度化。

从知识规划的过程来看，其本质实际上又是一个对知识价值的筛选、分离和重新构建的过程。更重要的是，这种行为在不断引发着各界对于高等教育的关注热情，大学的地位得以凭借知识规划而不断提升。当然，知识的性质更多地还要取决于规划主体的身份、地位、目标等因素，不同主体所选择的知识及其规划方式也带有不一样的情感色彩与价值诉求。"主体位处最佳的感觉距离上。这个距离的边缘限界着适当的信息种子；主体利用工具性的中介，这些中介可以改变信息的范围，改变主体对间接或直接的感知层次的位置，保证它从表面层次向深度层次的过渡，使主体在肉体内部的空间中循环流动——从明显的病症到器官，从器官到组织，最后，从组织到细胞。"②任何社会一旦知识规划变成了一种话语方式的规划，知识的流动就会演变成一种固定的话语序列的建构过程，并且这种话语方式构建起不同社会组织的合法性。但无论何时知识规划的过程所反映的价值朝向都受到权力的密切监控，任何规划主体都不希望其他外部势力来染指这个过程。更进一步说，对于这种主体地位的争夺与博弈往往比知识规划本身更为重要，甚至决定了整个社会的权力序列和利益分配法则。反映在现实中，由于规划主体间关于规

---

① 玛格丽特·J. 奥斯勒. 重构世界：从中世纪到近代早期欧洲的自然、上帝和人类认识 [M]. 张卜天，译. 长沙：湖南科学技术出版社，2012：34.

② 米歇尔·福柯. 知识考古学 [M]. 谢强，马月，译. 北京：生活·读书·新知三联书店，2007：56.

划权利（力）的争夺，原本不涉及任何私利的知识已经被高度世俗化。"我们发现自己正置身于相互谩骂的冲突中，在为控制资源和知识机构进行着不断的斗争。"① 原因就在于，现实社会中知识的分类与归属往往决定着每个人的情感朝向和立场选择。在社会中人更容易在知识思维方式相似的群体中获得认同观念，社会成员的行动也更容易在一个稳定的知识序列中凝聚力量，分类的知识将不同的社会群体与组织区分开来，社会阶层的分化实际上由知识规划后的教育来决定。不同的阶层通过不同的知识接受不同的教育，从而属于不同的阶层。绅士阶层需要的是自由教育而工人需要的则是实用教育和职业培训。在现代大学中，系统性的知识反映着相似的学者群体意识，真理成为大学创造知识的最初目的并一直被大学努力维护。永恒主义者曾认为，经过大学的理性规划，可以筛选出"永恒学科"，并创建"永恒课程"，通过"永恒学科"和"永恒课程"可以基于共通的人性实现适合于所有的人的高等教育。"教育的目的之一是发掘出我们人性的共同点，这些共同点在任何时代和地方都是一致的。因此，教育一个人在特定的时期和地方生活，或调整他们适应特定环境的观念，是有悖于真正的教育理念的。"② 但真实的教育环境中永恒主义课程观不可能成功。不同的人需要不同的知识。针对不同的人的教育需要不同的课程规划。

回顾历史，知识规划主要在中世纪的大学建立前后兴起，并且有明显的目的取向，追求理性价值和基督教宗教关怀并重。中世纪大学初建时不论是研究还是教学，经过分类、整理和规划后的知识实际上代表了学术社群的理念，古希腊的学术研究气质在中世纪大学中得到了复兴。"在学术上，除了透过其教义的建立和维护，学校教义的充实和发展，调和了古希腊和古罗马在文化上的优点之外，还能在文化上启迪人类的心灵，广纳东西方文化的精髓，丰富了学术探索的领域，也鼓舞了开放容忍的态度和理性探究的研究精神，这更是后来大学建立的基本立场。"③ 在中世纪知识规划的合法性一方面来自于知识的时代效应，另一方面则是来自于研究和学习者的兴趣。早期的

---

① 伊曼纽尔·沃勒斯坦. 知识的不确定性 [M]. 王昺，等，译. 济南：山东大学出版社，2006：3.
② 罗伯特·M. 赫钦斯. 美国高等教育 [M]. 汪利兵，译. 杭州：浙江教育出版社，2011：39.
③ 卢增绪. 高等教育问题初探 [M]. 台北：南宏图书有限公司，1992：67-68.

知识规划权力主要掌握在学者手中。教会的意志也要经由神学学者的知识规划来实现。"来自学校共同体的神学观念在宗教改革时期对宗教思想产生了深远的影响，并直接影响了欧洲的政治、罗马天主教和新教的分裂和这种分裂所造成的痛苦的冲突。"① 古罗马法的复兴在一定程度上催生了博洛尼亚大学的诞生，神学知识在修道院的归集则为巴黎大学的出现储备了丰富的知识资源。另外，早期知识规划的目的主要是从知识到知识的，知识在大学学习的等级序列也构成了知识系统的制度源头。"中世纪大学赋予了从古代继承下来的知识等级观念以制度形式。"② 康德关于"系科之争"的讨论就是对于这种知识等级观念的嘲讽。由于知识规划不仅是一个理性的行为而且是一个社会的过程，知识规划的终点并非像规划主体最初想象的那么简单，规划的目的会在规划的过程中发生改变。其中有出于认识论的角度来规定知识探索目标的，也有从社会论和利益观、政治论的角度来理解知识作用的。知识的规划由于要面对外界的这些不同目的，使得学者们的规划活动更类似于一种"仪式"，以仪式彰显知识的神圣感，并同外界划分出专属于学术自由和自治的领地。中世纪大学就曾利用知识规划的独有合法性向外部社会争取种种特权。

随着时间推移，不可避免的是知识从被选择、分类的那一刻起实际上走向了裂变的格局。其原因在于，一方面知识本身的无比开放性让后世学者不断推动知识的进步。在知识的世界里任何再小的分支领域都有着无限的探索空间和进步的可能。"现代学科规训制度带来了一种新的训条，认为知识领域本质上是开放的。这个新生的生态系统确保了新生的学科规训领域和次学科规训领域，具有无穷的增殖潜能（无穷的意思是不论在任何时刻，都无法为学术科目列出一张最后清单）。"③ 在这种生产和消费体系中，知识越来越多走出大学的围墙，同社会的权力、利益与意识形态、价值观相接触，从而引发了话语权、合法性的纷争。"话语权形成不是一个正在发展着的总体性，

---

① 菲利普·G. 阿特巴赫. 比较高等教育：知识、大学与发展［M］. 人民教育出版社教研室，译. 北京：人民教育出版社，2001：132.

② 希尔德·德·里德—西蒙斯，吕埃格. 欧洲大学史：中世纪大学［M］. 张斌贤，等，译. 保定：河北大学出版社，2008：337.

③ 华勒斯坦，等. 学科·知识·权力［M］. 刘健芝，等，编译. 北京：生活·读书·新知三联书店，1999：48-49.

这种总体性具有自身的活力或者自己特殊的惰性，并把它不再说的，尚未说的，或者此刻同它唱反调的东西随身带进未表达出的话语中。它不是一个丰满的和难得的胚体，它是对空白、空缺、欠缺、局限和分割的分配。"① 因为再严谨的知识规划都不可能将自己的权威大厦修建的滴水不漏，随着历史的变迁，知识本身总会在人们新发现和新探索的冲击下失去过去的光芒，创造——否定——再创造的知识生产逻辑更是随着历史的变迁不断地重现。另一方面，知识分裂带来的是心灵权威的瓦解和权力的祛魅。到了中世纪的中后期，伴随着牛顿学说、日心说和笛卡儿的二元论思维，传统的以宗教、神性为权威的神学知识体系已经被撼动了，并开始动摇。过去一度被认为是确定的、唯一的知识话语的权威逐渐被证伪，因相似性被归集起来的经典知识群集也不可避免地发生了分裂。"在 16 世纪，相似性是与符号体系联系在一起的；并且，正是对这些符号的阐释，才打开了具体认识领域。从 17 世纪以来，相似性被赶到了知识的周边地区，知识最低级和最低下的边缘。在这些地方，相似性与想象、不确定的重复、模糊的类推联系在一起。"② 近代以来，随着自由七艺在大学课程中被自然科学的崛起而肢解，知识间的区别性更加明显。最初由上帝神性所主宰的万物平衡规律被进化论和现代物理学、精密的数学计算方式所打破，传统的知识价值观与权威格局被彻底的颠覆。曾经的神学不仅可以求善而且是指向求真的，但随着自然科学与人文科学"两种文化"的形成，此时的知识划分实际上已经变成了"上帝的归上帝，恺撒的归恺撒"的格局。知识探索开启了由神的意志向人的意志的转变。"边界划分的经验教训是双重的，这些活动都逃脱不了知识—权力的动态关系，因为它们要拥有自己的合理性。"③ 在人的自由意志主导下，基于求真、求善和求美的不同分工，人类的知识进一步分化。最终随着求真意志被权力意志所解构，人类的知识探究逐渐拉开了多样化的序幕。知识规划的权力伴随着知识探索主体的多元化也随之分化。

---

① 米歇尔·福柯. 知识考古学 [M]. 谢强，马月，译. 北京：生活·读书·新知三联书店，2007：132.

② 米歇尔·福柯. 词与物——人文科学考古学 [M]. 莫伟民，译. 上海：上海三联书店，2001：95.

③ 朱丽·汤普森·克莱恩. 跨越学科——知识 学科 学科互涉 [M]. 姜智芹，译. 南京：南京大学出版社，2005：313.

到了近代工业社会，逐渐专业化的知识分类和学科建制风起云涌。中世纪大学最初的知识结构体系被日趋分化的学科制度所打破。如果说最初的学者凭借求知欲望汇集而成的行会最终可以演变成大学，到了 17—18 世纪学者们则随着分裂的知识而被纳入具体的学科建制中。大学里学者在学科之外甚至无法生存。学科而不是大学成了学者的"家"。学科建制的出现实际上是为了满足社会组织逐渐专业化的要求。某种意义上，学科的出现也是大学自我调适知识规划的方式重新适应社会要求的体现。学科制度的建立使知识探索的认识论基础从单纯的形而上学真理观逐渐转向对社会和自然的理解。19 世纪以来，"主要通过在哲学系内设立一系列的专业（我们现在称为学科），大学体制才得以维持"①。现代社会中，在学科制度下专家逐渐取代知识分子成了学者的新角色。大学的知识生产方式开始向标准化、职业化与实用化的社会要求靠拢。大学不再是学术的象牙塔而是变成了政治、经济和文化等多种角色争相介入的竞技场。政治权力最先瞄准了知识规划的主体地位，由于其占据着至高无上的合法地位并控制了知识探索的方向，政治权力对知识生产的介入程度甚至超过了当初的宗教，而且当民族国家逐渐向威权国家转变后，原有的政治宗教二元结构的失衡使得政府以国家和民族的名义成了控制大学的寡头。"在高等教育领域，非理性的政治统治着专业人员和环境，专业人员和环境又左右着各机构间的关系。"② 现代以来，大学在政治力量的操纵下实际上已经将知识用于意识形态合法性的论证了，社会成员通过立法的形式控制着大学所需的财政资源，并逐步将大学身上的特权外衣层层剥离。"在这个重新分配惩罚权力及其效果的全面规划中，聚集着各种不同的利益。改革不是在法律机制外面酝酿的，也不是反对该机制的一切代表。……其首要目标是：使对非法活动的惩罚和镇压变成一种有规则的功能，与社会同步发展；不是要惩罚得更少些，而是要惩罚得更有效些；或许应减轻惩罚的严酷性，但目的在于使惩罚更具有普遍性和必要性；使惩罚权

---

① 伊曼纽尔·沃勒斯坦. 知识的不确定性［M］. 王昺，等，译. 济南：山东大学出版社，2006：9.

② 伯顿·克拉克. 高等教育新论——多学科的研究［M］. 王承绪，等，译. 杭州：浙江教育出版社，2001：51.

力更深地嵌入社会本身。"① 在现代社会中，当知识规划被纳入国家层面的政治生态体系中时，不少学者利用这种知识规划权力的转让与统治者实现了利益的共谋，并愿意接受政治权力对于知识和学科的规训。在大学由中世纪的封建时代开始走入现代资本主义社会的过程中，传统的以自由教育为目的的知识曾经遭到深刻的质疑。在新的时代到来之后，以什么知识最有价值为契机，大学急于以功利性的知识去迎合社会的和国家的需求，高等教育哲学也从认识论转变为政治论，学术的逻辑开始被植入市场经济的逻辑，精确的量化运算的方法取代了传统的思辨研究，任何学科都要努力将自己与自然科学的研究范式靠近才能证明自己是有用的。与此同时，当社会分工所创造的知识需求先于大学所生产的知识出现在人们面前时，知识规划的路径已经被重新调整，即更为专业的知识是为了更为职业化的社会分工的需要。"如我们今天所知，历史和社会科学在很大程度上是 19 世纪思想的一个产物。可以肯定，编年史学有一个很长的传统，在那时之前，社会科学也有很多原型实践者，常常都是罩在哲学的条目之下。然而，法国大革命给世界系统以制度上的撞击，导致了整个系列的文化转型。其中一个产物就是社会科学作为一种专业化的活动出现了。"② 其结果，在以专业化为诉求的知识与学科的共同催化下，大学渐渐向工具理性和实证主义的知识观靠近，从 19 世纪起知识规划开始由政治与学术精英共同控制，并被纳入固定的范式和专业化的学科体系内，从而带来了知识整体性的瓦解和学科的进一步分裂。

第二节　知识的规划与大学的变革

知识规划是一种源自人和组织的自身需求，而有意识发起的一种工具理性的行为。伴随着知识规划而来的是规划知识的大量出现。规划知识与真正的知识不同。真正的知识趋向于真理，而规划的知识趋向于权力或利益。当前随着知识生产速度的加快，各种各样的规划的知识不断冲击着人们的感官

---

① 米歇尔·福柯. 规训与惩罚 [M]. 刘北成，杨远婴，译. 北京：生活·读书·新知三联书店，2012：90-91.
② 伊曼纽尔·沃勒斯坦. 否思社会科学——19 世纪范式的局限 [M]. 刘琦岩，叶萌芽，译. 北京：生活·读书·新知三联书店，2009：110.

和理性，知识规划本身又面临着重新规划。因为高等教育活动中众多知识的种类与学科的分立已超出了人已有的接受能力，人们需要凭借知识规划重新处理知识活动与高等教育间的关系。而在现实中，知识规划本身就是一个充满着争议的复杂问题，对于知识本身的态度直接决定了规划中知识的类型和出口。具体而言，这种复杂性表现在于知识规划中的两难选择，不论是否进行规划，都会对大学产生不可逆的影响。如果进行规划，势必会引来对于知识规划权利（力）及其合法性的争夺，对高等教育本身的资源内耗极大。如果不进行规划，知识系统内部的混乱又无法消除，知识选择与高等教育实践又无法实现序列上的对接，无法培养出社会所期望的理想的人。然而，就在人们就是否要进行知识的重新规划摇摆不定的时候，现代大学里的知识却以几何级数的速度进行着迅速地分化。现代以降，学科制度化的进程加快了大学内知识体系离散的速度。"在神权崩溃之前，所有知识统归于上帝，分裂的力量小于统整的力量，因而知识得以圆融，大学得以包罗万象。然而在国家导向下，大学知识体系'包罗万象'的合法性必须得到重新证成。"① 民族国家的到来与工业化时代实用知识的井喷一起构成了分裂知识的两股最主要的力量，原有的知识结构在更为强大的外界力量的胁迫下不得不努力迎合物质主义社会的各种消费欲望，学科的离散给了极端的政治权力充分的借口，用政治论意义上的"知识规划"来解构着大学的知识体系和学科划分。在微观政治学的意义上，以知识—权力关系为主轴，各学科对于自主权的诉求已超越了知识探究的最高目的。在部分的集（极）权国家，政府还延续了中世纪腐朽教会对大学和知识的恐怖政策，以武力或权力对于大学和学科本身进行改造，迫使大学改变自己对知识的态度，放弃知识规划的权利（力）。"天主教对哥白尼学术的禁锢，苏联对摩尔根遗传理论的拒斥以及臭名昭著的'李森科事件'，我国'文革'期间对爱因斯坦相对论持续 10 年的批判，都为某种不公允的'划界标准'付出了血的代价。"② 总之，无论主动还是被动，大学里不断分化的学科与适时出现的专业等概念主动要求将知识与职业的要求捆绑在一起，而完全不顾人性与知识本身的真理价值。当前各种各

① 鲍嵘. 学问与治理——中国大学知识现代性状况报告（1949—1954）［M］. 上海：学林出版社，2008：11.

② 陈健. 科学划界——论科学与非科学及伪科学的区分［M］. 北京：东方出版社，1997：1.

样的知识规划正不断改变着大学的学术生态结构，迫使大学的学科等级在这种规划的"无形之手"的调整下重新洗牌。

由知识规划所导致的知识分裂所瓦解的不光是传统的绝对真理观念，更解构了大学可能发挥的精神权威的作用。19世纪以来，社会科学虽然从人文与自然科学中的对立中独立出来，但其摇摆不定的立场却使得这类学科对于大学的贡献遭到质疑。很多人认为，社会科学完全是被建构出来的，是意识形态的产物。社会科学既不能像自然科学那样发现真理，也不能像人文学科那样提供意义。在现代大学里，"众多人文和社会学科的学习正日益变得支离破碎，失去了往日的中心地位；教学及学术研究中热衷于盲目推崇那些鼓吹竞争性——并且那些鼓吹通常以强势的意识形态影响强加于人们的意识之中——的特殊主义，而放弃了公正的普遍主义的制高阵地"①。在多种学科弥散和学科价值分裂的大背景下，大学内外再无法形成统一的话语方式和交往理性，在大学内部学科之间往往为证明谁是"真正的科学"的而相互争斗。比如，"心理学研究并没有被纳入社会领域，而主要地被归入医学领域。这意味着，心理学的合法性取决于它与自然科学关系的紧密程度。……对许多人来说，只有建立在生理学乃至化学基础上的心理学才具有科学的正当性（scientifically legitimate）"②。现代大学内以学科为单位的学术组织山峰林立，学派众多，学科间貌合神离，大学更像是学科的集合体而非共同体。为了便于政府的知识管理，只好以等级化的差序格局将大学中的学科划分为三六九等，而等级的划分标准则是谁更能吸引更多的经济财富和获得更高的社会地位，结果又引发不同等级学科对于地位和资源的反复争夺。其结果，学科越来越趋向于一个技术性的或制度性的概念，分化的学科越来越偏离知识的本质，倒向方法论主义而不再是追求真理。"由于社会中权威性价值体系的缺失，价值无涉（value-free）就被认为是学术的主要原则，这一原则是模仿所谓的'硬'科学的中立话语。结果是，社会科学不再是十分'社会的'，人文学科也不再是'人道的'。"③ 在新的学科制度下，政治—经济—

---

① 大卫·帕尔菲曼. 高等教育何以为"高"——牛津导师制教学反思 [M]. 冯青来，译. 北京：北京大学出版社，2011：23.

② 华勒斯坦. 开放社会科学 [M]. 刘锋，译. 北京：生活·读书·新知三联书店，1997：28-29.

③ 王璞. 文化战争中的美国大学 [M]. 北京：北京师范大学出版社，2008：67.

行政的规训结构取代了知识—教育的学术逻辑在大学中成为新的供奉对象，学者的课堂纪律、研究禁忌、出版规则都难以由学者自身掌控。知识生产的目的脱离了学术探究的真理本质，"政治上正确"和"经济获利"的目的超越了以真理为最高目的的研究动力。"在这种机制下，那些有可能满足国家和社会需求的学科更容易获得支持，得以生存与发展。在以资本为主导的社会模式中，那些能够满足资本增值的科学和技术更容易被发明出来，更容易得到应用；而不能满足资本增值的学科则被边缘化。"① 知识规划者用一个"有用性"的概念成功地掩盖了其功利主义的目的，并成为检验大学知识合法性的新准则。由于政府和大学"已经假定大学的核心任务是生产有用的知识，这里的'有用'指的是可以对经济和社会的'发展'做出贡献——毫无疑问地给予科学和技术学科以凌驾于旧的传统学术之上的特权"②。正是由于政府和大学的"共谋"，近年来企业型大学和创业型大学作为大学的典范在现代社会中被推广，纳税人也希望大学消耗的资源更少，提供实现欲望的机会更多。

当知识规划的权力不再单纯由学者掌握，而被外界不断染指时，就会引发种种的矛盾。由于大学与政府在知识规划意图上存在根本差异，导致了二者对于知识规划的态度根本不同。在规划的过程中以及规划之后，大学与政府经常会相互指责。政府以社会需求为名要求大学更多地接触现实，提供实用的知识；而大学则以传统为依据努力保卫大学的固有领地。双方的诉求都有合理性，最终就是相互妥协。由此所导致的结果是："一方面，大学的课程数目在不断增长；但另一方面，学生真正学到的知识却并未显著增加。"③现代大学里当知识的探索不再以"闲逸的好奇"为起点，在政府权力意志的驱使下，学科需要如机器的组成部件一般充满精密的系统性，大学内部的知识部落也被这一行政系统切割划分出高低贵贱，知识等级的"血统论"色彩随着时间的流变被行政权力不断强化。人文学科无人问津，便于就业的培训类课程则大受欢迎。热门的学科专业人满为患，冷门的学科专业则门可罗雀。"如今的结果是，学生行为的消费倾向被不断强化。……然而消费行为

---

① 田松. 警惕科学家 [J]. 读书，2014（4）：110.

② 斯坦利·阿罗诺维兹. 知识工厂——废除企业型大学并创建真正的高等教育 [M]. 周敬敬，郑跃平，译. 北京：高等教育出版社，2012：30.

③ 德里克·博克. 回归大学之道：对美国大学本科教育的反思与展望 [M]. 侯定凯，等，译. 上海：华东师范大学出版社，2012：33.

的两个缺点已经显著无遗：提高学生录取率的专业指导，以及争取更好奖学金的交易谈判，压倒性地偏向于更富有的家庭，而那些显然是家境不好的学生们更迫切需要的。高校越来越将学生们视为客户，而不是这项事业的参与者，或是茫茫学海上的同行人；而相应的，学生也日益将学院教育视为一种可购买的商品。"① 究其原因，实际上来自于两个方面，首先是工业化时代的知识大爆炸已经让传统的知识规划方式没有了用武之地，外部权力的介入以及大学的学者以专业性为借口纷纷退守学科内部，使得行政管理的偏好只能以一种路径依赖的方式，以方便为原则来处理大学的知识事务。其次，是人在面临大量的知识选择前，知识观早已发生根本性的偏离，传统精英理念下的通才教育已经遭遇时代浅滩而搁浅，而知识分化与分裂的速度超越了知识分类的作用之后，专业人才显然更受社会的欢迎，由此引发了知识选择与大学之间的复杂关系。"把知识视为'其本身目的'的通识教育与更加实用主义的高等教育之间的紧张关系是 19 世纪论战的核心所在。这种紧张关系今天仍然存在，但在这种紧张关系之外又出现了另外两对紧张关系。第一对紧张关系存在于理论与实践之间。……第二对紧张关系出现的时间还要晚些。它肇始于工业界要求其雇佣的毕业生必须拥有与职业相关的技能，这与主干课程（main stream curriculum）之间形成了张力。"② 现代社会为了满足外界的需要大学里完整的课程空间实际上在被规划的、分裂的学科体系中被压缩的十分有限，而且还要在社会需求的压迫中与各方势力巧妙周旋。大学课程中知识被替代的频率远超过了被理解的程度。在工业化时代大学知识规划体系中，一方面是以持续的人为知识分裂来保持新知识的供应速度，让社会保持对大学的知识热情；另一方面，是淡漠经典知识的存在价值，以一种不断替换的关系来维持知识生产和消费的动力。

由于知识规划中要求自立门户的学科语境甚嚣尘上，导致知识规划中的原本有序的分类变成了无序的分裂。"从 17 世纪起，整个符号领域分布在确实性与或然性之间；这就是说，不再有不被认识的符号，不再有沉默的标记。这不是因为人们拥有了一切可能的符号，而是因为，只有当两个早已被

---

① 弗兰克·纽曼，莱拉·科特瑞亚，杰米·斯葛瑞. 高等教育的未来：浮言、现实与市场风险 [M]. 李沁，译. 北京：北京大学出版社，2012：19-20.

② 罗纳德·巴尼特. 高等教育理念 [M]. 蓝劲松，等，译. 北京：北京大学出版社，2012：202.

认识的因素之间的替换关系的可能性被人所知时，符号才能存在。"① 在大学中，这种裂变所带来的不确定性实际上让人更加依赖以学科为单位的知识组织，当学科组织的优越感超越了大学的传统时，就会产生这样的后果："一个学科的统一性不仅在知识意义上，而且在机构的可信性和地位方面具有重大意义。但也许正因为如此，物理学家才主张他们的'唯一'观，以及他们的压倒一切的'家族情感'和他们所共享的知识风格与兴趣共鸣，而不管各专家间很少来往的事实，也不管学者社团在知识发展过程中，正在变得越来越分裂。"② 由于学科壁垒的存在，现代大学里不同学科的不同学者的对话可能性越来越低，也更容易让外界瓦解学者团结的力量。学科共同体已经名存实亡。以学科为单位的学术组织、学术期刊和学术会议等形式实际上拉大了知识之间的距离，更割裂了知识的系统性和整体性。不同学科间的矛盾与冲突随着争取外界的关注和研究项目的资助而愈演愈烈，学者们不得不将心思放在如何取悦学术资源的所有者上。"就'门类化'而言，其目的是消极的，它妨碍了对问题的整体分析以及对历史世界的辩证分析。按照这种方法，人们更加难以观察和维持世界秩序的潜在结构，因而也更加难以组织和改变它们。"③ 尤其明显的是，那些极具教育价值的人文学科在这种知识规划和资源竞争中会面临被矮化的危机。而为了摆脱这种困境，人文学科研究的问题也不得不更带有迎合的取向，这样一来，高等教育的认识论基础随着学科的分裂和应用性的加强而不断地消散。

现代社会中由于人们对知识分裂形成了新的兴趣，所以造成的一个后果是传统的人性观在"大写"的应用学科与科学面前显得不合时宜，基础科学的研究和学习在市场规则的压迫下不断向实用性和应用性研究屈服。对历史、传统知识的研究被限定在极为狭小的范围内。"实证性并不确定时间的某一特定时刻的知识状态，因为它们不总结从这一时刻其被论证的和取得最终成果地位的东西，不总结那些没有经过证实和充分论证就被接受的东西，

---

① 米歇尔·福柯. 词与物——人文科学考古学 [M]. 莫伟民，译. 上海：上海三联书店，2001：79.

② 伯顿·克拉克. 高等教育新论——多学科的研究 [M]. 王承绪，等，译. 杭州：浙江教育出版社，2001：191.

③ 伊曼纽尔·沃勒斯坦. 否思社会科学——19世纪范式的局限 [M]. 刘琦岩，叶萌芽，译. 北京：生活·读书·新知三联书店，2009：227.

或者那些因共同信仰而被接受或者通过想象力取得的东西。"① 当然，不论是实证类的知识探索还是纯理论的哲学思辨，学者的学科情结原本都无可厚非，但在研究与教学活动中系科的存在却会给学生无意间造成了一种割裂整体的思维方式，并伴随着他们步入社会。"这样的结果一点儿也不会令人惊奇，因为限定的学科范围一开始就将学生的'注意力'垄断了，并不是根据学生资质的不同提供分门别类的教育；这就像正常发生的，尤其像在所言及的学校或系部的完全浸透了商业精神的大学竞争。"② 商业气息在课堂上下弥漫，选修制徘徊在僵化和随意之间，这也就不奇怪为什么现在的大学毕业生除了对本专业知识有所了解外，对专业外的知识基本一无所知的现状了。"教育的需要、本科生的需要和教师专业技能之间的矛盾模糊了我们的视线。课程应该满足学生的需要，教师的偏好还是社会对教育的要求？学生应该成为教师心目中的好学生，还是学生通过教育为社会谋福利？大学应该服务于学生、教师还是社会利益？当教师和学生被赋予选择自由的时候，我们的研究型大学并没有想清楚这些问题。"③ 当对于高等教育功能的衡量标准被简化成了大学解决了多少人们生活中与企业的技术问题时，再伟大的科研成果也会被人们看成是用来消费的。

总之，知识规划解构了传统高等教育演变的方式与合法性，在新的合法性未曾建立时，高等教育的既有规律就会同新进入大学的价值观发生冲突。近代以来，知识规划所表现出的学科分裂的特征本身是学者们所不愿意看到的，最主要的原因来自于启蒙运动后人性的过度解放在大学的场域内发生了变异，从大学内部看，人们将这种独立理解为个体对知识的控制力和占有力，而不是知识本身的开放力，大学在这种趋势下变得日益短视。"如果大学本身不能向学生提供更远大的教育目标，那么家长和学生用消费者的立场看待本科教育，也就无可指责了。"④ 中世纪基于知识本身所建立起来的大学

① 米歇尔·福柯. 知识考古学［M］. 谢强，马月，译. 北京：生活·读书·新知三联书店，2007：202.

② 索尔斯坦·凡勃伦. 学与商的博弈——论美国高等教育［M］. 惠圣，译. 上海：上海人民出版社，2009：120.

③ 哈瑞·刘易斯. 失去灵魂的卓越——哈佛是如何忘记教育宗旨的［M］. 侯定凯，译. 上海：华东师范大学出版社，2012：36.

④ 哈瑞·刘易斯. 失去灵魂的卓越——哈佛是如何忘记教育宗旨的［M］. 侯定凯，译. 上海：华东师范大学出版社，2012：137.

合法性在一次又一次的科技革命与工业革命中被瓦解，大学在努力证明自己的合法性的时候就必须出让原本属于学者的知识规划权力，以此为筹码来换取自身的合法的新身份。"高等教育理念的哲学基础与社会学基础都遭到了削弱。在哲学方面，我们不能为知识探索提供任何绝对的认识论支持；在社会学方面，高等教育及其多种思想对于现代国家中占据一个独立地位已经信心尽失。"[①] 因此可以说，现代社会中的知识规划已经很难发挥高等教育本身应有的作用，而在更多情况下已经沦落为不断出现的知识颁布大学的"准入证"，甚至将本不属于科学的生活技能训练也放进了大学课程之中。教育的规律与人的天性在这样的规划中被挤到了"次等公民"的位置，加剧了受教育者对人文知识的排斥。在高等教育可供选择的知识范围中，学术性的探索人类本性与真理的知识被抛弃，职业性的应用知识被极度推崇。而一旦学术性不再成为高等教育的特征，知识本身不再是目的时，所带来的结果就只会是："人们热衷于谈论用商业化方式来组织管理大学及其设备、人事、日常事务的十分必要性。这种主张高效率体制的思路是，这些教育机构将按照运行良好的商业公司的模式进行有关事务的日程安排。这样，大学被当作一个在博学的统帅（captain of erudition）管理之下的处理具有商品性知识的商业机构，统帅的职责在于想方设法促成最大可能的产出量。"[②] 在这种变质的高等教育中，知识生产已经不再是按知识本身的逻辑来组织，在商业性的逻辑下，人才的培育就变成了产品的出产，大学的社会责任在知识的规划下被强化，而学术责任则被弱化，大学的生产义务被提高，批判义务则被贬低或解构。甚至有批评家指出，"责任现在是一个过于官僚气的字眼，它迫使所有高校遵循同一个标准而无视其独特使命，而以高等教育体制的本质而言，这毫无必要"[③]。由此而来的结果是，知识规划变成了商品生产销售的规划，行政管理的规划，学者也不得不放弃自身的学术身份而与这些原本不属于知识规划主体的"利益集团"一起谋求一种不可能的"共赢"。

---

① 罗纳德·巴尼特. 高等教育理念 [M]. 蓝劲松，等，译. 北京：北京大学出版社，2012：142.

② 索尔斯坦·凡勃伦. 学与商的博弈——论美国高等教育 [M]. 惠圣，译. 上海：上海人民出版社，2009：103.

③ 弗兰克·纽曼，莱拉·科特瑞亚，杰米·斯葛瑞. 高等教育的未来：浮言、现实与市场风险 [M]. 李沁，译. 北京：北京大学出版社，2012：140.

第三节　知识的重新规划与大学的未来

知识规划的过程永无止境，本身也是为高等教育加入新元素的过程，从已走过的历史看，学术资产的管理权经历了由学者到出版商，现在正在向大众传媒的手中转移。随着多样化的知识生产方式在大学外部迅速出现，知识已经变成了一种重要的竞争资本，知识在更加频繁的规划中展现着不同的价值与使用价值。大学本身也不得不参与到由知识所引发的竞争中来，在由知识引发的产权问题上大学正在由生产者变为顾客。"新技术可能导致更加集权而不是更广泛的参与。同样可能的是，获取新资料的费用以及知识的流动将使图书馆和其他知识的使用者感到压力重重。……西方主要的知识生产者目前组成了一种信息卡特尔，它们不仅控制着知识的创造，还垄断了知识传播的主要渠道。仅仅增加科研的数量和建立新的数据库并不能带来更加公平和开放的知识系统。"① 知识生产被纳入现代社会大规模的文化产业体系中，知识的类型虽然随着学科的分化在变多，但不同学科间却存在不可通约性，无法在短时间内达成较为相似的话语体系，这就导致了大学的目的和对于知识的认识论起点随着学科的离散发生混乱，高等的教育正在退化为学科性专业教育。"如果权力在国家、公司和军队结构中依然保持集中，那么，知识本身似乎就会变得更加分散，更加局部化，更加零碎。结果，对统治形式的反对在它所发生的领域也同样是分散和多元化的。在这样的语境中，大学和媒体即使相对于合理化的压力更加脆弱，也成为社会冲突和意识形态冲突的一个主要场所。那种认为高等教育构成一个冷静地寻求真理和知识的自治领域的想法，现在比任何时候都更像一个神话。"② 不过，对于高等教育未来的逃避只会让大学在政治权力的压制下越陷越深，大学不能只是消极地应对知识规划所带来的恶果，还要在一个混乱的知识环境中通过知识的重新规划以维护原本属于高等教育的知识生产制度。

---

① 菲利普·G. 阿特巴赫. 比较高等教育：知识、大学与发展 [M]. 人民教育出版社教研室，译. 北京：人民教育出版社，2001：17.
② 卡尔·博格斯. 知识分子与现代性的危机 [M]. 李俊，蔡海榕，译. 南京：江苏人民出版社，2002：5.

　　虽然知识规划的革命一次又一次地改变着大学的进化逻辑，但大学的地位与知识本身的价值体系却是可通约的，真理的信念长期将二者联系在一起。大学尊重知识的整体性，对待知识的态度上保持了人性的完整。知识不论如何分化，在对待真理的信念上保证了延续性。"中世纪的神学家对有关人与上帝、人与人和人与自然的真理应有的比例和重要性已经做出了精妙的陈述。这是从真理到真理的一种循序渐进。因为人与上帝的关系是他所能想象的最高层次的关系；因为他所有的知识都来源于上帝，他的所有真理——涉及上帝与人的真理——使得他的知识有了意义和次序。"① 知识生产者所信奉的权威并没有完全分裂，知识规划的权力仍被保留在大学内。虽然知识在大学中有等级序列，但一直以来大学面对的知识受众都是相对确定的，可以用一种相对理想化的观念去塑造知识的标准，故而完整的人性仍然能够作为知识流向的最终目的地。在第二次世界大战以后，面对着不同知识观对人性的挑战，哈佛大学通识教育委员会一再提醒人们："教育的目标是培养整全的人（the whole man）。"② 当然，知识规划在现代高等教育中的作用并不是简单地体现为学生制定更多的可以修读的课程，也不是简单地让学生的认识视野转移专业之外，更重要的是利用经典的著作和对知识的融会贯通来发展健全的人性，健全人的智慧，知识从每个人开始，最终回到每个人身上。"通常，在流行的理论观念中，大学从不考虑'促进人类知识的普及与发展'之外的任何事情，这是典型特征。之所以如此，是因为这种知识无功利性的探求已经变为现代文明的最高和最终目的。"③ 毫无疑问，这种无功利性的知识诉求一直是大学教育的内在逻辑。

　　现代社会中知识的多种生产方式不仅增加了知识的数量，而且扩大了知识的种类和知识观的多样性。在知识转型的过程中，当知识的交换价值取代教育价值时，大学面临着身份转换的困境。如果说现代科学不断向功利性的技术滑落、不断背弃人的本质的话，其根源实际上在于作为整体的知识观已经随着学科的分裂而被消解掉了。同时，大学中的"教学漂移"与"研究

①　罗伯特·M. 赫钦斯. 美国高等教育 [M]. 汪利兵，译. 杭州：浙江教育出版社，2011：56.
②　哈佛委员会. 哈佛通识教育红皮书 [M]. 李曼丽，译. 北京：北京大学出版社，2010：58.
③　索尔斯坦·凡勃伦. 学与商的博弈——论美国高等教育 [M]. 惠圣，译. 上海：上海人民出版社，2009：87.

漂移"又进一步分化了大学的合法性，造成了一种恶性循环。"我们恰可以论证相反的命题，在多元文化主义得到广泛传播后的 30 年，即使不是大多数，也有许多的学术项目已经被局限在两个套路里。一个是被学术体系的学科霸权所吸收，通过构建规则体系，形成专业协会，以及建立系、专业和高级学位课程来实现；另外一个是多元文化课程及其知识工具组成'政治场'，其指导思想来自于对马克思主义理论的解读，即坚持'立场'是知识的基础，至少人文学科如此，尽管一些哲学家论证了该原则对自然科学也同样适用。"① 现代社会里人们批评或苛责大学的根本原因并不在于其没有为社会提供有用或无用的知识，而是大学追求知识的价值观被扭曲了。公众要求大学提供智识和智慧，需要大学成为独立于政府和企业之外的学术组织和教育结构，按学术与教育的内在逻辑来运作。"大学不仅仅是知识的加工厂，还是一个以传统经久不衰的价值观为基础的复杂的机构，几个世纪以来一直以无数的方式服务于我们的社会文明；大学不仅是知识的守望者，也是价值观、传统和社会文化的守护神；大学不只在于教育和发现，也在于向现存秩序发出挑战并促其改革。"② 因此，大学对于科学研究的追逐其本质应是使高深知识在知识的统整中恢复"高深"的奥义。大学的价值观朝向在知识制度重建的过程中需要有一个明晰的态度。

随着信息技术的迅速发展，未来社会的核心特征已经逐渐从时代的流变中显现出了端倪。当后工业社会正在改变着知识规划方式的同时，知识主体与高等教育主体也在向多样性进行过渡。多样化的知识标准实际上更符合未来社会的需求，而大学需要努力在规划主体多元化的环境中脱颖而出。"因此，制定从事高深学问的多样化标准，是大学系统迎接后现代挑战的基本条件。"③ 知识概念与表达方式的多样化意味着通过知识规划可以实现大学新的合法化，新规划的知识应更能顺应不确定性时代的教育需求，也更符合大众传媒的逻辑。知识的内容可以是经典的，但表达形式一定要是面向未来的。高等教育中自由知识是为工业社会中的人摆脱时代困惑而开出的良方，知识

---

① 斯坦利·阿罗诺维兹. 知识工厂——废除企业型大学并创建真正的高等教育 [M]. 周敬敬，郑跃平，译. 北京：高等教育出版社，2012：118.

② 詹姆斯·杜德斯达. 21 世纪的大学 [M]. 刘彤，等，译. 北京：北京大学出版社，2005：35.

③ 安东尼·史密斯，弗兰克·韦伯斯特. 后现代大学来临？ [M]. 侯定凯，赵叶珠，译. 北京：北京大学出版社，2010：45.

的自由价值观昭示了人的多种可能的存在方式，更符合人与社会和时代三位一体的需要。现代社会知识生产的新方式不断拓宽着大学的时间和空间的概念，知识的版图不再局限于大学和国别的范围内，而是逐渐突破层层边界。知识证明自身的方式也不再是以"科学"的视角来划定学科属性，而是需要证明自身是否能够在不同知识版图间搭建起沟通的桥梁。自然科学不再只关心自然，社会科学和人文科学也不再只关注社会和人的需要。"自然科学与社会科学的趋同比以往更加明显，以至于我们完全有理由相信，二者都是在处理各种复杂的系统，而在这些系统中，未来的发展将成为时间上不可逆的结果。"① 在工业社会到来之初，实际上早就有学者看到了现代性的特征，这种前瞻性的视角看似回归古典，实则却是看到了人在工业社会中生存的合法性根基来自何处。从早期的大学坚持自由教育的理念，将培养人格完善、具有教养的人作为最终的目的，到后期通过通识教育和核心课程在大学中将自由教育理念予以系统化。"撇开历史的经验不谈，自由教育将赋予人们一些几乎能适用于各行各业的能力——自由教育的这一切功用在现代社会以及所谓的知识经济时代里正表现得日趋明显。"② 自由教育中的知识整体性高于一般的学科性专业知识，并且能以不变的知识去应对不确定的社会。历史与时间在整体性的知识观中被当作永恒的概念来传颂，大学也在用这种整体的知识观保持其智识活动的本质属性不变。"在以往的世界体系下，无论人们的价值观如何，无论什么群体负责知识的生产与再生产，所有的知识都被认为是一个认识论上的统一体。当然，在历史上某个特定的体系下，有可能形成许多不同的思想流派，有可能对'真理'的内容有很多争议，但从来没人认为曾存在过截然相反的'真理'。"③ 因为，一旦真理的内容随着知识类型多样化而变得弥散时，大学的知识地位就会被撼动。

在新的知识规划革命到来之前，大学之间要做的不应是千篇一律的模仿，而是需要在多样性的竞争方式中展示大学本身的知识特点。未来知识规划的方式虽然可能会更加纷繁复杂，但大学需要通过独特的视角来塑造知识

---

① 华勒斯坦. 开放社会科学 [M]. 刘锋，译. 北京：生活·读书·新知三联书店，1997：84.
② 大卫·帕尔菲曼. 高等教育何以为"高"——牛津导师制教学反思 [M]. 冯青来，译. 北京：北京大学出版社，2011：84.
③ 伊曼纽尔·沃勒斯坦. 知识的不确定性 [M]. 王昺，等，译. 济南：山东大学出版社，2006：8.

的新结构，拓展大学的知识职能。"大学的任务不仅包括生产知识，向年轻一代传授知识，还包括整合（integrate）知识。而出色的讲座能够同时做到这三件事。从教育意义上讲，讲座确实与小班教学大相径庭，但前者的档次并不比低于后者。"① 今天新的科技革命不断地在大学之外发生，交叉学科的融合，复杂性知识观念的到来导致现代大学必须对已有的知识结构做出革命性的调整，改变自己对待知识规划的态度，淡化学科的边界与大学的边界，并在学科与院校复杂的"矩形结构"中重新规划知识的版图。"就像人们在日常生活的交往中产生的一些习惯能得以生效一样，对知识的逻辑的管理方案也一样受人瞩目，那些富有逻辑性的管理方案在很大程度上再次证明它们在与学术时间的经营上是不可分的，甚至是起决定作用的。虽然有时对问题的偏见仍然在人们对知识的追求过程中起作用，但在现今社会管理体制和文化背景所限定的条件下，这种新的逻辑不再是那么简单的原始的逻辑概念，它将构造现代学术系统的框架。"② 当然，大学通过对知识的规划和知识生产方式的革命其最终目的还是恢复知识的本质，用批判的思维来审视社会说到底还是为了维护大学的核心价值观。无论何时，知识的真理观念都应该同大学的智识功能相结合。知识探索最终要以这样的方式回归大学的逻辑中去，大学应永远保持对自由和人性的追求，通过整合知识与自由学科将批判的思维用于淡化高等教育的商业、政治气息，重新赢得外界对大学的尊重。自教会没落后，大学就被人们视为"世俗的教会"，是拥有知识和信仰的精神机构。只有大学才能够不断唤起在迷失的时代中的人性与真理的回归，批判性的思维、学术性的追求以及智识的教育活动是大学最持之以恒的合法性来源。"大学各专业相差很大，它们也有很多不同的分支，但在某种程度上它们都需要批判性思维。"③ 大学唯有通过对于知识的重新规划才能复兴批判性的气质，才能恢复对知识的价值理性，才能在自由中实现自身对真理的理解，脱离功利主义的羁绊，回归"高等教育之所以为高"的本质所在。

---

① 哈瑞·刘易斯. 失去灵魂的卓越——哈佛是如何忘记教育宗旨的 [M]. 侯定凯，译. 上海：华东师范大学出版社，2012：68.

② 索尔斯坦·凡勃伦. 学与商的博弈——论美国高等教育 [M]. 惠圣，译. 上海：上海人民出版社，2009：54.

③ 大卫·帕尔菲曼. 高等教育何以为"高"——牛津导师制教学反思 [M]. 冯青来，译. 北京：北京大学出版社，2011：122.

第十二章　知识产权视野中的大学

　　知识的生产与激励是一个复杂的社会问题。"从传统的角度来说，混淆工业研究同学术研究的界线其危险在于，工业问题与经济需求可能会制约着研究方向，这种危险浮在知识产权冲突状况的表面。"① 大学作为高深知识生产的制度性场所在知识生产与激励方面有自身的特殊性。作为产权制度的一部分，知识产权制度的兴起对于大学的知识生产与激励造成了巨大的影响。一方面，知识产权制度的建立改变了大学科研的努力方向，既增强了大学服务经济社会的能力，也激起了"知识就是金钱"的欲望；另一方面，专利活动的增多也直接导致了高深知识的私有化，影响了高深知识的自由生产与传播，进而也阻碍了基础研究的原始创新。在"由知识产权制度支撑的新的'全球知识秩序'中，非常引人关注的方面是知识密度方面的巨大地区差异，从而导致了'知识沙漠'和'知识绿洲'的产生"②。国家与国家之间如此，大学与大学之间、学科与学科之间也是如此。在知识产权制度框架下，大学之间、学科之间中心与边缘的格局将进一步被固化。处于中心地位的大学和学科会乘机强化自身的学术竞争优势，处在边缘位置的大学和学科由于无法进入科学前沿，甚至会丧失作为大学和学科的资格。作为学术共同体，大学必须坚守自身以及知识的公共性，尽力阻止那些单纯为获得经济利益或学术竞争优势而主动隔离知识的行为。在知识产权制度的框架外，以同行评价为

---

　　① 朱丽·汤普森·克莱恩. 跨越学科——知识 学科 学科互涉 [M]. 姜智芹，译. 南京：南京大学出版社，2005：266.
　　② 甘古力. 知识产权：释放知识经济的能量 [M]. 宋建华，姜丹明，张永华，译. 北京：知识产权出版社，2003：6.

基础，大学必须建立对于知识创新者的合理奖励制度，不断提升大学在知识社会中的核心竞争力。

第一节　作为一种激励的知识产权

生产者对于其所生产的知识拥有产权是一种比较晚近的观念，至少不是自古如此。作为知识产权的重要组成部分，专利的历史可以追溯到中世纪。"中世纪的修道院都是通过授予专利权来回报其支持者的。到 15 世纪，统治者也为那些同意引进新技术的外国人提供专利。到 16 世纪，法国地方当局已经使用类似的体制来鼓励国内发明者。最终，专利变成了一种创新回报制度。"① 几百年来，在不同国家专利制度经过了不断的反复。今天作为知识产权制度的核心要件，专利申请与保护已成为个人或组织主张知识财产权利的重要法律程序被确定下来。"19 世纪 90 年代，专利侵入了学术领域。这在很大程度上归功于哥伦比亚大学迈克尔·普平的努力。通过申请对无线电、电话，以及 X 射线改进工作方面的专利，他变成了一名富豪。""绝大多数科学家都不赞成这样做。""在公共资金的资助下开展工作，依靠学生的思想和双手，然后带着这些工作成果来到专利局。可以说，教授这样做，毫无诚信可言。"② 但正是在这种反对声中，专利制度侵入了大学。历史上，科学家对于专利制度的排斥并非因为大学的保守而是因为大学的逻辑与专利的逻辑彼此相冲突。知识产权并非一种天然的权利，也不是一种自然的权利，而一种法律经济学的建构，其背后的根本逻辑乃是投资与回报。激励人们进行科研创新，从事原创性的知识生产，只不过是实现商业利益的一种手段。因此，"认真反思知识产权赖以存在的哲学基础是非常重要的。知识产权不是一个自然事实，它是要来争取的——它是特权而不是权利"③。从短期效果看，知识产权制度似乎符合法律经济学的预期，促进了知识的创新和技术的进步。

① 苏珊娜·斯科奇姆. 创新与激励［M］. 刘勇，译. 上海：上海人民出版社，2010：9.
② 苏珊娜·斯科奇姆. 创新与激励［M］. 刘勇，译. 上海：上海人民出版社，2010：24.
③ 欧洲专利局. 未来知识产权制度的愿景［M］. 郭民生，等，译. 北京：知识产权出版社，2008：110.

但若从长期的历史进程看，真正对于整个人类具有原创意义的成果从来不是在产权制度的激励下取得的。即便在商业贸易的层面上也同样如此。"早期，知识产权保护充其量被看作是不可避免的坏事，并且与自由贸易是矛盾的。在此背景下，将知识产权视为'推动自由贸易'的观点显然是缺乏说服力的。"① 今天由于知识的复杂性不断增加，很多发明创造都需要许多学科不同学者的通力协作和付出，知识的所有权归属变得愈来愈复杂。在私人化逻辑下，由于知识的自由传播与分享被交易契约所取代，传统的知识产权制度会造成巨大的负外部性，即权利所有人可能获得的经济收益可能要远远小于整个社会因为这些知识的使用和传播受到阻碍所付出的巨大代价。因此，即便大学里的专利活动在经济意义上是划算的，但社会成本的高昂仍然会让民众对其持批评态度。与科学发展的早期阶段不同，在大科学的时代"以个人的创造力为基础的天才的闪现已经被协同合作方式代替。知识不再在封闭的状态中产生，而在许多技术区域内，知识的产生是一种高度累积创新的过程"② 。在这种情况下，贸然将新知识的绝对权利完全授予某个人或某个组织是没有道理的。大学里的知识生产更是如此。作为人类高深知识的主要发源地，大学有责任将最前沿的知识传递给学生，并通过对学生的培养最终惠及整个社会。如果大学将其所发现的最新知识和技术都申报成为专利或以其他形式加以保密，在知识产权制度的保护下，这些最有价值的知识将会无法进入高等教育的过程，高等教育将因此失去"高等"的含义。因此，大学制度与知识产权制度之间必须保持必要的距离和张力。对于知识而言，大学制度的核心是自由与包容，知识产权制度强调的则是垄断与专制。如果大学里毫无节制地渗透进知识产权的制度逻辑，如果大学成为专利集团或跨国公司的共谋，那么大学自身以及知识本身的公共性将受到严峻的挑战，整个高等教育也将彻底失败。

事实上，自从建立的那一天起，知识产权作为一种激励制度就备受争议。"近几十年来，版权制度的投资保护倾向不断增强——我们所指的是大

---

① 苏珊·K. 塞尔. 私权、公法——知识产权的全球化 [M]. 董刚，周超，译. 北京：中国人民大学出版社，2008：6.

② 欧洲专利局. 未来知识产权制度的愿景 [M]. 郭民生，等，译. 北京：知识产权出版社，2008：83.

规模投资，给予更长的保护期限和更宽的保护范围。换来的，却是公共领域遭受进一步的私有化和腐蚀。"① 值得注意的是，长期以来对于知识产权制度，支持与反对的声音不是此消彼长，而是互成正比。反对的声音有多强，支持的声音就有多强。近百年来，知识产权制度正是在一片反对声中渗进人类生活中几乎所有的领域，并成为未来知识社会的支柱性制度之一。但由于分歧巨大，一个有争议的伦理问题也不可避免地摆在我们面前："世界是否正在变成一个过度保护知识的经济，从而可能实际上导致公共领域知识的减少，进而阻碍'知识的增长'？或者知识产权制度为全球的福祉创造了一个能够有利于促进合法、公平、公正使用受保护的知识环境。"② 对于这个伦理问题，知识产权制度的支持者和反对者有截然相反的回答。不过无论如何，作为一项无法回避的激励制度，现代大学难以逃脱知识产权的影响。大学面临的选择不是要不要知识产权制度的激励，而是要一个什么样的知识产权制度。传统的知识产权制度植根于市场经济投资与回报的逻辑，强调产权人的垄断利益，知识不可避免地成为少数有钱人谋取更大利益的工具。Bekelman，Li 和 Gross（2003）通过相关研究已指出，"赞助研究得出的结论很可能和其赞助商的利益是一致的"③。在知识产权制度的激励下，获利的只能是那些科学企业家或学术资本家，受损的则是整个社会的公共利益。在未来的知识社会中，公众的利益应该居于公司或私人私益之上；对于创新的追求也应该超越投资回报的资本逻辑。新的知识产权制度应该考虑并尊重大学的特殊性，允许大学成为高深知识的自由王国。当然，大学自身也应经得住利益的诱惑，致力于公共知识的生产与传播，至少要避免基础知识的专利化或私人化。如果放任专利活动从工业化知识向基础知识的任意扩张，那么大学教育将会面临高深知识枯竭的危机。知识产权制度不但不能激励科研创新，反而会阻碍知识进步。

实践中，知识产权制度的合法性主要有两个来源，一个是投资需要回报，另一个是创新需要激励。但投资需要回报不能成为少数人利用公共知识

① 约斯特·斯密尔斯，玛丽克·范·斯海恩德尔. 抛弃版权：文化产业的未来 [M]. 刘金海，译. 北京：知识产权出版社，2010：18.

② 甘古力. 知识产权：释放知识经济的能量 [M]. 宋建华，姜丹明，张永华，译. 北京：知识产权出版社，2003：42.

③ 苏珊娜·斯科奇姆. 创新与激励 [M]. 刘勇，译. 上海：上海人民出版社，2010：220.

谋利的借口，创新需要激励也不意味着"学术"可以走向"资本主义"。除了要考虑大学的历史和传统，以及知识的经济和社会意义之外，人类社会对于知识产权制度的评判还必须增加伦理和道德的考量。"当人们看到一些人在死亡线上挣扎，而同时政府又给那些制药商们生产某种药品的排他的专利权时，人们很快便觉得专利制度在某些方面出了毛病。"① 大学作为"天下之公器"，虽然主要是理智的而不是道德的机构，但是对于理智美德的培养仍然是大学存在的主要目的。至今，默顿所提出的普遍主义、公有性、无私利性、有组织的怀疑主义和独创性仍然是大学知识生产的最基本的规范结构，即"科学的精神特质"②。因此，除非知识产权制度的引入有利于，至少是不妨碍大学公共性的实现，否则这种制度的合理性就应受到质疑。作为非营利性组织，大学的存在与发展有赖全社会（包括政府）的资助，几乎所有人都是大学的利益相关者。政府举办大学，民众信任大学，彼此间有一个宽泛的心理契约和知识契约，这就是大学要通过知识的生产与传播为全社会的公共利益服务。由于大学的科研主要接受公共财政或非营利性基金的资助，其研究成果理应自由传播，为全社会所共享。如果大学主动放弃了这种使命与责任，从基础研究走向技术开发，通过专利转让主动为营利性企业或投资人"效劳"，那么现代大学的本质将发生根本的变化，即从传统的模式-1 型大学转向模式-2 型大学。③ 模式-2 型大学实际上就突破了传统大学的底线。在模式-2 型大学里，知识的应用居于主导地位，专利的申请和转让成为大学服务社会和维持自身运转的主要财政性工具。现在问题的吊诡之处在于，一方面专利体制会极大地束缚大学里教的自由和学的自由，也会极大限制高深学问的生产与传播。而另一方面，在 21 世纪里信息技术的发展将缔造一个知识自由分享的新世界。"技术自由使整个社会共享知识和自由"④ 将会使得传统的知识产权制度彻底丧失理论合法性和现实可行性。

---

① 欧洲专利局. 未来知识产权制度的愿景 [M]. 郭民生，等，译. 北京：知识产权出版社，2008：113.
② 默顿. 科学社会学（上册）[M]. 鲁旭东，林聚任，译. 北京：商务印书馆，2004：363.
③ 海尔格·诺沃特尼，彼得·斯科特，迈克尔·吉本斯. 反思科学：不确定时代的知识与公众 [M]. 冷民，等，译. 上海：上海交通大学出版社，2011：102.
④ 欧洲专利局. 未来知识产权制度的愿景 [M]. 郭民生，等，译. 北京：知识产权出版社，2008：114.

　　作为经济全球化的重要一环，完备的知识产权立法是各国加入 WTO 的必要条件。今天随着相关立法的完善，在复杂的知识产权法律体系中，大学将面临相互矛盾的选择。一方面，不引入知识产权制度，不重视专利的申请与转让，大学将失去大量外部的资助，错过发展的机遇；另一方面，若深度卷入这种专利体制，大学的知识生产与传播将失去自由，以大学自治与学术自由为核心的历史传统将会丧失殆尽。在日常科研活动中，伴随法律审查的日常化，知识产权律师将成为大学学术活动实际游戏规则的制定人。对于大学而言，过于严格的知识产权保护将会导致大学所生产的知识无法自由流通，从而影响社会公共利益的实现；而同时无视知识产权激励也可能会导致大学知识生产的平庸化以及过度的投机行为。面对知识产权体制中的这种困境，大学最好的选择似乎是"在占有规则和传播规则之间找到平衡"①，即在允许私人占有知识的同时还不影响知识的自由传播。但事实上，在知识产权体制下创新成果的占有与传播之间存在明显的矛盾。大学要想在占有规则与传播规则之间求得平衡非常困难。"知识产权在朝着错误的方向发展。因为它经常导致赞助商禁止出版，直到他们的知识产权安然无恙为止。"② 因此，面对知识产权的激励，大学如何权衡利弊并做出战略性抉择将至关重要。毕竟"知识产权激励并非总是优于或劣于公共资助，且选择应该取决于研究环境"③。在应用性强的领域，知识的商业价值明显，专利制度可能是比较好的选择；在基础研究领域，知识的应用前景尚不明朗，采用公共资助的方式可能更为优越。

　　总之，作为一项激励制度，知识产权制度不是知识社会学的问题而是法律经济学的问题。知识社会学探究知识生产与传播的社会条件，法律经济学关注的则是知识产权与贸易的关系。当前在"经济正确"的前提下，加之财政危机的不断蔓延，知识产权制度很容易在大学里获得合法性；但我们绝不能因为眼前的利益就天真地以为知识产权制度是专门为大学而发明，大学可以凭借知识产权富甲一方；更不应随声附和产业界对于加强知识产权保护制

---

① 彼得·达沃豪斯，约翰·布雷斯韦特. 信息封建主义 [M]. 刘雪涛，译. 北京：知识产权出版社，2005：13.
② 苏珊娜·斯科奇姆. 创新与激励 [M]. 刘勇，译. 上海：上海人民出版社，2010：225.
③ 苏珊娜·斯科奇姆. 创新与激励 [M]. 刘勇，译. 上海：上海人民出版社，2010：55.

度的鼓吹，相反，知识产权制度在本质上是反大学的。产权制度视野中的知识总是私人化的、垄断性的，而大学里的知识则必须是具有公共性和教育性的，必须可以自由的传播。如果像产业界一样，对于科学研究的结果普遍进行专利保护或保密处理，那么大学将根本无法存在。在本质上，知识产权制度是更为广泛的私人产权制度的一部分，它是国际和国内贸易的副产品，是私人财产权在知识领域的延伸，更多的是对于投资回报的工具理性的诉求而不是对于创新的激励。从表面上看，"在知识经济中，专利制度是最成功、最重要的制度要素，且扮演着关键角色"。但根本上，由于"知识经济遍及全球，而专利本质上却总是区域性的。这与一个泛全球化的世界存在着潜在的不相称"①。在更大的地缘政治背景下，"专利权这种主流模式对于穷国更无益处。其发展所需的大部分知识掌握在盘踞于发达国家的专利权所有者手中。颇具讽刺意味的是，不到百年以前，所有的知识都可自由获取，不收取任何费用，发达国家得以发展起来。可现在，贫穷或赤贫国家亟须的知识几乎全部被专利屏蔽起来。发展即使成为可能，也变得异常艰难"②。在知识产权体制下，穷国与富国的关系如此，高水平大学与低水平大学的关系也同样如此。尤其是在经济全球化的今天，知识产权制度已经成为"更广泛的地缘政治背景下的一种谈判筹码"③。近年来，在 WTO 框架下，高等教育已经成为一种服务贸易，通过《与贸易有关的知识产权协定》（TRIPs），大学制度以及学科内部的知识生产制度已经与知识产权制度"捆绑"或镶嵌在了一起。在这种高度复杂的知识产权法律体系里，大学的知识生产与激励将面临从未有过的挑战。

---

① 欧洲专利局. 未来知识产权制度的愿景 [M]. 郭民生，等，译. 北京：知识产权出版社，2008：11.

② 约斯特·斯密尔斯，玛丽克·范·斯海恩德尔. 抛弃版权：文化产业的未来 [M]. 刘金海，译. 北京：知识产权出版社，2010：91.

③ 欧洲专利局. 未来知识产权制度的愿景 [M]. 郭民生，等，译. 北京：知识产权出版社，2008：85.

第二节 大学的知识生产与激励

"求知是人类的本性。"[①] 大学的产生在根本上就源于人类求知的本性。从中世纪到今天，大学生产知识、传播知识的功能被高度关注并制度化，教学和科研也成为现代大学的最基本的职能。与知识的生产和传播相比，大学在知识挑选方面的重要性往往被人忽视。事实上，大学挑选什么样的知识，彰显着不同的大学理念，进而直接决定了培养什么样的人。[②] 中世纪大学根据宗教性的标准，为不同学科的知识划定了不同的等级。这种等级本身就对于大学的知识生产与传播起到了激励作用。到了近代，中世纪大学的学科等级逐渐被颠覆。现代大学的系科制度在 19 世纪下半叶和 20 世纪上半叶被重建。以同行评价为核心的激励制度也初步形成。不过，无论是中世纪大学还是现代大学，由于知识之间从来就不可能是完全平等的，大学里学科的等级作为一种激励制度依然存在。"学问无贵贱，勿怀轻视心"[③] 只能是良好的愿望。与以往不同的是，今天的大学里判定学科与学科之间等级的不再是政治性的或宗教性的标准，也不再是审美性或知识性的标准，主导现代大学学科发展与知识生产的主要标准是"有用性"。表面上看这好像功利主义哲学在现代大学里的复活，但事实上却绝非如此简单。今天的大学对于知识的挑选以及在"有用性"原则指导下对于知识生产与传播的激励有着更深层次的社会背景。长期以来，大学里的知识都被按学科分成不同的门类，系科制度由此也成为现代大学的基础性结构。系科制度不仅可以为大学内部的知识分工提供有效的组织载体，而且满足了大学人对于"专业性"的偏好。在"专业性"的话语实践中，大学的学科建设被专业化思潮所控制，同时也为知识的专利化提供了便利。一方面，专业化为不同的知识进入大学提供了合法化的途径；另一方面，专业化的不断漫延也使现代大学里的知识丧失了整体性。在"有用性"原则下，学科与学科间，甚至于知识不同形式间的界限

① 亚里士多德. 形而上学 [M]. 吴寿彭，译. 北京：商务印书馆，2009：1.

② 沈文钦. 近代英国博雅教育及其古典渊源——概念史的视角 [D]. 北京大学博士论文，2008：235.

③ 弗里德里希·包尔生. 德国大学与大学学习 [M]. 张弛，等，译. 张斌贤，张弛，校. 北京：人民教育出版社，2009：437.

日益模糊。用查尔斯·莱莫特的话说，系科是"忠于职业的学者有组织的休息处，这些学者中很多人的学术研究已经远远超越了学科互涉或多学科（multidisciplinary），而达到了后学科（postdisciplinary）程度"①。由此可见，现代大学里的系科制度愈来愈成为一种徒具象征性意味的标识，在同一学科名称或同一院系架构内，"不守规矩的知识"正在成为知识生产与传播的主流。那些"不守规矩的知识"突破了传统学科的界限，指向的终极目标就是"有用"。为了保证知识有用性原则的有效实施，加速知识的应用，知识产权制度作为新兴的激励方式顺理成章地被引入了大学知识生产与传播领域。

知识产权制度原本是大学之外的发明，大学历史上的知识生产原本没有财产权利的观念。求知是人的天性，知识生产并非一定要金钱的刺激。由于私有产权观念和制度的不断普及，知识产权制度开始进入作为公共机构的大学。在增强大学为经济社会发展服务能力的名义下，获得专利的多少甚至与大学的财政拨款挂钩。在实践中，对于将知识产权作为一种激励方式，大学与产业界并非没有矛盾。"大学作为学术机构，希望获得同行的认可则坚持公开发明结果，也许是在提交专利申请以后。产业界可能不愿在如此早的阶段将发明的细节向公众披露。必须达成战略性的交易。学术界和产业界的合作的途径必须改进，以符合学术界的专业与发展需求和产业界的商业竞争利益。"② 但是由于知识产权的排他性，要协调好学术界与产业界的矛盾并非易事。在法律地位上，大学可能会有公立和私立之别，但在知识生产与传播方面，所有的大学都是为了公共利益。历史上，大学虽然也曾依附于教会或政府，但是在大学内部知识的自由传播从来都是普适的价值。如今，知识产权制度的兴起可能会使"大学成为新的殖民地"③。在知识产权制度下，大学将不再是自己知识的主人，而是知识商人或专利集团的"代工机构"。由于知识的获取直接与金钱挂钩，财力薄弱的大学在学术竞争中将处于更加不利的地位，甚至会被驱逐出知识生产领域，丧失作为大学的资格。此外，为了

---

① 朱丽·汤普森·克莱恩. 跨越学科——知识 学科 学科互涉 [M]. 姜智芹，译. 南京：南京大学出版社，2005：9.

② 甘古力·知识产权：释放知识经济的能量 [M]. 宋建华，姜丹明，张永华，译. 北京：知识产权出版社，2003：16.

③ 彼得·达沃豪斯，约翰·布雷斯韦特. 信息封建主义 [M]. 刘雪涛，译. 北京：知识产权出版社，2005：235.

能够获得更多的资助，大学的知识生产也将更多地考虑那些资助人的利益而不是公众的利益。"大学自己出卖专利是件坏事"①，将专利纳入大学的奖励系统会破坏大学的学术传统，阻碍其公共目的的实现。在大学知识生产与激励的历史上，知识产权绝对是一个"异数"。大学里知识的生产与传播主要建基于人类的求知本性之上。大学作为高深知识生产的制度性场所，从未声称对于所生产的知识拥有产权。相反，大学的理想一直是有教无类，尽可能地将知识惠及更多的人。尽管有精英主义的传统，但大学更多的还是一个民主的机构。无论哪一社会阶层的子弟都可以凭能力在大学里接受同等的教育，分享同样的知识。事实上，即便是在大学之外，对知识的产权保护也不是一直如此。"对专利体制的认识在历史上是一个周而复始的过程——从垄断保护的要求到抵制其对竞争和自由贸易的影响摇摆不定。如今，这种循环似乎在朝向更负面的认识发展。"② 知识产权制度之所以在今天会成为一个社会问题，甚至会威胁大学的存在，根本的原因就在于人类社会从知识产权制度中既获得了好处，但也受到了伤害。换言之，正是不断加强知识产权保护使得知识产权制度开始走下坡路。作为一种利弊参半的制度安排，人们对于知识产权的作用、功能与重要性远远缺乏共识。既得利益者支持加强知识产权的保护，并建立更加严格的知识产权保护制度，而普通民众则害怕过度的知识产权保护会直接损害自己的利益。在市场规则的支配下，大学期待凭借知识的优势通过产权交易和专利转让在知识经济的大潮中有所斩获。虽然不排除有部分精英大学在专利转让和产权交易中获利颇丰，但现实的情况是，更多的大学将成为知识产权制度的受害者。最明显的就是，在现有的版权制度下，大学自己生产的知识还要自己出钱购买才能合法使用。那些支付不起相关费用的大学就被排除在了相关知识的使用者之外。

　　知识产权之所以成为大学知识生产与激励的制度选择是由更大的社会背景所决定。无论何种制度都"受制于更广泛的社会性因素"③。对于大学而言，学院科学一直是其知识生产的主体。科学的精神特质和人的求知本性一

---

① 彼得·达沃豪斯，约翰·布雷斯韦特. 信息封建主义 [M]. 刘雪涛，译. 北京：知识产权出版社，2005：222.

② 欧洲专利局. 未来知识产权制度的愿景 [M]. 郭民生，等，译. 北京：知识产权出版社，2008：25.

③ 苏珊娜·斯科奇姆. 创新与激励 [M]. 刘勇，译. 上海：上海人民出版社，2010：7.

直是激励大学从事高深知识生产与传播的主要动力。近年来，知识产权制度作为一种新兴的激励方式适应并促进了大学里的知识生产从学院科学向后学院科学的转型。因此，学院科学向后学院科学的转变与其说是知识性质的变化，倒不如说是支撑知识生产的社会制度的变化。因为在根本上知识的性质是由知识生产的制度所决定的。有什么样的知识生产制度就会有什么样的知识。正是在"更广泛的社会性因素"的作用下，知识产权制度成了以后学院科学为代表的新的知识生产制度的催化剂。在后学院科学中，金钱而不是荣誉，物质而不是精神成了大学知识生产与激励的主要内容。在以知识为基础的社会中，知识成了利润的重要来源，企业的核心竞争力就集中在了知识产权上。为了能够拥有更具市场优势的知识产权，大学成了企业最佳的合作伙伴。在大学与企业的合作中，知识产权是大学能够回报企业的重要"期货"。今天通过知识产权制度从大学获益最多就是企业的研发投资。作为高深知识生产的主要制度性机构，大学聚集了丰富的人力资源和先进的科研设备。企业的研发投资以较小的投入，就垄断了与研发课题相关知识的全部产权。而事实上，这些知识的生产与大学里其他知识的生产密不可分，其权利关系原本十分复杂。"在同一所大学实验里，私人基金和公共基金常常混在一起，因此转移给私人企业的知识产权部分是由公共基金支付的。"① 在大学、课题研究者与研发投资人之外，对这些知识拥有权利的人还有很多。但现有的知识产权制度只能简单地将知识的所有权赋予专利所有人。"专利驱动的研究计划却臣服于市场和消费者主权。主权消费者就是那些拥有资源的人。"② 这样一来，其他许多人的知识投入与努力都被忽视。如果说对于企业的直接资助，大学回报以知识产权还勉强符合资本的逻辑的话，那么政府通过公共财政对于大学的资助就必须保证其将研究成果公之于众。对于大学里那些具有极大商业前景的研究成果在申请专利保护时也应充分考虑公众的利益，通过税收或其他机制使这些研究成果所产生的经济利益能够为全民所分享，否则对于大学科研的公共资助就失去了合理性。政府对于大学科研的投资用的本来就是纳税人的钱，纳税人对于大学科研过程中所产生的专利绝不应二次付费。

① 苏珊娜·斯科奇姆. 创新与激励 [M]. 刘勇，译. 上海：上海人民出版社，2010：220.
② 苏珊娜·斯科奇姆. 创新与激励 [M]. 刘勇，译. 上海：上海人民出版社，2010：2.

当前大学正在引入市场规则主导的知识产权制度，而这种知识产权制度本身却处在急剧变化中。地缘政治、权力格局、社会利益以及技术进步都可能成为未来新的知识产权制度的主导者。最终的结果可能就是，当市场规则下的商业开始驾驭大学的知识生产之时，大学之外的知识生产可能早已抛弃市场规则，选择了其他更为有效的制度方案。当前的知识产权制度的游戏规则为西方发达国家所制定，在经济全球化的背景下这种制度无疑更符合西方国家的利益。"当今的发达国家在知识产权方面享有很大的规则制定权。"世界贸易组织体制已经剥夺了"民族国家对于产权规则的制定权"①。在这种市场规则主导的知识产权框架内，西方的大学也处在知识生产的中心位置，享有巨大的竞争优势，完全主导着学术世界的话语权。但游戏的规则不可能永远不变，地缘政治格局的变化必然会导致新的参与者为了自身的利益而挑战传统的体制。加之，信息技术飞速发展，社会对于知识的需要剧增，产权制度对于某些知识的垄断将不可避免地受到普遍的批评和抵制。大学作为一个公共机构，本不应有自身特殊的利益诉求，更不能利用知识牟取私利。大学生产的知识必须是公共的，这种公共性从根本上源于民众通过政府与大学达成的心理契约和知识契约。"传统观点认为，高等学府与研究机构从事基础研究，而工商企业应用其研究成果，使产品获得专利。然而，1980 年美国颁布的贝-多尔法案（Bayh-Dole Act）以及世界各地相似的立法鼓励非营利性组织（如高等学府）保护它们的知识产权。"② 自此以后，在世界范围内商业因素开始越来越多地介入大学的知识生产与激励过程中。原本应自由分享的知识被合同科研中的保密条款所禁锢，成为被交易的对象。论文的公开发表与商业的利益垄断在一场力量相差悬殊的较量中注定一败涂地。

当然，由于知识产权制度进入学术界的时间尚短，加之大学有自己的传统，总体上今天专利与版权还只是现代大学知识生产与激励中的一种次要形式，大学的学者更多还是选择论文发表或著作出版来公开披露其最新的研究成果，并接受同行的评价。"在商业环境下，最终进展的回报是知识产权。

---

① 约斯特·斯密尔斯，玛丽克·范·斯海恩德尔. 抛弃版权：文化产业的未来［M］. 刘金海，译. 北京：知识产权出版社，2010：25.

② 欧洲专利局. 未来知识产权制度的愿景［M］. 郭民生，等，译. 北京：知识产权出版社，2008：20.

在学术环境下，这也许是终身教职和赞赏，或者甚至是诺贝尔奖。"① 因此，今天至少在表面上大学的学者所看重的仍是职业发展，金钱的刺激可能相对仍是次要的。"原则上，大学科学家主要的激励是对知识本身的追求。但是，他们也必须关心发表和其他科学家的认可，这样才可以获得终身教职，取得更多进步。这种体系的好处在于它鼓励科学开放。获得名望和赞许的主要方式就是出版研究成果。尽管出版成果中的基础数据和研究有时未必对竞争对手有用，但是出版是必需的，因为相对于追求保密下投资回报的商业模式来说，它仍然还有很多优势。但利润动机已经渗透到大学中。"② 理论上，无论是否申请专利保护，学者对于自己发表的研究成果都拥有知识产权，但事实上，这些没有申请专利的知识基本上公共的，通过纸质或电子方式可以被全社会自由传播并免费分享。这种制度安排对于现代大学的科研创新有着举足轻重的作用，但大学知识生产与激励中潜在的巨大危机同样不能忽视。由于大学科研奖励系统的不当诱导，今天学者为经费而竞争的现象越来越普遍。为了满足资金赞助者的要求，越来越多的本应公开的知识处在了保密状态。原本属于大学或学者的知识产权被以专利的形式为那些研发资金的提供者所垄断。在这种情况下，学者的自由研究越来越少。科研活动日益成了一种获利的生意。在这一过程中，大学以及学者所能获得的外部经费资助以及专利转让费与那些垄断了研发成果专利所有权的外部赞助者的获利相比是微不足道的。针对这种情况，"大学通过给予学者们时间、资金以及追求自发研究的激励——而不是来自于某些赞助者选择的研究计划"③，能部分地解决这一问题，但要从根本上解决则是不可能的。因为大学的科研资助已不可逆转地由政府转向了产业。来自产业界的资助虽然比例尚小，但其影响巨大。"美国研究机构几乎没有纯公共的、纯学术的，或者甚至完全产业化的研究实验室或资金资助机制。合成制度将公共资金和知识产权合为一体，它是 20 世纪关于研究资金的'全新创意'。"④ 虽然美国的情况不能代表全世界，但在全球化的今天，在世界高等教育美国化的大背景下，由于经济利益的刺激持续加强，这种制度性的集体迷失恐怕会不可避免。近年来，很多大学已模仿

---

① 苏珊娜·斯科奇姆. 创新与激励 [M]. 刘勇，译. 上海：上海人民出版社，2010：235.
② 苏珊娜·斯科奇姆. 创新与激励 [M]. 刘勇，译. 上海：上海人民出版社，2010：218.
③ 苏珊娜·斯科奇姆. 创新与激励 [M]. 刘勇，译. 上海：上海人民出版社，2010：11.
④ 苏珊娜·斯科奇姆. 创新与激励 [M]. 刘勇，译. 上海：上海人民出版社，2010：21.

美国模式，强化专利申请与转让，设置开放的专利转让办公室。"尽管大多数大学许可办公室不会公开表明它们会追求利润最大化，但它们经常会利用一些相近指标来衡量其成功程度，诸如颁发专利数量或许可数量。它们还倾向于进行排他性许可。排他性许可使许可方避免竞争，结果就是大学可以通过使用费分享最终的垄断利润。当大学认为不存在其他选择的时候，就会采取非排他性授权许可。"① 由此可见，在不断增多的专利活动中，大学行政部门关注的更多的还是经济利益而不是研究成果的传播。

第三节　知识产权体系中大学的危机

从知识的公共性出发，无论过去还是现在，保密都是高深知识生产中的大忌。开放科学（open science）一直是大学的理想。在实现开放科学的过程中，论文发表制度和知识产权制度扮演着不同的角色。虽然"发表论文的动机，如同利润动机一样，可能妨碍知识分享"②，但二者的区别还是比较明显的。论文发表制度一直是实现科学开放的重要举措。在论文发表制度下，大学里对于知识生产者最大奖励不是金钱而是同行的承认。对于大学而言，科学的精神特质而不是新教伦理，才是其制度的根基。知识产权制度的引入改变了知识承认的传统方式，专利活动取代了同行评价，金钱的奖励取代了荣誉的授予。"知识就是金钱"成了"知识就是力量"的最新注脚。在专利活动最为活跃的美国大学里，发明专利的申请已经成为科学研究的重要目的。在知识产权制度下，"虽然产业对大学研发资金的贡献只有7％，但它们对科学行为的影响却可能很大"③。在商业利益的诱导下，暂时没有收益或收益较少的基础研究逐渐会无人问津，越来越多的资源被投入了有可能带来巨大商业利益的应用研究中，比如，生物技术；而那些应用研究的成果一旦做出，毫无例外地会被申请为专利加以保护。如此一来，公共知识的供给必然会受到威胁，大学教育的"材料"面临枯竭。

---

① 苏珊娜·斯科奇姆. 创新与激励 [M]. 刘勇，译. 上海：上海人民出版社，2010：219.
② 苏珊娜·斯科奇姆. 创新与激励 [M]. 刘勇，译. 上海：上海人民出版社，2010：235.
③ 苏珊娜·斯科奇姆. 创新与激励 [M]. 刘勇，译. 上海：上海人民出版社，2010：221.

　　如前所述，作为一种建构，知识产权是一种特权，无论在认知还是社会层面都缺乏充分的合法性。在认知层面，人类的知识具有整体性，分科制度反映的是人的理性和认知的局限，而不是知识存在的真实状态。长期以来，大学的理想就是作为知识共同体的精神家园。在社会层面，产权制度下的专利活动使本已分割的知识领域又相互封闭，最终在学术资本主义之外又造成了"信息封建主义"。"信息封建主义是一种不具有经济效益的知识产权机制，同时，它无法在奖励创新和传播创新之间达成权利平衡。这种制度使民主制度下的公民成为侵权者，而他们侵犯的本来是属于人类共同遗产的知识，这些知识本应属于他们生来就该享有的受教育权的范围内。"① 专利的本质就在于通过垄断创新成果以奖励产权所有人对于知识的投资；但由于垄断本身阻碍了最新知识的自由传播，延迟了社会的进步，会损害更广泛的社会利益。分科制度下大学里的学院与学科设置本来就具有"学术封建主义"的特征，但由于高深知识一直可以作为公共物品自由流通，这种"封建主义"并没有严重损害大学以及知识的公共性。知识产权制度的介入使得大学里传统的分科制度极有可能从理智层面上被进一步的体制化，作为公共物品的知识被私人化，知识的自由分享将被市场交易所取代。

　　在认知和社会层面上，知识产权制度面临的另一困境是知识复杂性的增加。今天无论哪个知识领域，也无论是科学还是非科学，知识的复杂性都在增加。大学里原本界限分明的学科现在无不面临跨学科的挑战。科学发展的趋势表明，小科学时代已经结束，任何一个学科或领域的知识突破可能都不再是一个人或一个组织都够完成的。在今天的大学里，科学天才或学科英雄出现的概率急剧降低。即便那些获得世界最高科学奖励（如诺贝尔奖）的科学家也不意味着他一个人完成了其赖以获奖的科研成果。无论哪一项伟大的科学发现，总是许多科学家共同投入知识和努力的结果。最终有资格获奖的总是远远少于真的获奖的。知识产权制度也一样。任何一项发现、发明或技术，都离不开前人的不断积累和付出，但最终获得专利权的却只有极少数人或某一个人。知识的产权制度违背了科研活动的基本规律。科研的积累强调

---

　　①　彼得·达沃豪斯，约翰·布雷斯韦特. 信息封建主义 [M]. 刘雪涛，译. 北京：知识产权出版社，2005：255.

站在巨人的肩膀上，"以微小的渐进变化促进发明创造"①。产权制度则意味着成果和收益的私人化，赢者通吃。"伴随着更大的开放性，知识产权正使更多的知识私有化。知识产权正在制约着人们获取知识，扼杀其创造力。"②目前，知识的各个领域为了克服知识产权体制的束缚，以互联网为基础，各种分享知识的技术正在被开发。在网络平台上，每一个人都可以参与知识的生产与传播。大学作为一个专门从事高深知识生产与传播的组织，更不应主动受缚于知识产权体制，成为营利性的知识企业，而应投身到知识社会的建设当中，通过各种途径（如开放课堂、开放图书馆、开放科学）使更多的人成为知识的创造者、传播者和获益者。

跨学科是大学应对知识复杂性显著增加的重要手段，但跨学科的出现绝不仅是一个认知层面的事情，它也与技术的发展密不可分。在人类知识的历史上，跨学科的学科很早就有，比如哲学，但跨学科从知识问题上升为社会问题与技术的发展息息相关。如果仅仅是在理智层面跨越学科的界限，扩大个体认知的范畴，其影响将十分有限，更难上升为一种制度安排。信息技术的飞速发展使得学科互涉不再是某些天才的特权，而是一件寻常的事。这是因为在互联网的环境下，知识的超文本链接十分普遍，不同学科的知识可以同时呈现，相互印证。而事实上，互联网技术本身就是一个跨学科的产物，需要许多不同学科的学者和不同学科的知识共同投入和努力。"在许多技术领域（比如软件），知识常常经由一个积累或系列发展过程而得以创造，这个过程的特点就是，新的创新吸收以往的知识。知识创造也更多是多学科相互交叉——创造出多学科交叉的技术，比如以信息技术（NBIC）为基础的纳米、生物和认知技术的结合体。""三个系统的相互作用会促使新知识和新技术激增，引发电脑通信革命、纳米生物和信息革命。"③ 未来随着网络的进一步普及，原先以理性分割为特征，建立于印刷文明基础上的分科制度必将被电子文明平台上的跨学科制度所替代。在网络平台上，学科的物理界限被

---

① 欧洲专利局. 未来知识产权制度的愿景 [M]. 郭民生，等，译. 北京：知识产权出版社，2008：21.

② 欧洲专利局. 未来知识产权制度的愿景 [M]. 郭民生，等，译. 北京：知识产权出版社，2008：47.

③ 欧洲专利局. 未来知识产权制度的愿景 [M]. 郭民生，等，译. 北京：知识产权出版社，2008：48.

消解，由于信息交流和文献获取的极大便利，人类知识生产的速度与总量可能是史无前例的。但对于大学而言，知识生产速度和总量的快速增加却不完全是好消息。作为一个教育机构，大学更加关注的是知识的教育性和公共性。如果快速生产出来的知识都只是为了快速地被消费或被交易而无法进入高等教育过程，那么对于大学而言，这种知识生产就是失败的。即便引入产权制度，在知识的教育性、公共性之外增加经济性的指标，这种快速知识生产的背后同样存在巨大隐忧。这是因为知识产权制度与大学里的分科制度一样都还是印刷文明的产物。"创新的加速与知识产权机构的变化并不匹配。专利审批时间通常很长（审批时间指从申请到专利授予的时间段），巴黎标准（审批时间减少到 3 年）常常并没有被遵守。面对飞速发展、新思想层出不穷的世界，知识产权体制需要勇敢面对一些巨大的挑战。"① 面对着电子时代的严峻挑战，传统的知识产权体制简单地减少审批时间并不能从根本上解决问题。无论如何专利审批的速度都远远小于新知识生产的速度。更何况，我们只不过刚刚经历了信息时代的初级阶段。表面上看，当前信息技术的发展已十分迅速，但事实上若干年后回头看也许会发现，可能正是由于知识产权体制的束缚，今天技术的发展太过缓慢才无法应对人类发展所要面对的种种问题。North 就认为，"制度是由技术要求驱动的，但技术也是由制度驱动的"②。在此背景下，如何处理大学的知识生产与知识产权体制之间的关系至关重要。大学是保持一种知识自由市场的体制还是嵌入知识产权体制将会直接影响大学制度以及学科制度的走向。如果大学坚守知识自由的立场，在网络环境平台的支撑下，分科制度向跨学科制度的转变将顺理成章，以跨学科制度为基础的跨学科大学也来日可期。如果大学的学科制度被嵌入知识产权体制，如果大学的知识生产与激励被专利制度所"绑架"，那么大学将会失去教育功能，成为纯粹的知识工厂或专利公司。

当然，在知识产权制度下，大学里不同学科的知识面临不同的挑战。对于那些以发现为目的自然科学而言，专利可能是对其知识进行保护的重要形式。而对于人文社会科学而言，专利的保护较弱，与知识产权制度有关的更

① 欧洲专利局. 未来知识产权制度的愿景［M］. 郭民生，等，译. 北京：知识产权出版社，2008：42.
② 苏珊娜·斯科奇姆. 创新与激励［M］. 刘勇，译. 上海：上海人民出版社，2010：27.

多的是版权问题。与那些技术上有用的专利需要研究者转让不同，人文社会科学的研究者并不拥有完全的版权，所能获得只能是"稿费"或"版税"。这种学科的差异也导致了今天的大学里，学者与学者之间的贫富差距正在迅速扩大。在一些高新科技领域，譬如生物技术、微电子、制造业、材料科学，以及人工智能领域，将大学研究作为产业投资已成为普遍的趋势。为了"招揽"生意，拿下巨额的研究合同，很多大学成立了专门的研究机构。这些机构通常不承担本科生的教学任务，专门为企业提供高科技的研发服务。在大多数交易中，为最终研究成果申请知识产权都被大学作为对于产业界的慷慨承诺①，即便这些知识产权的研发资金并不完全是产业赞助。除此之外，以专利权作为智力资本投入，近年来以学科为基础的公司正在世界各地出现。这些公司既类似于大学的实验室，但又是独立的法人，与大学之间的界限非常模糊。一方面这些公司可以将大学里的专利转化为产品，另一方面大学里的科学家也可以在公司里从事可以申报专利的研究开发工作。对于大学引入知识产权制度，举办学科型公司，有支持者，也有批评者。从表面上看，借助知识产权制度，通过专利申请、转让或开发，大学可以利用自身的科学研究成果实现"盈利"，缓解财政危机。但事实上，"近一个世纪以来，从学术性研究中获得利润的前景从来没有改变过"②。真正通过专利体制垄断知识产权而获得利润的永远只是那些企业赞助商而不是大学。"尽管学科不同，标准也不同，但和政府机构相比，私人企业对研究成果应用方式的限制通常会更多。科学上的开放性和它们的目标在很大程度上是背道而驰的。产业的目的一般是借助大学科学家的专才来赚取利润，把基金和预先设定的问题挂钩。作为资助回报，私人赞助商通常会得到最终专利的某些固定的排他性许可，还可以使用研究结论、参加研讨会以及和教员、学生研究员进行交流。"③ 对于大学生而言，在知识产权制度下，来自外部的资助确实有所增加，学科公司也的确可以实现盈利，但大学的财政危机状况并没有因此明显的好转。相反，在利益的诱惑下，大学却要面临基础研究任务的转移，高深知识自由传播的受阻以及公共性和教育性的危机。

---

① 苏珊娜·斯科奇姆. 创新与激励 [M]. 刘勇，译. 上海：上海人民出版社，2010：26.
② 苏珊娜·斯科奇姆. 创新与激励 [M]. 刘勇，译. 上海：上海人民出版社，2010：222.
③ 苏珊娜·斯科奇姆. 创新与激励 [M]. 刘勇，译. 上海：上海人民出版社，2010：220.

今天由于知识生产制度处在变动之中，大学制度以及学科制度的未来都充满不确定性。大学作为西方文明的产物，其内部的学科建制完全植根于西方文化。在经济全球化的过程中，随着新的驱动力（全球本土化）的出现，传统的大学制度以及学科制度将会变得越来越复杂，越来越难以预测。尽管经济全球化的趋势不可逆转，但由于"知识悖论"的存在，全球知识产权制度能否统一仍然充满变数。① 在专利体制中，由于高深知识的本质和用途发生了变化，大学的合法性基础必将受到质疑。同时，在信息技术时代，由于知识传播和复制的极大便利，以印刷文化为基础的版权制度也面临挑战。过度的知识产权保护反倒会违背专利体制的初衷，产生负的外部效应。"专利体制经过几百年的发展，为工业化的世界提供了支持。如今，必须调整其以满足明天的后工业时代的需要。"② 基于此，这自然就会产生一个问题，在后工业社会当知识产权制度与现代大学制度及学科制度相互镶嵌在一起时，大学挑选知识的标准到底应是教育价值还是经济价值？是为了公共利益还是私人利益？大学是转型成为知识的工厂、专利的公司，还是重建为真正的高等教育机构？历史上，虽然对于什么知识最有价值不同时代有不同的说法，但大学对于知识的挑选始终有着不变的标准，即大学里的知识要具有教育性，要有利于理想人格的培养，即大学教育要使人成为人。但今天由于功利主义盛行，大学里知识的教育性，尤其是人文教育的价值在不断被削弱。在专利体制下，知识的经济性以及应用性显著增强。教育不再是一个高级概念，科研活动成了实现个人价值的最佳舞台。科研经费的多少，而不是知识生产的质量逐渐成为大学科研评价的指标。这种做法极其危险。科研的创新固然需要经费的支持，但经费的多寡绝不能直接决定知识生产的创新性。除了经费的量化之外，专利化是大学科研评价中的另一个误区。专利制度的建立的确为大学带来了外部资源，但同时也损害了大学的公共性。在专利体制下，大学对于外部经费的追逐很容易超越必要的限度，"分散大学本应在

---

① 欧洲专利局. 未来知识产权制度的愿景 [M]. 郭民生，等，译. 北京：知识产权出版社，2008：6.

② 欧洲专利局. 未来知识产权制度的愿景 [M]. 郭民生，等，译. 北京：知识产权出版社，2008：9.

公共知识方面做出的努力", "转而致力于有益于出资人的秘密研究。"①
专利体制对于大学知识生产的影响在短期内也许很难看出，但一旦这种体制
在大学中生根，大学的公共性将不可逆转地被侵蚀。大学将成为私人的"知
识企业"，高深知识将成为可交易的"商品"，科学家将成为学术资本家或
知识掮客。

　　传统上大学因为没有特殊的利益冲突，被认为能够更多地从社会利益的
角度出发开展科学研究。这也是大学自治与学术自由能够被政府允许的最为
重要的社会学理由。但在市场化的影响下，大学组织的自利性逐渐凸显，知
识的公共性逐渐被私人化所取代。在知识产权制度下，如果不加控制，现代
大学会逐渐沦为知识企业。与其他企业稍有不同的可能是，大学追求的是收
入最大化而不是利润最大化。但实质上，无论是收入最大化还是利润最大
化，措辞的差异并不能掩盖大学知识生产中对于私人利益的追逐。虽然今天
知识以自身为目的不再可能，但放任知识以利益为目的则非常可怕。"大
学—企业协议为了给专利应用建立档案，明显地推延了其问世的时间，大学
倾向于抵制这些制约。早期的报告显示，合作取得的成果通常并不妨碍交
流，积极的参与者承认，商业利益有时阻碍了研究成果的完全公开，但他们
利用不断获得推动研究加速发展的资金，来证明交易的公平性。"② 对于大学
而言，早期知识的生产是为了有闲阶级，今天的知识生产则是为了有钱阶
级。有闲阶级掌握知识主要是为了真理，有钱阶级占有知识则只是为了利
润。今天全球范围内，金钱逐渐控制了高深知识的生产，真理也不再是大学
存在的主要目的，"专利权被视为共享知识的催化剂"③。在这种背景下，大
学以及知识的本质、作用和价值都会发生很大的改变。以专利为核心的知识
产权制度是否符合大学以及社会的总体利益；知识产权体系中产权制度对大
学知识生产的激励是否有效都尚未可知。不过，可以肯定的是，如果知识产
权带给大学的仅仅是会计学意义上的经济利益而损害了其公共性；如果产权

---

　　① 彼得·达沃豪斯，约翰·布雷斯韦特. 信息封建主义 [M]. 刘雪涛，译. 北京：知识产权
出版社，2005：221.
　　② 朱丽·汤普森·克莱恩. 跨越学科——知识 学科 学科互涉 [M]. 姜智芹，译. 南京：南京
大学出版社，2005：268.
　　③ 欧洲专利局. 未来知识产权制度的愿景 [M]. 郭民生，等，译. 北京：知识产权出版社，
2008：3.

制度下传统学科制度的瓦解没有促进知识的原始创新反而加剧了科学的技术主义和学术的资本主义，那么这种新的知识生产制度就必须受到质疑。

总之，知识生产是学科建设的重要内容。在传统学科模式下，知识生产以同行评价为合法化机制。通过同行评价机制，新知识在既定学科框架下获得相互承认并传播。随着知识生产模式的变化，产权制度开始成为知识生产中新的激励机制，知识产权随之成为关乎学科承认的新的合法化机制。知识产权制度对于大学的学科建设利弊参半。一方面，知识产权制度有利于大学科研成果的转化，提升现代大学服务经济社会发展的能力；但另一方面，知识产权制度的普及也在加速知识的私人化，损害了大学的公共性，不利于基础研究的原始创新。

第十三章 学术—产业链与大学的公共性

学术原本是一种志业，学者响应内心的召唤，义无反顾地走在追求真理的路上。今天大学里的学术已不再是志业而成为一种专业或职业，学者的生活方式也高度的社会化或市场化。随着学术和产业的关系越来越密切，知识产权和保密开始成为大学的新问题。学者对于真理的自由探索被来自政治和经济的双重限制所制约。其结果，学术研究要么是为了意识形态，要么是为了经济发展；要么为了权力，要么为了利润，以知识本身为目的成了学术生活的异类。更有甚者，有时学术还会完全成为幌子，以学术的名义进行扯淡正成为当代大学里的一大奇观。学术生态的变化会直接影响大学的治理。因为，有什么样的学术存在方式和学者生活方式就会有什么样的大学。今天由于市场专业主义的强势介入，学术与产业链的对接成了产学研合作的新范式。在学术—产业链这种新范式中，学者和学术失去了独立性，成为服务于产业链的知识工具。由于学术—产业链的存在，"参与市场开始削弱教授与社会之间的默契，因为市场对结果和客户福利同样重视。大学特殊待遇、专业人员培训范围以及专业人员特权存在的理由被削弱，增加的可能性是，在未来，人们对待大学的态度将更像对待其他组织，对待专业人员将更像对待其他劳动者"①。大学组织特殊性的丧失使得知识社会中大学与非大学的区分更加模糊。其结果，在组织趋同的过程中不是其他组织更像大学，而是大学更像其他组织，尤其是企业。在此大背景下，如何通过好的大学治理以平衡

---

① 希拉·斯劳特，拉里·莱斯利. 学术资本主义：政治、政策和创业型大学 [M]. 梁骁，黎丽，译. 北京：北京大学出版社，2008：5.

大学的公共性与知识的商业性将至关重要。

第一节 学术—产业链的形成

今天大学与产业的关系越来越紧密已是不争的事实。在大学与产业相互交融的背景下，学术—产业链的形成也就水到渠成。事实上，学术—产业链也不是什么新东西，它的"种子"早就存在于大学中。比如，马克斯·韦伯早就把医学和自然科学描述为国家资本主义企业。① 历史上，19世纪的德国化学、农业研究大学和美国的赠地学院都是学术界与生产型部门紧密联系的经典案例。② 与过去的产学研合作或大学—工业联合体有所不同，学术—产业链意味着大学彻底放弃了自身的知识和法律独立性，完全与产业捆绑在了一起，从合作走向了融合。换言之，学术—产业链意味着大学与企业以学术为标的物，以产业链为纽带，企业为大学的学术发展提供资源，大学则为产业的发展贡献专利技术和应用性知识，最终在知识产权制度的框架内，大学成为企业的一部分，学术成为产业的一部分。

首先，学术—产业链的形成是大学在市场化环境中的一种自发反应。学术—产业链最初只是大学里某些人一时的创业冲动，而后由于受到经济正确性的刺激逐渐蔓延开来，并最终制度化为大学功用不可分割的一部分。"当学术不仅仅转变为智力上的努力，而且还是经济上的奋斗时，很多大学一直以来所坚持的科学与企业之间的分离状态被打破了，因为大学自己也变成了企业家。"③ 在高等教育市场化的强势意识形态下，大学通过学术活动与产业对接，最终形成学术—产业链，反映了时代精神和市场主义对于大学的主导。今天在我们这个时代，商业性研究的增加使学术资本主义成为大学科研活动中最重要的意识形态。传统上，大学葆有一种知识普遍主义的精神气

---

① 希拉·斯劳特，拉里·莱斯利. 学术资本主义：政治、政策和创业型大学［M］. 梁骁，黎丽，译. 北京：北京大学出版社，2008：8.

② 迈克尔·吉本斯，等. 知识生产的新模式——当代社会科学与研究的动力学［M］. 陈洪捷，沈文钦，译. 北京：北京大学出版社，2011：46.

③ 亨利·埃兹科维茨. 麻省理工学院与企业科学的兴起［M］. 王孙禺，袁本涛，等，译. 北京：清华大学出版社，2007：12.

质，对于商业行为多有排斥。"现在的大学不掩饰自己的俗气，庆祝它们成为实用知识制造者的成就，因此教员变成了'知识工作者,'学生变成了'人力资本'，对知识的投资就是对成长的投资，因为知识'不但是一种道德或文化力量，更是一个在技术导向经济里的新产业孵化器。'后现代大学是'知识经济的发动机房'。"① 在这种崭新的时代精神里，随着学术价值从人文教化向市场收益的转型，高等教育的市场化或大学的企业化也就不可避免。在我们这个市场无孔不入的时代里，有形之链和无形之链纵横交错，大学的关系网或学术链中也就不可能没有市场和产业的参与。缺乏了市场的参与，学术活动就会失去动力，没有产业的赞助，大学的科研甚至无法正常运转。市场专业主义的增长及其声望的增大使得学术职业结构面临急剧转型。其结果是，今天的大学里传统的学术等级发生了部分的逆转，用以判断学术等级的标准从科研成果的"自我决定程度"向"市场化程度"转变，"学术自由变成了市场自由"②。最终，位于金字塔顶端的不再必然是那些纯科学或硬科学。今天的大学里最高等级的学术主要是那些以市场为中心并能够直接创造财富的学科或领域。此领域以信息技术为代表。硅谷的高科技产业早已成为我们这个时代"什么知识最有价值"的最好注脚。紧随其后的是那些现在虽然不能直接创造财富，但蕴藏着巨大商业潜能的学术领域。此领域以生物科学与技术为代表，由于普遍看好其商业前景，企业领域巨额资金开始涌入大学里与生物科学相关的学科和专业。最低层次的是那些非市场化的研究领域，主要集中在社会科学领域和大部分人文学科。这些学术领域除了公共资金以外没有企业愿意投入。由于外部资源的匮乏，很多大学的相关院系出于成本—收益的压力正面临被关停的危险。

其次，学术—产业链的形成也是大学学术体系变革的自然结果。长期以来，大学的学术体系以学科或领域为基本单位，学术的目的在于探索未知的世界，推进科学的进步，实现知识的积累。学术的驱动力主要源于认识论。经济收益往往只是学术的副产品而非有意为之。人类历史上，虽然知识与权力的结缘也由来已久，但相当长的时期内这种权力更多的是一种文化权力或

① 埃里克·古尔德. 公司文化中的大学 [M]. 吕博，张鹿，译. 北京：北京大学出版社，2005：26.

② 西蒙·马金森. 教育市场论 [M]. 金楠，等，译. 杭州：浙江大学出版社，2008：190.

政治权力而非经济权力。工业革命以后，知识自身蕴藏的商业价值和财富潜力才被发现，科学技术遂之成为第一生产力。未来的后工业社会里，知识的重要性将进一步增加，知识将成为社会创造财富的最主要的资源。工业社会里大学与企业共同创造了知识成就财富的传奇，而在知识社会里，除了继续与企业合作之外，大学自身也将转变为一类重要的知识型企业，成为知识经济的发动机。"公共科学知识正在不断变成为一种产品，这些产品是由按照科层组织起来的、标准化的技能联合体，为了各种各样的智力或非智力目标而生产出的。由此，它开始具有了工业的、私人的科学的某些特征。这种始于 19 世纪大学，以李比希的'知识工厂'为典型的智力工作的'工业化'，自第二次世界大战以来发展到了另一个阶段。在此阶段，声誉目标和价值随着知识精英、政府官僚以及雇佣机构的行政管理领导者之间不断变动的联盟而建立和变化着。"① 作为知识型企业，顺应学术体系变革的大趋势，未来大学治理采用企业化的框架和观念会司空见惯。在美国随着大学里兼职教师比例的不断上升，学术职业的阶级分化已经日益严重，以大学兼职教师为主体的新的知识无产阶级正在形成。"工业联盟突出了那些使所创造的知识成为企业基础的人，同那些不能这样做的人之间业已存在差异，许多大学正使用五分之一法则，规定一星期只有一天的咨询时间，但违反这一法则的情形日渐增多。"② 而在那些企业型大学里，传统的学术共同体走向分裂，由诸多利益相关者组成的联合体正在形成。大学作为"资方"，教师作为"雇员"，企业作为合作伙伴，学生作为"消费者"，正在成为大学治理结构的新框架。在这种新的治理结构中，学校的预算和决策权力不可避免地从教师转移到职业行政管理者手里。大学的治理越来越像企业的治理，大学的董事会和公司的董事会发挥着相似的功能，大学的校长也与公司的 CEO 相类似。今天在学术和产业之间，由于大学对于收入最大化的追求已经取代了对于真理的渴求，以校长为代表的行政管理阶层者更倾向于学术产业化或知识商品化丝毫也不奇怪。以美国为例，"由于在过去 12 年里，大学机构变得更加官僚化，

① 理查德·惠特利. 科学的智力组织和社会组织 [M]. 赵万里，等，译. 北京：北京大学出版社，2011：248.

② 朱丽·汤普森·克莱恩. 跨越学科——知识 学科 学科互涉 [M]. 姜智芹，译. 南京：南京大学出版社，2005：269.

校长和名誉校长更像是企业管理者，而不像学术带头人。在很大程度上，他们所抓的大学任务已经与就业市场和股票市场挂钩。学术体系的知识性任务现在作为装饰品存在，也就是说，作为一个合法机制，具有的只是平庸的功能"①。过去，学术曾是大学之所以为大学的根本，知识本身就是目的曾是大学合法性的重要来源。今天经济繁荣和生产革新成了大学的首要责任，产业升级成了学术努力的方向。这种学术功能的错置既是现代大学危机的原因，也是其自然而然的结果。在学术—产业链上，所有学科和专业的知识都开始趋向应用。为了应用，自然科学趋向技术化；为了应用，社会科学和人文学科被政策化或意识形态化。大学里那些形而上的理论研究不再是学术的首要目的，学者的科研工作要服从于整个产业链的需要，必须对外部赞助者或资助者负责。相应地，专业则要适应市场需要而非学者个人的学术兴趣，更非知识的内在逻辑。这种变化反映在大学治理结构上就是"贴近市场的领域的教学科研人员中有创业倾向的或者受到需要资源的大学的极大鼓励的，他们可能组建中心，并作为学术资本家在中心里花费大部分时间。他们可能会将不想成为学术资本家的和没有创业才能的教学科研人员留在传统的系里。在市场潜力不确定的领域里的教学科研人员也许会被要求教授更多课程或完成更多的学院维护（委员会工作、学生指导工作）工作。在市场潜力正在减少的领域里的教学科研人员也许会全部被削减，特别是当他们的领域里学生人数减少时"②。如果按照学术—产业链的这种运作逻辑来重组现代大学，那么未来大学的企业化将很快从运营和管理的层面迅速蔓延到大学内部教学和科研等核心部门。一种反大学的后现代大学将不可避免地成为现实。

再次，学术—产业链的形成导致了大学里知识的异化。大学的形成与高深知识的公共性密不可分。"大学，研究高深学问者也！"一旦学术—产业链主导了大学的运行，高深知识将不再具有公共性，大学将成为知识的空壳。"我们可以想象，知识不是根据自身'构成'价值或政治（行政、外交、军事）重要性得到传播，而是被投入与货币相同的流通网络；关于知识的确切

① 斯坦利·阿罗诺维兹. 知识工厂——废除企业型大学并创建真正的高等教育 [M]. 周敬敬, 郑跃平, 译. 北京：高等教育出版社，2012：56.
② 希拉·斯劳特，拉里·莱斯利. 学术资本主义：政治、政策和创业型大学 [M]. 梁骁，黎丽，译. 北京：北京大学出版社，2008：165.

划分不再是'有知识'和'无知识'而是像货币一样成为'用于支付的知识'和'用于投资的知识'，即一方面是为了维持日常生活而用于交换的知识，另一方面是为了优化程序性能而用于信贷的知识。"① 不可否认，知识具有商品的属性，但商品性绝不是其唯一的属性。对大学而言，知识的本质属性乃是公共性。公共性是知识的教育性的基础。失去了公共性，知识的教育价值将无从发挥。专利制度促成了学术—产业链的形成，也膨胀了知识的私人性，损害了知识的公共性。公共性的丧失最终不仅会损害知识的教育性，也会危及知识的经济生产力。"知识体系正在沦为自身成功的牺牲品。随着参与有组织的科研活动的人数不断增多，以及他们所创造的知识在更大的社会再生产中表现得越来越显著，知识创新的可能性被挤到了边缘。"② 在学术—产业链当中，知识的商业性需要产权制度的保护；知识的公共性则意味着过于严格的产权制度会窒息学术创新的空间。到目前为止，大学的成功在于较好地维持了知识的自由流通和思想的自由交流。大学的历史表明，只要有宽松的智识环境，有没有知识产权制度丝毫不会影响人们在学术领域的创造性，实际上受影响的只是利益的分配。现有的大学实践也可以证明，知识产权制度只是知识商业化或产业垄断利润的需要，而不是知识生产制度或科研内在逻辑的延伸。在学术—产业链中，学者的研究被市场的需求所左右，学术成果是为出售而生产，必须在规定的时间内取得预期成果才能更具市场竞争力。这种做法是符合市场规则的却未必符合科学的规律。在学术—产业链的作用下，那些具备交易价值的知识成为知识管理者心中潜在的专利，那些不具交易价值仅有象征价值的知识也会被出版商看中，成为通过版权牟利的工具。无论是通过专利还是通过版权，最终知识都被导向了市场和利润。比如，在澳大利亚"研究中心将大学研究团队的结构和相关公司联合起来。研究自主权，创新的和智力型的合作，学术—产业链同知识产权的发展和营销相结合"③。最后，在知识产权制度的基础上，学术—产业链与知识—权力链相互交织。由于学术资本化，知识商品化，大学在履行科研职能的过程

---

① 让-弗朗索瓦·利奥塔尔. 后现代状态：关于知识的报告 [M]. 车槿山，译. 北京：生活·读书·新知三联书店，1997：94.

② 史蒂夫·富勒. 智识生活社会学 [M]. 焦小婷，译. 北京：北京大学出版社，2011：58.

③ 西蒙·马金森. 教育市场论 [M]. 金楠，等，译. 杭州：浙江大学出版社，2008：184.

中，学术与产业之间的有形之链上升为无形之链，最终成了大学与企业关系的新隐喻。由于知识公共性的丧失，大学逐渐放弃了高等教育的理想和自由学术的使命。在学术—产业链中，大学既不是真正的教学机构也不再是独立科研机构，更与真正的高等教育无关，而是成了一个地地道道的知识工厂或专利公司。大学里"研究又重新以企业相关科学、市场力量、基本战略行为和业绩管理为基础，并被重新规范。渐渐地，商业性研究成为政策和管理的主要目标，因而终极目标不再是学术论文的有机增长，而是可售知识商品的生产"①。在知识—产业链的巨大影响下，未来作为知识工厂或专利公司的大学，最多只能算是致力于技术知识的大学，这与致力于实现"人类完整性目标"的大学有着本质的区别。② 回顾历史，大学从昔日致力于"人类完整性目标"到今天致力于"技术知识"的转型，似乎也证明了在我们这个时代里大学的异化和人类的想象力的匮乏。

第二节　知识产权制度的弊端

自从知识成为一种商品，学术与产业之间的链状结构就开始牢不可破。在这种链状结构里学术逐渐成为产业的一部分，而不是产业成为学术的研究对象。在学术—产业链的裹挟下，大学日益沦为专利工厂和学习公司。大学里原先的教育者和受教育者也演变成为知识工作者和服务提供者。从表面上看，以知识产权制度为基础的学术—产业链拓展了大学为社会服务的功能，强化了大学科研与经济社会发展之间的联动关系；但实质上，学术—产业链不仅是反学术的，也是反大学的。大学之学术乃天下之公器，但在专利和版权制度下，逐渐的私有化或私人化，这从根本上违背了知识的教育性。大学的肇始以知识的公共性为基础，其原本是一个公共机构，服务于公共利益。但在知识产权制度下，大学可能反倒要向那些拥有专利和产权的商业性知识机构购买原本是自己生产的知识，从而失去知识和法律的独立性。短期内大

---

① 西蒙·马金森. 教育市场论 [M]. 金楠，等，译. 杭州：浙江大学出版社，2008：181.
② 斯坦利·阿罗诺维兹. 知识工厂——废除企业型大学并创建真正的高等教育 [M]. 周敬敬，郑跃平，译. 北京：高等教育出版社，2012：33.

学的确可以从学术—产业链中获得额外的科研资源，但事实上，知识产权的真正受益者绝非大学，而是那些大学商业科研的赞助商。从长远来看，学术—产业链最终不可避免会突破大学的边界，引发大学结构性的重组。其结果，"我们现在所了解的学科（相当于院系、期刊、毕业生学位项目），逐渐演化成受主流世界观掌控、相互冲突的科研项目之间制度化的契约"①。现代大学虽然参与了知识产权制度的建构，似乎也是知识产权制度的实际获益者，但在真正的资本面前，大学所拥有的知识产权或学术资本却是脆弱的。知识产权制度的本意根本不是要保护大学成为知识的真正主人。未来"最富的人最有可能有理。财富、效能和真理之间出现了一个方程式"②。由于科研需要大批经费的投入，在学术与产业的天平上，大学注定是个输家。依靠学术资本主义实现财政自给自足或富甲一方只能是大学不切实际的幻想。相反，在知识产权制度的激励下，由于禁不住外界的利益诱惑，加之机构内部以知识换利润的强烈冲动，大学丧失教育理想，最终成为专利和文凭工厂或学习的公司倒是具有极大的可能性。

知识产权制度只是一个晚近的发明，其目的是保护知识生产者和所有者的利益，以促进知识的创新。在知识产权制度的框架下，"学术研究不再仅仅是一种公益，或在久远的将来取得技术成就的来源。至少在某些国家，它开始被视为投入创新过程的资源，这种资源可以与其他更具物质性的资源一样，按照大致相同的方式进行管理"③。知识产权制度强调知识的私人性不可避免地会与大学制度对于知识公共性的维护相矛盾。在大学的历史上，绝大部分时间里知识并不具有产权的性质，大学的制度设计中也没有知识产权的位置。大学的主要功能就是保存和传播知识（知识生产也是为了传播的需要）。保存和传播的最好方法就是自由的交流。社会对知识保存者、传播者和生产者的奖励主要是同行的承认和学生的认可而不是金钱。知识产权制度的出现正在改变大学的现状。随着专利和版权制度越来越深地嵌入大学制度之中，大学仍然在从事知识的传播和生产（教学与科研），但其模式却在发

---

① 史蒂夫·富勒. 智识生活社会学［M］. 焦小婷，译. 北京：北京大学出版社，2011：25.
② 让-弗朗索瓦·利奥塔尔. 后现代状态：关于知识的报告［M］. 车槿山，译. 北京：生活·读书·新知三联书店，1997：5.
③ 理查德·惠特利. 科学的智力组织和社会组织［M］. 赵万里，等，译. 北京：北京大学出版社，2011：5.

生变化。"我们认为，目前发生的变化与 19 世纪最后 25 年学术劳动上产生的变化同样巨大。19 世纪末的工业革命创造的财富为中学后教育及其伴随的专业化提供了基础，而 20 世纪末的政治经济全球化则正在打破过去一百年发展起来的大学专业工作模式。全球化正在为学术职业的某些方面创造新的结构、激励和奖励，同时对这一职业的其他方面造成限制和抑制。"[①] 在知识产权制度下，由于对优先权的高度重视，大学内部自由的学术交流首先受到抑制。由于忌惮可能被"剽窃"或"抢先"，学者之间处于一种相互不信任的状态。学术共同体名存实亡。在哲学层面上，大学对于真理的渴望消失了。在社会学的层面上，无功利的自由学术正在被工具性的实用知识所取代。随着大学里越来越多的知识被申请成专利或受到版权保护，整体性的知识被分割成了学术的孤岛。"这种现象的显著影响就是作为社会的一种重要的公共资源枯竭了。从个人来讲，如果没有某种程度的专利回报，研究人员就没有那么大动力钻研了。这很成问题，因为大学研究人员会像公司一样，算计进行基础研究最终能有多少收益。如果探索解决问题的方法不能带来商业回报的话，他们可能就像公司一样，决定不再进行这种探索。"[②] 由此可见，一旦高深知识的生产和传播完全被利益所控制，那么大学存在的意义和价值将大打折扣。

在知识社会里，一方面知识高度丰富，另一方面人们对于知识的依赖程度也很高。此时知识不仅是社会发展的重要资源，而且是人类生活的必需品。作为生活必需品，知识迫切需要恢复其公共性，以公共物品的形态存在；作为经济社会发展的基本资源，知识则要强化其商业性，通过产权制度以保护其可能带来的垄断收益。知识的公共性与商业性的冲突最终会导致大学制度与知识产权制度的矛盾。从近期效果看，知识产权制度对于大学在各个领域的创新起到了很好的激励作用，也为大学的发展赢得了丰富的外部资源。但从整个人类历史看，创造性成果的取得与知识产权制度又似乎没有必然的关联。"在 20 世纪，从互联网到由于揭开 DNA 之谜而产生的新分子生

① 希拉·斯劳特，拉里·莱斯利. 学术资本主义：政治、政策和创业型大学 [M]. 梁骁，黎丽，译. 北京：北京大学出版社，2008：1.

② 彼得·达沃豪斯，约翰·布雷斯韦特. 信息封建主义 [M]. 刘雪涛，译. 北京：知识产权出版社，2005：254.

物学，最重要的技术突破有三分之二是由于公共资金投资于大学的结果，而不是追求专利和版权商业利润的结果。"① 换言之，只要大学制度是健全的，知识的生产原本不需要产权制度的保护。知识产权制度之于大学弊大于利。知识产权制度下那些具有交易价值的知识逐渐成为私人的财产和谋利的工具。这种制度既赋予了大学创业的资本，也损害了大学制度的公正性。大学原本崇尚思想交流与知识共享，学术研究是大学人的生活方式而非谋生手段。今天当无形的知识被有形的制度确认了产权的归属，学术的资本性与知识的公共性间的冲突就不可避免。一方面，产权制度给予知识的生产提供了激励，有利于创新；但另一方面，产权制度也造成了知识的私有化和信息的封建主义，不利于创新成果的传播和知识的公共性的实现。从短期看，以专利和版权为核心的知识产权制度可能为大学的发展提供了巨额的资金，同时也促进了大学中知识的创新；但从长远来看，由于知识产权制度限制了创新成果的传播，最终将抑制进一步的创新，而且可能导致知识专制主义。在知识专制主义下，"作为公共财物的知识供应可能会遭受损害"②。此外，知识产权制度对于知识生产者和所有者的产权的确认不可避免地会侵犯他人的权利。因为这个世界上没有任何知识会是完全原创的，任何新知识当中必然包含有前人或他人的无私贡献。这样一来，拥有知识产权的人不但涉嫌不当得利，还会侵犯那些不拥有知识产权的人的受教育权。因此，可以说，在大学制度中引入知识产权制度绝对是一把双刃剑。它既可以给予知识生产者对于其所生产的知识的专利权或版权，也会剥夺这些知识生产者免费获取，并分享其他同行的研究成果，以实现更大创新的权利。在知识产权制度下，大学制度会被企业制度所同化，大学自身也会成为企业的一部分。"如今，大学成为新的殖民地，科学家们日益成为知识公司的附属品。除非他们能够想出让公司感兴趣去买卖的想法，否则他们就得不到科研经费。随着科学家们把自己的想法卖给跨国公司，他们使自己处于侵犯自己公有知识的境地。专利和版权这些障碍经常阻止自由询问权。说得通俗一些，他们必须取得大跨国

---

① 彼得·达沃豪斯，约翰·布雷斯韦特. 信息封建主义 [M]. 刘雪涛，译. 北京：知识产权出版社，2005：248.

② 彼得·达沃豪斯，约翰·布雷斯韦特. 信息封建主义 [M]. 刘雪涛，译. 北京：知识产权出版社，2005：254.

出版社的许可并支付少部分版税，否则，他们不能把自己同事撰写的论文发给自己的学生。如果穷国科学家所在大学支付不起版税，他们就被驱除出公共知识领域。"① 今天如果我们仍然意识不到知识产权制度对于大学的危害，仍然一味强化知识产权制度和学术—产业链，那么最终在信息封建主义的基础上，源于大学的知识专制主义和帝国主义将不可避免。

知识产权制度对于大学具有重要的结构性影响。在知识产权制度的引导下，学者和科学家原本对于学科和大学的忠诚逐渐被资本所取代。大学的科研本身也越来越依赖大企业的资助。企业通过资助大学非常便宜地获得了原本应属于整个社会所有的专利。大学通过合作获得了想要的科研资源，民众却要为那些属于专利的知识二次买单。今天在有些国家，"大学创作的、公共款项资助的研究被版权所有人放到期刊及数据库中，然后向大学和学生们收取费用。这些费用在大学和学生的费用中占有很大的比重，以至于引起大学与代表版权所有人的版权征集协会间的诉讼"②。相关实践已经表明，专利和版权制度加速了知识的私有化，但大学并非知识私有化的最大获益者，相反却有可能成为最大的受害者。作为当代社会高深知识生产、传播与应用的最主要的制度性场所，近年来大学的确从知识产权制度中有所获益，但在获得经济收益的同时，大学也牺牲了自身的理念和理想，丧失了公共性和独立性。在知识产权制度下，大学最终不得不放弃关于自治与自由的追求，转而成为出版商和赞助人的同谋。科学研究不得不屈从于商业的法则，变相瓜分原本属于人类共同财产的知识。大学里的知识本身具有整体性，任何一种知识的生产都必须以相关的研究为基础。知识产权制度无视这种相关性和连续性，武断地将某些知识的产权排他性地授予某些人，以保护垄断性的商业收益。这种做法的理论合法性和程序合理性需要重新检讨。"几个世纪以来，大学一直都是创新的摇篮。奖励大学获得专利和其他知识产权的做法就具有极大的危险性。就专利锁定了知识而没有使其作为进一步传播知识的平台这

---

① 彼得·达沃豪斯，约翰·布雷斯韦特. 信息封建主义 [M]. 刘雪涛，译. 北京：知识产权出版社，2005：235-236.

② 彼得·达沃豪斯，约翰·布雷斯韦特. 信息封建主义 [M]. 刘雪涛，译. 北京：知识产权出版社，2005：15.

一点而言，大学教职员工因为获得专利而得到提升损害了大学的历史使命。"① 知识的重要性既与知识的创新性有关，也与其可传播性有关。产权制度可能会激励知识的创新，但同时也会限制创新知识的传播。在产权制度下，知识的公共性逐渐被商业性所取代，大学也就成了"知识的工厂"或"学习的公司"。今天无论是公立大学还是私立非营利性大学，其运作资金均为非营利性的投入。作为非营利性组织，大学运用政府或社会投入的资源从事高等教育活动，其生产的知识天然具有公共性。如果大学运用社会资源或纳税人的钱所生产的知识，又进一步申请成为专利，并推向市场以赚取利润，这是对纳税人的不公。当然也必须承认，在科学研究中总有些知识比另一些知识更具有商业价值。将那些具有商业价值的知识放进图书馆成为故纸堆而不进行产业开发同样也是对于社会资源的巨大浪费。但必须注意的是，商业开发应有商业开发的规则；这种规则更不能取代大学的学术规则。大学不应根据研究对象的商业价值的高低来区分研究价值的高低。大学可以生产并转让专利技术，而不能一切为了专利技术。出售专利技术诚然可以换取更多的研究资源，但是过多的专利生产最终的结果可能会损害大学的公共目的。

第三节　大学公共性的困境

作为当今社会最为主要的高等教育机构，大学一直是"社会资本的创造性破坏"者。② 大学一方面通过科研制造学术精英，以拉开大学里教师和学生之间的知识差距，另一方面又通过教育过程免费地把学术精英生产的前沿知识传授给学生，以削弱学术精英在知识等级或社会资本上的相对优势。在历史的长河中，大学一直既创造社会资本又破坏社会资本，既制造精英又惠及大众，自身保守又要刺激社会不断变革。大学既生产知识又传播知识。生产知识的角色使大学成为一个知识密集的地方，传播知识的角色又使大学主

---

① 彼得·达沃豪斯，约翰·布雷斯韦特. 信息封建主义 [M]. 刘雪涛，译. 北京：知识产权出版社，2005：221.

② 史蒂夫·富勒. 智识生活社会学 [M]. 焦小婷，译. 北京：北京大学出版社，2011：39.

动放弃这种相对优势。在这种"创造性破坏"过程中，大学里学者的生活也略显矛盾。一方面，学者学富五车，不断著书立说，生产知识，拥有知识；另一方面，学者又要忙于传播自己的知识，使其广为人知，主动降低自己对于知识的专有性和垄断性。实践表明，正是这种看似矛盾的做法，却赋予了大学旺盛的生命力，并创造了不朽的传奇。知识产权制度的引入破坏了大学的传统。"近年来，驱使大学模拟厂商成为知识产权发动者的动力，已经发展成为一场不亚于解体大学的运动。在这一运动中，大学的研究功能和教学功能被割裂开来。由此出现了准私有的'科学公园'，它那有利可图的冒险，危及知识的正常流向，并为创造一种以知识为基础的阶级结构，又称信息封建主义（information feudalism），提供了一个合法的构架。"① 今天大学里以专利和版权为核心的产权制度已经损害了知识的公共性，加剧了知识在社会阶层分布中的不平等。在知识产权制度下，知识的教育性减弱，获利性增强。知识产权制度表面上看提高了知识的重要性，刺激了知识的创新；但从实际效果看，由于抑制了创新知识的快速传播，知识产权制度无形之中也就降低了知识的重要性和进一步创新的可能性。

从产生至今，大学的本质就是一个高等教育的机构而非单纯的知识生产机构。大学里知识的获取离不开个体的刻苦努力，而不可能像市场里货到付款那样简单。大学里教师和学生可能"闻道有先后"，但教师的教学是教育的必要手段绝非是向学生兜售知识，学生的学习也绝非向教师购买学问而是个体成长的必要过程。知识的传播与获取仅仅是大学实现其高等教育目的的一种途径。在知识之外，高等教育还有更为崇高的目标，即教育。虽然没有知识的存在，大学无法实现其高等教育的理想；但如果仅有知识而没有爱，大学仍然无法践行自己的理念。"大学天然是由'爱'维系的不可分割的组织；与公司、公共机关、工会和大多数其他组织相比，大学的情感联系更为强烈。"② 今天由于市场化的蔓延，学术—产业链的形成，知识产权制度的强化，专利和版权意识的增强，使得大学里的"爱"越来越少，"知识的提供者和使用者同其提供和使用的知识的关系，现在正倾向于而且越来越倾向于

---

① 史蒂夫·富勒. 智识生活社会学 ［M］. 焦小婷，译. 北京：北京大学出版社，2011：3.
② 伯顿·克拉克. 高等教育系统——学术组织的跨国研究 ［M］. 王承绪，等，译. 杭州：杭州大学出版社，1994：85.

表现为这样一种形式，就是商品生产者和消费者同其生产和消费的商品的关系所表现的形式，也就是价值的形式。知识的生产现在和将来都是为了销售，而知识的消费现在和将来都是为了在新的生产中定价，在上述两种情况下，目标被互换。知识不再是其自身的目的，它失去了自己的'使用价值'"①。价值和使用价值的这种逆转对于大学的治理构成了根本性的挑战。由于知识的公共性和教育性减弱，大学里传统的学院设置、系科结构、专业和课程的开设都要做出相应的调整。当知识不再是为了教育，也不再以自身为目的，而只是知识经济的资源；当学术活动不再致力于真理，而是服务于产业，追逐着利润，那么大学终将蜕变或转型为产业的发动机和专利的储水池，而不再是自由思想的堡垒或关于高深知识的无形学院。

今天在学术—产业链的影响下，大学的科研结构开始发生根本改变。"即使更大程度地认可企业的作用和自身的利益，文化价值之间的冲突依然十分顽固。挣工资以外的薪水、做顾问、从专利中得到利润，已获得一定程度的合法性，但是'客观的'研究和'倾向性'研究之间的界限混淆了，而不是融合了。"②传统上大学是基础研究的圣地，强调真理和客观性，应用研究主要位于大学之外的企业实验室或研发中心。伴随着知识产权制度的建立和大学、政府、企业间三重螺旋关系的加强，基础研究和应用研究、学院科学和产业科学的界限已经越来越模糊，学术与产业已经融为一体，拴在了同一条"链"上。大学开始从重视基础研究的研究型向立足于应用研究的创业型转变，在那些蒸蒸日上的创业型大学里与产业相关的科学研究排在了大学议事日程的顶端。20世纪七八十年代以来，世界范围内从大学里产生的高科技促进了经济的繁荣和生产的革新，在成本—效益的原则下，纯粹的基础研究不再独立存在，而是与应用研究统一起来，成为学术—产业链的最上游。在学术资本化和科学产业化的大趋势下，"科学作为商品的源泉是非常重要的，比起要以自由交换的想法来，它则是可以被拥有的"③。为了能够"被拥有"，知识产权制度被发明出来，学术—产业链被建构出来。大学为自

① 西蒙·马金森. 教育市场论 [M]. 金楠，等，译. 杭州：浙江大学出版社，2008：179.
② 朱丽·汤普森·克莱恩. 跨越学科——知识 学科 学科互涉 [M]. 姜智芹，译. 南京：南京大学出版社，2005：269.
③ 西蒙·马金森. 教育市场论 [M]. 金楠，等，译. 杭州：浙江大学出版社，2008：180.

由、自治和独立而斗争的哲学被与企业建立更紧密的合作伙伴关系的新理念所取代。以美国为例，"截至 1988 年，以哈佛大学的 69 个企业合同、斯坦福大学的 40 个企业合同和麻省理工学院的 35 个企业合同为主导，研究型大学已经与私人企业部门平均建立了 22 个研究和专利合同关系。这一趋势在 20 世纪 90 年代不断加速。今天，未能与私人企业达成协议的大学生物学和生物化学学院难以维持它们作为科学研究重地的地位"①。对于大学与产业间越来越紧密的联系，加拿大科学委员会曾经提出过"服务型大学"（service university）的大学新概念。这一概念虽然没有被政策制度化，却无意间揭示了学术与产业、知识与财富，大学与市场之间的真实关系，即服务。无论传统的产学研合作、大学—工业联合体还是新型的学术—产业链、大学—政府—企业三重螺旋，任何一种致力于通过知识创造财富的组织与制度设计中，大学的角色都是服务。大学虽拥有知识，但不是知识的主人。大学虽然可以通过知识产权制度来保护自己的权益，但知识产权的最大获益者永远不是大学。相反，大学还要为知识产权的过度保护付出昂贵的教育代价。

今天在学术—产业链愈演愈烈，知识产权制度日益强化的背景下，"如果我们不为教育的种种使命排出优先顺序，不对什么是民主教育建立坚定的认识，大学就会在其自身企业本能的重压下产生内爆"②。未来学术—产业链的普及化将对于大学的治理提出新挑战。随着越来越多的大学将原本属于大学内部的事物交给市场来处理，将知识和学术作为可交易的商品来进行出售，大学的合法性基础不可避免地遭到双重侵蚀。在哲学的层面，对真理的追求将不复存在；在社会学的层面，大学自治和学术自由将失去必要。"大学治理结构将随这而改变，这是预料之中的。大学治理的减少似乎不可避免。在这种减少中市场的作用看起来明显了。行政管理人员正在更多地成为技术专家而不是学术领导，这个过程更多地成为经营而不是治理。'教授的作用随着创业型教授的发展、衍生公司的创立、系一级所有力量的减少及大学教师与学术工作的边缘化而转变。这些发展减少了学术自主权，而且在他

---

① 斯坦利·阿罗诺维兹. 知识工厂——废除企业型大学并创建真正的高等教育 [M]. 周敬敬，郑跃平，译. 北京：高等教育出版社，2012：40.

② 埃里克·古尔德. 公司文化中的大学 [M]. 吕博，张鹿，译. 北京：北京大学出版社，2005：前言·3.

们追逐建立企业模式时甚至进一步改变了大学里民主进程的作用。'"① 由于学术活动中过多地掺杂了利益的因素，专家的品质开始受到公众的怀疑。同样由于大学有了强烈的自利主义倾向，大学的自治与自由也不再是天然的权利，而成了政府、市场与大学讨价还价的筹码。"成为非营利性大学并不意味着完全没有私心，只是意味着理事们个人无法从大学的商业行为中获利。大学在现实里根本就是一个追求营利性的机构，其业务的各个方面都受到这个目标的驱动。"② 在市场化的过程中，以放弃自治和自由的权利作为代价以换取经济的好处正成为很多公立大学的重要选项。同时，伴随知识生产从模式 1 向模式 2 的转变，大学与非大学的界限逐渐地模糊。以知识生产模式 2 为基础的模式 2 型大学正在形成。在模式 2 大学内部，学科、专业与大学之外的产业紧密联系在一起。大学最为核心的活动与内容——学术成了资本主义的新的殖民地。在学术资本主义的压力下，大学教师的潜在的身份不再是公共知识分子而是学术企业家。学术企业家在依靠专利获得短期商业利益的同时却只能放弃更为重要的教育的责任。在学术资本主义的制度环境中，原先的教育者和受教育者现在都成了知识工作者和服务提供者，信奉普遍主义的学术界反倒成了信息封建主义的重灾区。大学原本是要通过知识的传播，促进阶层的流动，缩小阶层间的不平等，结果在知识产权制度的主导下反倒成为新的社会不平等的根源。

虽然当前并不是所有大学也不是大学里所有的学科和专业都卷入了学术—产业链当中，虽然学术—产业链的运作的确为大学的发展带来了相应的资源，但学术—产业链的运行仍然存在巨大的风险。"很多时候我们表现得几乎不了解大学的历史渊源，或其哲学根基。取而代之的是，大学追求一种功利主义的合理性，辅以对企业家精神卓越程度的浮夸宣传，并以此来让公众信服他们是负责任、有竞争力的商业机构，他们所出售的知识是领先的。"③ 现实情况是，大学里亲市场的学科与专业纷纷与产业合作，通过学

---

① 希拉·斯劳特，拉里·莱斯利. 学术资本主义：政治、政策和创业型大学 [M]. 梁骁，黎丽，译. 北京：北京大学出版社，2008：214.

② 埃里克·古尔德. 公司文化中的大学 [M]. 吕博，张鹿，译. 北京：北京大学出版社，2005：14.

③ 埃里克·古尔德. 公司文化中的大学 [M]. 吕博，张鹿，译. 北京：北京大学出版社，2005：前言·5.

术—产业链的形式实现了学术资本主义。这些学科和专业在知识市场上的成功仅仅为部分学科增加了外部资源，但却在无形中强化了大学里的商业主义，改变了大学的学术生态，忽视了对学生的教育。更大的风险还在于，一旦产业转型或生意失败，处在学术—产业链上的大学将会有整体破产或失范的危险。"总的来说是学术资本主义，具体来说是科学与技术，正将高等教育中广泛的变化带到一点上，即学术的中心已经从文理学科核心转向创业边缘。"① 对于这种深刻的变化，有人认为是高等教育体制的突破口，也有人认为是现代大学危机的征兆。现实中的大学就正处在这样一个矛盾的环境中。今天新与旧的学术使命仍处于紧张状态，大学既是大学又是企业，学术既是知识又是资本，知识既是权力又是财富，在这错综复杂的社会环境中，大学教师既是一种学术职业也是潜在学术资本家。当然，在知识经济时代，大学通过专利的转让以谋求财政的独立也许没有什么不对；但在通过知识创造财富的过程中，保持大学的相对独立以及公共性仍然是必要的，也是必需的。克莱恩就认为："在建立与实施伙伴关系时，有六个问题需要解决，它们是：联合企业在追求商业利润时要保持学术积极性，具有教育使命感；自由发表研究成果；自由地与科学界同行合作；适当限制咨询活动和企业活动；制定政策和措施，以避免实际的或想象的利益冲突；制定解释专利申请、专利许可和知识产权的政策。"② 真正的大学应是一个致力于公共利益的公共机构，应是社会的良心和思想的宝库。大学可以与企业合作，可以申请专利，也可以拥有和转让专利，但这些都不应影响大学内部知识和思想的自由交流以及教育的中心地位。如果大学的教学和科研受制于知识产权制度，在以营利为目的的学术—产业链上，"教学正在沦为发放资历证书的途径；科研则因就业市场和未来市场而私有化为知识财富"③。这种状态持续下去，大学终将失去活力，蜕变成普通的知识型企业而不再是高等教育的机构。

总之，由于知识的商业化，近年来大学里的学术开始成为一种资本，学术与产业的关系越来越密切。一方面，学术研究需要产业的支持；另一方

---

① 希拉·斯劳特，拉里·莱斯利. 学术资本主义：政治、政策和创业型大学 [M]. 梁骁，黎丽，译. 北京：北京大学出版社，2008：196.

② 朱丽·汤普森·克莱恩. 跨越学科——知识 学科 学科互涉 [M]. 姜智芹，译. 南京：南京大学出版社，2005：269-270.

③ 史蒂夫·富勒. 智识生活社会学 [M]. 焦小婷，译. 北京：北京大学出版社，2011：27.

面，为了获得更多支持，学术也必须为产业服务。为了维系学术—产业链的正常运转，以专利和版权为核心的知识产权制度被嵌入现代大学制度。专利和版权制度的引入一方面给大学带来了可观的办学资源，但另一方面也损害了知识的公共性，危及了大学制度的正当性。未来好的大学治理就是要在知识的商业性与大学的公共性，强化知识产权保护与削弱知识产权垄断之间保持微妙的平衡。

第十四章　我们需要什么样的大学

　　今天是人类历史上大学最为繁荣的时代，但也可能是大学观念和边界最为模糊的时代。相当长的时期内，对于什么是大学什么不是大学不证自明，大学与非大学的边界相对清晰。第二次世界大战后，随着世界范围内高等教育的大众化和普及化，大学的数量和类型急剧增多。早期的历史上，大学的同质性很高。学院与大学有着不同的传统和分工。但随着有越来越多的学院升格为大学以及新大学的不断涌现，学院与大学之间边界开始模糊，大学内部的异质性也越来越高。今天大学甚至已逐渐成为各类高等教育机构共享的一个好名字。此外，大学在从欧洲传遍世界的过程中，由于不同国家，不同民族不同的文化传统对于欧洲大学观念产生了巨大的影响，从而导致不同的国家有不同的大学模式或不同国家的大学具有不同的文化性格。我们这个时代由于多样化已经成为现实，在多样化的名义下，对于什么是真正意义上的大学已没有人深究，也无法说清。不同国家大学的互认往往是通过政府间或大学间的协议或契约来实现。在很多情况下，只能依靠政府的政策文本或大学的规章制度来勉强维持彼此关于大学的共识。但在同一个大学概念的背后，实质的差异相当明显。在形式多样化的背后，大学理念的碎片化和虚无化已经非常明显。换言之，今天我们想要什么样的大学就会立即创造出什么样的大学，而我们真正需要什么样的大学却始终无人问津。其结果，在教育改革的名义下，为了生存和发展，大学逐渐被设计成为一个混合机构。大学内什么都有，功能上也趋向万能，大学与非大学间的边界日益模糊。在这种时代背景下，随着研究型大学和创业型大学在高等教育过程中对于追求人生意义和美好生活的经典理念的弃守，关于什么是大学，什么是好大学，我们需要什么样的大学等逐渐成为至关重要的问题。追问什么是大学意在澄清大学与非大学的界限，明确什么是好大学则是要重温和复兴经典大学理念和古典教育哲学，以避免南辕北辙式的错误，而对于我们需要什么样的大学的讨论则是澄清"想要"与"需要"的巨大差异。大学的发展不能完全被人类的或社会的欲望所主导，在实践中我们"想要的"通常并非我们真正"需要的"。虽然从短期利益出发，不能排除我们"想要"的大学也具有一定的存在合理性，但从长期利益着眼，我们更应以人的教育为目的，关注我们真正"需要"什么样的大学。逻辑上，追问"什么是大学"是回答"我们需要什么样的大学"的前提，而回答"我们需要什么样的大学"的目的则在于澄清"什么样的大学才是好大学"。

第一节 什么是大学

在理念层面，大学是个高级概念，具有崇高的象征意义。今天作为一种生活常识，大学则近似一种生活的必需品，包裹着大学的都是工业社会的或个人的实用的目的。就像鱼不知水一样，在一般情况下，上大学的人也很少会问什么是大学，也很少有人去思考自己需要的是什么样的大学。即便是对于专业的研究者，大学也是作为已知的研究对象被对象化，而很少去"较真儿"什么才是真正的大学或好大学。作为一种组织机构，现实中的大学好像存在的就是合理的，我们所能做的不是去改变大学而是适应它。但就像"我是谁"是对于人生意义的终极之问一样，"什么是大学"或"什么是好大学"也是我们对大学的终极之问。对这一问题的回答直接决定着我们想要什么样的大学和我们需要什么样的大学。

历史上，大学曾尊重常识，坚守传统。大学与非大学的边界相对清晰。由于大学本身是一个高级概念，在大学之前很少有限定词。今天情况完全不同了。大学变成了一个抽象的宽泛的二级概念，失去了实质的针对性。大学与非大学的边界开始模糊。当你和别人谈论大学时，必须明确所谈的是哪个大学，何种大学。从最早的法国模式的巴黎大学到后来英国模式的牛津大学和剑桥大学，从德国模式的柏林大学到美国模式的哈佛大学，大学的模式越来越多样化。今天随着日本和中国等亚洲国家大学的崛起，传统欧洲模式和美国模式的大学也在不断发生变化。以美国模式为例，在大学的名称上，从早期的 Research University 到后来的 Proactive University 再到今天流行的 Entrepreneurial University，Corporate University 和 Adaptive University，Service University，大学与市场越走越近；而自从克拉克·克尔创造了 Multiversity 以后，Megaversity，Holiversity 以及 Omniversity 等单词纷纷出现，源于中世纪的 University 的观念正在被从字面上瓦解。究其根本，原因就在于，"我们已经不仅被言辞，也被引诱所诱惑"①。其实大学就是大学，如果要区分也只有好大学与不好的大学之分。过多的概念游戏很容易使大学的本质被误解和消解。对于大学而言，就像其他事物一样，"词是观念的摹本，但是，很容易把词当作观念"②。当然，这样讲并不意味着可以无视大学分化和多样化的现实，也不意味着大学不应该被分类，而是认为无论何种大学都不能突破大学之所以是大学的底线。另外，关于大学的种种概念或理论解释也必须与大学的现实区别开来。绝不能把理论上关于大学的设想或分类当成了大学的现实。

现实中人们对于大学的认知受各种因素影响。空间上不同国家的人对于什么是大学会有不同的认知，时间上不同时代的人对于什么是大学也有不同的判断。即便同一个国家同一个时代不同的人对于什么是大学也有不同的回答。概括起来，关于大学的观念既和一个国家的文化传统有关，也和个体的知识水平、社会阶层和价值取向有关。在那些拥有中世纪大学传统的西方国家（集中于欧洲），大学通常有较高的社会地位和崇高的象征意义，对于什么机构可以称为大学通常会受到法律的严格保护。在欧洲很多国家的文化传统和人们的日常生活当中，"大学"本身就是一个高贵的词汇。在这些国家或地区的整个高等教育系统中，大学居于金字塔的顶端。只有很少的机构才能称为大学。在那些没有中世纪大学传统，但同属于基督教文明的新教国家（主要是美国），由于实用主义哲学的影响，大学的边界则较为模糊。那里既有最好的大学也有最差的大学。那里的大学既继承了欧洲中世纪大学的传统又创造了许多新的大学观念与组织形式。而在欧美以外的国家和地区，大学的观念无一例外是扭曲的或混合的。起源上，大学是欧洲文明或基督教文明

---

① 迈克尔·欧克肖特. 人文学习之声 [M]. 孙磊，译. 上海：上海译文出版社，2012：21.
② 约翰·杜威. 民主主义与教育 [M]. 王承绪，译. 北京：人民教育出版社，2001：157.

的产物，除了源于古希腊和古罗马的知识论或认识论传统以外，后来在西方所兴起的新教伦理、资本主义和近代科学也都在大学这种机构身上打下过深深的烙印。在欧美以外，无论是中东、东亚还是非洲，都有着与西方文明根本不同的文化传统和思维方式。这些国家或地区要么受伊斯兰教影响，要么受佛教影响，要么属于儒家文化圈，其原生态的高等教育机构通常有着与西方文明完全不同的认识论传统和哲学基础。虽然后来伴随着西方资本主义国家的扩张，欧洲的大学模式传遍了全世界，其他古老文明中传统的高等教育机构被终结，但是欧洲基督教的文明并没有随着殖民地的扩张或语言的入侵而传遍全球，更无法生根发芽。由于文化本身的保守倾向使得世界各国虽然拥有了形式上相近的大学，但对于什么是大学的理解却相差甚大。由于文明的冲突和文化的排斥，今天不同的国家很大程度上共享的只是大学的名字与组织形式，至于在名字以及组织形式背后关于什么是大学的观念则根本无法达成共识。因此，今天的世界上所谓大学，只能是复数的而不是单数的，即便是在高等教育全球化的时代，我们面对的仍是多种大学而不是一种大学。当然，大学的多样化或多种大学并存并不是排斥什么是大学这一问题的充分理由。无论何时，无论何地，对于什么是大学的追问都是关于大学的一切观念的原点，也是大学发展的第一推动力。就像我们对于什么是人的追问会贯穿人类生活的始终一样，只要大学存在，对于什么是大学的形而上的追问也不会停止。现实的世界里，具体的大学可能参差多态，但在理念的世界里，对于什么是大学总是存在着某种"理想型"。唯一的不同可能在于，在有些时代人们对于什么是大学的分歧不大，这个抽象的问题容易被现实问题所遮蔽，而在另一些时代，由于大学观念的模糊触及了关于大学常识的底线，关于什么是大学的问题则会被凸显出来，甚至会成为一个理论的热点。当前由于以信息技术为基础的知识社会正逐渐成形，知识经济也方兴未艾，传统大学中衍生出的研究型大学与创业型大学独领风骚；与此同时，由于信息技术的飞速发展，虚拟大学和 MOOCs 迅速崛起，加之在市场经济的主导下，营利性大学和公司大学的大量出现，以及在消费社会中各类大学的物欲化和功利主义趋向，使得诸如什么是大学，大学与非大学的边界逐渐成为迫切需要回答的问题。在此背景下，为了维护大学在本体论意义上的合法性，重新定义大学成了理论界和实践界共同的诉求。

当然，回答什么是大学，绝非给大学下定义那么简单。围绕在这一看似简单问题背后的是复杂的对于大学的理念之争。虽然有时某种诉求会在竞争中占有优势，但大学既不能忽视任何一方的诉求，也根本不可能完全满足任何一方的诉求。对于大学观念的变迁与建构，欧克肖特曾以隐喻的形式进行了生动诠释。如他所言："许多人经过很长时期曾经建立一座大楼。它的建筑代表许多不同的风格，并与众所周知的建筑规则如此矛盾，以至于被作为奇迹矗立在那里。大楼中的居民是拥有设计方案的鉴定者。有些人甚至声称他们的设计方案就是原来的，因为不管看上去如何，他们相信每座大楼必须有一位建筑师。其他鉴定者则声称自己的设计方案只不过反映了大楼应该的样子。这些设计方案被单独储藏在一间房子内，并且收藏物不断增加，有些还来自遥远的国度。没有任何设计方案与大楼本身具有显而易见的相似之处，这并不是因为他们发现大楼的每部分都同样便利，不需要改进，而是因为他们已经学会理解和喜欢大楼。有一天大楼里传来'着火了'的叫喊。鉴定者赶紧保护自己的设计方案，无暇关注大楼本身。然而结果表明实际上是隔壁的面包房着火，浓烟甚过火苗。但面包房的居民逃到了大楼，鉴定者因此有机会向这些感兴趣的逃难者展示他们的设计方案，因为其他人正在灭火。这些人很容易就相信大楼本身要远比设计方案差，并答应鉴定者帮助他们摧毁大楼（他们总觉得大楼不好看），根据其中的设计方案进行重建。他们特别赞同的设计方案正是最近从遥远的国度引进的。"① 今天由于理念的冲突和利益的纠结，现实中大学的每一位"居民"或"利益相关者"都会对大学充满了"不满的情绪"。实用主义者秉持工具理性强调大学的社会功用，人文主义者则坚持价值理性强调大学的人文理念。强调科研的试图把大学变成一个超级实验室或科学帝国，强调教学的则重申人才培养才是大学的第一职能。重视经济效益的认为可以把大学看作知识工厂或专利公司，反对者则认为过度的知识产权保护会损害大学的公共性。激进主义的改革者认为，大学的发展应该与时俱进，无论理念还是制度都必须求"变"，囿于传统会束缚大学发展的可能性。大学的多样化反映了大学改革与发展的勃勃生机。相反，保守主义者则认为，无论如何大学都应有共同的底线。所谓大学，在理念上一定要尽可能地接近于大学的"理想型"而不是与之相背离。绝不是什

---

① 迈克尔·欧克肖特. 人文学习之声 [M]. 孙磊，译. 上海：上海译文出版社，2012：165.

么机构都能称为大学。甚至于称之为大学的也未必真的是大学。大学理念的混乱和组织形式的多样化绝不是一回事。我们可以接受多样化的大学，但绝不能仅仅根据机构的名称来判定其是不是大学。

对于大学观念产生巨大冲击的除了大学本身的变化之外，还有一些外部因素也在左右着人们对于什么是大学的理解。当前这些因素中最主要的就是知识产生模式 2 的出现。传统上，大学主要以学科为基础，以院系作为主要的建制。在知识生产模式 1 的框架下，大学里无论高等教育的提供还是科学研究的开展都在学科与院系的层面上进行。Michael Gibbons, Camille Limoges, Helga Nowotny, Simon Schwart Zman, Peter Scott, Martin Trow 在他们合著的 The New Production of Knowledge 一书中，首次提出了知识生产的新模式，并正式区分了知识生产模式 1 和模式 2。一般认为，知识生产模式 1 对应于传统的学科模式，知识生产模式 2 作为知识生产的新模式具有应用的语境、跨学科性、异质性、自反性和观点多样性等特点。① 在知识生产模式 2 的框架下，大学本身面临合法性危机，为了应用，经典大学理念荡然无存，大学自治与学术自由不再是不证自明的真理，而是成了需要检讨的问题。从中世纪到现代，在几百年的时间里，大学以学科模式作为制度基础，通过高等教育和科学研究极大地推进了人类社会的进步和科学技术的发展。但这种持续了几百年的发展模式很快就要面临转型。在最近发表于《科学》杂志上的一篇论文中，布鲁诺·拉图尔描述了过去 150 年间由"科学"的文化向"研究"的文化的转变："科学是确定的，而研究是不确定的。科学被认为是冷酷的、直接的、独立的；研究则是温和的、涉及人的与冒险的。科学结束了人类争论中的奇思怪想；研究则产生争议。科学通过尽可能摆脱意识形态、激情和情感的纠缠而形成客观性；研究则要仰赖所有这些使得探索的事物变成熟悉的事物。"② 当前正在发生的科学的研究化绝不是对过去研究的科学化的反动那么简单，而是牵涉更为复杂的社会变迁。历史上，大学里研究的科学化主要是由于近代科学兴起所引发的科学主义思潮所导致的，希望通

---

① 迈克尔·吉本斯，等. 知识生产的新模式——当代社会科学与研究的动力学 [M]. 陈洪捷，沈文钦，译. 北京：北京大学出版社，2011.

② 海尔格·诺沃特尼，彼得·斯科特，迈克尔·吉本斯. 反思科学：不确定时代的知识与公众 [M]. 冷民，等，译. 上海：上海交通大学出版社，2011：2.

过科学的方法将人类所有研究活动中的不确定性转化为一种确定的因果关系。研究的科学化既促进了大学的发展，增加了大学的活力，但也导致了人文教育和人文学习的危机。后现代主义的兴起宣告了科学主义的破产，但大学里科学与研究的关系并没有能够各安其位。近年来"科学自身，也越来越受到各种形式的知识生产的挑战，这些知识生产活动都可用'研究'这个名目来归类——既蕴含出创新的潜力，同时也对政客和政策制定者们散发着诱人的魅惑"①。如果说科学象征着确定性，研究则意味着不确定性。人类的知识生产在经历了从不确定性向确定性努力的无功而返后，再次走向另一个极端，即从确定性走向不确定性。在当前不确定的时代，"'研究'首先受到重视，被视作经济竞争力背后的原动力。因此，研究的重点是发现未知，并通过有意识的设计、有导向的（管理）创新过程而取得成果的创新性潜能，即使没有核心权威的管理，也需要由复杂（和保守）的基础设施对知识加以维护，这一点与'科学'相反，在科学中，核心权威管理着包括知识的系统化以及通过教学传输知识。'研究'过程充满了不确定性"②。就像努力从不确定走向确定会无功而返一样，完全从确定走向不确定也注定是要付出代价的。如果说在追求确定的时代，科学主义曾经窒息大学人文主义的想象力，那么在一个追求不确定的时代，知识生产的情境化则可能导致大学合法性基础的坍塌。由于真理被消解，大学无论作为高等教育机构还是作为高深知识机构得以存在的哲学和社会学基础都不可避免地被侵蚀，从而呈现出危机的状况，使其可替代性显著提高。在《尼各马可伦理学》中亚里士多德曾指出："我们不能要求所有的研究同样确定，而只能在每种研究中要求那种题材所容有的、适合于那种研究的确定性。木匠和几何学家都研究直角，但是方式不同。木匠只要那个直角适合他的工作就可以了，几何学家关照的则是真，他要弄清直角的本性与特性。"③"只要求一个数学家提出一个大致的说法，与要求一位修辞学家做出严格的证明同样地不合理。"④对于人类的知识

---

① 海尔格·诺沃特尼，彼得·斯科特，迈克尔·吉本斯. 反思科学：不确定时代的知识与公众 [M]. 冷民，等，译. 上海：上海交通大学出版社，2011：23.
② 海尔格·诺沃特尼，彼得·斯科特，迈克尔·吉本斯. 反思科学：不确定时代的知识与公众 [M]. 冷民，等，译. 上海：上海交通大学出版社，2011：40.
③ 亚里士多德. 尼各马可伦理学 [M]. 廖申白，译. 北京：商务印书馆，2010：21.
④ 亚里士多德. 尼各马可伦理学 [M]. 廖申白，译. 北京：商务印书馆，2010：7.

生产道理也是一样。知识既不可能是完全确定的也不可能是完全不确定的。换言之，在有些领域的知识是确定的（硬科学），而在有些领域的知识则是不确定的（软科学）。失去了确定性的科学，那些固守天职意义的科学家将失去得以安身立命的制度性空间。否定了追求不确定性的研究者，人类精神活动的丰富性将会被扼杀，创新的可能性将会枯竭。对于大学而言，科学有科学的方法，研究有研究的逻辑。二者不可偏废。"'研究'不可能脱离'科学'而存在并繁荣发展，这里，'科学'意味着制度化的基础设施、对后代的知识传播与培训以及知识的系统化。但是，对这二者作比较，我们会看到'研究'所占的明显优势，并通过转换资源、确定优先性、维持严格的产出与性能控制系统等途径，提升'研究'的效能。如果从修辞学，而不是从现实的角度来说，'科学'是渴望统一的。但是，并不存在'研究的统一'，因为对'研究'的定义多种多样，各不相同。"① 当前在知识生产模式2 的框架下，大学要摆脱被其他机构所取代的生存危机，就必须认清自己的定位，即什么是大学，大学何以称为大学，大学的目的是什么。从早期大学里的人文研究，到后来的科学研究，再到今天科学与人文研究在大学里的共存，唯一不变的是大学始终是一个既从事科学和研究的工作又致力于高等教育的机构。无论历史、现在还是将来，大学都主要是一个高等教育的机构而不是高深知识的机构，大学是一个研究的场所，但又不同于科学院。大学里需要的是高等教育和科学与研究活动的平衡，而不是学术资本主义（具体地说，又可以分为"科研资本主义"和"教学资本主义"或称"教学创业主义"。前者是指学术研究的市场化而言；后者是指教学，主要是本科生教学的市场化而言②）或科学帝国主义。

就像人"不能为活着而什么都牺牲掉"③。大学也是一样。那么，什么是大学共同的底线呢？或什么是大学的"理想型"呢？无论历史还是现实都告诉我们，大学之所以是大学全在两个东西，一个是高等的教育，一个是高深的研究。一方面，大学要能够提供真正"高等的"教育，以使人成为理性

---

① 海尔格·诺沃特尼，彼得·斯科特，迈克尔·吉本斯. 反思科学：不确定时代的知识与公众 [M]. 冷民，等，译. 上海：上海交通大学出版社，2011：77.

② 张静宁. 美国本科教育中的"教学资本主义"述评 [J]. 现代大学教育，2013（5）：87.

③ 亚里士多德. 尼各马可伦理学 [M]. 廖申白，译. 北京：商务印书馆，2010：110.

的自由人；另一方面，大学必须能开展"高深的"研究，以促进人类精神和社会的进步。与大学相比，传统的学院可以仅仅提供高等教育而不从事任何的研究，而科学院系统则可以仅仅开展科学的研究而不提供任何意义上的高等教育。只有大学必须既提供高等的教育又从事高深的研究，而且要保持二者的平衡。简言之，大学代表着一类独特的社会组织。这类组织的初衷是为了追寻知识，但知识本身又不是大学的最终的目的，而只是大学开展高等教育活动的手段或工具。对于大学而言，没有高深知识的生产不行，但仅仅有知识生产没有教育行动也不行。虽然高等的教育也在为科学的研究做准备，但高等教育才是大学的最高目标，在某种意义上，科学研究只是实现是高等教育这一目的的手段。"大学的设计不是为了生产学者；它的理想不是一个仅有学者居住的世界。"① 与那些专门从事研究的机构相比，大学更接近于一个教化的机构，而与那些专门从事教育的机构相比，大学又接近于一个探究的场所。大学之所以是大学就是要在教育和研究之间保持微妙的平衡。

第二节　对研究型和创业型大学的反思

教育和研究是大学之所以为大学的两个必要条件。提供什么样的教育和从事什么样的研究直接决定大学的精神状况。首先，大学提供什么样的高等教育与大学被定位为什么样的机构密切相关。在德国模式下，大学曾经主要提供学术教育；在英国模式下，大学主要提供的是绅士教育或自由教育；在美国模式下，大学主要提供的是通识教育和学术型的专业教育；而在苏联模式下，大学所提供的则是职业教育或职业型的专业教育。而今天不论在哪个国家也不论在何种模式下，大学都越来越多地在提供高等职业教育。在功利主义的驱使下，原来由非大学类高等教育机构提供的职业教育纷纷通过专业化的形式涌进大学。说大学教育有沦为职业培训的趋势绝不是危言耸听。在研究方面，不同的时代大学从事的研究不一样，大学的状态也不一样。因为不同类型的研究直接影响大学的性质和生存状态。中世纪时所谓的大学，就

---

① 迈克尔·欧克肖特. 人文学习之声 [M]. 孙磊，译. 上海：上海译文出版社，2012：116.

是一群人从事"研究"（studium）或"寻求知识"活动的地方。① 那时的大学作为行会有职业共同体的性质，具有民间性。近代以来，随着科学的概念和科学主义的意识形态兴起。大学里的研究逐渐被科学所取代，科学研究或研究的科学化成为不可阻挡的大趋势。在大学里"现代科学最终被不断细化为分支的学科"②。每一个分支学科又都以科学化作为其合法性的来源。最终人类的知识被以科学的名义区分为自然科学、社会科学和人文科学三大类。对大学而言，这种分类无疑是武断的和有害的，不但损害知识的整体性而且改变了大学的性质。这是因为"社会科学"中的"科学""人文科学"中的"科学"和"自然科学"中的"科学"根本不在一个层面，也不是同一种"科学"。"社会科学"和"人文科学"之所以要被冠以"科学"的名称，完全是科学主义的思潮或意识形态在作祟。理论上，大学的必要条件之一是研究而非科学研究。但随着研究的科学化，在以柏林大学为代表的近代大学里科学研究的职能被制度化，大学逐渐由职业共同体趋向于一个学科的联邦或科学分支的联盟，其发展的顶点就是 20 世纪里美国研究型大学的兴起。由于研究型大学对于科学研究的高度重视，各国政府以及企业界对于研究型大学给予了极大关注和大力支持。当前世界各国最想要的大学就是世界一流的研究型大学。但事实上，在研究型大学里科学占据主流，人文主义遭受到了毁灭性打击。研究型大学不再是一个人文学习和自由教育的场所，失去了大学本应有的文化底蕴。由于科学的垄断地位，研究型大学打破了大学里高等教育和科学研究之间微妙的平衡，以致有学者惊呼"教育的终结"，并批评其为"失去灵魂的卓越"。因此，在人文学习的意义上，我们想要的研究型大学未必是符合我们需要的好大学。从大学到研究型大学，由于科学的强势介入，大学的本质已经在发生蜕变。研究型大学与教学型大学的区分更是对于大学整体性的破坏或对于大学共同底线的突破。研究型大学不应忽视高等教育的重要性，教学型大学同样也不能不从事研究。如果允许甚至鼓励这种"职能分化"或"社会分工"的逻辑在大学场域里漫延，大学的属性或本质将从根本上被进一步的碎片化或原子化。如果大学的每一种属性或职能都被

① 迈克尔·欧克肖特. 人文学习之声 [M]. 孙磊，译. 上海：上海译文出版社，2012：111.
② 海尔格·诺沃特尼，彼得·斯科特，迈克尔·吉本斯. 反思科学：不确定时代的知识与公众 [M]. 冷民，等，译. 上海：上海交通大学出版社，2011：191.

升格或放大为一种类型的大学，那么在众多类型的大学中真正的大学将被遗忘。

除研究型大学之外，当前我们想要的另一种大学就是创业型大学（实践中二者有所重叠，有些大学可能既是研究型大学又是创业型大学）。如果说研究型大学未必是好大学，那么我们想要的创业型大学则可能注定不能成为好大学。虽然研究型大学对于大学的传统提出了挑战，但研究型大学对于大学观念的破坏和冲击远不及创业型大学彻底。研究型大学的兴起充其量只是打破了高等教育和科学研究之间的平衡，毕竟教育和研究尚共存于大学之中。而创业型大学则从根本上对于传统的大学观念给予了致命一击。创业型大学里虽仍然保留有高等教育和科学研究的职能，但其使命或旨趣已经发生根本的变化。就像"基督教大学"只有在中世纪的语境中才有意义。"一旦脱离了中世纪，整个关于'基督教的'学院或者大学的观念就会失去意义。'基督教'这个术语不能用来谈论大学，正如它不能用来谈论天文台或者实验室一样。"① "创业型大学"也只有在企业或市场的语境才能理解。传统上，大学是大学，企业是企业。按企业的逻辑来办大学或把大学作为企业来办一直是大学之所以为大学的最大的禁忌。这种禁忌就像在现代社会里不能将科学与宗教相联系，不能将国家与教会相联系的禁忌一样。但在经济正确性的引导下，当前随着营利性大学和企业型大学的兴起，创业型大学迅速成为大学与企业之间的灰色地带。在这个灰色地带里，创业型大学名义是大学，实质上等同于企业或就是企业。在名义上创业型大学是以营利为手段，但实质上就是希望大学通过营利自给自足。虽然伯顿·克拉克和埃兹科维兹都曾经对于创业型大学进行过理论和案例的研究，并力陈其创新意义及其对于现代大学转型的重大价值。但事实上，所谓创业型大学仍然还主要是一种学者的话语方式或理论建构，实践中更多的是一些成功的大学被贴上了创业型大学的标签，很难说创业型大学就是大学范式转型成功的案例，更不意味着所有大学都应办成创业型大学。至少直到今天创业型大学仍然是一种不成熟的甚至自相矛盾的理论，它是高等教育市场化的产物，反映了大学企业化的某种企图。对于大学而言，创业型更多的仍然是大学的欲望而非理念。在

---

① 乔治·M. 马斯登. 美国大学之魂 [M]. 徐弢，等，译. 北京：北京大学出版社，2009：478.

文化层面上，创业型和大学之间存在根本性的巨大的张力。除非有特殊的语境，一般不能用"创业型"来谈论"大学"，就像不能说创业型医院或创业型科学院一样。理论上，说创业型大学和提企业型政府一样，只能是一种规范性意义上的隐喻，而不可能是对于大学现实的客观描述。创业型大学的本质是反大学的，至少和传统上关于大学的概念是很难相容的。"每当这种功利性的目的出现，教育（它关注的是人，而不是功能）都从后门悄无声息地溜走。寻求知识所带来的力量在贪婪的自我中心主义中具有根基，当它以所谓的'社会目的'出现时，既自私又贪婪，并与大学毫不相干。"① 在《知识工厂》一书中，斯坦利·阿罗诺维兹就呼吁"废除企业型大学并创建真正的高等教育（true higher learning）"。虽然创业型大学（Entrepreneurial University）和企业型大学（Corporate University）当前在组织形式上稍有不同，但在根本的理念上二者并无差异。

本质上，大学是非营利性组织，鼓励大学营利与允许军队经商一样。在这些创业型大学里，企业的逻辑居于主导，无论高等教育还是科学研究都成了"营利"的手段。除了营利性大学之外，虽然那些创业型大学和企业型大学都反复强调营利不是目的，但手段和目的之间绝没有不可逾越的鸿沟。"手段代表了在形成之中的理想和进行之中的目的，人们无法通过邪恶的手段来达到美好的目的。因为手段是种子，目的是树。"② 现实中无论营利性大学、创业型大学还是企业型大学，由于利益或其他的考量，即便它们能够获得国家在法律层面的合法性，具有大学的身份或资格，但在观念和理念的层面上，它们仍然不是真正意义上的大学。人类社会是一个高度复杂的系统。很多危险的事物刚开始出现时人们并不会感觉到是一种威胁。近年来，在高等教育市场化大潮中创业型大学铺天盖地，营利性大学甚嚣尘上，无论学界还是媒体都是支持远多于批评，这些都是我们这个时代的独特产物。这是因为在一个以经济为主导的时代里，经济利益和市场法则使得所有的决策和判断都被眼前可见的好处所遮蔽而忽视了更长远的利益。对于大学的看法同样如此。当代人在乎的永远是能够直接从当代大学的发展中得到什么样即时的

① 迈克尔·欧克肖特. 人文学习之声［M］. 孙磊，译. 上海：上海译文出版社，2012：117.
② 马丁·路德·金·维基语录：自由的名人名言［EB/OL］. http：//zh. wikiquote. org/wiki/%E9%A9%AC%E4%B8%81%C2%B7%E8%B7%AF%E5%BE%B7%C2%B7%E9%87%91.

好处（比如通过扩招拉动内需，通过市场化减少拨款），至于为了眼前利益可能会给大学本身或高等教育的长远的发展造成什么样的损害，几乎没有人会在乎。中国大学历史上的院系调整，法国大学历史上的废除大学都是很好的例子。

对于研究型大学和创业型大学的批评和反思很容易遭到其他支持者的反驳。反驳的理由很可能就是在美国研究型大学和创业型大学都发展得很好。的确，今天美国大学执世界大学之牛耳，其研究型大学和创业型大学模式为世界各国所效仿。但殊不知就在外界对于美国以研究型大学和创业型大学为代表的世界一流大学一片叫好声中，美国学者对于美国大学的发展早已忧心忡忡。哈佛学院前院长哈瑞·刘易斯曾著文质疑哈佛为何忘记了教育的宗旨（how a great university forgot education），而耶鲁大学教授，前法学院院长安东尼·克龙曼则直言大学放弃了对人生意义的追求，面临着"教育的终结"（education's end）。纽约城市大学资深教授斯坦利·阿罗诺维兹则认为，现在的大学已经成为知识工厂，高等教育已经沦为高级培训。而哈佛大学前校长德雷克·博克在其《回归大学之道》一书中则坦承："大学教授们（主要是人文学科的教授们）也纷纷发表文章，对自己所在的大学针砭时弊。以下著作代表了作者们普遍的观点：《走向封闭的美国精神》（The Closing of the American Mind）、《濒临毁灭的大学》（The University in Ruins）、《道德沦丧的大学》（The Moral Collapse of the University）、《终身教授中的激进派》（Tenured Radicals）、《反智战争》（The War against the Intellect）、《圣殿里的骗子》（Impostors in the Temple）、《扼杀大学灵魂》（Killing the Spirit）。""这些著作的作者立场并不完全一致，他们所关注的问题也不尽相同，但存在一些共同之处：其一，几乎所有的批评都指向了顶尖的研究型大学，而非所有的本科院校；其二，这些著作都以批判为主要目的，难见对大学和教授歌功颂德的文字；其三，更重要的是，在所有的批判言辞中，有几个共同的话题被反复提及，还引起了读者的共鸣。"① 由此可见，我们这个时代可能既是大学发展最好的时代也可能是大学理念遭遇时代挑战最大的时代。由于最新涌现出的各种各样的大学突破了共同的底线，大学正面临着历史上从未要求它进行过

---

① 德雷克·博克. 回归大学之道：对美国大学本科教育的反思与展望 [M]. 侯定凯，等，译. 上海：华东师范大学出版社，2008：1-2.

的改革。一方面，各种类型的机构纷纷以大学的名义登上了时代的舞台；另一方面，大学内部又在剧烈的分化重组，新的大学和新的系科不断诞生，而教育的职能不断被削弱。在这种情况下，现代大学不可避免地迎来了"废墟"时代。"废墟中的大学"既反映了现代大学在观念世界中的混乱，也预示了大学发展的新的可能性。

第三节　我们需要的是好大学

今天的大学是过去两百年来知识大量增长和专业化的结果，这种结果的出现反映了我们时代的必然，但这并不意味着大学就应该一直如此，也不能决定以后的大学会是什么样子。回到过去已不可能，未来大学的出路在于如何超越现在，成功的实现大学的转型，即从争相建设世界一流大学走向追求成为一所好大学。与世界一流大学强调科研的卓越和经济的贡献相比，好大学凸显了通过高等的教育对于好人的培养。虽然我们不能高估教育对于塑造人的品质和德性的影响，但无论如何"教育可以被视为人类完善自我的一种努力。只要人类存在着，这种努力就不会停止"①。为了避免我们时代在科研卓越的大学里充满平庸的教育，经济繁荣背后是大学德性的遗失，树立一种追求好大学的理念至关重要。只有在好大学里，人性的塑造才能优先于专业的教育，好人的培养才能超越于对专家的训练。当然，好人绝不是仅仅通过好大学就能造就的。除了从小学到大学的学校教育之外，学校之外的社会教育也必须合乎人的德性。"一只燕子或一个好天气造不成春天，一天的短时间的善也不能使一个人享得福祉。"② 一个人只有在一生中都合乎那种最好、最完善的德性的实现活动，才能称之为一个好人。这里需要指出的是，理念意义上的好人不同于世俗意义上的好人。世俗意义上的好人虽然也包含有道德判断的意味，但此处的"好"是具体的，一般更倾向于"做好事"或"不做坏事"，不涉及德性的完满以及人生的哲学。教育让人成为人，其实质就是造就好人。通过教育才能造就的好人不是指做好事的人而是合乎道德德

---

① 哈佛委员会. 哈佛通识教育红皮书［M］. 李曼丽，译. 北京：北京大学出版社，2010：193.
② 亚里士多德. 尼各马可伦理学［M］. 廖申白，译. 北京：商务印书馆，2010：20.

性的人。实践中这二者差异很大。做好事是一种行为，由于利他主义是人的本能的一部分，做好事这种行为甚至不需要教育，有时候甚至坏人也会偶尔做好事；与"做好事的人"不同，好人意味着符合道德德性的行动，完全是教育的结果，不存在没有受过教育的好人，也不存在合乎道德德性要求的坏人。一个人之所以做好事可以不是出自他的本意，即坏人也可能做好事，从而成为一个做好事的坏人；而好人则不是能够简单的"做"出来的，而且空谈也成不了好人。好人意味着在人的天赋的基础上，通过教育使其道德德性合乎他的自然本性或天性秩序。

现代社会古典意义上的好人传统逐渐被遗忘，媒体的高度发达极大地扩张了人的欲望。在物质主义的社会里，大学的精神性显得不合时宜。历史上，批判精神是大学的重要特质。大学存在的最重要意义就是要对社会提出批判，以保持社会机体的健康。当前大学的批判精神逐渐式微，相反社会对于大学的批判逐渐兴起。社会批评大学原本无可厚非，批评永远是大学进步的动力，关键是大学要清楚自己的定位并对自己有信心。大学既不能无视批评也不能接受所有的批评。毕竟有些批评是出于对大学的热爱，而有些批评则只是为了某种功利主义的目的。每个机构都有其独特的使命，每个机构都不是万能的。大学也一样，永远无法让所有人满意。但无论如何，社会的欲望不能成为批评大学的理由，更不能成为改革大学的借口。健康的社会应该发挥大学独特的教育优势，而不能只是迷思于"知识就是力量"。高等教育是大学的命脉，大学不能因为功利主义的目的而随意改变机构本身的根本使命。"大学不能像小游艇一样，在每一瞬间的风动中都被振动。大学要听的批评必须来自那些对寻求知识感兴趣的人，而不是那些因为大学不具有其他不属于自身的东西，而认为大学有缺陷。"① 现在的情况是，市场主义主宰了我们这个时代的精神和灵魂，经济发展的需要高于一切。为了满足社会的目的，大学的功能被重新设计。高等教育改革中保守主义被激进主义取代，很多原本不属于大学的东西都被以互惠互利的名义塞给了大学。其结果是，经过政府和市场的双重"启蒙"，现代大学已经是一个高度社会化和市场化的自利性机构，大学自治和学术自由的理念已经如高原上的空气一样稀薄。在

---

① 迈克尔·欧克肖特. 人文学习之声［M］. 孙磊，译. 上海：上海译文出版社，2012：120.

市场化的主导下，大学把任何对自己没有好处的东西都设定为错误的，相反，为了某种实在的好处它也可以出卖那些与生俱来的权利。"大学不是在教育人，而是训练学生如何更适合填补社会中潜在的空缺。"① 大学的使命不再是教给学生人生的哲学而是赋予他谋生的能力，大学教育不再是帮助学生过一种更有意义的美好生活而是挣更多的钱以获得世俗的幸福，大学的存在不再是为人类提供自我完善的场所，而是被作为国家经济社会发展的发动机和加油站。大学日益沦为人力资本的提供者和经济发展的助推器而不再是真正意义上的教育所属的世界，也不再致力于培养好人。要克服大学的这种根本性的危机，"去除大学现在遭受的'根深蒂固的无能'，就必须调查大学的整体目的和基础；重新考虑大学的课程设置和教学方法，大学的生活方式与社会的关系"②。否则大学将离生活世界和教育世界越来越远，大学里的教育逐渐成为物质进步的替代物，不再关注人到底应该怎样生活，在社会化和市场化的吸引下，越来越陷入功利主义的深渊。最终传统的大学观念逐渐瓦解，未来或许将没有人知道大学何以为大学？大学的真正目的又是什么？

当前虽然知识社会的到来使大学的地位发生了变化，但无论过去还是现在大学在社会中仍然处在边缘或依附的位置，缺乏独立性与自主性。无论对于政府还是对于企业而言，大学依然是一种工具，发展大学或支持大学发展仍然在受一种功利主义或实用主义哲学的制约。在现代社会的价值观中有用性仍然是社会评价大学的核心标准。政府和企业对于大学教育的实用性远比精神性更为关注。此外，在世俗的观念里政府与企业也正在按照自己的模式改造大学。比如，在组织层面上现在普遍把大学称为非营利性组织或非政府组织，但在任何其他地方都不会有人把政府或企业称为非学术组织。表面上大学被称为非营利性组织、非政府组织，实质上大学恰恰是越来越接近营利性组织和政府性组织。因为如果大学真的非营利性、非政府，这种组织特性原本不用声张。一旦一个组织反复强调某种原本就有的特性很可能就意味着这种特性的缺失已经近乎不可逆转。在某种意义上，这些社会生活以及学术语言中约定俗成的说法正是大学危机的征兆，因为大学仍然处在一种被支配或附属的地位而非中心地位。现代社会的法则或秩序仍然是大学为经济社会

---

① 迈克尔·欧克肖特. 人文学习之声 [M]. 孙磊，译. 上海：上海译文出版社，2012：121.
② 迈克尔·欧克肖特. 人文学习之声 [M]. 孙磊，译. 上海：上海译文出版社，2012：127.

发展服务，而不是政府、企业为大学的发展服务。当然，有一种观点认为也许大学原本就不应该谋求这种中心的地位。大学就是要为经济社会的发展服务。现在所谓的创业型大学，就是这种大学观的集中体现。创业型大学集中了政府与企业组织的优势，力图使大学拥有政府一样强势的行政权力，具备像企业一样超强的营利能力。按照创业型大学的逻辑，一流大学的标准不再只是有原创的科研成果，而且要能产生巨大的经济效益，还要有明星教授，能在各种排行榜上高居榜首，能成为各种媒体关注的焦点。至于大学内部的思想与文化，大学人的精神活动和道德德性以及能否培养好人与好公民等则不是现代大学所要考虑的重点。

归根结底，大学的好坏是由大学里的人决定的，有什么样的大学人就会有什么样的大学。"大学不是一台机器，用来达到某个特殊目的，产生某种特殊的结果；它是一种人的活动方式。"① 但最终什么样的人能够进入大学又是由当时的社会条件和时代精神状况所决定。大学始终是社会的"器官"，时代精神像血液一样将大学与社会连在一起。虽然强调科研之于大学的重要性并不意味着完全忽视教育的重要性，但现在的问题在于，大学自身已倾向于将教育的重要性降到最低。最终，有什么样的时代精神，有什么样的社会需求就有什么样的大学。今天是一个普遍平庸的时代，科技的发展虽然突飞猛进，但人的精神进步却步履维艰。在功利主义的驱使下，人类社会的物质文明日新月异，但思想的创造和道德德性却乏善可陈。在这样的时代里，由于缺乏对"好"和"善"的体验，大学教育自然呈现出一种平庸的状态。在追求科研卓越的过程中，大学忘记了教育的宗旨。"灾难不是大学被各种根本不从事教育的人所淹没，而是他们几乎完全摧毁了教育事业。"② 由于忽视了对人生意义的追求，大学教育逐渐空心化。由于放弃了成为"好"大学的机会，大学有沦为知识工厂或专利公司的危险。"虽然大学真诚地表示自己首先是人文精神的代表，但是它们的组织形式却与科技社会（technological society）那永无止境的需求有着更为密切的联系。"③ 在高等教育市场化的大潮中，随着创业型大学崛起，学术资本主义给了大学原本就已十分脆弱的人

---

① 迈克尔·欧克肖特. 人文学习之声 [M]. 孙磊，译. 上海：上海译文出版社，2012：110
② 迈克尔·欧克肖特. 人文学习之声 [M]. 孙磊，译. 上海：上海译文出版社，2012：103.
③ 乔治·M. 马斯登. 美国大学之魂 [M]. 徐弢，等，译. 北京：北京大学出版社，2009：421.

文学习致命的一击。由于可能丧失人文学习的制度根基，大学自身面临着被重新定义的风险。"如果大学中的学习退化为现在所谓的研究；如果大学的教授变成纯粹的指令和对大学生时间的占用；如果被教授者不再寻求知识财富，而是对此感到筋疲力尽，只希望被提供给有用的道德和知识装备；如果他们不再理解交谈的方式，而只是渴望用来谋生的资格和一纸证书，使他们进入牟利的世界，那么大学将不再存在。"① 当前在创业型大学的框架下，所谓卓越大学的标准不再是人的德性的卓越，也不再是文化的魂灵，而是知识的应用价值和学术的生产力。就像现代社会中的人都在追求成为"白富美"和"高富帅"而不再想着通过教育成为一个"好人"一样，现代大学也放弃了对人生意义和美好生活的追求，成为一所培养好人的好大学不再是大学的理想，失去灵魂的卓越成为不可避免的选择。

什么是大学，什么是好大学，这些都是大学转型过程中的亟待回答的核心问题，但如何回答这些问题也是最麻烦的。严格来讲，什么是好大学本身就是一个无解的问题。因为不同的人对于什么是好大学的标准有不同的理解。在世俗的意义上，"好"总是与切身的利益相关。对于什么是好的评价总是以个人为中心的。对于大学而言，好的标准则因时代而不同。总体上，大学可以分为中世纪、近代以及现代三个时期。中世纪的好大学可以巴黎大学为范本，近代的好大学可以柏林大学为榜样，现代的好大学则奉哈佛大学为圭臬。巴黎大学、柏林大学和哈佛大学虽然都和高深学问有关，但相对而言，巴黎大学是奥古斯丁意义上的德性的大学，柏林大学则是洪堡意义上的国家的大学，而哈佛大学则是弗莱克斯纳意义上的现代大学。德性的大学所谓"好"的标准，是对宗教的忠诚和对道德的坚守；国家的大学所谓"好"的标准是对国家的忠诚和对民族精神的陶铸；而现代大学所谓"好"的标准，则是对科学的忠诚和对学术的不懈追求。今天现代大学正处在转型中，由于建立创业型大学的呼声甚嚣尘上，研究型大学对于科学的忠诚正在被创业型大学对于收益的追求所侵蚀，学术资本主义的逻辑正在改变大学的人文性和教育性。经过近千年的积淀，今天关于大学的观念已经纷繁复杂，大学与大学间的区别丝毫不亚于大学与非大学的区别。即便是仅仅在名称上，那

---

① 迈克尔·欧克肖特. 人文学习之声 [M]. 孙磊，译. 上海：上海译文出版社，2012：121-122.

些叫大学的机构未必是大学，不叫大学的倒也未必不是大学。这其中既涉及大学的常识，更关乎大学的传统。但无论是常识或是传统又都有可错性，现在对于什么是大学难有定论。对于什么是好大学更是如此。原因就在于，大学原本是一个教育机构，一个人文学习的地方。但今天科学研究却成了大学的主要职能，大学教师研究高深的学问却并不关注理智德性本身。对于大学教师而言，学术正在成为一种工具或谋生手段，高深知识的获得只是为了满足一种理性的自负而不是要践行一种理智德性。大学里教师如此，学生也是一样。大学生的主要任务是学习有用的知识和实用的技能，很少被要求运用自己的理智去思考那些根本的问题以形成对人生或生活的整体看法。因为，"只有当教师出于自身的目的真正地关注理智德性本身，而不是屈从于提及它时的自负，理智德性才能被传播。并非野鸭的叫声，而是它的腾起，推动一群野鸭跟它一起飞行"①。对于大学而言，积极的教育是必要的，高深知识本身并不会自动转化为高等教育的行动，自然主义的消极教育观不适合于大学，那种幻想学生进入大学自然而然就会受到高等教育的观念是有害的。"仅仅把一切事情都让给自然去做，毕竟否定教育的本意；这是教育交给环境中的偶然事件。教育过程的进行，不仅需要有某种方法，而且需要某种积极的机构，某种行政机关。"② 在我们这个时代要避免伴随大学的卓越而来的教育的平庸，必须采取一种积极主义的教育。没有人生来就能成为人，更没有人生来就是好人，人性不会随着时间自然觉醒，人的独特性就在于有学习能力，大学是人的教育的高级阶段（不是起点，也不是终点），也是最适合于人文学习的地方，只有那些以教育为业的好大学才能培养出古典意义上的好人，反之也只有那些受过教育的好人才能铸就我们需要的好大学。

总之，无论哪个时代，大学之所以是大学都有赖于我们对于大学的共同的底线的坚守。早期的大学虽是西方文明的产物，但时至今日大学已经成为整个人类共享的智慧之花。作为一种常识，大学提供高等教育但它不同于学院，大学从事科学研究但它不同于科学院。大学的理想在于实现高等的教育与科学和研究间的平衡。20 世纪研究型大学的兴起破坏了大学内部高等教育和科学研究的平衡，近年来创业型大学的兴起又显示出企业化可能正在突破

---

① 迈克尔·欧克肖特. 人文学习之声 [M]. 孙磊，译. 上海：上海译文出版社，2012：63.
② 约翰·杜威. 民主主义与教育 [M]. 王承绪，译. 北京：人民教育出版社，2001：104.

大学的传统边界。在我们这个时代，理性大学和文化大学已逐渐衰落，以研究型和创业型为标志的世界一流大学正成为时代的宠儿。但高等教育的历史和现实告诉我们，那些所谓的世界一流大学只是政府和企业想要（want）的大学，而非我们需要（need）的大学。我们需要的是致力于人的自由和解放事业，能够培养"好人"的"好大学"。

主要参考文献

［1］彼得·达沃豪斯，约翰·布雷斯韦特. 信息封建主义［M］. 刘雪涛，译. 北京：知识产权出版社，2005.

［2］西蒙·马金森. 教育市场论［M］. 金楠，等，译. 杭州：浙江大学出版社，2008.

［3］希尔德·德·里德—西蒙斯，吕埃格. 欧洲大学史：中世纪大学［M］. 张斌贤，等，译. 保定：河北大学出版社，2007.

［4］阿克塞尔·霍耐特. 为承认而斗争［M］. 胡继华，译. 上海：上海人民出版社，2005.

［5］爱弥尔·涂尔干. 教育思想的演进［M］. 李康，译. 上海：上海人民出版社，2006.

［6］迪尔凯姆. 社会学方法的准则［M］. 狄玉明，译. 北京：商务印书馆，2004.

［7］恩斯特·卡西尔. 人论［M］. 甘阳，译. 上海：上海译文出版社，2004.

［8］弗里德里希·包尔生. 德国大学与大学学习［M］. 张弛，等，译. 北京：人民教育出版社，2009.

［9］哈贝马斯. 认识与兴趣［M］. 郭官义，李黎，译. 上海：学林出版社，1999.

［10］马克斯·韦伯. 学术与政治［M］. 冯克利，译. 北京：生活·读书·新知三联书店，1998.

［11］马克斯·韦伯. 社会科学方法论［M］. 杨富斌，译. 北京：华夏

出版社，1999.

[12] 马克思. 经济学——哲学手稿 ［M］. 何思敬，译. 北京：人民出版社，1956.

[13] 尼采. 快乐的科学 ［M］. 黄明嘉，译. 上海：华东师范大学出版社，2007.

[14] 乌尔里希·泰希勒. 迈向教育高度发达的社会：国际比较视野下的高等教育体系 ［M］. 肖念，王绽蕊，主译. 北京：科学出版社，2014.

[15] 雅斯贝尔斯. 大学之理念 ［M］. 邱立波，译. 上海：上海人民出版社，2007.

[16] 于尔根·哈贝马斯. 现代性的哲学话语 ［M］. 曹卫东，译. 南京：译林出版社，2011.

[17] 埃德加·莫兰. 复杂性理论与教育问题 ［M］. 陈一壮，译. 北京：北京大学出版社，2004.

[18] 爱弥尔·涂尔干. 道德教育 ［M］. 陈光金，等，译. 上海：上海人民出版社，2001.

[19] 米歇尔·福柯. 知识考古学 ［M］. 谢强，马月，译. 北京：生活·读书·新知三联书店，2007.

[20] 米歇尔·福柯. 词与物——人文科学考古学 ［M］. 莫伟民，译. 上海：上海三联书店，2001.

[21] 米歇尔·福柯. 规训与惩罚 ［M］. 刘北成，杨远婴，译. 北京：生活·读书·新知三联书店，2012.

[22] 米歇尔·福柯. 疯癫与文明：理性时代的疯癫史 ［M］. 刘北成，杨远婴，译. 北京：生活·读书·新知三联书店，2003.

[23] 皮埃尔·布迪厄. 实践感 ［M］. 蒋梓骅，译. 南京：译林出版社，2012.

[24] 波丢. 人：学术者 ［M］. 王作虹，译. 贵阳：贵州人民出版社，2006.

[25] 让-弗朗索瓦·利奥塔尔. 后现代状态：关于知识的报告 ［M］. 车槿山，译. 北京：生活·读书·新知三联书店，1997.

[26] 雅克·勒戈夫. 中世纪的知识分子 ［M］. 张弘，译. 北京：商务印书馆，2002.

[27] 雅克·韦尔热. 中世纪大学 [M]. 王晓辉, 译. 上海: 上海人民出版社, 2007: 153.

[28] 亚里士多德. 形而上学 [M]. 吴寿彭, 译. 北京: 商务印书馆, 2009.

[29] 亚里士多德. 尼各马可伦理学 [M]. 廖申白, 译. 北京: 商务印书馆, 2010.

[30] 约斯特·斯密尔斯, 玛丽克·范·斯海恩德尔. 抛弃版权: 文化产业的未来 [M]. 刘金海, 译. 北京: 知识产权出版社, 2010.

[31] 比尔·雷丁斯. 废墟中的大学 [M]. 郭军, 等, 译. 北京: 北京大学出版社, 2008.

[32] 阿尔文·J. 施密特. 基督教对文明的影响 [M]. 汪晓丹, 赵巍, 译. 上海: 上海人民出版社, 2003.

[33] 埃里克·古尔德. 公司文化中的大学 [M]. 吕博, 张鹿, 译. 北京: 北京大学出版社, 2005.

[34] 安东尼·克龙曼. 教育的终结——大学何以放弃了对人生意义的追求 [M]. 诸惠芳, 译. 北京: 北京大学出版社, 2013.

[35] 爱德华·格兰特. 近代科学在中世纪的基础 [M]. 张卜天, 译. 长沙: 湖南科学技术出版社, 2010.

[36] 爱德华·希尔斯. 学术的秩序——当代大学论文集 [M]. 李家永, 译. 北京: 商务印书馆, 2007.

[37] 埃伦·康德利夫·拉格曼. 一门捉摸不定的科学: 困扰不断的教育研究的历史 [M]. 花海燕, 等, 译. 北京: 教育科学出版社, 2006.

[38] 保罗·R. 格罗斯, 诺曼·莱维特. 高级迷信: 学术左派及其关于科学的争论 [M]. 孙雍君, 张锦志, 译. 北京: 北京大学出版社, 2008.

[39] 彼德·德鲁克. 社会的管理 [M]. 徐大建, 译. 上海: 上海财经大学出版社, 2003.

[40] 伯顿·克拉克. 高等教育新论——多学科的研究 [M]. 王承绪, 等, 译. 杭州: 浙江教育出版社, 1988.

[41] 伯顿·克拉克. 高等教育系统——学术组织的跨国研究 [M]. 王承绪, 等, 译. 杭州: 杭州大学出版社, 1994.

［42］布鲁姆. 走向封闭的美国精神［M］. 缪青, 宋丽娜, 译. 北京: 中国社会科学出版社, 1994.

［43］查尔斯·霍默·哈斯金斯. 12 世纪的文艺复兴［M］. 夏继果, 译. 上海: 上海人民出版社, 2005.

［44］查尔斯·霍默·哈斯金斯. 大学的兴起［M］. 王建妮, 译. 上海: 上海人民出版社, 2007.

［45］德雷克·博克. 回归大学之道: 对美国大学本科教育的反思与展望［M］. 侯定凯, 等, 译. 上海: 华东师范大学出版社, 2012.

［46］达里尔·E. 楚宾, 爱德华·J. 哈克特. 难有同行的科学: 同行评议与美国科学政策［M］. 谭文华, 曾国屏, 译. 北京: 北京大学出版社, 2011.

［47］菲利普·G. 阿特巴赫. 比较高等教育: 知识、大学与发展［M］. 人民教育出版社教研室, 译. 北京: 人民教育出版社, 2001.

［48］弗兰克·纽曼, 莱拉·科特瑞亚, 杰米·斯葛瑞. 高等教育的未来: 浮言、现实与市场风险［M］. 李沁, 译. 北京: 北京大学出版社, 2012.

［49］哈佛委员会. 哈佛通识教育红皮书［M］. 李曼丽, 译. 北京: 北京大学出版社, 2010.

［50］哈瑞·刘易斯. 失去灵魂的卓越——哈佛是如何忘记教育宗旨的［M］. 侯定凯, 译. 上海: 华东师范大学出版社, 2012.

［51］华勒斯坦. 开放社会科学［M］. 刘锋, 译. 北京: 生活·读书·新知三联书店, 1997.

［52］华勒斯坦, 等. 学科·知识·权力［M］. 刘健芝, 等, 编译. 北京: 生活·读书·新知三联书店, 1999.

［53］卡尔·博格斯. 知识分子与现代性的危机［M］. 李俊, 蔡海榕, 译. 南京: 江苏人民出版社, 2002: 5.

［54］亨利·埃兹科维茨. 麻省理工学院与企业科学的兴起［M］. 王孙禺, 袁本涛, 等, 译. 北京: 清华大学出版, 2007.

［55］杰罗姆·凯根. 三种文化: 21 世纪的自然科学、社会科学和人文学科［M］. 王加丰, 宋严萍, 译. 上海: 格致出版社, 2011.

［56］克拉克·克尔. 大学之用［M］. 高铦, 译. 北京: 北京大学出版社, 2008.

[57] 克利福德·吉尔兹. 地方性知识——阐释人类学论文集 [C]. 王海龙，张家瑄，译. 北京：中央编译出版社，2000.

[58] 科塞. 社会冲突的功能 [M]. 孙立平，等，译. 北京：华夏出版社，1989.

[59] 莱特·米尔斯. 白领：美国的中产阶级 [M]. 周晓虹，译. 南京：南京大学出版社，2006.

[60] 兰西·佩尔斯，查理士·撒士顿. 科学的灵魂——500 年科学与信仰、哲学的互动史 [M]. 潘柏滔，译. 南昌：江西人民出版社，2006.

[61] 刘易斯·科塞. 理念人：一项社会学的考察 [M]. 郭方，等，译. 北京：中央编译出版社，2001.

[62] 罗伯特·金·默顿. 十七世纪英格兰的科学、技术与社会 [M]. 范岱年，等，译. 北京：商务印书馆，2000.

[63] 罗伯特·金·默顿. 论理论社会学 [M]. 何凡兴，译. 北京：华夏出版社，1990.

[64] 罗伯特·M. 赫钦斯. 美国高等教育 [M]. 汪利兵，译. 杭州：浙江教育出版社，2011.

[65] 马克·汉森. 教育管理与组织行为 [M].5 版. 冯大鸣，译. 上海：上海教育出版社，2005.

[66] 玛丽莲 J. 波克塞. 当妇女提问时：美国妇女学的创建之路 [M]. 余宁平，占盛利，等，译. 天津：天津人民出版社，2006.

[67] 玛格丽特·J. 奥斯勒. 重构世界：从中世纪到近代早期欧洲的自然、上帝和人类认识 [M]. 张卜天，译. 长沙：湖南科学技术出版社，2012.

[68] 玛莎·纳斯鲍姆. 培养人性：从古典学角度为通识教育改革辩护 [M]. 李艳，译. 上海：上海三联书店，2013.

[69] 米歇尔·拉蒙特. 教授们怎么想——在神秘的学术评判体系内 [M]. 孟凡礼，唐磊，译. 北京：高等教育出版社，2011.

[70] 乔治·M. 马斯登. 美国大学之魂 [M]. 徐弢，等，译. 北京：北京大学出版社，2009.

[71] 乔治·凯勒. 大学战略与规划：美国高等教育管理革命 [M]. 别敦荣，主译. 青岛：中国海洋大学出版社，2005.

［72］默顿. 科学社会学（上册）［M］. 鲁旭东，林聚任，译. 北京：商务印书馆，2004.

［73］苏珊·哈克. 理性地捍卫科学——在科学主义与犬儒主义之间［M］. 曾国屏，袁航，等，译. 北京：中国人民大学出版社，2008.

［74］斯坦利·阿罗诺维兹. 知识工厂——废除企业型大学并创建真正的高等教育［M］. 周敬敬，郑跃平，译. 北京：高等教育出版社，2012.

［75］史蒂夫·富勒. 智识生活社会学［M］. 焦小婷，译. 北京：北京大学出版社，2011.

［76］苏珊·K. 塞尔. 私权、公法——知识产权的全球化［M］. 董刚，周超，译. 北京：中国人民大学出版社，2008.

［77］苏珊娜·斯科奇姆. 创新与激励［M］. 刘勇，译. 上海：上海人民出版社，2010.

［78］索尔斯坦·凡勃伦. 学与商的博弈——论美国高等教育［M］. 惠圣，译. 上海：上海人民出版社，2009.

［79］托比·胡弗. 近代科学为什么诞生在西方［M］. 周程，于霞，译. 北京：北京大学出版社，2010.

［80］威廉·克拉克. 象牙塔的变迁：学术卡里斯玛与研究性大学的起源［M］. 徐震宇，译. 北京：商务印书馆，2013.

［81］希拉·斯劳特，拉里·莱斯利. 学术资本主义：政治、政策和创业型大学［M］. 梁骁，等，译. 北京：北京大学出版社，2008.

［82］亚伯拉罕·弗莱克斯纳. 现代大学论——美英德大学研究［M］. 徐辉，陈晓菲，译. 杭州：浙江教育出版社，2001.

［83］伊曼纽尔·沃勒斯坦. 知识的不确定性［M］. 王昺，等，译. 济南：山东大学出版社，2006.

［84］伊曼纽尔·沃勒斯坦. 否思社会科学——19 世纪范式的局限［M］. 刘琦岩，叶萌芽，译. 北京：生活·读书·新知三联书店，2009.

［85］伊曼纽尔·沃勒斯坦. 所知世界的终结——二十一世纪的社会科学［M］. 冯炳昆，译. 北京：社会科学文献出版社，2002.

［86］余纪元. 德性之镜：孔子与亚里士多德的伦理学［M］. 林航，译. 北京：中国人民大学出版社，2009.

［87］余纪元.《理想国》讲演录［M］. 北京：中国人民大学出版社，2011.

[88] 约翰·杜威. 民主主义与教育 [M]. 王承绪, 译. 北京: 人民教育出版社, 2001.

[89] 约翰·S. 布鲁贝克. 高等教育哲学 [M]. 王承绪, 等, 译. 杭州: 浙江教育出版社, 2001.

[90] 詹姆斯·杜德斯达. 21 世纪的大学 [M]. 刘彤, 等, 译. 北京: 北京大学出版社, 2005.

[91] 朱丽·汤普森·克莱恩. 跨越学科——知识 学科 学科互涉 [M]. 姜智芹, 译. 南京: 南京大学出版社, 2005.

[92] 欧洲专利局. 未来知识产权制度的愿景 [M]. 郭民生, 等, 译. 北京: 知识产权出版社, 2008.

[93] 堤清二. 消费社会批判 [M]. 北京: 经济科学出版社, 1998.

[94] 海尔格·诺沃特尼, 彼得·斯科特, 迈克尔·吉本斯. 反思科学: 不确定时代的知识与公众 [M]. 冷民, 等, 译. 上海: 上海交通大学出版社, 2011.

[95] 让·皮亚杰. 人文科学认识论 [M]. 郑文彬, 译. 北京: 中央编译出版社, 2002.

[96] 约瑟夫·本—戴维. 科学家在社会中的角色 [M]. 赵佳苓, 译. 成都: 四川人民出版社, 1988.

[97] 甘古力. 知识产权: 释放知识经济的能量 [M]. 宋建华, 姜丹明, 张永华, 译. 北京: 知识产权出版社, 2003.

[98] 克里希那穆提. 一生的学习 [M]. 张男星, 译. 北京: 群言出版社, 2004.

[99] 阿什比. 科技发达时代的大学教育 [M]. 滕大春, 滕大生, 译. 北京: 人民教育出版社, 1983.

[100] 安东尼·史密斯, 弗兰克·韦伯斯特. 后现代大学来临? [M]. 侯定凯, 赵叶珠, 译. 北京: 北京大学出版社, 2010.

[101] 巴里·巴恩斯. 局外人看科学 [M]. 鲁旭东, 译. 北京: 东方出版社, 2001.

[102] 大卫·帕尔菲曼. 高等教育何以为"高"——牛津导师制教学反思 [M]. 冯青来, 译. 北京: 北京大学出版社, 2011.

[103] 杰勒德·德兰迪. 知识社会中的大学 [M]. 黄建如, 译. 北京:

北京大学出版社，2010.

［104］卡尔·波普尔. 客观知识：一个进化论的研究 ［M］. 舒炜光，等，译. 上海：上海译文出版社，1987.

［105］理查德·惠特利. 科学的智力组织和社会组织 ［M］. 赵万里，等，译. 北京：北京大学出版社，2011.

［106］罗纳德·巴尼特. 高等教育理念 ［M］. 蓝劲松，等，译. 北京：北京大学出版社，2012.

［107］海斯汀·拉斯达尔. 中世纪的欧洲大学——大学的起源 ［M］. 崔延强，邓磊，译. 重庆：重庆大学出版社，2011.

［108］海斯汀·拉斯达尔. 中世纪的欧洲大学——在上帝与尘世之间 ［M］. 崔延强，邓磊，译. 重庆：重庆大学出版社，2011.

［109］海斯汀·拉斯达尔. 中世纪的欧洲大学——博雅教育的兴起 ［M］. 崔延强，邓磊，译. 重庆：重庆大学出版社，2011.

［110］马尔科姆·泰特. 高等教育研究：进展与方法 ［M］. 侯定凯，译. 北京：北京大学出版社，2007.

［111］迈克尔·吉本斯. 知识生产的新模式：当代社会科学与研究的动力学 ［M］. 陈洪捷，等，译. 北京：北京大学出版社，2010.

［112］迈克尔·欧克肖特. 人文学习之声 ［M］. 孙磊，译. 上海：上海译文出版社，2012.

［113］帕特里夏·基利，等. 公共部门标杆管理：突破政府绩效的瓶颈 ［M］. 张定淮，译. 北京：中国人民学出版社，2002.

［114］托尼·比彻，保罗·特罗勒尔. 学术部落及其领地：知识探索与科学文化 ［M］. 唐跃勤，蒲茂华，陈洪捷，等，译. 北京：北京大学出版社，2008.

［115］丹皮尔. 科学史及其与哲学和宗教的关系 ［M］. 李珩，译. 桂林：广西师范大学出版社，2001.

［116］约翰·亨利·纽曼. 大学的理想（节本）［M］. 徐辉，等，译. 杭州：浙江教育出版社，2001.

［117］约翰·齐曼. 真科学——它是什么，它指什么 ［M］. 曾国屏，等，译. 上海：上海科技教育出版社，2002.

［118］约翰·齐曼. 元科学导论 ［M］. 赵佳苓，译. 长沙：湖南人民

出版社，1988.

[119] 鲍嵘. 学问与治理——中国大学知识现代性状况报告（1949—1954）[M]. 上海：学林出版社，2008.

[120] 陈方正. 继承与叛逆：现代科学为何出现于西方 [M]. 北京：生活·读书·新知三联书店，2009.

[121] 陈健. 科学划界——论科学与非科学及伪科学的区分 [M]. 北京：东方出版社，1997.

[122] 陈平原. 作为学科的文学史 [M]. 北京：北京大学出版社，2011.

[123] 邓正来. 反思与批判：体制中与体制外 [M]. 北京：法律出版社，2006.

[124] 邓正来. 学术与自主：中国社会科学研究 [M]. 北京：北京大学出版，2008.

[125] 汪丁丁. 跨学科教育文集 [C]. 大连：东北财经大学出版社，2009.

[126] 董毓. 科学的自我反思——理论科学学漫话 [M]. 武汉：湖北人民出版社，1987.

[127] 官有坦，陈锦棠，陆宛苹. 第三部门评估与责信 [M]. 北京：北京大学出版社，2008.

[128] 胡建华. 战后日本大学史 [M]. 南京：南京大学出版社，2001.

[129] 金观涛，刘青峰. 观念史研究：中国现代重要政治术语的形成 [M]. 北京：法律出版社，2010.

[130] 金吾伦. 跨学科研究引论 [M]. 北京：中央编译出版社，1997.

[131] 金耀基. 大学之理念 [M]. 北京：生活·读书·新知三联书店，2008.

[132] 李政涛. 教育学科与相关学科的"对话"——从知识、科学、信仰和人的角度 [M]. 上海：上海教育出版社，2001.

[133] 李小江. 女性/性别的学术问题 [M]. 济南：山东人民出版社，2005.

[134] 李泽厚. 世纪新梦 [M]. 合肥：安徽文艺出版社，1998.

[135] 刘北成. 福柯思想肖像 [M]. 上海：上海人民出版社，2001.

[136] 刘小枫. 拣尽寒枝 [M]. 北京：华夏出版社，2007.

[137] 刘仲林. 现代交叉科学 [M]. 杭州：浙江教育出版社，1998.

[138] 卢增绪. 高等教育问题初探 [M]. 台北：南宏图书有限公司，1992.

[139] 罗云. 中国重点大学与学科建设 [M]. 北京：中国社会科学出版社，2005.

[140] 马凤岐. 变革时代大学的核心价值：高等教育哲学的几个基本问题 [M]. 北京：北京师范大学出版社，2013.

[141] 木心. 文学回忆录 [M]. 陈丹青，笔录. 桂林：广西师范大学出版社，2013.

[142] 沈文钦. 西方博雅教育思想的起源、发展和现代转型：概念史的视角 [M]. 广州：广东高等教育出版社，2012.

[143] 涂又光. 中国高等教育史论 [M]. 武汉：湖北教育出版社，2003.

[144] 汪丁丁. 新政治经济学讲义——在中国思索正义、效率与公共选择 [M]. 上海：上海人民出版社，2013.

[145] 汪丁丁. 串接的叙事：自由·秩序·知识 [M]. 北京：生活·读书·新知三联书店，2009.

[146] 王建华. 我们时代的大学转型 [M]. 北京：教育科学出版社，2012.

[147] 王璞. 文化战争中的美国大学 [M]. 北京：北京师范大学出版社，2008.

[148] 王伟廉. 课程研究领域的探索 [M]. 成都：四川教育出版社，1988.

[149] 王伟廉. 高等教育学 [M]. 福州：福建教育出版社，2001.

[150] 王政，杜芳琴. 社会性别研究选译 [M]. 北京：生活·读书·新知三联书店，1998.

[151] 谢桂华. 高等学校学科建设论 [M]. 北京：高等教育出版社，2011.

[152] 杨东平. 大学二十讲 [M]. 天津：天津人民出版社，2009.

[153] 余宁平，杜芳琴. 不守规矩的知识——妇女学的全球与区域视界

［M］. 天津：天津人民出版社，2003.

　　［154］赵汀阳. 论可能生活［M］. 北京：中国人民大学出版社，2010.

　　［155］张国兵. 高等教育重点建设政策研究［M］. 北京：北京大学出版社，2010.

索　引

后 记

随着这本书的完成意味着又一个三年过去了。在反复修改书稿的过程中，从字里行间、引文与注释中能看到的全是逝去的光阴和欲说还休的无奈。回顾整个课题研究，苦苦的思索最终反倒陷入了理性的迷茫与智识的眩晕。真不知是真理在衰变还是学术在沉沦。

现代以来，由于学者的科研活动被纳入了行政管理系统，学术成为一种专门化的职业，科学本身成了一种社会建制，为了获得经费的支持，学者只好与时间赛跑，与体制共谋。不过，高深知识的产生绝不会是简单地与"时"俱进，更不会是人多力量大，想要就能有，真理总是躲在暗处，它需要人们慢慢地寻找，静静地守候。早在九十多年前，韦伯就曾言："如果他无法迫使自己相信，他灵魂的命运就取决于他在眼前这份草稿的这一段里所做的这个推断是否正确，那么他便同学术无缘了。他绝不会在内心中经历到所谓的科学'体验'。没有这种被所有局外人所嘲讽的独特的迷狂，没有这份热情，坚信'你生之前悠悠千载已逝，未来还会有千年的沉寂的期待'——这全看你能否判断成功，没有这些东西，这个人便不会有科学的志向，他也不该再做下去了。"① 在近一个世纪后的今天，韦伯式的学术志业的理想已被搁置，学术职业本身已经高度的制度化，科学研究中的"迷狂"日益罕见，乃至绝迹。由于知识转型和社会转型的相互叠加，现代大学中学者对于真理的热情远逊于对金钱的偏好。在我们这个时代，以经费为杠杆，以课题或项目为中介，科学的研究已不再有真正的自由。其结果，知识的规划

---

① 马克斯·韦伯. 学术与政治 [M]. 冯克利，译. 北京: 生活·读书·新知三联书店, 1998: 24.

注定只能产生规划的知识。

大哲学家康德曾将人类历史区分为三个时代，即英雄时代、信仰时代和平庸时代。我们时代正处于人类的平庸时代，即无信仰的时代。在这个时代不再可能出现英雄时代那样伟大的人物，也再不可能诞生信仰时代里那些伟大的思想。① 与思想平庸和信仰匮乏相映成趣的是我们时代技术的进步和物质的繁荣。受时代精神的影响，今天大学里的学术工作要么是方法主义的，要么是技术主义的；学术研究的目的要么是消费主义的，要么是资本主义的；功利主义和可应用性成了我们时代科学精神的墓志铭及学术职业的通行证，现代大学里纯粹的人文主义和自由主义知识逐渐失去合法性。这些变化既是学科的新境况，也是大学的新遭遇。

本书作为国家社科基金"十二五"规划教育学一般课题"高校学科建设的理论研究"的最终成果，尝试着对于"学科的境况"与"大学的遭遇"进行了探究，在大学的发展及学科建设的理论方面偶有所得。相关成果曾发表于《教育研究》《高等教育研究》等学术刊物上。多年以来，《教育研究》杂志的主编高宝立先生和《高等教育研究》杂志的副主编张应强先生、曾伟先生对我的学术成长给予了持续的帮助。无以言谢。本书的出版得益于江苏高校优势学科建设工程（教育学）的资助以及教育科学出版社学术编辑部主任刘明堂先生和责任编辑夏辉映先生的关心和支持。特此致谢！

王建华
2014 年 5 月 20 日

---

① 汪丁丁. 串接的叙事：自由·秩序·知识 [M]. 北京：生活·读书·新知三联书店，2009：15.

出 版 人　所广一
责任编辑　夏辉映
版式设计　贾艳凤
责任校对　贾静芳
责任印制　曲凤玲

图书在版编目（CIP）数据

学科的境况与大学的遭遇/王建华著.—北京：
教育科学出版社，2014.11
ISBN 978－7－5041－9110－6

Ⅰ.①学…　Ⅱ.①王…　Ⅲ.①高等学校—学科建设—
研究—中国　Ⅳ.①G642.3

中国版本图书馆 CIP 数据核字（2014）第 287980 号

学科的境况与大学的遭遇
XUEKE DE JINGKUANG YU DAXUE DE ZAOYU

出版发行　**教育科学出版社**

社　　址　北京·朝阳区安慧北里安园甲 9 号　　市场部电话　010-64989009
邮　　编　100101　　　　　　　　　　　　　编辑部电话　010-64989363
传　　真　010-64891796　　　　　　　　　网　　址　http://www.esph.com.cn

经　　销　各地新华书店
制　　作　北京大有图文信息有限公司
印　　刷　北京中科印刷有限公司
开　　本　169 毫米×239 毫米　16 开　　　版　　次　2014 年 11 月第 1 版
印　　张　20　　　　　　　　　　　　　　　印　　次　2014 年 11 月第 1 次印刷
字　　数　300 千　　　　　　　　　　　　　定　　价　52.00 元

如有印装质量问题，请到所购图书销售部门联系调换。